Curso de Direito Civil

Volume 6

Direito das Sucessões

FABRÍCIO ZAMPROGNA MATIELLO

Advogado

CURSO DE DIREITO CIVIL

VOLUME 6

DIREITO DAS SUCESSÕES

EDITORA LTDA.
© Todos os direitos reservados

Rua Jaguaribe, 571
CEP 01224-001
São Paulo, SP – Brasil
Fone: (11) 2167-1101

Produção Gráfica e Editoração Eletrônica: PETER FRITZ STROTBEK
Projeto de Capa: Fabio Giglio
Impressão: Cometa Gráfica e Editora
LTr 4346.4
Março, 2011

Visite nosso site:
www.ltr.com.br

Dados Internacionais de Catalogação na Publicação (CIP)
(Câmara Brasileira do Livro, SP, Brasil)

Matiello, Fabrício Zamprogna
 Curso de direito civil, volume 6 : direito das sucessões / Fabrício Zamprogna Matiello. — São Paulo : LTr, 2011.

 Bibliografia.
 ISBN 978-85-361-1688-4

 1. Direito civil — Brasil 2. Direito de família — Brasil 3. Direito de família — Legislação — Brasil I. Título.

11-01726	CDU-347.6(81)

Índice para catálogo sistemático:

1. Brasil : Direito de família : Direito civil   347.6(81)

SUMÁRIO

DIREITO DAS SUCESSÕES

1. Apresentação da matéria 13
   1.1. Conceito e evolução 13
   1.2. Fundamento do direito das sucessões 15
   1.3. Temas a cargo do direito das sucessões 17

2. Da sucessão em geral 19
   2.1. Sucessão legítima e sucessão testamentária 19
   2.2. Aplicação da regra da comoriência 21
   2.3. Sucessão a título universal e a título singular 22
   2.4. Abertura da sucessão e saisina 23
   2.5. Lugar da abertura da sucessão 25
   2.6. Aplicação da lei em vigor ao tempo do óbito 26

3. Da herança e de sua administração 28
   3.1. Modo de deferimento 28
   3.2. Cessão de direitos hereditários 29
   3.3. Direito de preferência 31
   3.4. Extensão da responsabilidade dos herdeiros 32
   3.5. Procedimentos relativos ao inventário 33
      3.5.1. Abertura do inventário 33
      3.5.2. Nomeação do inventariante 34
      3.5.3. Administração provisória da herança 36

4. Da vocação hereditária 39
   4.1. Legitimação geral para suceder 39
   4.2. Legitimação testamentária especial 41
   4.3. Incapacidade para ser sucessor testamentário 43
   4.4. Simulação de contrato e interposição de pessoa 46

5. Da aceitação e renúncia da herança	48
5.1. Da aceitação da herança	48
5.2. Mecanismos de aceitação	49
5.3. Conteúdo da aceitação	51
5.4. Falecimento do herdeiro antes de aceitar	52
5.5. Da renúncia da herança	53
5.6. Limitações ao direito de renunciar	55
5.7. Destino da porção renunciada	57
6. Dos excluídos da sucessão	59
6.1. Aspectos gerais da indignidade	59
6.2. Indignidade e deserdação	60
6.3. Causas de exclusão do indigno	61
6.4. Declaração judicial da indignidade	64
6.5. Efeitos da declaração de indignidade	66
6.6. Validade de atos praticados antes da exclusão	67
6.7. Reabilitação do faltoso	68
7. Da herança jacente	70
7.1. Conceito e natureza jurídica	70
7.2. Situações caracterizadoras da jacência	72
7.3. Declaração de vacância	73
8. Da petição de herança	76
8.1. Conceito e legitimidade	76
8.2. Natureza jurídica da ação	78
8.3. Consequências da petição de herança	79
9. Da ordem da vocação hereditária	83
9.1. Aspectos gerais	83
9.2. Da sucessão dos descendentes	86
9.2.1. Posição dos descendentes na ordem da vocação	86
9.2.2. Concorrência entre descendentes e cônjuge	88
9.2.3. Apuração da parte devida ao cônjuge	89
9.3. Da sucessão dos ascendentes	91
9.4. Da sucessão do cônjuge sobrevivente	93
9.5. Da sucessão do companheiro sobrevivente	95
9.6. Da sucessão dos colaterais	100
9.7. Entrega do acervo do Poder Público	103

10. Dos herdeiros necessários 104
   10.1. Conceito e participação na herança 104
   10.2. Cláusulas de restrição sobre a legítima 106
   10.3. Outras considerações relevantes 109

11. Do direito de representação 112
   11.1. Considerações gerais 112
   11.2. Requisitos de implementação 113
   11.3. Hipóteses de cabimento 115

12. Da sucessão testamentária 118
   12.1. Observações iniciais 118
   12.2. Conceito e características do testamento 119
   12.3. Capacidade de testar 122
   12.4. Impugnação do testamento 126

13. Das formas ordinárias do testamento 128
   13.1. Considerações gerais 128
   13.2. Testamento público 131
       13.2.1. Conceito e requisitos 131
       13.2.2. Outras considerações relevantes 135
   13.3. Testamento cerrado 138
       13.3.1. Conceito e requisitos 138
       13.3.2. Outras considerações relevantes 142
   13.4. Testamento particular 144
       13.4.1. Conceito e requisitos 144
       13.4.2. Outras considerações relevantes 147

14. Dos codicilos 149
   14.1. Conceito e objeto 149
   14.2. Requisitos e cumprimento 150
   14.3. Revogação do codicilo 152

15. Dos testamentos especiais 153
   15.1. Considerações gerais 153
   15.2. Testamento marítimo 154
   15.3. Testamento aeronáutico 156
   15.4. Testamento militar 158

16. Das disposições testamentárias 161
    16.1. Considerações gerais 161
    16.2. Normas de interpretação 162
    16.3. Estrutura das nomeações 166
        16.3.1. Nomeação pura e simples 167
        16.3.2. Nomeação submetida a condição 167
        16.3.3. Nomeação com encargo 170
        16.3.4. Nomeação por certo motivo 173
        16.3.5. Nomeação com cláusula de inalienabilidade 174
    16.4. Vedações em casos específicos 177
        16.4.1. Nomeação a termo 177
        16.4.2. Cláusula captatória 178
        16.4.3. Identificador do sucessor 179
        16.4.4. Fixação do valor do legado 181
        16.4.5. Benefício a pessoa impedida de receber 182
    16.5. Disposições viciadas 182

17. Dos legados 185
    17.1. Considerações gerais 185
    17.2. Legado de coisa alheia 186
    17.3. Legado de coisa comum 188
    17.4. Legado de coisa singularizada 189
    17.5. Legado de coisa localizada 190
    17.6. Legado de crédito ou de quitação de dívida 191
    17.7. Legado de alimentos 193
    17.8. Legado de usufruto 194
    17.9. Legado de imóvel 195

18. Dos efeitos do legado e do seu pagamento 197
    18.1. Direito de pedir o legado 197
    18.2. Aquisição de coisa certa 198
    18.3. Percepção dos frutos 199
    18.4. Entrega do legado de renda ou pensão periódica 200
    18.5. Entrega do legado de coisa incerta 202
    18.6. Entrega do legado alternativo 203
    18.7. Obrigação de cumprir o legado 204

19. Da caducidade dos legados 207
    19.1. Considerações gerais 207
    19.2. Modificação da coisa legada 208
    19.3. Alienação da coisa legada 209
    19.4. Perecimento ou evicção da coisa 210
    19.5. Indignidade do legatário 212
    19.6. Premoriência do legatário 213
    19.7. Outras hipóteses de caducidade 214

20. Do direito de acrescer entre herdeiros e legatários 215
    20.1. Considerações gerais 215
    20.2. Direito de acrescer entre co-herdeiros 216
    20.3. Direito de acrescer entre colegatários 219
    20.4. Direito de acrescer no legado de usufruto 220

21. Das substituições 222
    21.1. Conceito e modalidades 222
    21.2. Substituição vulgar ou ordinária 224
    21.3. Substituição fideicomissária 226
    21.4. Substituição compendiosa 230

22. Da deserdação 231
    22.1. Conceito e distinção 231
    22.2. Hipóteses de deserdação 232
    22.3. Outros aspectos da deserdação 236

23. Da redução das disposições testamentárias 238
    23.1. Considerações gerais 238
    23.2. Ordem de realização das reduções 240
    23.3. Redução no legado de imóvel 241
    23.4. Mecanismo de redução 243

24. Da revogação do testamento 245
    24.1. Considerações gerais 245
    24.2. Espécies de revogação 246

25. Do rompimento do testamento 249
    25.1. Superveniência de descendente sucessível 249
    25.2. Ignorância quanto a outros herdeiros 251
    25.3. Livre disposição da metade do acervo 251

26. Do testamenteiro 253
26.1. Conceito e funções 253
26.2. Espécies de testamentaria e nomeação 255
26.3. Direitos e deveres do testamenteiro 258
26.4. Remuneração do testamenteiro 260

27. Do inventário 262
27.1. Conceito e características 262
27.2. Abertura do inventário 264
27.3. Nomeação e remoção do inventariante 265
27.4. Declarações do inventariante 267
27.5. Outras fases e disposições 270
27.6. Arrolamento dos bens 272

28. Dos sonegados 274
28.1. Conceito e repercussões 274
28.2. Requisito subjetivo e configuração 276
28.3. Sentença em ação ordinária 277

29. Do pagamento das dívidas 279
29.1. Considerações gerais 279
29.2. Habilitação dos credores 280
29.3. Despesas funerárias e afins 282
29.4. Outras disposições 283

30. Da colação 285
30.1. Conceito e fundamento 285
30.2. Pessoas submetidas ao instituto 286
30.3. Mecanismo de realização 288
30.4. Dispensa de colação 290
30.5. Redução do excesso de doação 294

31. Da partilha 296
31.1. Conceito e fundamento 296
31.2. Espécies de partilha 298
31.3. Partilha em vida 300
31.4. Outras disposições referentes à partilha 302
31.5. Sobrepartilha 304

32. Da garantia dos quinhões hereditários 307
    32.1. Direitos dos herdeiros depois da partilha 307
    32.2. Consequências da evicção 308

33. Da anulação da partilha 310
    33.1. Hipóteses de anulação 310
    33.2. Hipóteses de rescisão 312
    33.3. Conserto de imprecisões 312

Bibliografia 315

Capítulo 1

APRESENTAÇÃO DA MATÉRIA

1.1. Conceito e evolução

A palavra *sucessão*, no universo jurídico, pode ser tomada em sentido amplo ou em conotação estrita. Na primeira hipótese, significa qualquer conduta que faz uma pessoa assumir a posição de outra na relação jurídica, de modo a enfeixar não apenas os direitos, como também os deveres que cabiam ao anterior ocupante daquele lugar, seja parcial ou totalmente, a título gratuito ou oneroso. Assim, por exemplo, o donatário se torna titular da propriedade do bem doado, investindo-se nos mesmos ônus e vantagens que competiam ao autor da liberalidade. O mesmo acontece com o cessionário de crédito, que passa a figurar como credor no posto antes preenchido pelo indivíduo originalmente colocado naquela situação. Trata-se, portanto, de um fenômeno que ocorre *inter vivos*, ou seja, pela manifestação volitiva dos personagens envolvidos em determinada relação jurídica e que, com suporte nela, ascendem a certa condição jurídica ou a deixam.

No Direito das Sucessões, todavia, emprega-se o vocábulo *sucessão* em sua formatação estrita, indicativa da transmissão da herança ou do legado aos sucessores do titular, por morte deste, tendo por base a força exclusiva da lei ou o testamento acaso deixado. Logo, a sucessão de que se ocupará este livro é unicamente a verificada *causa mortis*, consubstanciada no repasse do acervo hereditário do morto a quem juridicamente investir-se na condição de destinatário. A sua raiz se encontra no latim *sucedere*, que significa tomar a posição de alguém. Chama-se *de cujus* ou autor da herança a pessoa falecida, que terá o conteúdo do seu patrimônio distribuído entre os sucessores regularmente habilitados. Tal designação vem de uma antiga expressão romana, *de cujus sucessione agitur*, traduzida livremente como *aquele de cuja sucessão se trata*, ou seja, o falecido que deixou o acervo partilhável.

Cumpre observar, por relevante, que muitas vezes é utilizada a palavra *sucessão* como forma de identificar a herança em si mesma, o monte sujeito à partilha. Destarte, ainda que se faça preferível empregar o vocábulo para o fim de representar o fenômeno de continuação da titularidade de bens, direitos e ações do falecido na pessoa dos seus sucessores, não é considerada incorreta a linguagem que vislumbra na sucessão também a própria universalidade patrimonial do falecido.

Com substrato no exposto, é possível dizer que o Direito das Sucessões é o ramo do direito privado que normatiza a transferência da herança, entendida como o ativo e o passivo do *de cujus*, aos seus sucessores. Cabe destacar desde logo que estes são indicados na lei ou apontados no testamento, mas não respondem pessoalmente por obrigações que ultrapassem a força da herança. Vigora, no ordenamento pátrio, o princípio de que ninguém ficará na posição de devedor, comprometendo os próprios bens, em razão do fenômeno sucessório. Na pior das hipóteses, nada será repassado aos sucessores quando o acervo inteiro for empregado na solução das pendências. Aliás, aos sucessores testamentários sequer se transmitirá o passivo do falecido, pois lhes será destinado unicamente o quinhão ou o bem identificado na cédula testamentária, caso não reste consumido com o pagamento das dívidas do extinto, a ser realizado pelos herdeiros durante o inventário.

Não há sucessão de pessoa viva, nem terá validade qualquer contratação a ela relacionada (art. 426 do Código Civil), pois somente a partir do óbito é que existirá herança em sua exata conotação e que se dará a sua transmissão aos sucessores. Todavia, o legislador admite, no art. 2.018 da codificação, a validade da partilha feita pelo ascendente por ato entre vivos, contanto que não prejudique a legítima dos herdeiros necessários. Sendo a morte o requisito subjetivo da operação, fica evidenciada a circunstância de que não ocorre sucessão das pessoas jurídicas, mas apenas das pessoas naturais. O destino do acervo das entidades abstratas é disciplinado pelo Direito Empresarial, que nada tem a ver com a temática sucessória *stricto sensu*.

Não há como precisar o momento histórico em que surgiu a sucessão de indivíduos falecidos, com a entrega do seu patrimônio a outrem. É certo, porém, que já na mais remota antiguidade esse fenômeno era conhecido, ainda que tendo fundamento absolutamente diverso do atual. A propósito, a primitiva sucessão não guarda semelhança alguma com a hoje prevalente, exceto quanto à operação básica de entregar o acervo do *de cujus* aos beneficiários. Durante o transcurso dos séculos, o instituto experimentou profundas e radicais mudanças, alcançando um patamar de equilíbrio que o faz prestigiado em todas as legislações modernas, embora com algumas diferenças ainda marcantes no trato jurídico do tema, fruto essencialmente da cultura de cada povo.

Na origem, apenas os filhos homens tinham direito à percepção dos bens deixados pelo genitor. Às filhas nada era deferido, sob o argumento de que se fazia necessária a concentração dos bens do antecessor, prevenindo a sua dispersão entre vários destinatários. Ademais, as mulheres ficavam invariavelmente relegadas a segundo plano na hierarquia social, sendo-lhes negados direitos em caráter geral e não apenas no âmbito sucessório.

Até mesmo entre os filhos homens havia, em certos povos, o reconhecimento de prioridade em favor de alguns, em detrimento de outros. A primogenitura aparecia, nesse contexto, como a principal fonte de favorecimento, de maneira que o primeiro filho homem recebia tudo o que era deixado pelo pai, enquanto os demais nada auferiam, fossem homens ou mulheres. A noção de que o primogênito seria o destinatário dos bens disseminou-se entre os povos antigos, e, mais especificamente, no direito feudal, tendo granjeado intensa receptividade como forma de prestigiar a concentração do acervo em pessoa hipoteticamente capaz de mantê-lo e de dar continuidade aos atos e à vontade do genitor.

Os critérios adotados naquele tempo não mais prevalecem, servindo apenas como reminiscência histórica. Na atualidade, a maioria dos ordenamentos atende, em caráter prioritário, a indicadores de vinculação biológica como fator de estabelecimento da ordem de vocação hereditária. Tal orientação foi consagrada a partir do Código de Justiniano, que definiu como legítima somente a sucessão baseada nas ligações parentais, disciplinando o seu mecanismo de funcionamento.

O direito romano incentivava de maneira intensa a feitura de testamento, conferindo ampla liberdade de testar e admitindo inclusive que todo o patrimônio do titular fosse assim distribuído, independentemente da existência ou não de parentes de sangue. O mesmo não ocorria, por exemplo, no direito germânico, que vedava a disposição testamentária e tinha na sucessão legítima a única forma de repasse do acervo da pessoa falecida.

Modernamente, a influência dessas duas correntes se faz sentir com bastante intensidade, pois praticamente todas as legislações consagram a possibilidade de coexistência das sucessões legítima e testamentária. A primeira, fundada na vontade da lei e destinada a prestigiar as relações consanguíneas; a segunda, dando prevalência à disposição de última vontade do autor da herança, desde que regularmente explicitada. Não havendo lavratura de testamento, ou sendo insubsistente a cédula confeccionada, todo o patrimônio do falecido se distribuirá de acordo com as previsões normativas concernentes à modalidade sucessória legítima.

1.2. Fundamento do direito das sucessões

Mesmo que não seja fator decisivo para a aplicação das normas que disciplinam as questões sucessórias, é muito interessante, no plano teórico, o exame das vertentes relativas ao fundamento do direito das sucessões. Tal relevância se justifica até pela constatação de que durante o processo de evolução da matéria houve radicais mudanças no modo de visualizar o tema, de acordo com o momento histórico e social vivenciado em cada etapa. A verdade é que ainda hoje não se chegou a um denominador comum em torno da base de sustentação do regramento concernente à transmissão do acervo da pessoa falecida, tamanha a diversidade de impressões a respeito do assunto. De qualquer maneira, para evitar desnecessária extensão da análise, serão abordadas apenas as teses mais marcantes.

Inicialmente, é mister salientar que a própria existência do direito à herança vem sendo combatida desde sempre, sob os mais diferentes pretextos. Embora todas as legislações, em maior ou menor grau, prestigiem o instituto, há quem o abomine. Em tempos mais remotos, os jusnaturalistas foram os precursores dessa bandeira, alegando que o direito sucessório não integra genuinamente a essência do ser humano, sendo só uma criação do ordenamento positivo. E, como tal, a sua manutenção ou supressão dependeria apenas de concreta averiguação em torno da conveniência social da medida. A eliminação da faculdade de herdar não traria prejuízos à coletividade. Ao contrário, serviria inclusive para estimular a distribuição das riquezas depois do óbito do titular do acervo, favorecendo pessoas que a elas não houvessem tido acesso por outros meios.

O direito das sucessões, privilegiando laços de sangue e a vontade última do eventual testador, daria ensejo à provocação de severa injustiça social e de notória desigualdade de tratamento entre os indivíduos. Isso porque aquinhoaria certos indivíduos sem embasamento algum em critérios de mérito pessoal, levando em conta unicamente o seu vínculo com o falecido, enquanto privaria outros da possibilidade de ascensão em qualidade de vida com substrato exatamente na falta de conexão biológica ou jurídica com o autor da herança. A entrega do patrimônio do morto ao Estado permitiria que este fizesse a justa distribuição dos bens a quem deles necessitasse, dando renovado vigor às relações em sociedade.

É o mesmo posicionamento que atualmente encontra eco junto aos defensores dos ideais socialistas. A sua efetiva aplicação, todavia, jamais foi realizada com sucesso. A experiência mais sintomática da inviabilidade desse rumo ocorreu na extinta União das Repúblicas Socialistas Soviéticas, que em determinado período aboliu da legislação o direito à herança. Contudo, a imediata reação das pessoas, que passaram a se valer de outros mecanismos jurídicos para distribuir os bens entre os membros da própria família (*v. g.*, doação, simulação de vendas, etc.), evitando o acesso do Estado a eles depois do óbito, levou o poder dominante a restabelecer a anterior postura legislativa, consagrando novamente a faculdade de suceder *causa mortis*.

No início da civilização, inexistia a ideia de sucessão por morte da pessoa, já que a propriedade era considerada coletiva e se destinava a beneficiar os grupos ou núcleos a que pertencia. Somente muito depois, com o principiar da individualização da titularidade das coisas, é que se passou a considerar a hipótese de transmissão por morte, ainda com o fito de atender aos interesses do agrupamento, mas então já lastreada no conceito de família e de continuidade dos bens nas mãos de quem pudesse dar seguimento às diretrizes traçadas pelo antecessor.

A sucessão era fundada, na antiguidade, na relevância da preservação da unidade familiar e no culto à memória do falecido. Tinha intenso conteúdo religioso, pois se imaginava que de certa forma a vida daquela pessoa continuava a ter desenvolvimento nos atos de atenção ao acervo deixado. Afinal, ele se mantinha como elemento integrante do cotidiano familiar, levando ao reconhecimento dos méritos de quem o propiciara e dos deuses cultuados. A transferência dos bens de uma geração para outra representava com precisão essa busca da eternidade da memória de quem partiu, e daí o elevado prestígio desse fenômeno em tempos remotos.

A evolução do pensamento jurídico suprimiu tal modo de pensar, construindo sobre base mais sólida e menos abstrata o instituto da sucessão. Ela passou a ser vista como um fator de ordinária complementação do direito de propriedade, pois se o dono dos bens não os pudesse deixar aos membros da sua família ou àqueles que fossem apontados em testamento, na realidade não seria mais do que mero usufrutuário vitalício do patrimônio. Ao morrer, teria de deixá-lo integralmente para o Estado, do que resultaria lógica conclusão no sentido da total insubsistência da propalada tese acerca da perpetuidade do direito dominial. Sendo perpétua, a propriedade exercida pelo titular expande tentáculos que alcançam o ambiente posterior à morte, transmitindo-se aos sucessores como se fosse decorrência de ato do próprio falecido, embora na realidade se trate de uma criação jurídica.

A par disso, a sucessão *causa mortis* cumpre inegável função social, eis que incentiva as pessoas a guardarem os recursos econômicos captados durante toda a vida, na concreta expectativa de que possam servir aos familiares quando morrer. Cria-se, destarte, uma rede de solidariedade entre os membros do grupo, pois cada um deles ficará imbuído da certeza de que o seu esforço funcionará como elemento de auxílio aos sucessores, que receberão o acervo ficado por óbito do titular. Se assim não fosse, o dono dos bens provavelmente não sentiria motivação alguma para conservá-los consigo, e optaria por deles se desfazer quando alcançasse idade mais avançada, a fim de evitar que o patrimônio se transferisse ao Estado.

Por outro lado, a original desigualdade no tratamento dos sucessores, com atribuição de privilégios aos filhos homens, e, em especial, ao primogênito, não mais persiste. Exceto em algumas nações islâmicas, que insistem em conferir aos descendentes do sexo masculino vantagens em relação às carreadas às mulheres, com base na genérica e secular depreciação do sexo feminino naqueles países. Na maioria das legislações prevalece o moderno entendimento de que todos os sucessores de igual classe e grau recebem tratamento similar, sem distinção de qualquer índole. Tenciona-se, destarte, proteger os membros do agrupamento familiar e reafirmar o caráter perpétuo da propriedade, consagrando-a como maior e mais vigoroso dos direitos reais. Nessa esteira de raciocínio, o art. 5º, XXII, da Constituição Federal de 1988 assegura a propriedade, enquanto o inciso XXX da aludida norma garante o direito à herança.

1.3. Temas a cargo do direito das sucessões

O Código Civil é o repositório da disciplina das questões atinentes à sucessão *causa mortis*, em rigorosa atenção aos dispositivos constitucionais que a consagram. A codificação trata da matéria nos arts. 1.784 a 2.027, em quatro partes distintas que, todavia, guardam umbilical correlação.

O Título I é dedicado às regras relativas à sucessão em geral, abarcando preceitos concernentes tanto à sucessão legítima como à testamentária e falando sobre: disposições gerais (abertura da sucessão, transmissão, limites do ato de dispor etc.), administração da herança, vocação hereditária, aceitação e renúncia, excluídos da sucessão, herança jacente e petição de herança.

Em meio à normatização de tais aspectos, o legislador acabou tratando da sucessão do companheiro, inserindo um único dispositivo a respeito do assunto (art. 1.790) e deixando a nítida impressão de que obrou em grande equívoco ao cuidar desse tema quando outro era o âmbito de discussão. Na realidade, houve, sim, inadequada inserção da aludida regra naquele espaço, de vez que a destinação dos bens de um companheiro ao outro deveria ser tratada depois de abordada a sucessão entre cônjuges, haja vista a afinidade que apresentam. De tudo isso, conclui-se que o dispositivo ficou cercado de regras que em nada lhe dizem respeito, não obstante possua inteira prestabilidade para regular a sucessão *causa mortis* advinda da união estável.

O Título II cuida mais amiúde da sucessão legítima, ou seja, aquela que tem na lei a sua fonte exclusiva. Dispõe, portanto, sobre a transmissão do acervo do *de cujus* aos indivíduos elencados na ordem de vocação hereditária codificada e com estrita observância das preferências legalmente estabelecidas. Reporta-se, ainda, aos herdeiros necessários e ao direito de representação.

Sobressai, na citada disciplina, a circunstância de que as pessoas a quem a lei em tese destina a herança recebem-na, ou não, de acordo com a sua posição jurídica na listagem de vocação sucessória, de maneira que os parentes mais próximos excluem os mais remotos. Por vezes, o parentesco consanguíneo gera a qualidade hereditária em concurso com o marido ou a mulher do indivíduo falecido, restando fixadas pelo legislador as bases quantitativas das vantagens destinadas a cada beneficiário.

O Título III, que é o mais amplo e complexo de todos, aborda exclusivamente a sucessão testamentária, discorrendo acerca da transmissão do acervo do *de cujus* a partir da sua manifestação de última vontade, feita em cédula testamentária regularmente confeccionada. O legislador dispôs sobre: formas ordinárias e especiais de testamento, codicilo, disposições que podem ser inseridas na cédula, requisitos que deverão ser atendidos para a sua validade e eficácia, legados, direito de acrescer, substituições, deserdação, redução das disposições, revogação, rompimento do testamento e figura do testamenteiro.

O Título IV foi dedicado ao inventário e à partilha dos bens deixados pelo *de cujus*. Tal matéria, impende frisar, encontra-se também regrada pelo Código de Processo Civil (arts. 982 a 1.045), de modo a fazer imperiosa a observância sistemática e harmoniosa dos ditames oriundos das mencionadas codificações. Ainda que postas no Código Civil, as normas assumem, como não poderia deixar de ser, conotação essencialmente processual, pois destinadas a disciplinar os mecanismos de atribuição dos bens da herança aos seus legais receptores. Empenhou-se o ordenamento, então, no regramento das seguintes questões: bens sonegados, pagamento das dívidas, colação, partilha, garantia dos quinhões hereditários e anulação da partilha.

Capítulo 2

DA SUCESSÃO EM GERAL

2.1. Sucessão legítima e sucessão testamentária

A acolhida, pelo ordenamento brasileiro, de princípios oriundos tanto do direito romano como do direito germânico trouxe a simbiose de elementos referentes à fonte jurídica da sucessão. O art. 1.786 do Código Civil atesta essa opção: "A sucessão dá-se por lei ou por disposição de última vontade". Há, portanto, duas espécies de sucessão no direito brasileiro: a legítima e a testamentária. A primeira prevalece sobre a totalidade da herança quando o *de cujus* falece sem testamento (*ab intestato*), ou quando este é nulo, caduco ou anulável. Haverá, então, a entrega do acervo às pessoas indicadas na lei (art. 1.829 do Código Civil). A segunda modalidade se aplica aos casos em que existe testamento a cumprir, pois em tal contexto será cumprido o querer do titular da herança, observadas as fronteiras normativas pertinentes.

O art. 1.788 do Código Civil esclarece a questão: "Morrendo a pessoa sem testamento, transmite a herança aos herdeiros legítimos; o mesmo ocorrerá quanto aos bens que não forem compreendidos no testamento; e subsiste a sucessão legítima se o testamento caducar, ou for julgado nulo". Se falecer *ab intestato* o autor da herança, o seu patrimônio será distribuído aos herdeiros legítimos, exatamente na ordem de vocação estabelecida pelo Código Civil. A ausência de disposição de última vontade carrega consigo presunção absoluta no sentido de que o titular do patrimônio tencionava deixá-lo aos sucessores conforme os parâmetros de divisão definidos na lei.

A transmissão aos herdeiros legítimos também ocorrerá quanto aos bens não compreendidos no testamento. Mesmo estando autorizado a testar sobre a porção disponível da herança (metade do conjunto patrimonial, havendo herdeiros necessários), ou sobre o todo (inexistindo aqueles), pode o interessado dispor acerca de pequena fração do acervo, compreendendo no testamento menos do que o montante juridicamente possível. Se isso acontecer, haverá coexistência das sucessões legítima e testamentária, cabendo aos herdeiros definidos em lei a parte não atingida pelo testamento. Como se denota, dar-se-á sucessão testamentária quanto à fração patrimonial regularmente abarcada pelo testamento e sucessão legítima no que for pertinente à parcela cabível aos herdeiros necessários ou aos demais herdeiros vocacionados por lei.

Subsiste ainda a sucessão legítima na hipótese de existir testamento cuja nulidade ou caducidade reste reconhecida em juízo por meio de sentença transitada em julgado. Quando se fala em testamento nulo, insere-se nesse conceito tanto o acometido de nulidade propriamente dita como o maculado por defeito capaz de conduzi-lo à anulação. Considera-se nulo o testamento a que falta algum dos pressupostos ou requisitos básicos de validade; anulável, o gerado a partir de declaração de vontade viciada na origem.

Em ambos os casos é necessária a prolação de sentença e o respectivo trânsito em julgado. Por fim, "a caducidade do testamento é um aspecto de sua ineficácia, que não resulta da declaração de vontade do testador, senão de circunstâncias de fato, a que a lei atribui tal consequência" (GOMES, Orlando. *Sucessões*. Rio de Janeiro: Forense, 1990. p. 247). Reconhecida a insubsistência do testamento, a distribuição da herança se fará segundo as normas da sucessão legítima, como se jamais houvesse sido confeccionada a declaração de última vontade.

Fica patenteada, destarte, a perfeita viabilidade de ambas as espécies sucessórias serem aplicadas ao mesmo tempo, situação muito comum em se tratando de testamento feito por pessoa que possuía herdeiros necessários. Uma fração do acervo será distribuída de acordo com a última vontade do *de cujus*, ao passo que a outra terá como destinatários os indivíduos apontados pela lei. Não haverá conflito de normas, pois o regramento pátrio define com clareza os moldes da divisão patrimonial relativa a cada espécie.

Havendo testamento, os itens patrimoniais não abrangidos pelas disposições do testador também estarão sujeitos a partilha segundo as normas da sucessão legítima, assim como os que corresponderem a eventual excesso de disposição, haja vista a existência de limite quantitativo imposto ao testador no que diz respeito à liberdade de direcionar a outrem seus bens e direitos. Caso o falecido não tenha deixado herdeiros necessários, poderá dispor da totalidade da herança da maneira como quiser, valendo-se para tanto da regular confecção de cédula testamentária.

Havendo herdeiros necessários, o testador só poderá dispor da metade da herança (art. 1.789 do Código Civil). São herdeiros necessários os descendentes (filhos, netos, bisnetos etc.), os ascendentes (pais, avós, bisavós, etc.) e o cônjuge do *de cujus*, consoante estatuído no art. 1.829 da codificação. A sucessão testamentária da pessoa que os tiver não pode abranger a totalidade dos bens do acervo, devendo sempre ser reservada uma porção para tais herdeiros. Isso significa, à evidência, que o testador somente pode dispor livremente da metade da herança, cabendo a parte indisponível, conhecida tecnicamente como legítima, aos herdeiros necessários.

O fundamento da norma atrela-se a princípios morais e de consanguinidade. Quanto aos descendentes e ascendentes, vigora presunção no sentido de que agrada ao ser humano a entrega de sua herança aos mais próximos em sangue. Já no concernente ao cônjuge, trata-se de previsão que deita raízes no reconhecimento do mérito de quem compartilhou com o falecido os momentos bons e ruins da vida, e que, por isso mesmo, tem de ser protegido contra o desamparo material. Ademais, a limitação do poder de dispor em testamento carrega a finalidade de evitar que a predileção por certos herdeiros, ou a malquerença lançada contra outros, leve o indivíduo a privar totalmente da herança algum dos sucessores próximos. Essa iniciativa, de preterir por inteiro algum dos herdeiros necessários, só pode ser tomada quando expressamente prevista em lei, ou seja, nas hipóteses de deserdação (art. 1.961 do Código Civil), que serão examinadas noutra etapa do trabalho.

A porção disponível do acervo é sempre determinada, correspondendo à metade daquilo que o *de cujus* tinha ao tempo do óbito. Essa realidade não sofre qualquer variação atrelada ao número de herdeiros que possam ter sido deixados pelo falecido ou ao grau de parentesco dos sucessores em relação àquele, pois a cada um deles tocará exatamente a fração prevista no ordenamento como indisponível, calculada sobre o volume patrimonial previamente reservado. O mesmo se dará quanto aos itens que não forem alvo de testamento, e que, por força de lei, acrescerão ao montante necessariamente submetido às regras da sucessão legítima.

O falecimento de pessoa casada sob o regime da comunhão universal de bens faz com que o cálculo da porção disponível se realize tendo por base unicamente a meação do *de cujus*. Afinal, a outra metade pertencerá de pleno direito ao cônjuge supérstite, não compondo a herança para qualquer fim. Logo, aos herdeiros necessários terá de ser reservada, como legítima, a metade da meação do falecido, podendo haver livre distribuição testamentária do restante, eis que considerado porção disponível. Inexistindo testamento, caberá aos herdeiros necessários a totalidade da meação pertencente ao *de cujus*, que, em derradeira análise, é a herança sobre a qual incidirão as normas concernentes à partilha.

2.2. Aplicação da regra de comoriência

Ainda a respeito do mecanismo de transmissão automática da herança por morte do titular do acervo, é relevante observar que o direito brasileiro admite a verificação da chamada *comoriência*, prevista no art. 8º do Código Civil. Diz a referida norma: "Se dois ou mais indivíduos falecerem na mesma ocasião, não se podendo averiguar se algum dos comorientes precedeu aos outros, presumir-se-ão simultaneamente mortos".

Entende-se por comoriência a presunção legal de que houve a morte simultânea de indivíduos, quando a apuração do exato horário de falecimento não se mostrar factível. A principal consequência jurídica que produz é a inexistência de transmissão de direitos de qualquer natureza entre os comorientes. Disso emergem significativas repercussões no plano do direito sucessório. Os comorientes são tratados, um em relação ao outro, como se jamais houvessem existido, de maneira que, ao ser feita a partilha dos respectivos bens, eles não serão considerados receptores recíprocos. Daí que, tendo morrido presumivelmente ao mesmo tempo, os sucessores que os comorientes houverem deixado receberão apenas aquilo que lhes couber por óbito da pessoa de quem eram beneficiárias diretas. Nunca, todavia, poderão reclamar a participação que um dos comorientes teria na herança do outro, pois a morte conjunta impede que entre os falecidos se dê a transmissão, e, como é cediço, para receber algo é necessário sobreviver ao antecessor.

Colhe-se da obra de Washington de Barros Monteiro (*Curso de direito civil*. São Paulo: Saraiva, 1989. 1. v., p. 71) elucidativo exemplo: "Um casal sem ascendentes e descendentes falece no mesmo evento. Se se demonstra que o marido pré-morreu à esposa, esta recolhe a herança daquele, para a transmitir, em seguida, aos próprios herdeiros. Se é a mulher quem precede ao marido, sucede este à primeira, transmitindo aos seus herdeiros a herança recebida. Sendo impossível determinar a precedência, presume o Código a simultaneidade das mortes. A herança será então repartida em duas porções, atribuídas respectivamente aos herdeiros de cada um dos cônjuges". Vê-se, portanto, que a comoriência traz extensas repercussões sucessórias, razão pela qual somente se aplica quando os meios técnicos de apuração da cronologia dos óbitos não puderem aferir com precisão o tempo de cada morte.

Ao afirmar que são comorientes os indivíduos falecidos *na mesma ocasião*, o legislador não quer dizer que os óbitos tenham de acontecer no mesmo evento ou em idêntico lugar. É suficiente que ocorram em condições temporais e circunstanciais que inviabilizem a apuração da cronologia das mortes. Logo, se uma pessoa morre no Rio de Janeiro e a outra no Rio Grande do Sul, no mesmo dia e em horários muito aproximados, havendo relevância jurídica na determinação da ordem dos falecimentos e sendo impraticável a apuração do horário exato de cada óbito, terá de incidir na espécie o princípio da comoriência.

2.3. Sucessão a título universal e a título singular

Quanto aos efeitos que dela resultam, a sucessão pode ser implementada a *título universal* e a *título singular*. A sucessão a título universal, também chamada *per universitatem*, somente se dá em proveito do herdeiro, seja legítimo ou testamentário, a quem é deferida a totalidade da herança ou, então, uma quota ou fração ideal do monte-mor. O sucessor como que continua a vida jurídica do falecido, tomando-lhe o lugar nas relações que entabulara, observadas as fronteiras postas na lei. Na prática, o herdeiro se sub-roga integralmente na condição jurídica anteriormente ocupada pelo *de cujus*, auferindo as vantagens do ativo e suportando os ônus decorrentes do passivo. Portanto, será destinatário do quinhão que lhe couber depois de satisfeitas as dívidas do falecido. Poderá nada receber, se tudo for consumido no pagamento das aludidas pendências. Todavia, jamais será afetado em seu patrimônio pessoal, eis que a responsabilidade pelos débitos do *de cujus* vai apenas até o limite das forças da herança, não ultrapassando esse marco em hipótese alguma.

Por seu turno, a sucessão a título singular, conhecida igualmente como *singulatim*, é aquela em que se transmitem, por meio de testamento válido, coisas individualmente consideradas, ou seja, certas e determinadas. Nesse contexto, o sucessor é denominado legatário, auferindo os bens que foram expressamente indicados pelo testador. Porém, ao contrário do que ocorre na modalidade universal, o sucessor não dá continuidade às relações jurídicas do falecido, razão pela qual não responde pelas obrigações deixadas por ele. Isso não significa que necessariamente receberá a coisa que lhe foi destinada, pois, embora bastante protegido pelo ordenamento, o legado também pode ser consumido na quitação do passivo do *de cujus*, quando a herança se revelar insuficiente para tanto.

Com base no exposto, pode-se afirmar que o herdeiro legítimo e o herdeiro testamentário serão sempre sucessores a título universal, ao passo que o legatário, que só poderá ser instituído em testamento, invariavelmente assumirá a posição de sucessor a título singular. É relevante observar que não se confunde a qualidade de herdeiro a título universal com a de herdeiro universal, pois esta última expressão tem sido reservada para designar a pessoa que recebe toda a herança, ao passo que aquela outra serve para definir, como asseverado, o indivíduo que aufere um percentual ou fração do acervo, mas não necessariamente a sua totalidade. Nada obsta, à evidência, que se concentre em um mesmo sucessor a qualidade de herdeiro a título universal e herdeiro universal, contanto que receba na íntegra tudo o que foi deixado pelo falecido.

2.4. Abertura da sucessão e saisina

Considerado o fato de que a aquisição da personalidade ocorre no exato momento em que o ser humano nasce com vida (art. 2º do Código Civil), e tendo em vista a circunstância de que isso faz dele sujeito de direitos e deveres na ordem civil, é preciso delimitar o marco final desse fenômeno, em face das extensas repercussões que provoca. O art. 6º da codificação diz que a morte, real ou presumida, acarreta o término da personalidade civil, de maneira que aquele evento faz cessar para o indivíduo a qualidade de sujeito sob o prisma jurídico.

Logo, todas as relações jurídicas de que ele participava não mais contarão com a sua presença, afigurando-se necessário estabelecer as consequências desse acontecimento. Uma delas está contida no art. 1.784 do Código Civil, do qual se extrai que, aberta a sucessão, a herança transmite-se, desde logo, aos herdeiros legítimos e testamentários do *de cujus*. É importante observar que no tocante aos herdeiros instituídos por testamento admite-se a inserção, na cédula, de previsão no sentido de que a aquisição da propriedade do quinhão terá lugar apenas se cumprida a condição suspensiva aposta pelo testador, ou quando advier o termo estabelecido. Haverá, destarte, mudança no rumo traçado pela regra legal que estabelece a transmissão imediata, atendendo com prevalência à vontade última do titular do acervo. Mas apenas quanto aos herdeiros instituídos, pois, no concernente aos legítimos, sempre incidirá o aludido preceito normativo.

Assim, o óbito, a abertura da sucessão e a transmissão hereditária têm lugar a um só tempo, sem solução alguma de continuidade. Isso acontece de maneira automática, no instante mesmo da morte do titular do acervo, sem que se faça mister a adoção de qualquer providência por parte dos interessados, e ainda que estes ignorem o óbito ou a sua própria condição de sucessores. Saliente-se que são inconfundíveis a abertura da sucessão e a abertura do inventário. Com efeito, aquela funciona como elemento de atribuição legal da herança aos destinatários, sujeita à posterior confirmação pessoal dos interessados (art. 1.804 e parágrafo único do Código Civil). Trata-se de momento juridicamente substantivo, que decorre da força da lei. Já a abertura do inventário é o ato pelo qual os sucessores do falecido pleiteiam a adoção das medidas judiciais, ou encaminham as extrajudiciais, necessárias à final partilha da herança deixada pelo finado. Dentre as providências passíveis de verificação no inventário está a aceitação ou a renúncia da herança que aos sucessores fora destinada pela ficção legal da saisina, instituto que será explicitado na sequência.

Em face do exposto, vislumbra-se na morte o fato gerador da imediata alteração subjetiva nas relações até então concentradas na esfera jurídica do extinto, eis que passarão a integrar o patrimônio dos herdeiros, com os mesmos ônus e vantagens originalmente apresentados. Diga-se, por fundamental, que a herança é composta pelos itens positivos e negativos das relações jurídicas de alguém, sendo equivocado imaginar que os sucessores recebem do finado apenas o ativo do seu patrimônio. Na realidade, também lhes é entregue o passivo, com a segurança, todavia, de que não terão de comprometer os seus respectivos acervos patrimoniais para custear as obrigações pendentes do falecido, haja vista a regra legal de que apenas as forças da herança respondem pelas dívidas existentes ao tempo da abertura da sucessão (art. 1.792 do Código Civil).

O fenômeno ínsito no art. 1.784 da codificação, da transmissão instantânea da herança, teve origem no ordenamento francês, que o identificou como *droit de saisine*. Não se pode afirmar que o morto repassa as suas relações a outrem, pois o óbito faz de imediato fenecer qualquer perspectiva de admiti-lo como partícipe de acontecimentos referentes a elas. É a lei que produz esse resultado, tendo como substrato exatamente a necessidade de conservar os itens patrimoniais do extinto sob a titularidade de alguém. A saisina é, em verdade, genuína ficção jurídica, inclusive por admitir que ocorrem a transferência e a aquisição hereditária sem sequer exigir a prévia ciência dos interessados acerca dos fatos e do direito emergentes do contexto estabelecido a partir da morte do *de cujus*.

Transmudado para a legislação brasileira, o fenômeno é conhecido como *direito de saisina*, ou, resumidamente, *saisina*. Ela prestigia os herdeiros, que são os indivíduos a quem se destina, por lei ou testamento, uma quota ideal ou percentual da herança (*v. g.*, metade, um terço, quarenta por cento etc.). Em relação aos legatários, que são aqueles beneficiados no testamento com a deixa de um bem certo e determinado que compõe o acervo do *de cujus*, a situação precisa ser examinada sob dois ângulos. Se a coisa indicada pelo testador é infungível, o legatário adquire a propriedade desde o óbito do titular. Se fungível, o domínio só é adquirido por ele com a decisão final relativa à partilha, pois então acontecerá a sua adequada separação de outros do mesmo gênero. Em ambas as situações, porém, a posse do bem somente é repassada ao legatário quando ocorrer a referida partilha. Cumpre destacar que tanto os herdeiros — legítimos ou testamentários — como os legatários são sucessores, mas enquanto estes sucedem em coisa identificada no testamento, aqueles auferem vantagem consistente em fração ou parcela do acervo, sem que saibam exatamente quais os itens que comporão o seu direito na fase de divisão.

Como se percebe, os herdeiros se tornam proprietários e possuidores da herança desde a abertura da sucessão porque, não havendo direito sem titular, o princípio da continuidade dominial determina a ocorrência da saisina. Mas o teor qualitativo e quantitativo do seu proveito somente será definido posteriormente, no inventário judicial, ou, em situações específicas, extrajudicial promovido por iniciativa das pessoas legalmente habilitadas a pleiteá-lo. À evidência, não se pode descartar a hipótese de nada sobrar depois de realizado o pagamento das dívidas do falecido. Daí que a posição dos herdeiros é de aguardo pela finalização do inventário, pois, investidos *pleno jure* em todos os bens, direitos e ações do extinto, somente auferirão aquilo que acaso sobejar depois de exauridas as obrigações ficadas.

São pressupostos da sucessão assim alinhavada, tanto no concernente aos herdeiros como aos legatários: a) que o anterior titular tenha falecido; b) que o beneficiário estivesse vivo ao tempo da abertura da sucessão. Não existe herança de pessoa viva, nem, conforme sobredito, poderá haver contratação em torno da expectativa de direito gerada pela qualidade de potencial sucessor de alguém. Por outro lado, se a pessoa a quem a lei ou o testamento confere a qualidade de sucessor já tiver falecido quando do óbito do autor da herança, não será possível atribuir-lhe a qualidade de destinatário do acervo, dada a extinção da sua própria personalidade civil.

A prova da morte do *de cujus*, e mesmo do sucessor, é feita por meio da certidão de óbito. Isso vale tanto para a morte real como para a presumida, pois esta sempre será precedida de demanda judicial geradora de sentença levada a registro perante o cartório competente, ensejando, assim, a lavratura da respectiva certidão atinente ao falecimento. A presunção de óbito produz efeitos iguais aos da ocorrência real, autorizando, na forma da lei, a realização do inventário da pessoa sobre quem recai a ficção jurídica de passamento. Uma das situações que conduzem à morte presumida é a ausência, traduzida no desaparecimento de alguém sem deixar vestígios ou quem o represente (art. 22 do Código Civil). Entretanto, o mesmo resultado pode ser obtido sem a decretação da ausência, mas para isso é preciso que haja o desaparecimento de pessoa que estava em situação concreta de perigo, ou envolvida em campanha militar, nos moldes dos incisos I e II do art. 7º do Código Civil.

2.5. Lugar da abertura da sucessão

O lugar do óbito e a localização dos bens integrantes da herança não são fatores decisivos na definição do lugar da abertura da sucessão. Por expressa previsão normativa, considera-se ela aberta no último domicílio do falecido (art. 1.785 do Código Civil). A relevância desse aspecto diz respeito, entre outras coisas, à fixação da competência do foro onde se processarão o inventário e a partilha do acervo.

Consoante se depreende do conteúdo da regra, o foro do último domicílio do autor da herança, no Brasil, é o competente para o inventário, a partilha, a arrecadação, o cumprimento de disposições de última vontade e todas as ações em que o espólio for réu, ainda que o óbito tenha ocorrido no estrangeiro (art. 96 do Código de Processo Civil). É, porém, competente para o debate dos temas acima elencados o foro da situação dos bens, se o autor da herança não possuía domicílio certo, ou o do lugar em que ocorreu o óbito, se o autor da herança não tinha domicílio certo e possuía bens em lugares diferentes (parágrafo único). Caso o falecido tenha mais de um domicílio ao tempo do óbito, o inventário processar-se-á em qualquer deles, consoante deflui da regra geral insculpida no § 1º do art. 94 do caderno processual civil.

Se durante a tramitação do inventário de um dos cônjuges o outro, que era meeiro em razão do regime matrimonial de bens, vier a falecer antes da partilha, as duas heranças serão cumulativamente inventariadas e partilhadas, se os herdeiros de ambos forem os mesmos (art. 1.043 do Código de Processo Civil). Trata-se de uma variante da competência ordinária de feitura da distribuição dos itens patrimoniais deixados, cujo objetivo é facilitar a ultimação dos procedimentos por meio da concentração do debate em um só juízo.

Idêntico fenômeno se dá por influência do art. 1.044 do Código de Processo Civil: "Ocorrendo a morte de algum herdeiro na pendência do inventário em que foi admitido e não possuindo outros bens além do seu quinhão na herança, poderá este ser partilhado juntamente com os bens do monte". Nesse caso, o regramento comum atinente ao lugar da abertura da sucessão cede espaço para o ditame especial, haja vista as peculiaridades do quadro gerado.

Compete à autoridade judiciária brasileira, com exclusão de qualquer outra, proceder a inventário e partilha de bens, situados no Brasil, ainda que o autor da herança seja estrangeiro e tenha residido fora do território nacional (art. 89, II, do Código de Processo Civil). Se o falecido era brasileiro e morava no exterior, valerão as normas ordinárias anteriormente citadas, devendo o inventário ser feito no Brasil. É absolutamente inválida no território nacional qualquer decisão estrangeira relacionada ao assunto. Todavia, se o brasileiro morrer no exterior e os bens de sua titularidade estiverem situados fora do Brasil, a competência será do juízo estrangeiro, submetendo-se integralmente à legislação alienígena.

2.6. Aplicação da lei em vigor ao tempo do óbito

Os direitos dos herdeiros, sejam legítimos ou testamentários, têm por substrato a lei vigente ao tempo da morte do *de* cujus, haja vista o teor do art. 1.787 do Código Civil: "Regula a sucessão e a legitimação para suceder a lei vigente ao tempo da abertura daquela". Disso se infere que nenhuma alteração legislativa posterior ao óbito terá influência na distribuição dos itens que compuserem a herança, quer para melhorar ou para agravar a situação dos sucessores. Tampouco poderão ser invocadas normas que, divergindo das vigentes à data do óbito, forem anteriores a estas. Enfim, independentemente de eventuais modificações que venham a recair sobre as normas, aplicam-se as que estiverem valendo no instante da morte.

A relevância dessa sistemática reside no fato de que muitas vezes o inventário dos bens deixados pelo falecido é feito anos ou mesmo décadas depois da morte. Como inexiste sanção eficiente para compelir os sucessores a promoverem de imediato a abertura do inventário, é possível que pessoas mortas ainda sob a égide da codificação civilista de 1916 venham a ter os bens partilhados quando já em vigor o atual Código Civil. Para evitar controvérsias acerca da legislação aplicável é que existe a supracitada previsão, pela qual se estabeleceu a incidência da disciplina vigente ao tempo do falecimento do titular do acervo.

Não apenas a sucessão se rege pela lei da data do óbito. Também a legitimação para suceder é disciplinada pelas normas que vigorarem no dia do passamento do *de cujus*. Capaz de suceder — ou legitimado — é todo aquele a quem o ordenamento jurídico confere qualidade suficiente para receber a herança ou parte dela. Importa desde logo diferenciar a legitimação para suceder da capacidade para ter direito abstrato a integrar a sucessão. É possível que uma pessoa, mesmo sendo teoricamente capaz de integrar a partilha da herança de alguém, esteja na prática impedida de postular qualquer fração do acervo, fruto da incidência de disposição legal ou de óbice oposto pelo testador.

Assim, o indigno e o deserdado são exemplos de pessoas carentes de legitimação para suceder, embora em tese estivessem arroladas entre as que receberiam a herança. Mas, retornando ao ponto central da questão, cumpre frisar a circunstância de que nenhuma alteração superveniente nas normas sucessórias afetará a legitimação ditada pelas regras em vigor ao tempo da morte do autor da herança. Por igual fundamento, regras que já não mais tenham vigência à data do óbito não poderão ser invocadas para fins de inventário e partilha do acervo.

Capítulo 3

DA HERANÇA E DE SUA ADMINISTRAÇÃO

3.1. Modo de deferimento

A herança defere-se como um todo unitário, ainda que vários sejam os herdeiros (*caput* do art. 1.791 do Código Civil). Para os fins previstos em lei, a herança é considerada como um bem, uma universalidade de direito, recebendo, como tal, disciplina similar à dispensada aos congêneres (art. 91 do Código Civil). Como resultado da doutrina da *saisina*, a aquisição da herança se dá antes mesmo da aceitação, de vez que o óbito provoca a imediata transferência do acervo aos herdeiros. A estes será dado abdicar da prerrogativa de receber a herança, mas isso não muda os aspectos da transmissão operada pelo princípio da saisina. A morte do *de cujus* faz com que a herança sempre seja repassada aos herdeiros como um todo unitário, sem fracionamento qualitativo ou quantitativo, independentemente do número de pessoas a serem aquinhoadas.

A abertura da sucessão, deflagrada pelo óbito do *de cujus*, automaticamente gera a indivisão do acervo, agrupando a totalidade dos bens em um universo jurídico inexpugnável pela vontade isolada de qualquer dos herdeiros. Somente com a superveniência da partilha é que se direcionará a cada beneficiário o seu respectivo quinhão, individualizando-se então a propriedade dos itens patrimoniais deixados pelo falecido. Enquanto não ocorrer a mencionada divisão, a herança pertencerá a todos os herdeiros indistintamente.

Com a abertura da sucessão, ficam os herdeiros habilitados a promover a defesa do conjunto de bens e direitos deixados pelo *de cujus*. A atuação de um deles aproveita aos demais e pode ser dirigida em defesa de toda a herança ou apenas de parte dela, eis que constitui universalidade jurídica enquanto não houver a partilha. Os herdeiros, individual ou coletivamente, podem lançar mão de quaisquer ações que estivessem em vida à disposição do *de cujus*, inclusive as de cunho reivindicatório ou possessório.

Até a partilha, o direito dos co-herdeiros, quanto à propriedade e posse da herança, será indivisível, e regular-se-á pelas normas relativas ao condomínio (parágrafo único do art. 1.791 do Código Civil). Destarte, nenhum dos sucessores poderá avocar a condição de titular ou de possuidor exclusivo do acervo ou de certo bem que o compõe, ficando o seu direito limitado ao conteúdo das faculdades jurídicas dos demais interessados. O tratamento dispensado à herança é o mesmo que se atribui a qualquer universalidade indivisível, eis que o direito dos co-herdeiros, pertinente à propriedade e à posse do acervo, é efetivamente insuscetível de fracionamento até o instante em que cada qual receberá individualmente a fração que lhe couber. A transmissão da herança aos sucessores coloca-os em condição condominial, circunstância a ensejar a aplicação dos dispositivos referentes ao condomínio quanto à administração, condução e zelo para com a universalidade. Afinal, a natureza temporariamente indivisível da herança traz como consequência a titularidade deles sobre o todo, sendo os direitos individuais limitados pelos atributos dos consortes. Todavia, perante terceiros é dado a cada sucessor agir como se fosse único para fins de defesa e cautelas relacionadas ao acervo.

3.2. Cessão de direitos hereditários

A indivisibilidade da herança não significa que os herdeiros não possam dispor da parte ideal que singularmente lhes compete. Tratando-se de direito de natureza econômica, e inexistindo previsão legal que vede a prerrogativa de disposição, admite-se que o titular da quota promova atos de transferência. O *caput* do art. 1.793 do Código Civil estabelece: "O direito à sucessão aberta, bem como o quinhão de que disponha o co-herdeiro, pode ser objeto de cessão por escritura pública". A diferença entre *direito à sucessão aberta* e o *quinhão de que disponha o herdeiro* tem a ver com o momento em que se opera a iniciativa de cessão. Quando ela acontece ainda antes da aceitação da herança pelo beneficiário, diz respeito apenas às faculdades que o herdeiro tem sobre o acervo, genericamente considerado, do *de cujus*. Como ninguém pode transferir algo que não é seu, considera-se realizada a aceitação da herança, pelo cedente, no exato instante em que promove a cessão. Por outro lado, quando o negócio jurídico acontece depois de perfectibilizada a aceitação expressa ou tácita (*v. g.*, durante o curso do inventário em que o cedente se habilitou), o objeto da relação jurídica entabulada é o próprio quinhão do herdeiro, embora sem individualização dos bens, fenômeno que somente se opera com a partilha. De qualquer modo, tanto um como outro caso acarretam o mesmo resultado, qual seja, a transmissão das prerrogativas sucessórias ao cessionário, que tomará o lugar do cedente na disputa pelo monte-mor.

Como se percebe, o herdeiro pode dispor do seu direito à sucessão aberta antes mesmo da propositura de inventário. Não, porém, antes da morte do titular do acervo, pois, como salientado, é vedada a contratação sobre herança de pessoa viva (art. 426 do Código Civil). Releva observar que o art. 80, II, do mesmo diploma normativo, diz que o direito à sucessão aberta é imóvel para todos os efeitos de lei, o que faz recair sobre ela os ditames reguladores da transmissão imobiliária. Também se admite que o co-herdeiro transfira a outrem o quinhão de que dispuser, investindo pessoa diversa nas qualidades sucessórias. Em qualquer das hipóteses, o repasse dos atributos é feito mediante confecção de escritura pública de cessão de direitos hereditários, na qual as partes definem exatamente o objeto e as demais nuanças do negócio jurídico. Depois de feita a cessão, o instrumento a ela correspondente servirá de título ao cessionário, legitimando-o a apresentá-lo em juízo para fins de inventário e apropriação do que lhe couber.

A transferência do direito à sucessão aberta, ou do quinhão, pode ser gratuita (equivalente à doação) ou onerosa (análoga à compra e venda), circunstância que em nada altera a qualidade das prerrogativas geradas a partir da realização do negócio jurídico. Como todo contrato, a cessão sujeita-se às regras gerais relativas aos liames bilaterais, exigindo capacidade das partes, objeto lícito e possível e atendimento à forma prescrita no ordenamento, que, como asseverado, é a escritura pública.

Interpreta-se restritivamente a cessão de direitos hereditários, ficando alijados do negócio jurídico todos os proveitos posteriormente captados pelo cedente em virtude da abertura da sucessão, seja a título de substituição na herança ou como decorrência do exercício do direito de acrescer (§ 1º do art. 1.793 da codificação). A presunção emergente do dispositivo legal somente cede lugar ante expressa previsão contratual em sentido oposto, sendo inadmissível pretender que resulte implicitamente das circunstâncias. Exemplo: Pedro cede a Maria o quinhão que lhe cabe como co-herdeiro por falecimento do pai. Depois disso, o irmão do cedente renuncia aos direitos hereditários, vindo sua fração a acrescer à de Pedro. A parte acrescida não se incluirá no negócio jurídico firmado entre cedente e cessionária, a menos que eles houvessem inequivocamente estipulado a verificação desse efeito quando da celebração do contrato.

O cedente não transfere coisas específicas do monte-mor, nem parte determinada e materialmente identificada do acervo. Ele simplesmente alcança ao cessionário a faculdade de tomar o seu lugar na sucessão. Em razão disso, nenhum efeito produz a cessão que o co-herdeiro faz a outrem tendo por alvo o seu direito hereditário sobre qualquer bem do acervo considerado singularmente (§ 2º do art. 1.793 do Código Civil). Até a partilha, a herança é um universo indivisível, motivo pelo qual os herdeiros não são considerados donos de itens específicos integrantes do monte-mor, mas sim titulares de quinhões cujo conteúdo material se delineará com a ultimação do inventário. Logo, ninguém é ainda proprietário deste ou daquele bem enquanto não for realizada a divisão da herança, depois de quitadas as dívidas e apurado eventual saldo positivo. Não obstante o asseverado, a cessão de coisa específica pode tornar-se eficaz, contanto que o bem alienado seja integrado ao quinhão do cedente quando da partilha. Nesse caso, terá desaparecido o obstáculo à transferência do item negociado, eis que passou a pertencer com exclusividade ao alienante, ficando referendado o negócio jurídico sobre ele incidente.

Ineficaz é a disposição, sem prévia autorização do juiz da sucessão, por qualquer herdeiro, de bem componente do acervo hereditário, pendente a indivisibilidade (§ 3º). Portanto, a alienação de bens da herança depende sempre de autorização do juiz perante o qual tramita o inventário, normalmente resultando do assentimento de todos os herdeiros maiores e capazes, ou de pleito formulado pelo inventariante em razão de necessidades prementes do espólio (pagamento de dívidas, quitação de impostos etc.).

O ato de disposição praticado por qualquer herdeiro enquanto pendente a indivisibilidade, sem pronunciamento judicial favorável, tendo por alvo bens integrantes do acervo hereditário, é ineficaz perante o espólio, não produzindo a transferência da coisa ao adquirente. O fenômeno não encontra condicionantes na natureza do negócio entabulado, pois tanto os realizados onerosamente como aqueles feitos em caráter gratuito são ineficazes por falta do atendimento de pressuposto essencial para a sua regular constituição.

O herdeiro somente passa a ter legitimidade para alienar os bens independentemente de autorização judicial a partir do instante em que, finalizada a partilha, forem individualizados e integrados ao seu quinhão. Na pendência de divisão a herança é considerada um universo incindível pela vontade isolada do herdeiro. Mesmo quando houver a anuência de todos, a alienação de bens determinados do acervo sempre terá de ser antecedida de deferimento judicial. Isso evita que ocorram prejuízos e percalços aos sucessores, preservando, ao mesmo tempo, o direito de terceiros (credores, fisco etc.) sobre os itens da massa.

3.3. Direito de preferência

Objetivando viabilizar a conservação do acervo sob a titularidade dos herdeiros do *de cujus*, o legislador estipulou direito de preferência em favor de cada um quanto às quotas hereditárias dos demais, se a qualquer deles interessar a alienação da que lhe couber. É o art. 1.794 do Código Civil que dá rumo à matéria: "O co-herdeiro não poderá ceder a sua quota hereditária a pessoa estranha à sucessão, se outro co-herdeiro a quiser, tanto por tanto". Esse princípio tem origem na definição legal de que o tratamento dispensado aos co-herdeiros é similar àquele deferido aos condôminos (parágrafo único do art. 1.791 do Código Civil).

Assim, a cessão da quota a estranho terá necessariamente de ser precedida de oferta aos consortes, a quem se facultará o exercício da preferência quando houver igualdade de condições entre os valores. Caso outro co-herdeiro tencione adquirir a porção oferecida e se habilite a pagar o mesmo preço, e nas mesmas condições, a alienação a terceiro ficará obstada. Entretanto, se condicionar a aceitação à redução do valor oferecido por terceiro, ou à mudança das características da relação jurídica (*v. g.*, forma de pagamento ou parcelamento), o interessado poderá alhear a este a respectiva quota, pois a preferência somente prevalece quando o consorte se iguala ao estranho no interesse pela realização do negócio.

Tendo em linha de consideração a circunstância de que o ordenamento jurídico confere primazia de aquisição da quota ao co-herdeiro somente quando houver igualdade de condições econômicas com a oferta formulada por estranho, resta patente que a preferência inexiste na hipótese de cessão a título gratuito. Isto porque a gratuidade não envolve espécie alguma de oferta de cunho econômico, motivo pelo qual a ideia de vantagem em prol do consorte se esvai. Como decorrência disso, o co-herdeiro pode livremente ceder a título gratuito a sua quota hereditária, sem que aos demais consortes caiba a apresentação de óbices à realização do negócio jurídico.

O co-herdeiro, a quem não se der conhecimento da cessão, poderá, depositado o preço, haver para si a quota cedida a estranho, se o requerer até cento e oitenta dias após a transmissão (*caput* do art. 1.795 do Código Civil). Percebe-se, destarte, que a eventual preterição do co-herdeiro em relação ao exercício do direito de preferência autoriza-o a depositar o valor pago pelo estranho e tomar para si a quota irregularmente cedida a outrem.

O fato de o cedente a título oneroso não oferecer previamente a sua quota ao consorte constitui afronta ao direito deste, ensejando o exercício da preferência mediante unilateral iniciativa do interessado. Para tanto, terá de requerer ao juiz autorização com vistas ao depósito de valor igual ao pago pelo cessionário. Esgota-se a possibilidade de resgate da quota se a providência estatuída na lei deixar de ser adotada dentro dos cento e oitenta dias subsequentes à transmissão. O prazo flui a partir da data em que restou celebrado o negócio jurídico translativo, e não daquele em que o prejudicado toma ciência da sua realização.

Havendo pluralidade de co-herdeiros, a todos eles caberá direito de preferência sobre a quota do consorte interessado em aliená-la. Nesse caso, exercerão em conjunto a prerrogativa, tocando a cada um fração proporcional à respectiva quota hereditária (parágrafo único do art. 1.795 do Código Civil). Exemplo: sendo dois os co-herdeiros com direito de preferência, um deles com quota de 25% e o outro com participação de 50% na herança, a aquisição da quota do cedente (ou seja, os 25% restantes) será feita em conjunto, atribuindo-se aos cessionários, respectivamente, um terço e dois terços da parte cedida.

Na hipótese de apenas um dos co-herdeiros demonstrar interesse em ter para si a quota do cedente, deverá fazê-lo em relação ao todo, eis que inviável o fracionamento para fins de aquisição parcial. Os co-herdeiros, sejam quantos forem, não podem exercer *pro parte* a preferência, tendo sempre de promovê-la sobre a totalidade da quota cedida, em conjunto ou isoladamente. Tal solução objetiva evitar a provocação de contratempos ao cedente por meio da divisão do seu direito sucessório, de modo que se admite a negociação de toda ela junto a terceiro se nenhum dos consortes quiser adquiri-la inteiramente.

3.4. Extensão da responsabilidade dos herdeiros

O herdeiro não responde por encargos superiores às forças da herança; incumbe-lhe, porém, a prova do excesso, salvo se houver inventário que a escuse, demonstrando o valor dos bens herdados (art. 1.792 do Código Civil). A responsabilidade dos herdeiros pelo cumprimento das obrigações assumidas em vida pelo *de cujus* em hipótese alguma ultrapassará as forças da herança. O deferimento da sucessão é realizado em proveito dos herdeiros e não em seu prejuízo. Ninguém pode ser chamado para responder com o seu patrimônio pessoal pelas dívidas do espólio, exigíveis exclusivamente até o limite do potencial econômico do acervo.

Por isso é que, sendo o passivo do *de cujus* superior ao ativo, o pagamento das dívidas dependerá da expressão da herança, pois a partir de quando esta se esgotar os herdeiros não mais poderão ser instados a cumprir as obrigações pendentes. Os créditos impagos permanecerão em definitivo nessa condição, em face da impossibilidade de se afrontar o patrimônio particular dos herdeiros. Em analogia lançada apenas a título ilustrativo, pode-se dizer que assim como no direito penal a reprimenda não passa da pessoa do infrator, também a dívida, no âmbito cível, não ultrapassa as fronteiras da responsabilidade pessoal do devedor, exceto quando a lei expressamente dispuser em contrário.

Como referido, o herdeiro somente responde pelo pagamento das dívidas situadas no limite do quinhão recebido, sendo juridicamente inviável perseguir o acervo econômico particular do sucessor, constituído a partir de fontes outras que não a herança. Incumbe ao herdeiro provar que o seu quinhão é inferior ao valor das obrigações em aberto e que a cobrança não pode ultrapassar tal limite. Fazendo essa prova, o herdeiro livra-se de qualquer pretensão deduzida pelos credores.

No caso de já existir inventário ao tempo da apresentação dos créditos para solução, no qual conste demonstrativo oficial do valor dos bens, o herdeiro ficará isento de fazer outras provas e escusado da persecução que visa à cobrança das dívidas superiores às forças do monte-mor. No inventário, o valor dos bens é definido através de avaliação determinada pelo juízo e confeccionada pelas repartições competentes. A partir da aludida avaliação é possível estabelecer a extensão do direito de cada herdeiro, situando-se no respectivo quinhão o limite da sua responsabilidade por dívidas do falecido.

Enquanto estiver em tramitação o inventário para divisão da herança deixada pelo falecido, as dívidas poderão ser reclamadas pelos credores contra a sucessão, em demanda judicial autônoma. O inventariante representará o interesse da sucessão ao longo da disputa, inclusive recebendo citação e acompanhando todos os demais atos e termos do processo. Se ainda não houver sido ajuizado inventário, ou se este já tiver sofrido encerramento, a demanda terá de ser promovida pelos credores diretamente contra os herdeiros, ficando cada um obrigado apenas até o limite do benefício auferido.

3.5. Procedimentos relativos ao inventário

3.5.1. Abertura do inventário

O art. 1.796 do Código Civil estabelece: "No prazo de trinta dias, a contar da abertura da sucessão, instaurar-se-á inventário do patrimônio hereditário, perante o juízo competente no lugar da sucessão, para fins de liquidação e, quando for o caso, de partilha da herança". Quanto ao prazo, todavia, o art. 983 do Código de Processo Civil dispõe: "O processo de inventário e partilha deve ser aberto dentro de 60 (sessenta) dias a contar da abertura da sucessão, ultimando-se nos 12 (doze) meses subsequentes, podendo o juiz prorrogar tais prazos, de ofício ou a requerimento de parte". A norma recebeu essa redação por meio da Lei n. 11.441, de 04 de janeiro de 2007, em vigor a partir de 05 de janeiro de 2007. Como se trata de regra mais recente do que a contida no Código Civil, prevalece o prazo indicado no caderno processual.

A legislação federal não fixou penalidade alguma para a hipótese de não ser providenciada a abertura do inventário dentro do prazo acima apontado. Todavia, admite-se que os Estados-membros criem mecanismos de punição pecuniária dos faltosos, visando a evitar a indefinida procrastinação da partilha dos bens deixados pelo falecido. A maioria das unidades federativas, contudo, não adotou essa medida, que encontra respaldo na Súmula n. 542, do Supremo Tribunal Federal, *verbis*: "Não é inconstitucional a multa instituída pelo Estado-membro, como sanção pelo retardamento do início ou da ultimação do inventário".

O pedido de abertura do inventário não sofre a incidência das normas referentes à prescrição, podendo ser apresentado a qualquer tempo, sem prejuízo das sanções pecuniárias acaso incidentes pelo retardo. Competente para o inventário é o foro do lugar do último domicílio do *de cujus*. O prazo para que os interessados deem início ao inventário começa a fluir a partir do dia em que verificada a morte do autor da herança. Eventual inobservância do prazo não afeta os direitos decorrentes da herança, nem obsta que a todo tempo qualquer dos interessados tome a iniciativa de ajuizar a ação.

O juízo onde se processa o inventário é competente para decidir todas as questões relacionadas à liquidação do patrimônio hereditário (pagamento de dívidas, cobrança de créditos, satisfação de tributos etc.) e à partilha dos itens remanescentes. Sendo todos os herdeiros maiores e capazes, o juiz poderá homologar eventual acordo que vier a ser feito acerca da destinação dos bens. Caso não haja acordo, ou se por qualquer razão restar impedida a divisão amigável, o juiz prolatará sentença de partilha, atribuindo aos herdeiros o produto material das respectivas frações.

3.5.2. Nomeação do inventariante

Inventariante é a pessoa encarregada pelo juiz de representar o espólio e de indicar os bens da herança, administrando-os e encaminhando-os para regular partilha entre os sucessores. Ele exerce um *munus* público, pois serve ao objetivo estatal de ver destinada a herança a quem por lei ou testamento deva captá-la. Não se trata de mandatário, pois inexiste contrato a sustentar a investidura, tampouco de depósito, pela mesma razão, e também porque representa o espólio judicial e extrajudicialmente. É, enfim, um encargo que carrega o predomínio do interesse coletivo sobre o privado, traduzido na necessidade de preservar a regra constitucional asseguradora do direito de herança (art. 5º, XXX).

O art. 990 do Código de Processo Civil disciplina a ordem de apontamento do indivíduo a quem caberá a tarefa: "O juiz nomeará inventariante: I – o cônjuge sobrevivente casado sob o regime de comunhão, desde que estivesse convivendo com o outro ao tempo da morte deste; II – o herdeiro que se achar na posse e administração do espólio, se não houver cônjuge supérstite ou este não puder ser nomeado; III – qualquer herdeiro, nenhum estando na posse e administração do espólio; IV – o testamenteiro, se lhe foi confiada a administração do espólio ou toda a herança estiver distribuída em legados; V – o inventariante judicial, se houver; VI – pessoa estranha idônea, onde não houver inventariante judicial. Parágrafo único. O inventariante, intimado da nomeação, prestará, dentro de 5 (cinco) dias, o compromisso de bem e fielmente desempenhar o cargo". A sequência definida na lei não é de observância obrigatória pelo magistrado, que pode escolher, dentre os arrolados, aquele que possuir melhores condições de desempenhar a missão.

Tanto quanto possível, entretanto, o juiz nomeará o inventariante com atendimento do rol normativo, pois se presume que tal pessoa esteja preparada para assumir o mister, haja vista a proximidade mantida com o falecido e, portanto, com os itens que compõem a herança.

O cônjuge, mencionado no inciso I, terá preferência na nomeação somente na hipótese de ser casado com o falecido sob o regime da comunhão universal, pois então ficará patenteado o seu interesse direto, de natureza econômica inclusive, no deslinde da questão. Se outro for o regime, ainda assim o consorte poderá ser nomeado como inventariante. Todavia, não ingressará na disputa com suporte na afirmação da existência do casamento, mas sim com base nos demais critérios expostos na norma legal, mormente quando apontado como sucessor testamentário pelo *de cujus* ou se alegar que há bens adquiridos com esforço comum sujeitos a partilha, embora registrados apenas em nome do falecido.

A separação de fato ou judicial, existente na data do óbito, tolhe do cônjuge a prioridade de nomeação, porque desaparecida a convivência que justificava a opção da lei por ele. O mesmo requisito está presente com vistas ao deferimento da administração provisória da herança ao consorte sobrevivo, conforme se verá na continuidade do estudo. Logo, é plenamente viável a exigência da constância da sociedade conjugal ao tempo da morte, ainda que para fins de nomeação de inventariante a lei a isso não se refira de maneira expressa no inciso I do art. 990 do Código de Processo Civil.

Ainda que o legislador não tenha elencado o companheiro como disputante preferencial da qualidade de inventariante, deve-se atribuir a tal personagem a mesma posição alcançada à pessoa validamente casada. Isso porque o art. 1.797 do Código Civil, ao fazer menção aos indivíduos que administrarão provisoriamente a herança, apontou, já no inciso I, em igualdade de condições, o cônjuge e o companheiro do falecido. Logo, se podem administrar a herança até a nomeação do inventariante, com mais razão lhes será deferida a regência do acervo até final partilha, desde que observados os outros pressupostos legais atinentes à espécie.

Não havendo cônjuge ou companheiro sobrevivente, ou estando por qualquer motivo inviabilizada a sua nomeação, o encargo de inventariante caberá ao herdeiro que se achar na posse e administração do espólio (inciso II do art. 990 do diploma processual civil). O encargo ficará ao alcance tanto dos herdeiros legítimos como testamentários, desde que preencham o requisito de estarem na posse e administrando os bens deixados. Caso vários deles se enquadrem no ditame normativo, o juiz nomeará aquele de mais idade, atendendo ao disposto no inciso II do art. 1.797 do Código Civil, que trata da administração provisória da herança.

Nos termos do inciso III, a nomeação recairá sobre qualquer herdeiro, nenhum estando na posse e administração do espólio. Isso porque a qualidade hereditária faz presente o interesse na preservação do acervo e do destino dos bens que o compõem. A lei não traça diferenças, para essa finalidade, entre os herdeiros legítimos e aqueles guindados a esse patamar pela via testamentária, cabendo ao juiz definir qual o mais apto a exercer as funções. Em igualdade de condições, decidirá pelo mais velho, nos moldes já explicitados.

O herdeiro menor de idade não pode ser nomeado como inventariante, pois lhe falta aptidão volitiva para decidir validamente os rumos do inventário. A circunstância de estar representado no processo não tem o condão de contornar a impossibilidade de realizar atuação direta, fruto da menoridade. Afinal, a magnitude das atribuições conferidas ao responsável pelo acervo recomenda a sua intervenção pessoal no trato das questões relativas ao processo, sem substituição por qualquer outro indivíduo.

Na sequência da listagem legal, a inventariança será atribuída ao testamenteiro, se lhe foi confiada a administração do espólio ou toda a herança estiver distribuída em legados. Cuida-se, então, da figura do chamado *testamenteiro universal*, porque encarregado pelo *de cujus* de tomar conta do acervo enquanto não ocorrer a partilha entre os sucessores.

Havendo cônjuge ou herdeiros, todavia, preferirão estes ao testamenteiro, que se sobrepõe apenas aos colaterais na ordem posta pelo ordenamento. Caso o testamenteiro não tenha a posse e a administração da herança, nenhuma preferência terá em relação às demais pessoas nominadas *retro*.

O inciso V prossegue na identificação das pessoas que poderão servir como inventariante, dizendo que o encargo competirá ao inventariante judicial, se houver. Como se trata de um personagem relegado ao ostracismo, pois há muito não se tem notícia da existência de alguém designado para tais atividades nas comarcas, a letra da norma se evidencia morta.

Finalmente, consoante afirmado no inciso VI, se nenhum dos indivíduos elencados nas disposições antecedentes estiver apto a assumir a posição de inventariante, a nomeação incidirá sobre pessoa estranha idônea, onde não houver inventariante judicial. É o chamado *inventariante dativo* porque alheio à disputa patrimonial e levado à função com o único objetivo de conduzir a bom termo a distribuição do acervo. Em contrapartida à sua atividade, receberá pagamento em dinheiro, chamado de *vintena* em razão de antiga orientação legal no sentido de que receba até um vinte avos ou cinco por cento do monte-mor como remuneração pelo trabalho despendido.

O art. 995 do Código de Processo Civil traz as hipóteses de remoção do inventariante, afirmando que ela acontecerá: I – se não prestar, no prazo legal, as primeiras e as últimas declarações; II – se não der ao inventário andamento regular, suscitando dúvidas infundadas ou praticando atos meramente protelatórios; III – se, por culpa sua, se deteriorarem, forem dilapidados ou sofrerem dano bens do espólio; IV – se não defender o espólio nas ações em que for citado, deixar de cobrar dívidas ativas ou não promover as medidas necessárias para evitar o perecimento de direitos; V – se não prestar contas ou as que prestar não forem julgadas boas; VI – se sonegar, ocultar ou desviar bens do espólio.

A remoção é atitude do juiz, quando, de ofício ou a requerimento do interessado, encontrar provada alguma das circunstâncias referidas, ou outra, embora não elencada, que afete de maneira considerável a tramitação da lide ou o acervo do *de cujus*. Assim como não lhe cabe a nomeação puramente discricionária, também a remoção deve atender a valores maiores, sempre em nome da preservação da regularidade processual e da proteção da herança. Das decisões que nomeiam ou removem o inventariante cabe agravo de instrumento, porque apresentam natureza interlocutória.

3.5.3. Administração provisória da herança

Consoante explicitado no art. 12, V, do Código de Processo Civil, o inventariante é o representante legal do espólio. Como a investidura na função se dá a partir do momento em que a assinatura do inventariante é inserida no termo de compromisso, sempre haverá um interregno entre a data da abertura da sucessão e aquela em que o representante legal do acervo passa a atuar. Nesse período, segundo a dicção do art. 986 do Código de Processo Civil, a regência da herança será cometida a um administrador provisório, que, além de representar ativa e passivamente o espólio, será obrigado a trazer ao acervo os frutos que desde a abertura da sucessão percebeu. Ele terá direito ao reembolso das despesas necessárias e úteis que fez e responderá pelo dano a que, por dolo ou culpa, der causa.

Atento a isso, no art. 1.797 do Código Civil o legislador indica as pessoas a quem caberá a tarefa de administrar a herança enquanto não ocorrer a nomeação e a assunção do inventariante. O elenco contido na norma é de observância necessária, por ser esta a orientação do *caput* ao afirmar que a indicação atende a um critério sucessivo de prioridade. Mas, não havendo pessoa apta a assumir o encargo, dentre aquelas preferencialmente referidas na lei, poderá o juiz alterar a sequência de indicação e nomear outro dos citados *a posteriori*.

Diz a aludida norma que até o compromisso do inventariante, a administração da herança caberá, sucessivamente: I – ao cônjuge ou companheiro, se com o outro convivia ao tempo da abertura da sucessão; II – ao herdeiro que estiver na posse e administração dos bens, e, se houver mais de um nessas condições, ao mais velho; III – ao testamenteiro; IV – a pessoa de confiança do juiz, na falta ou escusa das indicadas nos incisos antecedentes, ou quando tiverem de ser afastadas por motivo grave levado ao conhecimento do juiz.

O cônjuge ou companheiro do *de cujus* é o primeiro a ser chamado para funcionar como administrador da herança até a nomeação de inventariante (inciso I). Porém, isso somente ocorre se o homem e a mulher efetivamente conviviam ao tempo da abertura da sucessão, pois, se estivessem separados de fato ou afastados, a nomeação recairia na pessoa elencada no inciso subsequente. Por óbvio, se à época da morte do *de cujus* já tivesse havido separação judicial ou divórcio, não mais se pode falar em cônjuges *stricto sensu*, ficando alijado da nomeação o ex-consorte.

A indicação do cônjuge ou do companheiro como administrador provisório decorre da proximidade que tais laços geram entre o homem e a mulher, fazendo presumir a confiança depositada pelo autor da herança no outro. Essa relação é profundamente afetada pelo rompimento fático ou jurídico da constância da sociedade conjugal ou da união estável, fazendo desaparecer o fundamento da orientação legal contida na regra.

O legislador não fez qualquer objeção relacionada ao regime de bens adotado no casamento, de maneira que a nomeação do cônjuge sobrevivente como administrador provisório do espólio independe desse fator. Sejam casados sob regimes que comunicam os bens total ou parcialmente, sejam consorciados em separação convencional ou obrigatória de bens, o pressuposto nuclear e único para a nomeação do cônjuge como administrador do espólio é a constância da sociedade conjugal à data da abertura da sucessão.

Não existindo cônjuge ou companheiro, ou faltando condições para que assuma o encargo, a tarefa de administrar provisoriamente a herança caberá ao herdeiro que estiver na posse e administração dos bens (inciso II). Com efeito, é conveniente mantê-los sob os cuidados de quem já os trazia consigo e por eles zelava, evitando assim os riscos inerentes a toda substituição de administrador. Presume-se que o herdeiro tem interesse em conservar e fazer produtivos os bens do acervo, motivo pelo qual tem o direito de ver mantido o *status quo* até a investidura formal do inventariante.

Estando os bens na posse e administração de mais de um herdeiro, funcionará como administrador provisório aquele que contar superior idade. Trata-se de critério baseado na presunção de que a pessoa mais velha possui maior experiência e serenidade para tratar com tão delicada matéria, que normalmente envolve múltiplos interesses.

Se o autor da herança deixou testamento, o terceiro na ordem de prioridade para nomeação como administrador temporário da herança é o testamenteiro (inciso III). Como se sabe, o testamenteiro é figura apontada pelo próprio testador quando da lavratura do instrumento ou indicada pelo juízo quando da apresentação da declaração de última vontade para cumprimento. Seja qual for a origem da investidura do testamenteiro, terá ele a oportunidade de administrar provisoriamente a herança na hipótese de nenhuma das pessoas arroladas nos incisos anteriores assumir a tarefa.

Caso faltem as pessoas já elencadas (*v. g.*, por morte, ausência, incapacidade etc.), ou se todas elas apresentarem escusa para não assumirem o encargo, o juiz nomeará pessoa de sua confiança para funcionar como administrador temporário da herança. O mesmo acontecerá quando levada ao conhecimento do juiz notícia acerca da existência de motivo grave, capaz de ensejar a destituição do administrador provisório e a imediata nomeação de outro (inciso IV). São causas que autorizam o afastamento, entre outras tantas: superveniência de incapacidade, morte, doença severa, irregularidades na gestão, desvio de recursos, desídia, atuação fraudulenta, falta de oportuna prestação de contas, e assim por diante.

Capítulo 4

DA VOCAÇÃO HEREDITÁRIA

4.1. Legitimação geral para suceder

Como regra geral, todas as pessoas naturais e jurídicas podem suceder, sendo reservada para aquelas a possibilidade de integração à sucessão legítima ou testamentária, e a estas, a participação na sucessão testamentária, contanto que, em qualquer hipótese, sejam respeitadas as previsões normativas atinentes a cada espécie. Excepcionalmente, em atenção ao interesse maior da coletividade ou dos sucessores legítimos, o ordenamento jurídico obsta o acesso de determinadas personagens ao mecanismo de divisão do acervo deixado pelo *de cujus*. Logo, a legitimação, consistente na perspectiva de receber a herança de alguém, é a regra, ao passo que a negativa dessa qualidade é a exceção e, como tal, deve estar expressamente prevista na lei.

Ao disciplinar o tema, o legislador traça normas de caráter genérico para admitir sucessores, apontando, em particular, as situações que obstam a acolhida de pessoas naturais e jurídicas aos procedimentos de partilha dos itens patrimoniais ficados por óbito do autor da herança. Isso envolve tanto a condição de herdeiro legítimo ou testamentário, como igualmente a de legatário, pois não é a natureza do proveito econômico que determina a colocação de obstáculos, mas sim as peculiaridades singulares dos indivíduos ou entidades a quem se nega a titulação sucessória.

Diz o art. 1.798 do Código Civil: "Legitimam-se a suceder as pessoas nascidas ou já concebidas no momento da abertura da sucessão". Como visto, a legitimação para tomar parte na sucessão do *de cujus* é atribuída: a) aos indivíduos naturais que ao tempo do óbito do autor da herança já forem nascidos; b) aos seres humanos que nesse mesmo período já estiverem concebidos (embora ainda não sejam juridicamente *pessoas*), ficando o concreto recebimento do respectivo quinhão, porém, submetido a uma condição suspensiva, que é o nascimento com vida.

Cumpre frisar que as pessoas físicas não concebidas ao tempo da abertura da sucessão, ou que morrerem antes do autor da herança (premoriência), não tomam assento na sucessão legítima. Isto porque a continuidade econômica do *de cujus* na figura do sucessor depende de que este tenha um instante de vida a mais do que aquele, para em tal interregno receber a propriedade e a posse da herança com fundamento no *droit de saisine*. Em favor do nascituro o legislador resguarda direitos (art. 2º do Código Civil), determinando que se espere o seu nascimento com vida para então entregar-lhe o respectivo quinhão. Na hipótese de a gestação não chegar a bom termo e o feto nascer sem vida, nada receberá, cabendo aos demais herdeiros tomarem para si a parte até então reservada ao nascituro. Entrementes, um instante apenas de vida que tenha e já se consumará o recebimento, de maneira que, no caso de superveniente óbito, o recém-nascido passará a herança aos seus próprios sucessores, segundo as regras comuns.

Concepção, para fins de resguardo dos direitos do nascituro, considera-se o instante da união natural dos gametas masculino e feminino no ventre materno, ou a inserção, neste, do resultado artificial do aludido encontro. Exatamente por isso é que a fertilização *in vitro*, assim como todos os demais meios científicos de aproximação dos gametas somente produzirão efeitos em termos de geração de faculdades sucessórias, traduzindo-se em *concepção*, se no momento da morte do autor da herança o produto das manobras científicas estiver implantado no útero da mãe. Em suma, a união artificial das células fora do corpo materno nenhuma implicação acarreta no universo sucessório, exceto após o início da gestação no corpo da mulher.

A qualidade de herdeiro ou de legatário é reservada apenas às *pessoas*, não havendo hipótese nenhuma de admissão de animais ou de coisas como sucessores de alguém. A circunstância de estar previsto, em testamento, que certo indivíduo somente será guindado à condição de sucessor se, por exemplo, cuidar do animal de estimação do falecido, ou tomar alguma providência quanto a certo elemento inanimado (*v. g.*, conservar um objeto de estimação), não torna destinatário do proveito o objeto da vontade testamentária manifestada, mas sim o indivíduo a quem se cometeu o encargo ou condição. O beneficiário aderirá ou não à previsão feita pelo testador, conforme, respectivamente, queira ou não receber a herança ou o legado indicado na cédula.

No concernente às pessoas já falecidas, sob o prisma da sucessão legítima, poderá haver o chamamento dos representantes do herdeiro original, para que recebam o item patrimonial deixado. Isso ocorrerá nos casos apontados em lei, que serão examinados ao longo deste trabalho. Já as disposições testamentárias de última vontade, por serem *intuitu personae*, caducarão automaticamente se ao tempo do óbito do *de cujus* o herdeiro ou legatário estiver morto, exceto quando o próprio testador expressamente veicular previsão no sentido da substituição do beneficiário primitivo por outra pessoa que também esteja referida na manifestação testamentária.

Como se percebe, é requisito essencial da sucessão que o indivíduo a quem ela aproveitará sobreviva ao autor da herança. É a consagração do chamado *princípio da coexistência*, que impõe a presença do beneficiário como pressuposto da delação, ou seja, da atribuição do proveito ao sucessor por força de lei ou ato de última vontade. Como visto, a única exceção, em termos de sucessão legítima, é o nascituro, embora na testamentária haja forma diferenciada de atribuição do benefício a quem ainda sequer está concebido na data do falecimento do titular do acervo, como se examinará adiante.

4.2. Legitimação testamentária especial

A sucessão testamentária tem regras específicas, embora no mais das vezes conserve os princípios básicos norteadores da sucessão legítima. Porém, enquanto esta se funda na existência do ser humano em razão do nascimento ou, excepcionalmente, da concepção, aquela admite o acesso de outros entes ao restrito universo destinado à divisão dos bens do *de cujus*. O art. 1.799 do Código Civil preconiza: "Na sucessão testamentária podem ainda ser chamados a suceder: I – os filhos, ainda não concebidos, de pessoas indicadas pelo testador, desde que vivas estas ao abrir-se a sucessão; II – as pessoas jurídicas; III – as pessoas jurídicas, cuja organização for determinada pelo testador sob a forma de fundação".

Embora não sejam vocacionados para receber quinhões na sucessão legítima, os seres humanos não concebidos ao tempo do óbito do autor da herança podem ser agraciados com parte do acervo, contanto que isto se dê em disposição testamentária e que restem observados os cânones legais. Na verdade, o benefício é admitido exclusivamente em proveito da chamada *prole eventual*, constituída pelos filhos ainda não concebidos de pessoas indicadas pelo testador, desde que vivas estas ao abrir-se a sucessão (inciso I).

Não se confunde a presente hipótese com aquela que resguarda os direitos do nascituro, pois os que não foram concebidos não podem ser considerados nascituros. Todavia, há um ponto em comum entre os dois quadros, já que a transmissão fica condicionada a um evento futuro e incerto, que é a existência do sucessor, consubstanciada no nascimento com vida.

A possibilidade aventada no dispositivo depende basicamente, como elemento inarredável, de que as pessoas apontadas no testamento estejam vivas quando da morte do *de cujus*. Caso isso não aconteça, a previsão testamentária padecerá de ineficácia. Diante disso, exclui-se também a hipótese de atribuição testamentária de bens em proveito dos futuros filhos de seres humanos classificados ainda como nascituros no momento da abertura da sucessão, por faltar-lhes o requisito biológico em sentido estrito, que é o nascimento com vida.

O conteúdo da norma não deixa margem para dúvidas, atribuindo somente aos filhos — ainda não concebidos — das pessoas indicadas no testamento a capacidade testamentária para suceder. Logo, ficam alijados da previsão normativa os demais descendentes (netos, bisnetos etc.) das referidas pessoas. Os filhos advindos no futuro dos indivíduos apontados no testamento receberão o quinhão que lhes foi destinado pelo autor da herança.

Por outro lado, é preciso considerar que a redação da lei não permite entrever como beneficiários os eventuais filhos adotivos das pessoas nominadas no testamento. Se assim não fosse, a vontade do testador seria substituída pela vontade da pessoa designada, configurando burla à disposição testamentária por meio da adoção. De banda diversa, essa interpretação evita a ocorrência de manobras desleais ou, no mínimo, questionáveis sob o prisma ético. Afinal, o indivíduo poderia ser tentado a adotar na ânsia de se tornar usufrutuário dos bens do adotado, pois o art. 1.689, I, do Código Civil, institui usufruto legal em favor dos pais sobre os bens dos filhos enquanto estiverem no exercício do poder familiar. Logo, o melhor caminho é mesmo excluir os filhos adotivos do alcance do inciso I do art. 1.799 da codificação, entendendo-se como prole eventual apenas a descendência natural, pois a lei fala em concepção, que só existe na filiação consanguínea.

O testador pode destinar a herança, nos limites da lei, a qualquer pessoa jurídica regularmente constituída ao tempo da abertura da sucessão (inciso II). O requisito da existência é fundamental, de maneira que sociedades de fato e demais agrupamentos humanos sem personalidade jurídica no momento do óbito do *de cujus* não terão capacidade sucessória. A fração patrimonial que acaso lhes houver sido destinada será distribuída entre os herdeiros, como se aquela específica disposição testamentária jamais tivesse existido. Saliente-se, por relevante, que as pessoas jurídicas jamais serão chamadas a suceder quando o *de cujus* falecer sem deixar testamento, porque não integram o rol dos vocacionados para a sucessão legítima.

Excepcionando a regra geral, admite-se, na doutrina e na jurisprudência, que o testador agracie sociedade de fato, pois a futura aquisição de personalidade jurídica mediante oficial regularização capacita o ente ideal ao recebimento do quinhão. Verifica-se, nesse contexto, situação análoga à do nascituro, ensejando a escorreita distribuição do acervo conforme previsto no testamento.

Também podem suceder na modalidade testamentária as pessoas jurídicas ainda não existentes, mas cuja organização, sob a forma de fundação, restar determinada pelo testador no instrumento (inciso III). Como se sabe, as fundações são geradas a partir da atribuição de personalidade jurídica a um patrimônio, de maneira que ao testador é facultado destinar o seu acervo, ou parte dele, para fins de constituição de ente ideal com natureza fundacional. O patrimônio deixado pelo *de cujus* receberá personalidade jurídica e passará a ser uma fundação, regulada conforme disposto pelo autor da herança e em consonância com as normas pertinentes.

O *caput* do art. 1.800 do Código Civil diz que, no caso do inciso I do art. 1.799 do Código Civil (previsão em favor dos filhos, ainda não concebidos, de pessoas indicadas pelo testador, desde que vivas estas ao abrir-se a sucessão), os bens da herança serão confiados, após a liquidação ou partilha, a curador nomeado pelo juiz. O fato de haver essa espécie de disposição testamentária não implica no surgimento de óbice ao regular andamento do processo de inventário e partilha. A tramitação segue o seu curso normal e culmina com a divisão dos itens patrimoniais que compõem o acervo, atribuindo-se ao herdeiro ainda não concebido a fração que lhe couber no todo.

Tendo em vista a circunstancial inexistência da pessoa a quem se destinou em testamento certo quinhão, determina o legislador que após a liquidação ou partilha o juiz nomeie curador, cuja tarefa consistirá fundamentalmente em zelar pela incolumidade dos itens atribuídos ao herdeiro. O trabalho do curador desenvolver-se-á até que sobrevenha o nascimento com vida do beneficiário, a quem de imediato serão repassados os correspondentes itens patrimoniais. Se não nascer com vida, a sua quota tocará aos demais sucessores legítimos, ou a quem o testador houver indicado em substituição.

Funcionará como curador a pessoa para cujo filho, ainda não concebido, o testador destinou certo quinhão hereditário (§ 1º). Isso somente não acontecerá na hipótese de constar do testamento expressa vedação, eis que a vontade do autor da herança deve ser preservada ao máximo. Se existir tal proibição testamentária, ou se a pessoa a quem caberia a qualidade de curador escusar-se ou não puder assumi-la, a nomeação atenderá à ordem posta no art. 1.775 do Código Civil. Afinal, tendo condições de funcionar como administrador da herança (matéria regulada no citado dispositivo), o indivíduo certamente dispõe dos atributos necessários à assunção do encargo de curador.

A atuação do curador nomeado em benefício do herdeiro ainda não concebido, seja no que diz respeito aos poderes como aos deveres e responsabilidades, guarda certa simetria com as atribuições do curador encarregado de gerir os interesses de incapaz. Como decorrência disso, o legislador ordena a aplicação dos dispositivos pertinentes à curatela dos incapazes, no que for cabível, à realidade disciplinada no inciso I do art. 1.799 do Código Civil, conforme resulta do § 2º do art. 1.800 da codificação. Basicamente, compete ao curador resguardar os direitos do herdeiro, podendo promover todas as medidas judiciais e extrajudiciais necessárias ao bom e fiel cumprimento da missão assumida. De outra banda, não se pode olvidar o fato de que o curador tem de prestar contas da sua administração e de todos os atos praticados, dever legalmente imposto aos que lidam com itens patrimoniais alheios.

Ao nascer com vida o indivíduo torna-se pessoa, passando a ser sujeito de direitos e obrigações, disso resultando a percepção dos atributos que lhe foram conferidos pelo *de cujus*. Sopesado o fato de que entre o óbito do autor da herança e o nascimento com vida do herdeiro esperado pode mediar considerável lapso temporal, mostra-se prudente a determinação normativa no sentido de que lhe seja deferida a sucessão acompanhada dos frutos e rendimentos pertinentes à deixa, computados a partir da morte do testador (§ 3º). Isso evita prejuízos ao herdeiro e faz cumprir com rigor a declaração de última vontade, eis que integra ao patrimônio do beneficiário exatamente aquele conteúdo econômico que lhe foi destinado.

Não se afiguraria adequado determinar aos herdeiros legítimos que aguardassem indefinidamente pelo nascimento do sucessor apontado. Se assim fosse, restaria quebrada a segurança da partilha e instalada a dúvida quanto ao momento em que se poderia considerar terminada a espera. Em virtude desse contexto, o ordenamento jurídico, no § 4º do art. 1.800 do Código Civil, delimita em dois anos o período máximo de aguardo pela concepção do herdeiro, entendida como a união natural ou instalação artificial dos gametas masculino e feminino no ventre materno. Depois de escoado o aludido prazo, consolida-se em definitivo no patrimônio particular dos herdeiros legítimos os bens até então reservados, de maneira que a superveniência do nascimento não mais produzirá qualquer efeito sobre a partilha efetivada.

Caso o testador estabeleça outra destinação para os bens reservados, o juiz, passado o referido biênio, determinará a entrega do quinhão a quem houver sido apontado no testamento como substituto. Segue-se aqui o princípio da estrita observância da vontade última do autor da herança, sendo certo que a parte reservada somente integrará o patrimônio dos herdeiros legítimos se do testamento não constar outra solução.

4.3. Incapacidade para ser sucessor testamentário

A incapacidade absoluta para suceder incide sobre todos os que não se enquadrarem nos ditames do já examinado art. 1.798 do Código Civil, ou seja, sobre os indivíduos ainda não nascidos ou concebidos ao tempo da abertura da sucessão. Essa previsão legal abrange indistintamente as hipóteses de sucessão legítima e testamentária. Em tais circunstâncias, haverá óbice completo ao acesso à disputa da herança. Já o art. 1.801 do Código Civil trata da incapacidade relativa, indicando as pessoas que não poderão, na sucessão testamentária, figurar como herdeiras ou legatárias. Os itens explicitados na aludida norma têm por fundamento a presumível suspeição que recai sobre os indivíduos colocados naquelas específicas situações fáticas.

Diz o art. 1.801 do Código Civil: "Não podem ser nomeados herdeiros nem legatários: I – a pessoa que, a rogo, escreveu o testamento, nem o seu cônjuge ou companheiro, ou os seus ascendentes e irmãos; II – as testemunhas do testamento; III – o concubino do testador casado, salvo se este, sem culpa sua, estiver separado de fato do cônjuge há mais de cinco anos; IV – o tabelião, civil ou militar, ou o comandante ou escrivão, perante quem se fizer, assim como o que fizer ou aprovar o testamento". Como se denota, a vedação leva em conta peculiaridades que envolvem as pessoas citadas, sendo recomendável, em nome da preservação da regularidade das declarações testamentárias, que se evite o risco e a desconfiança potencialmente emergentes de nomeações acaso feitas em prol dos sujeitos arrolados. Ainda que nenhuma irregularidade concreta viesse a ocorrer, sempre estariam pairando no ar a suspeita e a incerteza, fatores suficientes para justificar a prevenção deduzida pelo legislador.

Quando o testamento for escrito a rogo, o redator automaticamente ficará incapacitado para tornar-se herdeiro ou legatário (inciso I), em face da possibilidade de que viesse a beneficiar a si próprio aproveitando-se da fragilidade ou da ignorância do testador, em geral analfabeto ou de poucas luzes. Para obstar qualquer iniciativa ilídima e contrária à moral, proíbe-se toda espécie de proveito testamentário a quem redigiu a rogo o instrumento.

Também não podem ser nomeados herdeiros nem legatários, por força da mesma regra legal, o cônjuge, os ascendentes e os irmãos do redator. O óbice normativo funda-se nas mesmas razões acima mencionadas, quais sejam, a preservação da lisura e da regularidade do testamento, dada a proximidade em parentesco ou o vínculo matrimonial a vigorar entre tais pessoas e aquela que a rogo escreveu a declaração alheia de última vontade. O rol é taxativo e exaure a matéria, sendo facultado ao testador indicar como beneficiário qualquer outro parente do redator.

As testemunhas do testamento são fundamentais para a verificação e cumprimento da exata vontade do autor da herança. Por isso, são preservadas de toda espécie de interesse pessoal relacionado com a cédula de última vontade, a fim de que no futuro, caso necessário, prestem informações dotadas de isenção e imparcialidade. Ademais, poderiam elas influenciar direta ou indiretamente na disposição, sugerindo ao testador a própria inclusão entre os agraciados, fazendo insinuações ou prestando aconselhamentos que lhes fossem favoráveis, e assim por diante. Em função de tudo quanto acima exposto é que as testemunhas do testamento não podem nele figurar como herdeiras ou legatárias (inciso II).

O direito brasileiro sempre reservou cuidadosa proteção ao casamento e aos cônjuges. Ante a possibilidade de que as pessoas se deixem levar por emoções repentinas e avassaladoras, e com isso acabem brindando amantes ou parceiros de aventuras em detrimento do consorte, o ordenamento jurídico impede a nomeação do concubino do testador casado como herdeiro ou legatário deste (inciso III). A proibição, por razões óbvias, atinge tanto o homem como a mulher colocados na condição de testador, dada a igualdade constitucional das pessoas. Assim, o concubino da mulher casada e a concubina do homem casado sofrem as restrições analisadas.

Porém, sabe-se que o casamento pode ser desfeito, seja pelo reconhecimento de nulidade, divórcio, etc. Rompido formalmente o liame matrimonial, o testador estará livre para destinar bens ou quinhões do seu acervo para o concubino, mesmo porque o regime de bens já não mais vigora em relação ao ex-cônjuge. Também não incide o rigor da norma sobre o testador viúvo ou solteiro, a quem se permite aquinhoar a concubina com herança ou legado.

Considerada a circunstância de que o rompimento informal do casamento também produz efeitos no âmbito jurídico, admite-se excepcionalmente que o concubino do testador casado possa figurar como herdeiro ou legatário deste. Para tanto, devem estar conjugados dois pressupostos básicos: a) que o casal primitivo esteja separado de fato há mais de cinco anos ininterruptos; b) que o rompimento não tenha sido culposamente causado pelo testador. A ausência de interrupção na separação fática é elemento importante, pois revela a impossibilidade de retomada da constância da relação conjugal e atesta o irremediável desgaste do liame de cunho econômico. Por outro lado, a conduta culposa do testador na provocação do afastamento fático elide a viabilidade da nomeação de sua concubina como herdeira ou legatária, a fim de evitar que a iniciativa do rompimento tenha em vista exatamente favorecê-la na declaração de última vontade.

Ainda a respeito do tema, o art. 1.803 do Código Civil afirma ser lícita a deixa ao filho do concubino, quando também o for do testador. É a mesma orientação, anterior à codificação, que fora consagrada na Súmula n. 447, do Supremo Tribunal Federal: "É válida a disposição testamentária em favor de filho adulterino do testador com sua concubina". Logo, a deixa em que se privilegia o filho do concubino é plenamente admissível, contanto que também seja filho do autor da herança. A norma em questão nada mais faz do que preservar a igualdade constitucional entre os filhos, independentemente do leito de que se originaram.

A regra excepciona aquela contida no parágrafo único do art. 1.802 da codificação, que, como também se verá adiante, considera interposta pessoa o descendente da pessoa sem legitimação para suceder. Isto porque o legislador entende plausível considerar ausente o escopo de fraude quando o testador está beneficiando o próprio filho, ainda que proveniente de relação repudiada pela moral e pelo ordenamento como um todo.

Por fim, é preciso observar que a fé pública dos serventuários do Estado e dos agentes que prestam serviços de interesse estatal recomenda a fixação de certos limites em sua capacidade de receber por testamento, para que se preservem a credibilidade e a regularidade de suas funções. Com fundamento nisso, não podem ser nomeados herdeiros ou legatários o tabelião, civil ou militar, ou o comandante ou escrivão, perante quem se fizer, assim como o que fizer ou aprovar o testamento (inciso IV do art. 1.801 do Código Civil), inclusive pelo contato direto que mantêm com o testador, fonte potencial de influências e artifícios nocivos que poderiam culminar com a inclusão dos próprios agentes como beneficiários do instrumento.

4.4. Simulação de contrato e interposição de pessoa

São nulas as disposições testamentárias em favor de pessoas não legitimadas a suceder, ainda quando simuladas sob a forma de contrato oneroso, ou feitas mediante interposta pessoa (*caput* do art. 1.802 do Código Civil). Marcadas por completa nulidade, as disposições testamentárias feitas em proveito de pessoas não legitimadas a receber não produzem efeitos, sendo tratadas como se jamais houvessem sido consignadas no testamento. Todavia, o instrumento é válido quanto às demais peculiaridades da deixa, ou seja, no que concerne às disposições não afetadas por nulidade. A norma encontra justificativa na natureza mesma das restrições à legitimidade testamentária passiva, pois, se existem regras a obstar a participação de determinados indivíduos na partilha da herança, nada mais lógico do que prever a nulidade das previsões do testador, quando contrárias ao ordenamento jurídico.

A nulidade atinge as disposições testamentárias que por vias transversas procuram burlar a vigilância da lei e contornar as proibições explicitadas. Há presunção absoluta de irregularidade — e, portanto, insuscetível de prova contrária — quando o testador faz a deixa por interposta pessoa em favor de quem não tenha legitimação para suceder. A colocação de certo indivíduo como anteparo à aplicação da norma nulificadora da vontade testamentária não impede o reconhecimento do defeito insanável, de vez que este pode apresentar-se direta ou indiretamente. Assim, será nula a disposição que indicar como legatário o filho do tabelião que fez o testamento, pois a lei presume que a intenção final era a de beneficiar o agente público.

O mesmo ocorre quando há simulação sob a forma de contrato oneroso, mas que na verdade não passa de atribuição transversa de herança. A simulação é uma declaração insincera de vontade, que aparenta a realização de um negócio jamais pretendido, pois na verdade se busca a feitura de outro, vedado em lei naquelas circunstâncias. Tal hipótese existiria, por exemplo, se no testamento o autor da herança confessasse dívida inexistente em favor do tabelião que fez a cédula, com o desiderato inconfessado de instituí-lo como destinatário de uma fração do acervo. Ao pagar a suposta dívida, o espólio estaria, na realidade, cumprindo uma vontade transversa de nomear sucessor não legitimado, sob o manto do pagamento do suposto débito reconhecido na declaração de última vontade.

A prova da simulação pode ser feita por qualquer meio, mas na prática é de difícil concretização, pois não raramente as relações travadas ficam ao abrigo de uma disfarçada regularidade. Exatamente por isso, muitas vezes é preciso buscar socorro no art. 335 do Código de Processo Civil, segundo o qual, em falta de normas jurídicas particulares, o juiz aplicará as regras de experiência comum subministradas pela observação do que ordinariamente acontece e ainda as regras da experiência técnica. Nessa linha de raciocínio, é importante mitigar o rigor probatório normalmente exigido nas demandas em geral, valorando sobremaneira os indícios veementes, a fim de facilitar a demonstração de fatos que, como se disse, são realizados a partir do emprego de artifícios engenhosos e de complexa revelação.

Atento a isso, o legislador previu a incidência de presunção *juris et de jure* de fraude à lei nos casos em que o testador faz disposição testamentária em favor de ascendentes, descendentes, irmãos ou cônjuge do indivíduo que não estava legitimado a suceder, ou simula com quaisquer deles negócio jurídico oneroso objetivando beneficiá-lo (parágrafo único do art. 1.802 do Código Civil). A aludida presunção, absoluta que é, não admite prova em sentido contrário, acarretando certeza jurídica em torno da existência de interposta pessoa e produzindo nulidade *pleno jure* da declaração de última vontade nesse particular.

Capítulo 5

DA ACEITAÇÃO E RENÚNCIA DA HERANÇA

5.1. Da aceitação da herança

Aberta a sucessão, a herança se transmite desde logo, por força do art. 1.784 do Código Civil, aos herdeiros legítimos e testamentários. Todavia, como ninguém pode ser forçado a tomar para si a herança deixada, faculta-se ao herdeiro repudiá-la na forma e para os fins de direito. No ordenamento brasileiro, são três as etapas que levam à efetiva transferência do acervo aos sucessores: a) abertura da sucessão, que se dá no exato instante do óbito do *de cujus*; b) delação da herança, ou seja, o seu oferecimento aos herdeiros conforme definido na lei e, se houver, no testamento; c) aquisição, que se opera a partir da aceitação da oferta pelo herdeiro, incorporando em definitivo os bens ao patrimônio deste.

Aceitação da herança é o ato, irretratável e irrevogável (art. 1.812 do Código Civil), pelo qual o herdeiro concorda em receber a destinação que lhe foi formulada em lei. Sua eficácia é verificada instantaneamente, tornando imutável e definitiva a ficção jurídica operada por meio da saisina. Esse quadro revela a importância de admitir que aquisição e aceitação da herança são institutos diferentes. Enquanto a aquisição não depende de qualquer manifestação de vontade, pois decorre pura e simplesmente da incidência *pleno jure* do princípio da *saisina*, a aceitação precisa ser extraída do querer do herdeiro. Ela é ato jurídico unilateral, pois decorre da exclusiva vontade do herdeiro e prescinde de qualquer manifestação do espólio ou de terceiro.

Não se pode confundir a irrevogabilidade da aceitação com o reconhecimento de sua nulidade ou anulabilidade em face de defeitos que acaso apresente. É lícito ao interessado postular junto ao Poder Judiciário a anulação ou a decretação da nulidade do ato de aceitação, caso esteja viciado e disso decorra a sua inviabilidade. Embora definitiva, a aceitação pode ser anulada em todas as hipóteses da verificação de defeitos que maculam os atos jurídicos em geral, *v. g.*, vício do consentimento. E será nula sempre que faltarem elementos essenciais para a subsistência do ato, *v. g.*, capacidade do agente.

Se o interessado é capaz, manifestará pessoalmente o seu ânimo de receber a herança. Sendo incapaz, a exteriorização volitiva dependerá de regular assistência ou representação, conforme, respectivamente, trate de incapacidade relativa ou absoluta, e de prévia autorização judicial, por força do ditame ínsito no art. 1.691 do Código Civil. É possível aceitar a herança por meio de mandatário, desde que munido de expressos poderes vertidos em instrumento público. Em caráter excepcional, os credores do herdeiro renunciante poderão aceitar a herança repelida, quando verificadas as circunstâncias postas no art. 1.813 do Código Civil, que serão examinadas adiante.

O art. 1.804 do Código Civil dispõe: "Aceita a herança, torna-se definitiva a sua transmissão ao herdeiro, desde a abertura da sucessão". Cabe destacar novamente que a aceitação não funciona como ato aquisitivo da herança, mas sim como fator de confirmação do direito hereditário transmitido no instante do falecimento do *de cujus*, tornando-o definitivo. Entretanto, o aceitar produz efeito retroativo, alcançando a data da abertura da sucessão e consolidando o direito patrimonial na pessoa do sucessor. Faculta-se ao herdeiro aceitar pessoalmente a herança ou nomear mandatário que o faça, desde que munido de poderes especiais e expressos outorgados em procuração confeccionada por instrumento público.

A transmissão tem-se por não verificada quando o herdeiro renuncia à herança (parágrafo único). Assim como a aceitação, a renúncia também se faz com eficácia retroativa, volvendo seus efeitos à data da abertura da sucessão. O herdeiro renunciante é visto juridicamente como se jamais houvesse tido a possibilidade de receber, razão pela qual a transmissão não se opera quando o herdeiro abdica do direito sucessório. A herança cabível ao herdeiro testamentário que renuncia é destinada ao seu substituto, se indicado pelo testador. Caso contrário, é devolvida aos demais herdeiros na ordem determinada pelo Código Civil. Na hipótese de sucessão legítima, a parte que caberia ao renunciante será entregue aos outros herdeiros do *de cujus*, consoante sobredito.

5.2. Mecanismos de aceitação

A aceitação da herança, de natureza unilateral, prescinde de qualquer espécie de comunicação formal acerca da sua ocorrência para produzir os efeitos que lhe são peculiares. É, por assim dizer, ato jurídico não receptício de vontade, podendo emergir das circunstâncias a sua consecução, observadas as prescrições legais a respeito do tema. Quanto à forma, pode ser expressa, tácita ou presumida. Diz o *caput* do art. 1.805 do Código Civil: "A aceitação da herança, quando expressa, faz-se por declaração escrita; quando tácita, há de resultar tão somente de atos próprios da qualidade de herdeiro".

O herdeiro aceita expressamente a herança quando assim o declara por escrito público ou particular, seja nos próprios autos do inventário ou em caráter extrajudicial. Para que isso ocorra, é necessário que afirme de maneira clara e precisa a sua disposição em acolher o conjunto patrimonial que lhe cabe por falecimento do *de cujus*. Todavia, a aceitação não se perfaz exclusivamente por meio de expressa manifestação do interessado, podendo tacitamente resultar de atos, positivos ou negativos, compatíveis com a qualidade de herdeiro, *v. g.*, habilitação por advogado em inventário, construção de prédio sobre terreno do acervo, defesa judicial da posse a que fazem jus os sucessores etc. Na modalidade tácita o herdeiro deixa entrever inequívoca intenção de acolher a herança, mesmo sem afirmar diretamente tal ânimo. Por fim, diz-se presumida a aceitação quando o herdeiro, instado a se manifestar para que declare se acolhe ou repudia o quinhão, opta pelo silêncio, que, conforme será visto, importa em anuência por força da circunstância de que ordinariamente o ser humano tem interesse em auferir itens dotados de expressão econômica, somente por exceção repudiando-os.

Nem todo ato positivo ou negativo do sucessor em relação ao acervo pode ser entendido como aceitação da herança. Muitas vezes o herdeiro pratica esta ou aquela conduta com espírito de colaboração e solidariedade, ou até mesmo como forma de demonstrar respeito à memória do falecido. É o que deflui do § 1º do art. 1.805 do Código Civil: "Não exprimem aceitação de herança os atos oficiosos, como o funeral do finado, os meramente conservatórios, ou os de administração e guarda provisória". Como a aceitação tácita resulta de atos próprios da qualidade de herdeiro, toda forma diversa de conduta deixa de revestir as condições exigidas pelo legislador e não importa em acolhida da herança. Meros atos oficiosos, como o funeral do extinto, o culto à sua memória e outros dessa natureza, não significam aceitação. Tampouco a tomada de medidas visando à conservação dos bens do espólio devem ser entendidas como aceitação, pois revelam simples respeito pelo morto ou apreço pelos herdeiros. É o que acontece, por exemplo, quando feitos pequenos reparos ou benfeitorias necessárias, colocados os bens perecíveis em local abrigado das intempéries, etc.

Não importa igualmente aceitação a cessão gratuita, pura e simples, da herança, aos demais co-herdeiros (§ 2º). Realizando cessão gratuita da herança aos demais co-herdeiros, sem qualquer espécie de distinção qualitativa ou quantitativa entre eles, a pessoa não está aceitando a sua parte no acervo, mas apenas abrindo mão da qualidade de sucessor. É atitude equivalente em efeitos aos produzidos pela renúncia. A cessão gratuita, quando pura e simples, é uma liberalidade de quem pretende afastar-se da condição de herdeiro sem por um instante sequer haver consolidado em seu patrimônio o proveito que por direito lhe caberia.

Em se tratando de cessão onerosa a todos ou a determinados herdeiros, dá-se o inverso, ou seja, quem onerosamente cede a herança já a aceitou em momento anterior, seja expressa ou tacitamente. Trata-se de negócio jurídico em que há indicação específica dos membros do outro polo, bem como do ônus econômico sobre eles incidente. Alguns autores chamam essa relação negocial de renúncia translativa, instituto que na realidade não se confunde com a renúncia propriamente dita, pois esta pressupõe a abdicação do direito hereditário sem individualização dos destinatários, entregando-se a herança aos sucessores indicados na lei. Somente quem já aceitou a herança e se tornou dono do acervo ou de parte dele poderá cedê-lo de modo oneroso a outrem. O mesmo se diz da cessão gratuita submetida a encargo, negócio jurídico equivalente a uma doação modal, e que só se faz por quem recebe a herança e depois a transmite mediante certa contrapartida do beneficiário.

Determinadas pessoas podem ter legítimo interesse em ver declarada pelo herdeiro a aceitação ou a renúncia da herança, *v. g.*, quem for nomeado legatário, os credores do herdeiro ou do espólio, etc. Todo aquele que tiver interesse na aludida declaração pode interpelar judicialmente o herdeiro, requerendo a fixação de prazo para a resposta, nunca superior a trinta dias (art. 1.807 do Código Civil). A inércia total do interpelado produz o fenômeno da aceitação presumida. Caso ele se mantenha silente, deixando escoar *in albis* o lapso temporal demarcado pelo juízo, considerar-se-á aceita a herança. Trata-se de presunção que não admite prova em contrário, eis que, uma vez patenteada a aceitação — seja de forma expressa, tácita ou presumida —, ela passa a ser irrevogável e definitiva. Somente por meio de expressa renúncia dentro do prazo fixado na interpelação judicial é que poderá o herdeiro enjeitar a herança oferecida.

A interpelação judicial mostra-se viável a partir do vigésimo dia subsequente à abertura da sucessão, prescindindo da existência de inventário para que aconteça. A iniciativa não pode ser adotada antes de passados vinte dias da morte do *de cujus*, justificando-se tal prazo em razão da necessidade de permitir aos herdeiros que se recuperem do abalo decorrente da perda e possam tomar contato com o acervo deixado, verificando a sua situação econômica e formando convicções acerca da conveniência de aceitar ou não a herança. É o chamado *período de deliberação*, que necessariamente terá de ser observado.

Caso não haja interpelação judicial tendente a obter manifestação do herdeiro quanto à aceitação ou renúncia, e nem seja de outro modo instado a proferir sua vontade, poderá ele postular o reconhecimento dos seus direitos sucessórios enquanto não verificada a prescrição. Como não há prazo específico previsto na lei para que isso aconteça, aplica-se o maior lapso temporal estabelecido no diploma pertinente, que é de dez anos (art. 205 do Código Civil). Não obstante a existência de respeitáveis opiniões em sentido contrário, que afirmam desaparecer apenas a faculdade de recusar a herança quando superado o decênio prescricional, na realidade o transcurso puro e simples do prazo extingue a pretensão e obsta o recebimento. Tal conclusão é lógica e decorre inexoravelmente do absoluto desinteresse do sucessor. Não há, portanto, como considerar fictamente aceita a herança, pelo decurso do período de prescrição, e tomar como desaparecida apenas a faculdade de optar entre a anuência e o repúdio.

5.3. Conteúdo da aceitação

A aceitação é negócio jurídico puro, motivo pelo qual não pode ficar à mercê de qualquer modificação provinda da vontade do herdeiro que decide acolher o seu quinhão, seja decorrente da lei ou de previsão testamentária. O *caput* do art. 1.808 do Código Civil estabelece: "Não se pode aceitar ou renunciar a herança em parte, sob condição ou a termo". Logo, não se admite aceitação *pro parte*, isto é, aquela que acolhe determinada porção do acervo e repudia outra. Por outro lado, veda-se também a renúncia *pro parte*, ou seja, aquela relacionada a apenas uma fração da herança deixada.

Tanto a aceitação como a renúncia não podem ser submetidas a condição (*v. g.*, aceito, se não responder por dívidas, renuncio, se receber contrapartida em dinheiro) ou a termo (*v. g.*, aceito, para daqui a dois meses), devendo sempre ser incondicionadas e imediatas. Não há como fixar para momento futuro a produção dos efeitos do ato, ou estabelecer qualquer empecilho para que se opere incontinênti a sua eficácia. Ao aceitar, o interessado recebe na íntegra tudo quanto de direito lhe competir; ao renunciar, afasta-se por inteiro do que lhe caberia e nenhum proveito aufere do acervo.

Não obstante a realidade estampada, o herdeiro, a quem se testarem legados, pode aceitá-los, renunciando a herança; ou, aceitando-a, repudiá-los (§ 1º). Já se asseverou que a renúncia deve dizer respeito à totalidade da herança ou do legado a que teria direito o renunciante. Porém, o legislador trata herança e legado em favor da mesma pessoa como universos distintos no que se refere à renúncia. Assim, o fato de alguém abrir mão da herança não significa que esteja impedido de aceitar o legado instituído pelo testador em seu proveito. Por iguais razões, quem renuncia ao legado pode perfeitamente aceitar a herança, sem que isso de qualquer forma interfira em seu direito sucessório sobre ela. São direitos que surgem a partir de títulos sucessórios diferentes, pois a qualidade de herdeiro legítimo não se confunde com a de herdeiro testamentário, e tais quadros diferem substancialmente da condição de legatário.

A propósito, a lei diz, de modo expresso, que o herdeiro, chamado, na mesma sucessão, a mais de um quinhão hereditário, sob títulos sucessórios diversos, pode livremente deliberar quanto aos quinhões que aceita e aos que renuncia (§ 2º). Embora não seja muito comum, é possível que uma pessoa tenha direito a mais de um quinhão hereditário, e sob títulos sucessórios inconfundíveis, na mesma sucessão. É o caso da pessoa que sucede na condição de herdeiro necessário e vem a ser chamada para suceder em razão da indignidade de um dos co-herdeiros. Caso isso aconteça, o interessado é livre para escolher, dentre os quinhões oferecidos, quantos aceita e quais repudia. Não se pode obrigá-lo a aceitar ou a renunciar conjuntamente a todos, mas cada um dos que acolher ou rechaçar serão recebidos ou afastados por inteiro, dada a vedação de opção *pro parte*.

A solução apontada pela norma legal se aplica indistintamente aos casos em que o chamamento do herdeiro para receber os quinhões, a título diverso, acontece de uma só vez, como àqueles em que é conclamado a manifestar sua intenção depois de já ter renunciado à parte que lhe foi originalmente ofertada. Se, por exemplo, o filho do *de cujus* enjeita o seu quinhão e depois disso é chamado a dizer se acolhe a fração repudiada pelo irmão na herança do falecido, pode deliberar livremente sobre o interesse ou não em recebê-la. Isto porque a aceitação ou a renúncia relativa a cada oferecimento não conserva vínculo algum com o conteúdo do ato anterior.

5.4. Falecimento do herdeiro antes de aceitar

Falecendo o herdeiro antes de declarar se aceita a herança, o poder de aceitar passa-lhe aos herdeiros, a menos que se trate de vocação adstrita a uma condição suspensiva, ainda não verificada (art. 1.809 do Código Civil). Já se disse que tanto a aceitação como a renúncia são atos praticados pelo herdeiro com vistas, respectivamente, à acolhida ou ao repúdio da herança. Caso a pessoa faleça antes de declarar se a aceita, o direito de promover tal manifestação volitiva se posta automaticamente na alçada jurídica dos herdeiros, eis que integra o universo patrimonial transferível *causa mortis*. A eles se faculta o recebimento do acervo deixado pelo antecessor e também a declaração de acolhida ou não da herança relativa ao óbito anterior. Em suma, a prerrogativa de aceitar a herança transmite-se aos sucessores da pessoa a quem em vida cabia declarar a vontade, observadas as regras ordinárias relativas à legitimidade ativa para realizar o pronunciamento.

A solução aludida não é absoluta. Caso esteja pendente condição suspensiva, a que estava adstrita a vocação hereditária, fica obstada a aquisição do direito, motivo pelo qual os herdeiros da pessoa que faleceu sem declarar se aceitava a herança não recebem em transmissão a faculdade de promover a referida declaração. A condição suspensiva, quando submete a consolidação da qualidade sucessória ao seu implemento, é instituída para se aplicar exclusivamente em relação ao indivíduo. Nesse contexto, a morte da pessoa a quem competia declarar a vontade não faz transmitir aos seus próprios herdeiros o direito de aceitar ou repudiar a herança, pois jamais verificada a condição suspensiva que nutria a vocação. É o que se verifica, por exemplo, quando o testador diz que o herdeiro indicado na cédula somente receberá o quinhão que lhe foi destinado se em até trinta dias depois de aberto o testamento fizer uma doação de certa quantia em dinheiro para uma instituição de caridade. Tal condição, de natureza suspensiva da integração do direito ao acervo patrimonial do beneficiário, não poderá ser cumprida pelos sucessores dele, caso morra antes de implementá-la. Na situação ilustrativa, o quinhão que caberia ao nomeado será devolvido ao monte-mor para regular distribuição, segundo a disciplina comum da sucessão legítima.

Os chamados à sucessão do herdeiro falecido antes da aceitação, desde que concordem em receber a segunda herança, poderão aceitar ou renunciar a primeira. É o que preconiza o parágrafo único do art. 1.809 do Código Civil. O legislador admite que os herdeiros, anuindo em receber o acervo do falecido pai (segunda herança), deixado pela pessoa a quem competia declarar se aceitava a herança anterior (considerada primeira), digam se tomam ou não esta para si, salvo quando houver condição suspensiva ainda não verificada, conforme estatuído na parte final do *caput* da citada norma. Isto significa que o fato de os herdeiros aceitarem a herança deixada por morte de seu próprio antecessor não lhes impõe o dever de acolher o acervo pendente de aceitação. Exemplo: José, filho de Marcos, morre antes de dizer se aceita a herança deixada por este. Cristina e Paulo, filhos de José e netos de Marcos, têm a faculdade de receber a herança do pai e rechaçar a do avô. Podem, como deflui do texto normativo, receber a segunda herança e repudiar a primeira, ou então a ambas aceitar. Entrementes, se recusarem a segunda, que no exemplo seria a do pai, não poderão reclamar a primeira, que na ilustração era a do avô. A abdicação relativa àquela importa no completo fenecimento do direito de recolher esta.

5.5. Da renúncia da herança

A renúncia é ato jurídico unilateral, pelo qual o herdeiro expressamente se despede da sua posição jurídica perante o acervo deixado pelo *de cujus*. Ninguém pode ser obrigado a receber a herança prevista em lei ou no testamento, razão pela qual se faculta a negativa do beneficiário em captar os bens e direitos da pessoa falecida. Assim como a aceitação, ela pode ser feita diretamente pelo herdeiro ou manejada por meio de mandatário, que deverá estar investido de poderes especiais previstos em escritura pública. Em virtude dos extensos e sérios efeitos que produz, o art. 1.806 do Código Civil determina que a renúncia será realizada mediante confecção de instrumento público, do qual expressamente constará a vontade de repudiar o acervo ou a porção que competia ao renunciante. Também se admite que a renúncia seja tomada por termo judicial nos autos do inventário ou noutra demanda especificamente destinada a tal fim. Nesse caso, o fato de ter sido aparelhada perante o juízo atribui-lhe força equivalente àquela implementada por meio de escrito público.

Com a renúncia, o indivíduo é considerado estranho à sucessão, e, mais do que isso, visto como alguém a quem nunca sequer se ofereceu a herança. Isso porque a manifestação volitiva retroage em eficácia à data do óbito, afastando toda e qualquer perspectiva de acesso à divisão do acervo do *de cujus*. Nesse sentido, o parágrafo único do art. 1.804 do Código Civil diz que a transmissão tem-se por não verificada quando o herdeiro renuncia à herança. Impende observar que a severidade das consequências do repúdio à herança obsta que ele seja tácito ou presumido, pois não se pode inferir das circunstâncias o desiderato de abandonar a qualidade sucessória.

A necessidade de lavratura de instrumento público decorre da solenidade que caracteriza a renúncia. Cuida-se, realmente, de negócio jurídico solene e que reclama a prática de conduta positiva, devendo atender à forma prescrita pelo legislador, sob pena de invalidade. A única alternativa à escritura pública é o termo nos autos, confeccionado pelo escrivão na presença do herdeiro que manifesta a vontade de repudiar, ou do mandatário munido de poderes especiais vazados em instrumento público. Vale salientar que em nenhuma das hipóteses a iniciativa de renunciar dependerá de homologação judicial, pois o ato é bastante em si mesmo.

Não se pode renunciar por meio de simples petição nos autos do inventário, cabendo ao juiz, nesse caso, determinar ao escrivão, portador de fé pública, a redução a termo da declaração do interessado, que assinará — ou o respectivo procurador — o documento. Tanto a escritura pública como o termo nos autos conferem publicidade à manifestação volitiva, permitindo que terceiros a conheçam e tomem eventuais medidas cabíveis. Os credores, por exemplo, têm legitimidade para aceitar a herança renunciada, até o limite do seu crédito, conforme se verá adiante.

A doutrina costuma mencionar a existência de duas espécies de renúncia: a *abdicativa*, ou renúncia propriamente dita, e a *translativa*. No primeiro caso, o herdeiro abre mão dessa qualidade por meio de declaração de vontade pura e simples, de modo que a sua fração será destinada aos demais sucessores, como se ele jamais houvesse existido. O renunciante, ao assim proceder, simplesmente abdica da posição sucessória. Já a renúncia dita translativa é aquela feita em favor de terceiro, nominado e indicado na escritura pública ou no termo judicial. A porção do renunciante, destarte, encaminha-se ao beneficiário mencionado por aquele. Na realidade, existe apenas uma forma de renúncia, que é a abdicativa. O mecanismo translativo não importa em renúncia, mas em cessão de direitos hereditários, forma negocial diversa que pressupõe a aceitação do destinatário.

A relevância de verificar se o herdeiro apenas renunciou ou se a um só tempo aceitou e transmitiu a pessoa certa o seu quinhão está na diferente incidência de tributos em cada situação. Quem simplesmente renunciou faz com que a sua parcela se dirija aos demais sucessores legítimos, a quem caberá quitar unicamente o imposto de transmissão *causa mortis*. Já na hipótese de transferência da herança para destinatários certos, configura-se a cessão de direitos, resultando desse contexto a duplicidade de operações, isto é, a aceitação e a imediata transmissão. Logo, incidem dois tributos, sendo um *causa mortis*, relativo ao ato de aceitar, e outro *inter vivos*, concernente ao repasse dos direitos a outrem.

Assim como se dá com a aceitação, a renúncia também é irrevogável (art. 1.812 do Código Civil). Quem regularmente aceitar a herança não mais poderá repudiá-la, e se a enjeitar, não lhe será dado reclamá-la em momento posterior. Contudo, a irrevogabilidade não se confunde com a nulidade ou anulabilidade do ato, em face de defeitos que acaso apresente. O interessado terá legitimidade para reclamar perante o Poder Judiciário a anulação ou a afirmação da nulidade, se a renúncia estiver maculada. Haverá nulidade quando padecer de defeitos insanáveis, como na hipótese da incapacidade do agente, preterição da forma exigida em lei, etc. De outra banda, será anulável quando presentes vícios relacionados ao consentimento ou a outros aspectos que, embora sanáveis, levam o agente a pleitear a invalidação, como no caso de erro, coação e dolo.

É nula a renúncia feita antes da abertura da sucessão, eis que no direito pátrio não se admite a existência de pacto sucessório, nem de qualquer outra relação negocial que tiver por objeto herança de pessoa viva. Enquanto não ocorrer o óbito do titular do acervo, inexistirá herança em sentido estrito, e, portanto, também a qualidade de herdeiro não passará de mera expectativa sem qualquer repercussão no plano concreto.

5.6. Limitações ao direito de renunciar

Já se disse que somente o herdeiro dotado de total capacidade poderá renunciar pessoalmente, sendo vedada tal iniciativa, portanto, aos que forem relativa ou absolutamente incapazes. Quanto a estes, nem mesmo o assistente ou representante poderá tomar a iniciativa de chancelar a renúncia do assistido ou de renunciar em nome do representado, eis que ordinariamente a condição de sucessor é benéfica à pessoa. Ademais, não é comum o ato de abrir mão de qualquer proveito hereditário. Daí que a abdicação, sendo exceção à regra, somente poderá ser feita pelo incapaz desde que haja prévia autorização judicial, para que o seu assistente ou representante se manifeste de modo regular nesse sentido. Tudo sob pena de invalidade completa dos atos que não observarem essa orientação normativa.

Efetivamente, o art. 1.691 do Código Civil diz que não podem os pais alienar, ou gravar de ônus real os imóveis dos filhos, nem contrair, em nome deles, obrigações que ultrapassem os limites da simples administração, salvo por necessidade ou evidente interesse da prole, mediante prévia autorização do juiz. Quando entrar em cena a figura do tutor, a disciplina será dada pelo art. 1.748, II, do Código Civil, no qual está previsto que compete ao tutor, com autorização do juiz, aceitar por ele heranças, legados ou doações, ainda que com encargos. Tal preceito se estende à atuação do curador por força do disposto no art. 1.781 da codificação, que determina a aplicação, à curatela, das regras a respeito do exercício da tutela no que forem cabíveis.

Outra limitação à faculdade de abdicar está no art. 1.813 do Código Civil: "Quando o herdeiro prejudicar os seus credores, renunciando à herança, poderão eles, com autorização do juiz, aceitá-la em nome do renunciante". Considera-se fraudulenta a renúncia prejudicial aos credores do sucessor, ainda que este não tenha a deliberada vontade de causar danos.

Os credores lesados poderão postular, perante o juiz competente para o inventário, autorização que lhes viabilize aceitar a herança em nome do renunciante. Acolhida a pretensão, os credores receberão a herança que originalmente caberia àquele, observado o limite do seu crédito, dela retirando os recursos necessários à satisfação do direito, até onde suportar.

Ao ser deferida a aceitação da herança em nome do renunciante, os credores não se tornam herdeiros, mas simplesmente tomam assento em uma espécie de concurso que se instala com vistas ao pagamento das dívidas. Caso estas não sejam totalmente líquidas e certas, poderão os credores pedir ao juiz que, deferida a aceitação em lugar do renunciante, fique o respectivo quinhão reservado no inventário para futura solução das pendências, enquanto estas são discutidas nas vias judiciais ordinárias.

Visando a evitar que a expectativa de habilitação de eventuais credores perdure *ad infinitum*, situação geradora de evidente insegurança para os herdeiros, o ordenamento jurídico limita em trinta dias o prazo para que o titular de crédito contra o renunciante postule autorização para aceitar a herança em nome deste (§ 1º). O trintídio conta-se a partir do dia seguinte àquele em que o credor tomar conhecimento da renúncia do devedor, seja qual for o meio pelo qual isso se deu. O prazo é preclusivo, ficando inviabilizada a aceitação da herança pelos credores do renunciante se deixarem escoar *in albis* a oportunidade de requerer a habilitação. Sendo vários os credores, a aceitação deferida ao primeiro que se habilitar aproveitará aos demais, abrindo-se em favor de cada um deles o prazo de trinta dias para a habilitação, contados da ciência individual quanto ao fato da renúncia.

A abdicação afasta definitivamente o renunciante da herança que por direito lhe caberia. Na hipótese de os credores aceitarem-na em seu lugar, o pagamento das dívidas far-se-á até o limite das forças do acervo recebido. Mesmo que remanesçam itens patrimoniais ou valores após a quitação de todas as dívidas, o renunciante nada receberá, haja vista a irrevogabilidade e a irretratabilidade da renúncia formulada. Em assim sendo, esta prevalece quanto ao remanescente, cujo conteúdo será repassado aos demais herdeiros para fins de partilha nos autos do inventário (§ 2º). Daí em diante a situação se regula pelas normas sucessórias gerais, atribuindo-se aos outros sucessores a participação individual que lhes competir no acervo, com distribuição igualitária do remanescente do quinhão renunciado.

Ainda no campo das limitações ao direito de renunciar, é preciso ressaltar que, se o herdeiro for casado, a renúncia dependerá de prévia ou concomitante outorga do cônjuge, sob pena de anulabilidade da iniciativa. Afinal, a herança é considerada um universo imóvel por determinação legal (art. 80, II, do Código Civil), e, sabendo-se que a alienação de bens de raiz depende da anuência do consorte (art. 1.647, I), forçoso concluir no sentido da necessidade da sua obtenção, salvo quando o casamento for pelo regime da separação absoluta, pois então o herdeiro poderá livremente renunciar, dispensada qualquer consulta à pessoa com quem estiver casado, ou quando, no regime da participação final nos aquestos, houve no pacto antenupcial cláusula autorizando a livre disposição de imóveis. Nas demais hipóteses será imprescindível a outorga, mas eventual negativa sem justo motivo ensejará a busca de suprimento judicial da vontade, o mesmo se verificando no caso de ser impossível ao consorte anuir, *v. g.*, em razão de doença (art. 1.648 da codificação).

Há quem pugne pela completa desnecessidade de outorga do cônjuge para a renúncia à herança, independentemente do regime de bens do matrimônio, sob o argumento de que não se trata propriamente de ato de alienação, mas apenas de mera recusa à percepção do que foi deixado pelo *de cujus*. Todavia, é inegável a equiparação jurídica entre os atos de renunciar e de alienar bens imóveis, pois ambos implicam na diminuição do acervo do renunciante, apenas com a diferença de que na renúncia essa minoração inicialmente existe em caráter potencial, haja vista a impossibilidade de saber se haverá itens partilháveis depois de confrontados o ativo e o passivo. De toda sorte, a simples devolução do quinhão do renunciante ao monte-mor já indica a ocorrência de ato que tecnicamente é capaz de importar na afetação do acervo patrimonial do herdeiro, reclamando, por isso, a anuência do seu cônjuge.

5.7. Destino da porção renunciada

Na sucessão legítima, a parte do renunciante acresce à dos outros herdeiros da mesma classe e, sendo ele o único desta, devolve-se aos da subsequente (art. 1.810 do Código Civil). O ato de renúncia implica na atribuição do quinhão do renunciante aos demais herdeiros situados na sua classe, fenômeno decorrente do chamado direito de acrescer. Exemplo: sendo três os filhos do *de cujus*, e havendo renúncia de um deles, a sua respectiva fração hereditária será partilhada por igual entre os dois sucessores remanescentes.

Caso o renunciante seja o único herdeiro da classe, a parte que lhe caberia será entregue, ou, em definição técnica, devolvida aos membros da classe subsequente, que a partilharão igualmente em tantas porções quantos forem os herdeiros beneficiados. Exemplo: se o *de cujus* tem apenas um descendente, e este renuncia ao direito sucessório, a herança será atribuída aos ascendentes para fins de divisão.

O direito de acrescer somente existe em sua forma genuína na sucessão legítima, fazendo transmitir aos não renunciantes da mesma classe o quinhão daquele que abdicou. A renúncia do herdeiro testamentário faz com que ocorra a devolução da herança ao substituto indicado no testamento. Silenciando o testador quanto a este aspecto, o acervo será entregue aos herdeiros legítimos, de acordo com a ordem de vocação hereditária estabelecida no art. 1.829 do Código Civil.

Ninguém pode suceder, representando herdeiro renunciante. Se, porém, ele for o único legítimo da sua classe, ou se todos os outros da mesma classe renunciarem a herança, poderão os filhos vir à sucessão, por direito próprio, e por cabeça (art. 1.811 do Código Civil). Percebe-se, destarte, que na sucessão legítima inexiste direito de representação de herdeiro renunciante. Ocorrendo a renúncia, o quinhão enjeitado retorna ao monte-mor para fins de acrescer às frações dos demais herdeiros. Na falta destes, será devolvido aos sucessores da classe subsequente.

Todavia, se o renunciante for o único legítimo da sua classe, os filhos dele herdarão por direito próprio e por cabeça, e não por representação ou estirpe. O mesmo ocorrerá na hipótese de, havendo vários herdeiros na mesma classe, todos renunciarem à herança, oportunidade em que os sucessores da classe seguinte receberão o acervo por direito individual e singularmente considerados. Exemplo: Pedro, filho único, renuncia aos direitos concernentes à herança do pai. Supondo-se que o renunciante tenha dois filhos (netos do autor da herança), cada um deles receberá metade do acervo deixado pelo avô. Se Pedro e Carlos fossem filhos do *de cujus* e viessem a renunciar, a herança seria partilhada em tantos quinhões quantos fossem os filhos dos renunciantes, individualmente considerados.

O herdeiro renunciante é tratado como se jamais houvesse juridicamente existido, motivo pelo qual ninguém fica legitimado a suceder-lhe após a abdicação. Porém, se quem renuncia é o único integrante da sua classe, ou se todos os membros da mesma classe partem para a renúncia, nenhum prejuízo a terceiros haverá pela devolução da herança aos sucessores dos renunciantes. Em tal caso, a classe subsequente é vista como se desde o início tivesse vocação preferencial no recebimento do conteúdo econômico do monte-mor.

Capítulo 6

DOS EXCLUÍDOS DA SUCESSÃO

6.1. Aspectos gerais da indignidade

A sucessão legítima traz consigo a ideia de respeito, afeto e apreço entre as pessoas situadas na posição conducente à futura incorporação das qualidades jurídicas de sucessor e sucedido. Os laços familiares que presidem tais relações não prescindem da existência de um ambiente harmônico, fundado nas regras éticas e morais aceitas e implantadas pelo senso comum coletivo. Quer a coletividade que o sucessor conserve de forma permanente essas ligações positivas com a pessoa de quem será herdeiro. A quebra desse pacto social, que antes de mais nada é marcado pelos preceitos ordinários de convivência humana, é incompatível com a captação da herança do falecido pela pessoa do infrator. Ou, ao menos, o ordenamento jurídico admite a possibilidade do reconhecimento da insubsistência da qualidade sucessória, em virtude de fatos catalogados como altamente nocivos aos princípios de regência da transmissão hereditária.

Nesse contexto é que surge o instituto da indignidade, concebido como sanção ou penalidade civil. Aplica-se a quem, dotado primitivamente da expectativa de se tornar sucessor de alguém, vem a perdê-la por força da prática de atos delituosos e fortemente repudiáveis, contra o autor da herança ou contra as pessoas que foram arroladas na lei em virtude de ligações familiares mantidas com ele. Ao afrontar de maneira tão profunda o titular do acervo, o infrator deixa de apresentar a qualificação exigida em lei para se tornar sucessor do ofendido, haja vista o rompimento dos presumíveis liames de confiança e prestígio que gerenciavam o convívio. Afinal, se a realidade dos fatos se revela contrária ao ideal de harmonia até então vigente, deixando patenteados o desprezo, a virulência e a mais completa falta de estima recíproca, restará sempre a alternativa de permitir ao lesado a busca da afirmação efetiva dessa circunstância, com o fito de reverter a vocação hereditária definida em lei ou no ato de última vontade.

Dada a gravidade da atitude de excluir da sucessão as pessoas que normalmente estariam postadas no lugar destinado aos receptores da herança do *de cujus*, ela somente ocorrerá nos expressos casos previstos na legislação, inadmitida qualquer modalidade de exegese ampliativa, ainda que embasada na analogia e nos demais princípios jurídicos norteadores do esforço interpretativo. Em suma, será indigno exclusivamente o indivíduo cuja conduta se enquadrar em algum dos tipos civis definidos pelo legislador para a espécie.

Há causas de exclusão fundadas na vontade presumida do autor da herança, enquanto outras, não raro coincidentes com aquelas, podem ser explicitamente apostas por ele na cédula testamentária. Na primeira situação, ou seja, quando terceiros que não o titular do acervo também podem tomar a iniciativa de excluir o indigno, estar-se-á diante da perspectiva da realização da vontade presumida do ofendido. Noutras palavras, ainda que ele não tenha vazado em disposição de última vontade a intenção de afastar da partilha o sucessor, admite-se que outros o façam, pelo simples fato de que não aconteceu a formal reabilitação ou o perdão por iniciativa pessoal do *de cujus*.

Entende-se, nesse quadro, que se o ofendido não pretendesse excluir o indigno teria tomado a providência de perdoá-lo ou reabilitá-lo expressamente. Não procedendo assim, e optando pelo total silêncio, deixa aberta a porta para a adoção da drástica medida pelos interessados; sempre depois da morte do titular do acervo, pois não há como tratar de herança de pessoa viva. Por outro lado, à coletividade também se mostra importante a repulsa ao ato ofensivo por meio da exclusão do agente da indignidade, pois se este realizou conduta de tamanha força lesiva não merece captar vantagens sucessórias.

6.2. Indignidade e deserdação

Embora tenham a mesma finalidade, qual seja, a de afastar do quadro hereditário quem originalmente estava nele inserido, não se confundem os institutos da indignidade e da deserdação. Se por meio deles tanto o indigno como o deserdado ficam completamente alijados da partilha dos bens do *de cujus*, diferentes são os caminhos que conduzem a esse resultado final. Cabe destacar, ainda, que realizada a deserdação ou sacramentada a indignidade de um herdeiro necessário, estará excepcionada a regra da intangibilidade da legítima. Esta, como porção destinada por lei aos descendentes, ascendentes e cônjuge, observada a ordem de vocação hereditária, ficará à mercê da exclusão operada, em face da predominância do interesse público em ver afastado da sucessão quem praticou atos tidos como capazes de produzir a referida consequência.

A indignidade somente será reconhecida por sentença, eis que deita raízes exclusivamente na lei (art. 1.814 do Código Civil). Não tem base de natureza pessoal, ou seja, não provém da iniciativa direta de quem foi alvo do ato ilícito praticado pelo indigno. Cumpre salientar, por relevante, que tem cabimento prevalente na sucessão legítima, mas também pode atingir os sucessores nomeados em testamento.

Por seu turno, a deserdação ocorre quando o autor da herança, por testamento, repele o acesso do sucessor à divisão do acervo, invocando alguma das causas estatuídas no ordenamento (arts. 1.814 e 1.962 do Código Civil). Carrega, portanto, índole pessoal, em face da circunstância de não prescindir de ato positivo — veiculado em testamento — do ofendido, a quem compete decidir pela adoção ou não da providência. O seu cabimento se verifica apenas na sucessão testamentária e diz respeito unicamente aos herdeiros necessários. O testador deve motivar a decisão de excluí-los, até mesmo para que eles possam debater em juízo a pertinência da imputação formulada.

Para a exclusão dos colaterais, que são herdeiros legítimos, mas não em caráter necessário, assim como para repelir os sucessores aquinhoados em testamento, não se pode utilizar o instituto da deserdação. O mecanismo adequado para esse quadro será o da afirmação judicial da indignidade. Isso porque o afastamento de tais pessoas acontece por meio de simples revogação, pelo próprio testador, do testamento já lavrado. Nos casos em que o ofendido morrer sem ter revogado a cédula, e sem haver expressamente reabilitado ou perdoado o ofensor, restará aos demais interessados pleitear o reconhecimento da indignidade, com fundamento na prática de ato ilícito pelo beneficiário. Inviável, destarte, admitir a ocorrência de perdão tácito ou de reabilitação com suporte no fato de não ter sido promovida a deserdação no corpo da cédula testamentária lavrada pelo dono do acervo. Perdoar ou reabilitar é reflexo da expressa manifestação volitiva do ofendido, nos moldes preconizados no art. 1.818 do Código Civil.

Sendo nulo o testamento em que restou afirmada a deserdação, nada impede que os interessados postulem em juízo o reconhecimento da indignidade do sucessor, contanto que demonstrada a prática de algum dos atos vedados pelo legislador. A nulidade da cédula não macula a possibilidade de buscar nas vias ordinárias o afastamento, cuja base é o ato ilícito. Este não se apaga com a insubsistência da cédula, mantendo intacta a prerrogativa de perseguir a repulsa judicial do ofensor, desde que a causa invocada no testamento para a frustrada deserdação seja também substrato previsto em lei com vistas à declaração de indignidade.

6.3. Causas de exclusão do indigno

As causas de exclusão do herdeiro e do legatário considerado indigno têm por fundamento a repressão de ato ilícito praticado diretamente contra o autor da herança ou contra as pessoas que lhe são próximas. A sanção aplicável ao agente da indignidade consiste no seu afastamento da condição de sucessor, porque seria de todo ininteligível que o executor de ato ilegal contra o *de cujus* conservasse ainda assim a prerrogativa de suceder-lhe.

Diz o art. 1.814 do Código Civil: "São excluídos da sucessão os herdeiros ou legatários: I – que houverem sido autores, coautores ou partícipes de homicídio doloso, ou tentativa deste, contra a pessoa de cuja sucessão se tratar, seu cônjuge, companheiro, ascendente ou descendente; II – que houverem acusado caluniosamente em juízo o autor da herança ou incorrerem em crime contra a sua honra, ou de seu cônjuge ou companheiro; III – que, por violência ou meios fraudulentos, inibirem ou obstarem o autor da herança de dispor livremente de seus bens por ato de última vontade". A enumeração das hipóteses é taxativa, não havendo outros casos de exclusão senão aqueles expressamente previstos, vedada qualquer forma de interpretação ampliativa ou por analogia.

O homicídio tentado ou consumado (inciso I) é dos mais graves delitos coibidos pelo legislador brasileiro, daí decorrendo uma série de reprimendas ao agente, seja no âmbito penal como no civil. Tendo em vista a independência da responsabilidade criminal e cível, não é necessária a existência de sentença condenatória naquele juízo, bastando que este reconheça a ocorrência da ilicitude e decrete a exclusão. Porém, se houver sentença criminal de condenação, seus efeitos alcançarão a seara cível, fazendo coisa julgada e automaticamente levando ao afastamento do sucessor.

Também pode repercutir decisivamente na esfera civil a sentença absolutória proferida no juízo criminal (art. 386 do Código de Processo Penal). Aquela lavrada com base no reconhecimento de excludente da ilicitude (*v. g.*, legítima defesa) faz coisa julgada no cível, obstando a exclusão do sucessor por indignidade. Igual solução haverá quando o veredicto tiver por fundamento a prova da inexistência do fato ou de que o réu não concorreu para a infração penal. Todavia, outras hipóteses de absolvição, que envolvam a ausência de prova, não ditam o rumo do pronunciamento cível, haja vista a possibilidade de que neste sejam colhidos elementos probatórios suficientes para que o sucessor reste excluído da disputa do acervo hereditário.

De banda diversa, é preciso asseverar que a extinção da pena criminal pela prescrição ou por outro motivo de similar gênese não tem o condão de evitar o reconhecimento da indignidade, pois, embora impeça a efetiva aplicação da reprimenda penal já fixada, não elide a existência do delito, e tampouco a produção dos reflexos que lhe são pertinentes. Sempre com suporte, todavia, na existência de ação cível ordinária em que se discuta exaustivamente a matéria, oportunizando-se ao réu o contraditório e a ampla defesa constitucionalmente assegurados.

O dolo na prática do ato ilícito é elemento essencial para a verificação da indignidade. Não se reprime com a exclusão fundada no primeiro inciso o agente de homicídio culposo ou de lesão corporal seguida de morte, e nem aquele cuja conduta ilídima decorre de erro quanto à pessoa ou erro na execução. No primeiro caso, porque ausente o *animus necandi*; nos demais, porque o indivíduo não visava às pessoas elencadas no dispositivo legal, vindo a atingi-las em função de erro.

Somente os autores, coautores ou partícipes de homicídio doloso, ou de tentativa deste, é que poderão ser excluídos da sucessão. A ilicitude geradora de tal efeito não é apenas aquela praticada diretamente contra a pessoa de cuja herança se tratar, mas também contra as demais arroladas na lei, quais sejam, seu cônjuge, companheiro, ascendente ou descendente. Quanto ao companheiro, é necessária a comprovação da existência de união estável, e não de simples concubinato ou relacionamento ocasional. Pertinente aos descendentes e ascendentes, é irrelevante o grau de parentesco do ofendido para com o titular do acervo, pois a intenção do legislador é sancionar a ilicitude praticada contra qualquer dos integrantes das referidas classes.

Respeitadas as opiniões em contrário, o ato de induzir, instigar ou auxiliar o autor da herança que se suicida não gera a perspectiva de exclusão por indignidade. Embora inserida no rol dos crimes contra a vida (art. 122 do Código Penal), a conduta não está elencada no art. 1.814 do Código Civil. Tratando-se de *numerus clausus*, se o legislador quisesse incluí-lo entre os comportamentos aptos a rechaçar a qualidade sucessória, tê-lo-ia feito de modo expresso, de maneira que o silêncio normativo implica no entendimento de que a realização daquele ato não afeta a posição hereditária.

O inciso II prevê duas hipóteses de indignidade: a) acusação caluniosa feita em juízo contra o autor da herança (não incluídos aqui seus entes próximos); b) prática de crime contra a honra do autor da herança, seu cônjuge ou companheiro. Em ambas se está a cuidar do ilícito definitivamente consumado, e não da mera tentativa, que traz repercussão nenhuma no âmbito sucessório. Não se reclama prévia condenação criminal, dada a independência do juízo cível em relação ao penal.

Para a configuração da primeira causa de exclusão, exige-se que o agente promova a denunciação caluniosa em juízo, seja apresentando queixa-crime ou fazendo representação ao Ministério Público. O tipo, previsto no art. 339 do Código Penal, tem a seguinte redação: "Dar causa à instauração de investigação policial, de processo judicial, instauração de investigação administrativa, inquérito civil ou ação de improbidade administrativa contra alguém, imputando-lhe crime de que o sabe inocente".

A imputação capaz de levar à exclusão do sucessor é unicamente aquela feita perante o juízo criminal, não bastando a conduta de levar ao conhecimento de outra autoridade, mesmo integrante do Poder Judiciário, o fato caracterizador da conduta vedada. Outro requisito é que o juízo reconheça a inviabilidade da acusação formulada pelo indigno, e, ao mesmo tempo, que o Ministério Público promova a persecução contra o acusador por cometimento do delito de denunciação caluniosa. Mas, como referido, não é necessária a condenação criminal para a exclusão cível, bastando a constatação das peculiaridades postas.

Vale salientar que a denunciação formulada contra o cônjuge ou companheiro do *de cujus* não tem força para excluir o agente da qualidade sucessória, pois a norma legal é inequívoca ao se reportar apenas à iniciativa que tem por alvo o autor da herança. Há quem diga ser caso de mera lacuna involuntária do ordenamento, dada a proximidade dos bens jurídicos atingidos na denunciação caluniosa e nos genuínos delitos contra a honra. Porém, tal exegese afrontaria a noção de que o elenco do art. 1.814 do Código Civil é exaustivo, abrindo as portas para outras ampliações e para a consequente desvirtuação do sistema.

Já no que diz respeito à indignidade por prática de delito contra a honra (arts. 138 a 140 do Código Penal), também se prescinde da condenação criminal, porque admitido o reconhecimento da existência da ilicitude exclusivamente para fins sucessórios. A exclusão é viável tanto nos casos em que a vítima é o próprio titular do acervo como quando figura como atingido o cônjuge ou companheiro do *de cujus*. Destaque-se, entretanto, que o término formal do casamento ou da união estável, assim como a ruptura fática dotada do ânimo de não mais reconstituir o relacionamento, impedem a exclusão do sucessor. Obviamente que os efeitos da sentença criminal acaso proferida farão sentir-se na seara civil, nos moldes anteriormente deduzidos.

A calúnia contra a pessoa falecida, que deixa a herança, também acarreta o afastamento do sucessor. O § 2º do art. 138 do Código Penal contém previsão de reprimenda à calúnia contra os mortos, e o objetivo do inciso III do art. 1.814 do Código Civil é exatamente o de sancionar atos de afronta à honra do indivíduo que deixa o acervo, evitando que o agente da ofensa seja beneficiado com o recebimento de vantagens. Ademais, reveste-se tal agir de repudiável ingratidão e menosprezo, fazendo com que o ofensor não mereça participar da divisão dos elementos patrimoniais deixados.

Os atentados contra a liberdade de testar também são sancionados pelo legislador, acarretando a exclusão do herdeiro ou legatário por indignidade (inciso III). Traduzem-se nas condutas de inibir ou obstar o autor da herança de dispor livremente de seus bens por ato de última vontade. Inibir significa embaraçar a liberdade de alguém, ao passo que obstar importa em impedir a realização do ato. Exige-se, para a configuração do quadro, que na execução da conduta o agente se tenha valido de violência ou meios fraudulentos, ou seja, de incursão física ou psicológica contra a vítima, o mesmo se dando nos casos de abuso de confiança, malevolência, simulações, etc.

Não se pode aceitar que o autor da herança seja inibido ou impedido de dispor livremente de seus bens por ato de última vontade, e muito menos que isso se dê com violência ou a partir de meios fraudulentos lançados pelo próprio sucessor. Trata-se de conduta imoral e abjeta suficiente para levar ao afastamento do agente que, valendo-se de coação, dolo, fraude ou de outro meio capcioso usado contra o autor da herança, o impeça de declarar sua última vontade, ou impulsioná-lo à sua feitura, alteração ou revogação. A pena de exclusão não depende do prévio reconhecimento judicial da insubsistência da cédula testamentária para fins de inventário, bastando a afirmação da ocorrência do evento na própria lide ordinária movida pelos interessados em afastar o sucessor.

6.4. Declaração judicial da indignidade

O *caput* do art. 1.815 do Código Civil estabelece: "A exclusão do herdeiro ou legatário, em qualquer desses casos de indignidade, será declarada por sentença". Não existe indignidade com efeitos na sucessão sem prévia sentença cível transitada em julgado que a reconheça. Inconcebível, também, o afastamento automático, *pleno jure*, do sucessor em virtude do evento tido como apto a gerar essa consequência. Por mais que se tenha demonstrada a sua ocorrência fática, e ainda que sobrevenha sentença criminal condenatória definitiva, terá de ser necessariamente proposta a demanda cível.

A exclusão sempre se faz em juízo, dentro de processo de conhecimento proposto por quem de direito para tal fim, em que se propiciará ao réu o mais amplo exercício do direito de defesa. A medida não pode ser aplicada nos próprios autos em que se opera a partilha, pois versa acerca de matéria de alta indagação e que exige dilação probatória, circunstância incompatível com o ágil mecanismo de tramitação do inventário.

Para pleitear judicialmente a exclusão de herdeiro ou legatário, o interessado terá o prazo de quatro anos, que passa a fluir da data em que ocorrer o óbito do autor da herança, quando tecnicamente se verifica a abertura da sucessão (parágrafo único). Cuida-se de prazo decadencial, sujeito, portanto, às regras pertinentes. Transcorrido o mencionado lapso temporal sem que seja tomada qualquer iniciativa, extingue-se o direito das pessoas anteriormente legitimadas a reclamar a exclusão do herdeiro, ficando definitivamente consolidada a posição do sucessor no que diz com o recebimento do seu quinhão.

Tem legitimidade ativa para a demanda toda pessoa que seria beneficiada pela exclusão do acusado. Quem não tiver interesse econômico direto a proteger será considerado parte ilegítima na lide, sendo insuficiente, para a propositura, a alegação da existência de envolvimento puramente moral. Destaque-se a ilegitimidade ativa do Ministério Público, pois somente direitos de natureza privada estarão em disputa, ainda que haja o envolvimento de menores de idade ou de incapazes. Estes serão representados ou assistidos por quem a lei determina, restando inviabilizada, portanto, a assunção desse *munus* pelo órgão ministerial.

Surgem como legitimados em primeiro plano, nesse contexto, os demais herdeiros do *de cujus*, pois o afastamento do indigno faz volver ao monte-mor a fração que perceberia em circunstâncias normais, acrescendo ao direito dos outros sucessores e, portanto, aumentando a participação fracionária de quem permanecer na disputa da herança.

Também o donatário de bens do autor da herança poderá reclamar a afirmação da indignidade, se o teor da liberalidade tivesse de ser levado à colação depois do óbito, de vez que a exclusão do indigno eliminará ou reduzirá, na prática, a devolução — ao monte partilhável — dos itens doados. Não havendo outros herdeiros, e sendo o acusado a única pessoa até então habilitada a receber a herança, a declaração de indignidade poderá ser reclamada pelo Município, pelo Distrito Federal ou pela União, a quem caberá o direito de recolher os bens deixados pelo falecido no caso de ausência completa de sucessores legítimos e testamentários.

Os credores de quem estaria em tese legitimado a aparelhar a demanda não possuem a prerrogativa de ajuizá-la, caso os titulares da faculdade quedem silentes. A alegação de prejuízo econômico como resultado da inércia não os autoriza a litigar, pela singela razão de que somente as pessoas a quem o afastamento do indigno aproveitaria poderão tomar a iniciativa judicial. É inegável que os credores poderão ser lesados em virtude da omissão das referidas pessoas, eis que a falta de arguição da indignidade obstará o acréscimo de itens patrimoniais ao acervo dos devedores, que decorreria da partição da quota do indigno entre os demais sucessores. Entretanto, a legitimidade ativa não decorre da alegação de dano (caso dos credores), mas sim, como referido, da expectativa de agregar proveito direto com a exclusão (situação dos outros herdeiros). Na menos rigorosa das hipóteses, em favor dos credores haveria mero potencial de captação de vantagem indireta, aspecto insuficiente para torná-los parte ativa legítima no processo.

Proposta a ação pelo interessado, o superveniente óbito do indigno promove a sua imediata extinção. De outra banda, se a pessoa a quem se imputa a indignidade falecer antes do ajuizamento da demanda, ninguém mais poderá tomar a iniciativa. Em ambos os casos, justificam-se as soluções apresentadas em virtude do desaparecimento do único alvo possível da lide. Sendo pessoal a exclusão, e igualmente pessoais as consequências dela advindas, qualquer penalidade imposta a partir da morte do indivíduo afetaria quem não praticou os atos de indignidade, *v. g.*, os filhos do acusado, legítimos sucessores do falecido e que se tornam titulares dos direitos hereditários originalmente cabíveis a ele. A pena não ultrapassará jamais a figura do infrator, de maneira que as derradeiras soluções plausíveis quando constatado o óbito do indigno consistem no encerramento da ação em curso ou no fenecimento da hipótese de ser ajuizada daí para a frente.

Caso o agente da indignidade morra antes do autor da herança, não será viável a busca judicial da exclusão do premorto, pois ele nunca atingiu o patamar jurídico de sucessor. Só há herdeiro ou legatário, na prática, a partir do instante da morte do dono do acervo partilhável. Não terá chegado a esse nível, portanto, quem deixou tecnicamente de ser pessoa, e, por isso, sujeito de direitos e deveres, como decorrência do próprio falecimento.

6.5. Efeitos da declaração de indignidade

A exclusão de herdeiro por indignidade tem efeitos que se projetam unicamente sobre o excluído, em hipótese alguma se admitindo que terceiros venham a ser penalizados em razão da sentença. O *caput* do art. 1.816 do Código Civil é que aponta para esse rumo: "São pessoais os efeitos da exclusão; os descendentes do herdeiro excluído sucedem, como se ele morto fosse antes da abertura da sucessão". Assim, não se opera em relação ao indigno a delação da herança, ou seja, o oferecimento que por lei a ele se faria na condição ordinária de sucessor. A lei o considera como premorto, isto é, trata do assunto como se o herdeiro houvesse morrido antes do óbito do titular do acervo.

Tratando-se de sucessão legítima, a indignidade provoca o chamamento dos sucessores do excluído para que, por direito de representação, recebam o respectivo quinhão. Exemplo: suponha-se que Marcos e Paula sejam herdeiros, e que esta última (mãe de dois filhos) foi declarada indigna. O acervo do *de cujus* será entregue na proporção de 50% para Marcos e 50% para os dois representantes da excluída. Se o excluído for o único da classe, o acervo será entregue aos integrantes da classe subsequente, pois só os descendentes estão aptos a exercer a representação. Portanto, se o único filho do falecido restar afastado da partilha por indignidade, e não tendo o indigno deixado descendentes, os itens patrimoniais caberão aos demais sucessores vocacionados pelo art. 1.829 do Código Civil, por direito próprio. No exemplo dado, seriam beneficiários os ascendentes do *de cujus*, em concorrência com o cônjuge deste, se casado sob regime de bens que o tornasse herdeiro.

Sendo testamentária a sucessão, o quinhão do indigno é atribuído ao substituto, se o testador houver feito previsão nesse sentido. Não existindo quem substitua o excluído, em face do silêncio do testamento a esse respeito, a porção correspondente acrescerá aos outros herdeiros segundo a ordem de vocação contida no art. 1.829 do Código Civil, para que participem da disputa segundo o seu próprio direito sucessório.

A exclusão é pena, e como tal deve ser interpretada em caráter restrito. Por isso, o indigno não fica inibido de representar o ascendente na sucessão de outro parente. Entendimento contrário ampliaria sobremaneira a sanção, que deixaria de se aplicar apenas à sucessão da pessoa em relação à qual o herdeiro foi considerado indigno e passaria a produzir efeitos sobre a herança de terceiro. A indignidade é instituto analisado exclusivamente sob o prisma das circunstâncias patenteadas entre o autor da herança e o seu sucessor direto.

Ao reconhecer a indignidade, a sentença produz o total afastamento do excluído, inviabilizando a captação de proveitos relacionados àquela específica herança. Diante disso, ilógico admitir que, sendo chamados seus descendentes para a representação e o recebimento do correspondente quinhão, pudesse o indigno ter direito ao usufruto ou à administração dos bens que àqueles couber na herança. Atento a isso, o parágrafo único do art. 1.816 do Código Civil estatui: "O excluído da sucessão não terá direito ao usufruto ou à administração dos bens que a seus sucessores couberem na herança, nem à sucessão eventual desses bens".

A proibição refere-se tanto ao usufruto convencional como ao de natureza legal, este último deferido em circunstâncias normais ao genitor sobre os bens dos filhos menores. Por igual motivo, veda-se ao indigno toda espécie de administração dos bens atribuídos aos representantes. Ao impor o óbice ora analisado, o legislador evita que o agente da indignidade capte proveitos diretos ou indiretos da herança, mantendo-o completamente alijado de quaisquer benefícios.

Caso algum dos descendentes venha a falecer depois de exercer o direito de representação, o indigno não participará da sucessão aberta, salvo quanto aos itens patrimoniais com origem estranha à aludida representação. Noutras palavras, é correto afirmar que a pessoa considerada indigna na sucessão anterior não terá direito à partilha dos itens recebidos pelo descendente em virtude da exclusão operada. Imagine-se que Alberto (filho de Paula e Manoel) tem em seu patrimônio um imóvel, vindo posteriormente a receber um veículo por direito de representação na sucessão de Alexandre (seu avô), em face da indignidade de Manoel. Sobrevindo a morte de Alberto, seus pais herdarão o acervo deixado, mas Manoel não terá direito algum sobre o veículo, tomando assento apenas na partilha do imóvel.

6.6. Validade de atos praticados antes da exclusão

São válidas as alienações onerosas de bens hereditários a terceiros de boa-fé, e os atos de administração legalmente praticados pelo herdeiro, antes da sentença de exclusão; mas aos herdeiros subsiste, quando prejudicados, o direito de demandar-lhe perdas e danos (art. 1.817 do Código Civil). Estando de boa-fé, o adquirente a título oneroso não pode ser prejudicado por superveniente sentença de exclusão do alienante, sob pena de colocar-se em risco a segurança das relações negociais, dada a impossibilidade de estranhos ao inventário saberem se no futuro será excluído da sucessão algum dos herdeiros.

Com base nessa realidade, o legislador preferiu resguardar os direitos do terceiro de boa-fé e fazer firme a alienação. A sentença de exclusão, nesse particular, opera *ex nunc* quanto ao direito sucessório da pessoa excluída, mantendo-se intactos os atos realizados em conformidade com as prescrições normativas supracitadas. Todavia, para evitar que aos demais herdeiros se inflija prejuízo, o ordenamento jurídico garante o direito de demandarem contra o alienante a reparação de perdas e de danos acaso experimentados. A partir do conteúdo da regra legal, depreende-se que o adquirente de boa-fé não responde perante os herdeiros prejudicados.

A preservação dos atos não alcança aqueles praticados a título gratuito, mas somente os onerosos, *v. g.*, compra e venda ou dação em pagamento. Isso porque a falta de aplicação de recursos econômicos na aquisição elide a perspectiva de verificação de prejuízos em detrimento do adquirente. Daí o porquê de haver, nesse contexto, mero retorno das partes ao *status quo ante*, por meio da restituição da vantagem ao monte-mor com vistas à escorreita partilha entre os herdeiros legítimos.

Os atos de administração, que são aqueles praticados pelo sucessor com vistas à conservação, ao gerenciamento e ao controle do acervo hereditário, preservam na íntegra todos os efeitos. Para que isso ocorra, porém, reclama-se que tenham sido legalmente efetivados pelo indigno antes da prolação de sentença de exclusão, porque tinham como desiderato resguardar a herança de qualquer risco ou dano. Somente se o herdeiro agir com má-fé, ou culposamente causar prejuízos ao acervo, é que os demais interessados poderão reclamar a devida composição.

O excluído da sucessão é obrigado a restituir os frutos e rendimentos que dos bens da herança houver percebido, mas tem direito a ser indenizado das despesas com a conservação deles (parágrafo único). Exceto para os fins já mencionados, a sentença que reconhece a indignidade é declaratória e retro-operante, ou seja, tem efeito *ex tunc* e volve em consequências à data da abertura da sucessão. Nesse compasso, resta patente que o indigno tem de restituir ao monte-mor tudo quanto de proveitoso houver percebido a partir dos bens da herança, mais precisamente no que concerne a frutos e rendimentos, *v. g.*, itens materiais, juros, lucros, etc. Pode-se afirmar que o tratamento dado ao indigno, para fins de devolução de proveitos granjeados, equipara-se àquele dedicado ao possuidor de má-fé.

Embora tendo o dever de restituir o que captou, o herdeiro contra quem sobrevém sentença de indignidade pode reclamar dos demais herdeiros a indenização de todas as despesas de conservação dos bens que estiveram sob sua custódia ou gerenciamento. Essa regra objetiva evitar que os outros sucessores se locupletem à custa do esforço econômico alheio e com isso obtenham vantagens patrimoniais. A exclusão é pena que se limita a afastar o indigno da partilha, não tendo o condão de lhe atingir a esfera patrimonial pessoal, o que configuraria desnecessário e infundado excesso. Portanto, assegura-se ao excluído o reembolso de todos os gastos relacionados à conservação dos bens hereditários, prerrogativa a ser exercida diretamente contra o espólio ou contra cada um dos herdeiros que houverem recebido o respectivo quinhão em sede de partilha definitiva.

6.7. Reabilitação do faltoso

A exclusão por indignidade é providência que somente pode ser tomada pelo interessado após o óbito da pessoa de cuja herança se tratar. Em vida fica obstada qualquer iniciativa nesse sentido, mesmo porque em declaração de última vontade faculta-se ao testador promover a deserdação, forma diversa de afastamento do herdeiro. É curial que o silêncio do ofendido quanto à eventual reabilitação do ofensor implique na possibilidade de discussão do tema após o óbito daquele. Todavia, mesmo verificada a ocorrência de ato capaz de levar à exclusão, é possível que o agente jamais seja excluído da sucessão, bastando para tanto que a vítima expressamente o reabilite.

O art. 1.818 do Código Civil traz a seguinte previsão: "Aquele que incorreu em atos que determinem a exclusão da herança será admitido a suceder, se o ofendido o tiver expressamente reabilitado em testamento, ou em outro ato autêntico". Consiste a reabilitação, destarte, em providência unilateral da pessoa atingida, que pode perdoar o ofensor mediante expressa declaração no sentido de seu desinteresse em vê-lo punido. Isso não apenas significa o perdão pessoal da vítima, mas também impede que no futuro qualquer pessoa venha a levantar o tema como fundamento para a exclusão do herdeiro. Em suma, o reabilitado fica apto a suceder normalmente ao *de cujus*, segundo a forma prevista no ordenamento jurídico.

A reabilitação não pode ser parcial ou condicional. Se o ofendido perdoa, tem de fazê-lo por inteiro, viabilizando sem restrições a entrega da herança ao interessado. Caso haja aposição de óbices, condicionamentos ou limitações à reinvestida do lesante na qualidade de sucessor, ter-se-á por não realizado o perdão, persistindo, em toda a sua plenitude, a causa de indignidade.

Considera-se irretratável a reabilitação, prevalecendo ainda que o testamento em que se insere venha a ser revogado ou se considere inexequível. Entretanto, o ato de perdão pode ser impugnado e anulado por vícios de vontade como o erro, o dolo e a coação, que maculam a manifestação volitiva provinda do testador (GOMES, Orlando. Obra citada, p. 38). Logicamente, a nulidade absoluta da cédula testamentária produz a insubsistência completa da manifestação que em tese restituiria ao lesante a posição de sucessor. Mesmo que o testamento nulo esteja revestido da forma pública, não haverá possibilidade alguma de recebê-lo como ato autêntico para fins de reabilitação, já que restou comprometido inteiramente o seu conteúdo em razão do defeito constatado.

Como visto, reabilita-se o agente por meio de testamento ou de outro ato autêntico, considerando-se como tal, em primeiro lugar, o instrumento público regularmente constituído. Também a declaração particular, lavrada pelo ofendido e com firma reconhecida pelo tabelião, é tida como apta a gerar o perdão do ofensor. Não assim, porém, o simples escrito particular assinado e sem firma reconhecida, pois não será viável aferir de plano a firmeza do seu conteúdo. De banda diversa, não haverá reabilitação verbal, nem servirá a esse propósito qualquer outra forma de manifestação, *v. g.*, em correspondência ou epístola, ainda que subscrita também por testemunhas do ato, ao qual faltará a necessária autenticidade, que pressupõe, nesse contexto, oficialidade.

Por fim, cabe destacar que a única forma tácita de perdão está prevista no art. 1.818 do Código Civil: "Não havendo reabilitação expressa, o indigno, contemplado em testamento do ofendido, quando o testador, ao testar, já conhecia a causa da indignidade, pode suceder no limite da disposição testamentária". Portanto, em caráter excepcional, ainda que não haja expressa reabilitação, é possível que o ofensor venha a ser considerado apto a tomar assento na partilha dos itens patrimoniais deixados pelo ofendido. Com efeito, admite-se a suceder a pessoa que, tendo praticado algum dos atos capazes de levar ao reconhecimento da indignidade, foi, não obstante, beneficiado em testamento regularmente confeccionado pelo *de cujus*. Cuida-se, aqui, de hipótese conhecida como *perdão tácito*, eis que reveladora da intenção de perdoar a falta cometida e veículo da mais completa ausência de ressentimentos por parte da vítima.

Para que ocorra reabilitação tácita, é necessária a ciência do testador acerca da causa de indignidade ao tempo da confecção do testamento. Afinal, somente se considera reabilitada a pessoa que recebe do ofendido a remissão quando este já se faz conhecedor da ocorrência do fato que motivaria a exclusão. É óbvio que somente perdoa quem, sabendo da existência da falta, demonstra não ter interesse na punição do agente. A deixa em testamento serve para indicar que o testador perdoou o faltoso, evitando assim que o evento possa levar ao seu afastamento da herança.

Capítulo 7

DA HERANÇA JACENTE

7.1. Conceito e natureza jurídica

A ideia de herança jacente funda-se na circunstancial falta de pessoa a quem se possa entregar o acervo do *de cujus*, em face da inexistência de testamento e, concomitantemente, verificado o fato de não haver herdeiro legítimo notoriamente conhecido. "Herança jacente vem a ser aquela cujos herdeiros não são conhecidos, ou que ainda não foi aceita pelas pessoas sucessíveis" (MONTEIRO, Washington de Barros. Obra citada, v. 6, p. 73).

É equivocado considerar que a jacência afasta a aplicabilidade do princípio da saisina (art. 1.784), pois a transmissão imediata do acervo aos herdeiros acontece, por força da lei, mesmo que os beneficiários não saibam da abertura da sucessão ou sejam desconhecidos. Logo, o que há é a fictícia transferência dos itens hereditários aos sucessores, a quem competirá aceitá-los ou não no momento oportuno. Embora jacente a herança, o superveniente aparecimento dos beneficiários oportunizará que recolham os correspondentes quinhões, ficando perfectibilizada, nesse ato, a confirmação da saisina. Caso repudiem a herança, a jacência percorrerá os trâmites normais até tornar-se vacância, com entrega dos bens ao ente público indicado na lei.

Nesse contexto, o monte-mor jacente é colocado em situação de espera. Durante esse período, compete ao Estado, por meio de um curador, zelar pela integridade da herança, adotando as medidas de conservação que se fizerem necessárias. E também procurar por eventuais sucessores do extinto, conforme estabelece o art. 1.151 do Código de Processo Civil: "Durante a arrecadação o juiz inquirirá os moradores da casa e da vizinhança sobre a qualificação do falecido, o paradeiro de seus sucessores e a existência de outros bens, lavrando-se de tudo um auto de inquirição e informação". Em virtude do quadro de aguardo é que se diz *jacente* herança, pois ela efetivamente jaz, ou seja, fica na expectativa de uma solução final. Notadamente o surgimento de sucessor habilitado a recebê-la, ou, então, o repasse à pessoa jurídica de direito público a quem couber, depois de esgotadas as possibilidades de aparecimento de herdeiro legítimo.

A herança jacente não tem personalidade jurídica, eis que se trata apenas de massa patrimonial no aguardo de um titular. Aliás, a atribuição de personalidade jurídica é desnecessária, sendo suficiente a formal nomeação de curador encarregado de guardar e gerenciar o conjunto. A propósito, Arnoldo Wald leciona: "Os poderes do curador são de caráter administrativo, cabendo-lhe arrecadar e conservar os bens da herança, reivindicar o domínio, retomar a posse dos bens, representar a herança e defendê-la em juízo, cobrar as dívidas, solicitar a venda em hasta pública dos bens que tiverem que ser vendidos, promover o cumprimento das disposições contidas no testamento, se houver etc. É um administrador de bens que não pode fazer pagamentos sem ordem judicial, não lhe cabendo transigir nem fazer venda amigável, embora esteja incumbido, em muitos casos, de continuar a administrar o estabelecimento comercial do *de cujus*" (*Curso de direito civil brasileiro*: direito das sucessões. 11. ed. São Paulo: Revista dos Tribunais, 1997. v. 5, p. 47-48). A essa providência de nomeação de representante da massa segue-se a arrecadação da herança, que consiste basicamente em medida destinada a viabilizar a unificação dos itens patrimoniais integrantes do acervo. Tudo quanto for encontrado passa por arrolamento e descrição minuciosa, visando à perfeita individualização para posterior repasse a quem acaso estiver legitimado a receber o monte-mor.

Não se pode confundir a herança jacente com o espólio. Embora ambos sejam compostos por uma universalidade de bens jurídicos deixados pelo *de cujus*, no espólio existem sucessores perfeitamente identificados, ao passo que na jacência isso não acontece. Aqui, procura-se alguém que regularmente esteja apto a receber a herança, enquanto lá a presença dos destinatários faz necessária apenas a ultimação da partilha.

O fato de ser jacente a herança não impede que os credores postulem oportunamente o pagamento das dívidas reconhecidas pelo juízo, nos limites das forças econômicas do conjunto deixado pelo falecido (art. 1.821 do Código Civil). O reconhecimento das dívidas se dá a partir da apresentação, pelos credores, de elementos robustos de prova, *v. g.*, confissão por instrumento público, títulos de crédito perfeitamente constituídos, sentença com trânsito em julgado, etc. Os credores da herança poderão habilitar-se como nos inventários ou propor a ação de cobrança (art. 1.154 do Código de Processo Civil). No primeiro caso, não encontrando elementos de convencimento bastantes, o juiz poderá remeter o credor para as vias ordinárias, reservando, em poder do curador, bens suficientes para o pagamento do débito que acaso venha a ser patenteado na demanda adequada. O foro competente será aquele em que se procedeu à arrecadação, tanto para as referidas lides como para todas as demais que tiverem de inserir a herança no polo demandado.

Tendo em vista a circunstância de que o pagamento das dívidas do *de cujus* não pode ultrapassar o conteúdo patrimonial deixado aos sucessores, os credores somente terão legitimidade para cobrar as dívidas que se contenham nos limites das forças da herança, ou seja, até onde ela possa suportar os referidos ônus. Tudo o mais ficará em aberto e não poderá ser reclamado dos sucessores que se habilitarem ao recebimento do monte-mor, nem dos entes de direito público interno que por força da vacância receberem o acervo.

7.2. Situações caracterizadoras da jacência

O art. 1.819 do Código Civil estabelece os contornos do instituto da herança jacente: "Falecendo alguém sem deixar testamento nem herdeiro legítimo notoriamente conhecido, os bens da herança, depois de arrecadados, ficarão sob a guarda e administração de um curador, até a sua entrega ao sucessor devidamente habilitado ou à declaração de sua vacância". De início, cumpre salientar que é *notoriamente conhecido* o herdeiro legítimo presente no lugar da abertura da sucessão e facilmente identificável como sucessor do *de cujus*, dada a publicidade dessa circunstância ou a imediata apresentação sua como interessado em tomar assento na partilha.

Sopesado o teor da norma legal, é possível afirmar que a jacência se dá em duas hipóteses: com testamento e sem testamento. Não tendo sido confeccionada cédula testamentária pelo *de cujus*, a herança se considerará jacente no caso de inexistir herdeiro legítimo conhecido e apto a recebê-la, seja descendente, ascendente, cônjuge, companheiro ou parente colateral até o quarto grau. Solução semelhante terá lugar quando os herdeiros conhecidos abdicarem da herança, deixando-a sem receptor. Mas, nesse particular, haverá imediato reconhecimento da vacância: "Quando todos os chamados a suceder renunciarem à herança, será esta desde logo declarada vacante" (art. 1.823 do Código Civil). Com tal medida objetiva-se proteger o conjunto patrimonial, evitando que sofra afetação em sua substância ou valor.

Ao fazer referência ao fato de todos os herdeiros renunciarem, obviamente está o legislador reportando-se indistintamente àqueles que forem chamados a suceder, e não apenas aos herdeiros da primeira classe vocacionada. Por isso, se todos os filhos do *de cujus* renunciam, os netos são instados a receber o acervo. Se também abdicam, os sucessores seguintes recebem a convocação, nisso incluídos os integrantes das demais classes, na ordem estabelecida pela lei (art. 1.829 do Código Civil). Apenas quando ninguém aceitar a herança é que ficará patenteada a vacância direta, isto é, não precedida de jacência.

Havendo testamento, a afirmação da jacência dependerá da inexistência dos beneficiários instituídos pelo titular do acervo (*v. g.*, quando o herdeiro nomeado morre antes do testador). A isso deve somar-se a circunstância de não haver sucessores legítimos para a captação dos bens, pois então a única saída será afirmar que a herança é jacente, e, depois de reconhecida a vacância, entregá-la ao ente público definido no ordenamento. Todavia, se todos os nomeados renunciarem, será afirmada a vacância direta prevista no art. 1.813 do Código Civil, sem prévia necessidade de reconhecimento de que a herança é jacente.

A doutrina aponta ainda outros casos de jacência, conforme dicção de Carlos Maximiliano (*apud* MONTEIRO, Washington de Barros. Obra citada, v. 6, p. 75): quando é aguardado o nascimento do filho de pessoa identificada na cédula testamentária, já concebido ao tempo da morte do *de cujus*, e que será o único herdeiro em virtude da falta de outros. Até que ele nasça com vida, os bens terão de ser arrecadados como jacentes, para futura entrega ao beneficiário. Também se verifica o mesmo fenômeno, em hipótese similar, quando o testador determina a constituição de fundação depois da sua morte, de modo que até a pessoa jurídica se formar regularmente o acervo permanecerá com um curador, à espera do destinatário final. Se o evento ao qual se condiciona a sucessão definitiva não acontecer, os itens patrimoniais serão endereçados aos sucessores legítimos acaso existentes, ou, então, após declarados vagos, restarão incorporados ao organismo público mencionado em lei.

É adequado referir ainda a possibilidade de arrecadação da herança como jacente se houver nomeação testamentária de sucessor sob condição suspensiva, quadro prevalente até o implemento desta, quando então o destinatário receberá o que lhe é devido. E, por fim, convém destacar hipótese ínsita no § 2º do art. 28 do Código Civil, em que está prevista a arrecadação dos bens como jacentes se, declarada a ausência do titular, nenhum herdeiro ou interessado comparecer para requerer o inventário até trinta dias depois de passar em julgado a sentença que mandar abrir a sucessão provisória.

Em qualquer dos casos de jacência, o repasse provisório do acervo ao curador decorre do fato de que a herança não pode permanecer sem administração e titularidade, até mesmo para evitar que se perca ou se deteriore. Assim, confere-se a uma pessoa idônea, nomeada pelo juiz competente para a sucessão, a tarefa de guardar e gerir os itens patrimoniais deixados. No dizer de Arnoldo Wald, "a doutrina aconselha que a escolha do curador recaia sobre pessoa da família do *de cujus*, ou pessoa na qual ele tivesse confiança, entregando-lhe a gestão dos seus negócios" (*apud* CAHALI, Francisco José. *Direito das sucessões*. 3. ed. São Paulo: Revista dos Tribunais. p. 89). Contudo, a nomeação é incumbência do juiz, que não fica adstrito a qualquer parâmetro legal para promover a medida, razão pela qual ela se baseia na confiança que o magistrado deposita no indivíduo escolhido. Feita a arrecadação e verificada a sua regularidade pelo juiz competente, o curador funciona como guardião e administrador do conjunto até a sua entrega ao sucessor devidamente habilitado que acaso se apresentar.

7.3. Declaração de vacância

Nos casos em que a lei civil considere jacente a herança, o juiz, em cuja comarca tiver domicílio o falecido, procederá sem perda de tempo à arrecadação de todos os seus bens (art. 1.142 do Código de Processo Civil). Depois de arrecadados, e verificada a sua regularidade dentro do inventário, o magistrado determina a expedição de editais, a fim de que eventuais interessados na partilha possam habilitar-se com vistas ao recebimento da herança (art. 1.820 do Código Civil). Entretanto, como asseverado pelo art. 1.151 do Código de Processo Civil, não se fará a arrecadação ou suspender-se-á esta quando iniciada, se vier a se apresentar para reclamar os bens o cônjuge, herdeiro ou testamenteiro notoriamente reconhecido e não houver oposição motivada do curador, de qualquer interessado, do órgão do Ministério Público ou do representante da Fazenda Pública.

Havendo necessidade de publicação de editais, eles serão estampados três vezes, com intervalo de trinta dias para cada um, no órgão oficial e na imprensa da comarca, para que venham a habilitar-se os sucessores do finado no prazo de seis meses contados da primeira publicação (art. 1.152 do Código de Processo Civil). Vale dizer que os editais conferem publicidade à existência do acervo, conclamando os sucessores a se apresentarem para a devida demonstração da respectiva qualidade jurídica, e, se for o caso, para tomarem lugar na distribuição do monte-mor. Sobrevindo pedido de habilitação de herdeiro, uma vez julgada e reconhecida a qualidade do testamenteiro, ou provada a identidade do cônjuge, a arrecadação converter-se-á em inventário (art. 1.153 do Código de Processo Civil).

Ao longo do transcurso de todas as etapas, que vão desde a arrecadação até a declaração de vacância, o juiz poderá autorizar o curador a promover a alienação: I – de bens móveis, se forem de conservação difícil ou dispendiosa; II – de semoventes, quando não empregados na exploração de alguma indústria; III – de títulos e papéis de crédito, havendo fundado receio de depreciação; IV – de ações de sociedade quando, reclamada a integralização, não dispuser a herança de dinheiro para o pagamento; V – de bens imóveis: a) se ameaçarem ruína, não convindo a reparação; b) se estiverem hipotecados e vencer-se a dívida, não havendo dinheiro para o pagamento (art. 1.155 do Código de Processo Civil). A medida terá em vista sempre o interesse na conservação do volume econômico do monte-mor e a efetiva necessidade de ser implementada. Não se procederá, entretanto, à venda se nas situações pertinentes a Fazenda Pública ou o habilitando adiantar a importância para as despesas (parágrafo único).

Decorrido um ano da primeira publicação dos conclamas, sem que haja herdeiro habilitado, ou penda habilitação, será a herança declarada vacante (art. 1.157 do Código de Processo Civil). Tendo havido a apresentação tempestiva de interessado que reclame para si a qualidade de herdeiro, a vacância não será declarada enquanto inexistir decisão sobre a matéria. Somente depois de indeferida a habilitação postulada é que caberá tornar vaga a herança. É vacante, portanto, o acervo que não foi reclamado de maneira eficiente por qualquer pessoa, situação que o faz carecedor de titularidade. Ao contrário do que se dá com a jacência, cuja instalação sempre ocorre em caráter provisório, a vacância é instituto que se encaminha para a consolidação definitiva, pois, uma vez atendidas as prescrições legais, torna imutável a destinação dada por lei aos bens hereditários.

Outro aspecto a ser salientado diz respeito ao fato de que a jacência é declarada quando não há herdeiro certo e determinado para captar o acervo, ou nos casos em que é ignorada a existência de sucessores. Constatado que o quadro não se alterou depois de esgotadas as tentativas de localização de interessados, e cumpridas as formalidades legais, ocorre a afirmação da vacância. Logo, esta é corolário lógico daquela, resultando da necessidade de que cada item patrimonial tenha um dono que por ele responda.

No momento em que é declarada por sentença transitada em julgado a vacância da herança jacente, a titularidade dos bens que a compõem passa a pertencer, de pleno direito, ao Município ou ao Distrito Federal, se localizados nas respectivas circunscrições, incorporando-se ao domínio da União quando situados em território federal (art. 1.822 do Código Civil). De início, essa transmissão é feita em caráter provisório, caracterizando, em favor da pessoa jurídica de direito público beneficiária, uma propriedade resolúvel.

Diz-se resolúvel a propriedade transmitida porque a pessoa jurídica de direito público a quem foi atribuído o acervo não adquire incontinênti a titularidade definitiva, ficando obrigada a entregá-lo ao herdeiro que legalmente se habilitar. O que deflui do conteúdo da norma é a possibilidade de o sucessor, dentro dos cinco anos subsequentes à data do óbito do *de cujus*, reclamar para si a herança. Nesse caso, a preexistente declaração de vacância em nada obstaculiza o exercício da prerrogativa consagrada pela regra de direito.

A sentença que declara a vacância funciona ao mesmo tempo como fator de constituição do direito da pessoa jurídica de direito público que recolhe a herança. "Pacífico é o entendimento de que somente se incorpora o bem da herança jacente ao patrimônio público com a declaração de vacância, de sorte que o bem do autor da herança não se transmite com a abertura da sucessão, dependendo, consequentemente, de uma sentença que o declare vacante" (Ap. n. 2008.001.61153, TJRJ). Como não se trata de repasse de bens a um sucessor *stricto sensu*, mas sim da transferência de itens patrimoniais por inexistência de quem o receba por vocação hereditária, não se vislumbra aí nenhuma exceção à regra da saisina. Esta, como se sabe, atribui a propriedade e a posse da herança aos herdeiros do *de cujus* no exato instante do óbito. A vacância exclui a hipótese da saisina, não se podendo considerar como resultado de uma exceção à regra contida no art. 1.784 do Código Civil a entrega do acervo ao Município, ao Distrito Federal ou à União só depois de provada a falta de sucessores elencados no ordenamento jurídico.

O ente público somente recebe o monte-mor como última perspectiva de continuidade imediata da cadeia dominial exercida sobre os bens integrantes do acervo. Todavia, sempre terão melhor direito à percepção da herança os sucessores que se habilitarem no prazo legal e demonstrarem a qualidade jurídica invocada. Daí a natureza precária da propriedade alcançada à pessoa jurídica de direito público interno. Só depois de transcorridos cinco anos da abertura da sucessão, sem que os herdeiros se habilitem, é que os bens arrecadados passarão em definitivo aos destinatários finais.

Não se habilitando até a declaração de vacância, os colaterais ficarão excluídos da sucessão (parágrafo único). Isso significa que têm legitimidade para promover a habilitação depois de afirmada a vacância, mas antes de se completarem cinco anos da abertura da sucessão, todos os herdeiros sucessíveis, salvo se colaterais em relação ao falecido. Em assim sendo, a colateralidade do parentesco exclui automaticamente o herdeiro da sucessão, se não houver tomado a iniciativa de habilitar-se até o momento da declaração de vacância. Enquanto os demais herdeiros podem adotar a providência nos cinco anos seguintes à morte do *de cujus*, os colaterais do segundo ao quarto grau (irmãos, sobrinhos, tios e primos) dispõem, para a adoção de tal providência, apenas do espaço que medeia entre o óbito e a declaração de vacância.

Capítulo 8

DA PETIÇÃO DE HERANÇA

8.1. Conceito e legitimidade

O herdeiro pode, em ação de petição de herança, demandar o reconhecimento de seu direito sucessório, para obter a restituição da herança, ou de parte dela, contra quem, na qualidade de herdeiro, ou mesmo sem título, a possua (art. 1.824 do Código Civil). Percebe-se, destarte, que a ação de petição de herança é demanda judicial que visa à proteção da qualidade sucessória do autor, atingida em virtude do recolhimento do acervo por pessoa que a ele não tem direito. É lide cujo ajuizamento compete ao herdeiro preterido, a fim de que seja reconhecida a sua condição de sucessor do *de cujus* e se obtenha a devolução dos bens a que faz jus.

Ainda que o art. 1.784 do Código Civil diga que a titularidade da herança é repassada automaticamente aos herdeiros no exato instante do óbito do antecessor, nem sempre esse fenômeno é materializado na prática. Não raro, o acervo acaba ficando sob a posse de terceiro estranho ao quadro sucessório, gerando a perspectiva de ajuizamento da ação por parte de quem tenha sido lesado. Cabe a propositura, à evidência, a quem avoca para si a condição de herdeiro e procura a confirmação judicial da aptidão sucessória, objetivando participar da partilha ou obter a totalidade do acervo. Exemplo: depois de terminada a divisão dos bens deixados pelo falecido, é reconhecida a existência de filho até então ignorado, único da classe. Terá este o direito de reclamar dos receptores da herança a sua restituição, eis que lhe cabe integralmente o monte-mor.

Em várias situações é possível vislumbrar a preterição do herdeiro: ignorância da sua existência, negativa de reconhecimento da paternidade pelo autor da herança, falta de ciência quanto à lavratura de testamento pelo falecido, insubsistência da cédula testamentária em função de vício na sua confecção etc. Em todas elas é perceptível a necessidade de conferir ao prejudicado, sempre herdeiro legítimo ou testamentário do *de cujus*, a oportunidade de receber o que lhe é devido, a fim de dar cumprimento às determinações legais acerca da vocação hereditária.

Porque variada a gama de hipóteses de preterição, admite-se a propositura da lide antes ou depois de definida a partilha por sentença. A decisão judicial que distribui o acervo entre os herdeiros não produz coisa julgada contra o verdadeiro sucessor, que não integrou a relação processual e por ela não é atingido. Na realidade, a falta de integração do herdeiro ao processo torna-o nulo, devendo ser totalmente reiniciado com a participação das pessoas a tanto legitimadas. Feita a partilha definitiva do acervo deixado, somente por meio de petição de herança poderá o herdeiro preterido reclamar a sua porção.

Durante a tramitação do inventário, porém, admite-se que o interessado deduza pleito específico nos próprios autos, forte no art. 1.001 do Código de Processo Civil: "Aquele que se julgar preterido poderá demandar a sua admissão no inventário, requerendo-o antes da partilha. Ouvidas as partes no prazo de 10 (dez) dias, o juiz decidirá. Se não acolher o pedido, remeterá o requerente para os meios ordinários, mandando reservar, em poder do inventariante, o quinhão do herdeiro excluído, até que se decida o litígio". Deferida assim a pretensão, que, portanto, não derivará do aparelhamento do contencioso criado pela ação autônoma de petição de herança, será desnecessário o ajuizamento desta.

Geralmente, a ação de petição de herança vem cumulada com investigação de paternidade, pois a ocorrência mais corriqueira no plano concreto é a da falta de reconhecimento da filiação durante a vida do titular do acervo. Daí que o debate em torno da matéria fica projetado para depois da morte de quem deixa bens a partilhar, ensejando o manejo da investigatória, que afirma a relação de paternidade, e da petição de herança, que atribui ao sucessor o respectivo quinhão. Também é verificada a cumulação da referida lide com a ação declaratória e de dissolução de união estável, pois com base nela o companheiro sobrevivente, dependendo do enquadramento nos ditames do art. 1.790 do Código Civil, será herdeiro do falecido e disputará os bens com os demais sucessores.

Em face do exposto, constata-se que a propositura de ações ditas *de estado* muitas vezes funciona como mecanismo imprescindível para o encaminhamento da petição de herança. Admite-se que sejam cumuladas as pretensões, pois enquanto uma atesta a qualidade sucessória a outra possibilita ao herdeiro a assunção da quota a que tem direito. Entrementes, a ação de petição de herança pode ser proposta como demanda autônoma, sem vinculação com qualquer outra lide.

Tendo em vista a circunstância de que o acervo é, antes da partilha, considerado juridicamente uno e indiviso (art. 1.791 do Código Civil), qualquer dos herdeiros pode exercer o direito de ajuizar demanda de petição de herança. Ademais, entre eles se instala um regime condominial (parágrafo único), que só terminará quando houver a completa divisão do acervo entre os destinatários. Nesse caso, a legitimidade para a propositura não fica limitada exclusivamente à parte teoricamente cabível ao autor, eis que lhe é facultado pleitear todos os bens hereditários contra quem os possua.

Ao final da demanda ficará definida a situação de cada envolvido, determinando-se exatamente quais são os sucessores e quais os herdeiros aparentes, se for o caso. Em virtude dessa ampla possibilidade de discussão, o ajuizamento de petição de herança pode normalmente abranger todo o conteúdo hereditário, ainda que promovida por um só interessado (art. 1.825 do Código Civil). É relevante observar que o legatário não pode ajuizar a demanda de petição de herança, pois a ele se destinam bens singularizados e não uma quota da universalidade deixada. Contudo, o seu direito sobre aquele específico item patrimonial poderá ser tutelado por meio de lide reivindicatória, nos casos em que restar afrontado por outrem.

Sujeito passivo da ação de petição de herança é o indivíduo que possui os bens hereditários sem título bastante, como se fosse regular sucessor do *de cujus*, ou mesmo com título, mas limitado a um patamar inferior àquele em que se tenciona introduzir. Em geral, encontra-se o demandado inserido na posição de *herdeiro aparente*, ou seja, aquela pessoa que tem a posse dos bens hereditários como se fosse sucessor. Aos olhos de todos ele se apresenta e age dando a impressão de ser titular do direito à herança, sem na verdade enfeixar as prerrogativas jurídicas correspondentes. Entretanto, sempre é imprescindível salientar que a pertinência da ação depende, além da implementação dos demais requisitos, de que o demandado esteja na indevida posse dos bens da herança, afigurando-se totalmente errônea a iniciativa de apresentar a demanda contra quem não esteja postado na condição de possuidor.

Caso a demanda seja cumulada com investigatória de paternidade, haverá formação de litisconsórcio passivo necessário, constituído pelo possuidor dos bens e por todos os herdeiros do titular do acervo. Segundo o art. 47 do Código de Processo Civil, há litisconsórcio necessário, quando, por disposição de lei ou pela natureza da relação jurídica, o juiz tiver de decidir a lide de modo uniforme para todas as partes; caso em que a eficácia da sentença dependerá da citação de todos os litisconsortes no processo. É indubitável que a força da sentença atingirá a todos, e que a decisão se fará uniforme em relação aos membros do polo passivo. Assim, a formação do litisconsórcio não é mera faculdade atribuída ao autor, mas verdadeira imposição da lei.

8.2. Natureza jurídica da ação

A ação de petição de herança tem natureza real, eis que o acervo hereditário é considerado um todo imóvel. Embora possa ser composto apenas por itens juridicamente classificados como móveis, a universalidade constituída a partir do óbito do *de cujus* é tratada como imóvel, submetendo-se às regras pertinentes. Cuida-se de uma ação *sui generis*, que não se confunde com qualquer outra prevista no ordenamento jurídico e tem por desiderato atribuir ao herdeiro postulante a correspondente qualidade sucessória. Ao mesmo tempo em que declara tal circunstância, condena a parte adversa a entregar ao sujeito ativo os bens que lhe cabem na divisão do monte-mor.

Vale destacar que o reconhecimento da qualidade sucessória é que propicia a aquisição da herança pelo interessado, a quem não compete reclamar direito específico sobre determinado bem, mas sim em relação ao acervo como universo abstratamente considerado. A propósito, o art. 91 do Código Civil diz que constitui universalidade de direito o complexo de relações jurídicas, de uma pessoa, dotadas de valor econômico. Nesse quadro é que se insere o herdeiro, a quem se destinará uma quota ou fração ideal do todo.

De outra banda, cabe acrescentar que a inexistência de título capaz de embasar a pretensão faz necessário o prévio ajuizamento da ação de estado capaz de gerar a qualidade jurídica imprescindível ao recebimento da herança. Assim, por exemplo, o filho que pende de reconhecimento ao tempo do óbito do suposto genitor terá de aparelhar investigatória de paternidade com o objetivo de ver afirmada a relação de consanguinidade. A petição de herança não tem o condão de funcionar como sucedâneo da demanda de estado, motivo pelo qual será viável, nos moldes já referidos, a cumulação das pretensões. Com substrato nessa operação, a um só tempo restará definido o parentesco, fruto da ação de estado, e atribuído o respectivo quinhão hereditário, como decorrência da petitória.

Do exposto, denota-se a relação umbilical entre o pronunciamento vertido na ação de estado e a sorte da petição de herança. Isso porque o êxito desta depende da procedência daquela, pois a qualidade sucessória só pode ser reconhecida na demanda que versa sobre o estado da pessoa. Jamais se extrairá da petição de herança, singularmente considerada, qualquer efeito no sentido da geração do título relativo à posição do indivíduo na ordem de vocação hereditária. Atestado o parentesco pela via adequada, a ação petitória servirá para encaminhar o recebimento, pelo herdeiro, da porção que lhe couber na partilha do acervo.

A petição de herança não se confunde com a ação reivindicatória, embora ambas tenham por escopo final a busca de itens patrimoniais que se encontram em poder de terceiros. Enquanto na reivindicação se objetiva reconhecer o direito de propriedade, por meio da demonstração de que o autor adquiriu a coisa de quem era dono e titular do direito de dispor (*jus abutendi*), na ação de petição de herança pretende-se positivar a condição de herdeiro, potencial fonte de direitos reais, como, por exemplo, o domínio. Enquanto quem propõe a reivindicatória busca o reconhecimento do seu título dominial, na petição de herança o autor já precisa partir da preexistência de título sucessório, ou requerer a sua afirmação na ação de estado cumulada. Ademais, como asseverado, na petição de herança nunca é perseguido algum bem jurídico individualizado, mas sim o universo hereditário correspondente ao título do sujeito ativo. Já a demanda reivindicatória só é cabível na hipótese de postulação de coisa perfeitamente singularizada, sobre a qual há a inflexão do direito do autor.

Cabe destacar que a ação de investigação de paternidade é imprescritível, pois versa sobre o estado da pessoa. Todavia, a ação de petição de herança sofre os efeitos da prescrição, já que trata de aspectos de cunho eminentemente econômico, submetendo-se às regras gerais atinentes à matéria. Logo, o prazo prescricional é de dez anos, nos termos do art. 205 do Código Civil, podendo ser suspenso ou interrompido em todas as hipóteses legais. A propósito, a Súmula n. 149, do Supremo Tribunal Federal, diz: "É imprescritível a ação de investigação de paternidade, mas não o é a de petição de herança". A fluência do referido lapso temporal, que não se verifica contra os absolutamente incapazes, tem início com a abertura da sucessão, pois aí é que surge a pretensão do herdeiro sobre o quinhão a que tem direito. Caso se faça necessário cumular a lide com a investigação da paternidade, somente depois de transitada em julgado a decisão é que passará a transcorrer o decênio prescricional, pois naquele instante terá surgido a possibilidade de exercício do direito.

8.3. Consequências da petição de herança

Se na ação de petição de herança ficar demonstrado que o autor tem direito sobre os bens hereditários circunstancialmente colocados sob a posse do vencido, terá este de restituí-los àquele (art. 1.826 do Código Civil). Nesse caso, as consequências do *decisum* judicial em relação ao herdeiro aparente variarão conforme esteja ele imbuído de boa ou de má-fé. Será equiparado ao possuidor de boa-fé quando estiver na posse do acervo sem conhecer o defeito que obstava a aquisição da herança, convicto de ser efetivamente herdeiro do falecido. Há umbilical relação entre a existência de título de herdeiro (ainda que viciado ou maculado sem culpa do possuidor) e a boa-fé, de modo que tendo título será considerado de bom ânimo. Exemplo: a pessoa pede a abertura de inventário por ser mãe do falecido, ignorando que este era genitor de um filho ainda não reconhecido. Considera-se possuidor de má-fé, por outro lado, aquele que conhece o vício impeditivo da aquisição da herança, e que, por isso mesmo, a recebe sob risco de suportar os gravames derivados de posterior petição de herança pelo real sucessor.

Conforme disposto no art. 1.826 da codificação, a responsabilidade do possuidor da herança será fixada segundo a sua posse, observado o disposto nos arts. 1.214 a 1.222 do mesmo diploma normativo. Estando de boa-fé, e enquanto ela persistir, o possuidor percebe em definitivo os frutos, não os tendo de restituir na hipótese de procedência da petição de herança. Quanto às benfeitorias que houver feito na coisa, o possuidor de boa-fé poderá postular junto ao herdeiro a indenização pelo seu valor atual, ou seja, aquele verificado ao tempo da restituição da coisa. Os frutos pendentes ao tempo em que cessar a boa-fé devem ser restituídos, depois de deduzidas as despesas da produção e custeio. Também devem ser restituídos ao herdeiro os frutos colhidos com antecipação.

O possuidor de má-fé responde por todos os frutos colhidos e percebidos, bem como pelos que, por culpa sua, deixou de perceber, desde o momento em que se constituiu de má-fé; tem direito, porém, às despesas da produção e custeio. Por outro lado, mesmo estando de má-fé, o possuidor pode reclamar a indenização das benfeitorias que tiver feito (quando admitida pelas regras gerais), mas então o autor da petição de herança escolherá entre pagar segundo o valor atual ou aquele de custo. Nesta última hipótese, incide atualização monetária, pois, se assim não fosse, haveria locupletamento irregular por parte do agente que obteve a restituição da herança.

Ao ser citado para responder aos termos da ação que depois é julgada procedente, o réu assume posição que o equipara ao possuidor de má-fé e o constitui em mora (parágrafo único do art. 1.826 do Código Civil). Isso porque a citação constitui marco capaz de oficializar a existência da lide e de informar ao demandado a pendência das questões a serem debatidas no processo. Constatando sua própria falta de razão, o réu tem a oportunidade de restituir imediatamente a herança, evitando a provocação de mais largos efeitos contrários aos seus interesses. Optando por discutir o mérito, assume o risco de perder a ação e de suportar os corolários inerentes ao estado moratório e à má-fé, que em tal caso se presume.

O herdeiro pode demandar os bens da herança, mesmo em poder de terceiros, sem prejuízo da responsabilidade do possuidor originário pelo valor dos bens alienados (*caput* do art. 1.827 do Código Civil). Na hipótese de o possuidor originário, perante terceiros conhecido como herdeiro aparente, já ter alienado gratuita ou onerosamente os bens da herança, poderá o real sucessor exigir do adquirente a restituição, valendo-se para tanto de demanda própria. Se o terceiro não mais estiver com os bens, e restando impossível a sua localização ou restituição, o possuidor originário responderá pelo equivalente em dinheiro. O valor dos bens, para fins de indenização, não é aferido segundo o preço alcançado na alienação feita pelo possuidor originário a terceiro, mas sim pela sua expressão pecuniária ao tempo em que o herdeiro os reclamar. Por óbvio, o mesmo vale quando a alienação se fizer a título gratuito.

Caso esteja de má-fé, o herdeiro aparente responderá também por perdas e danos, cuja ocorrência restar efetivamente demonstrada pelo lesado em ação ordinária que assegure a observância dos princípios do contraditório e da ampla defesa. Estando de boa-fé, ficará excluída a possibilidade de responsabilização por perdas e danos, cabendo apenas a devolução do bem ou a restituição do equivalente em pecúnia, se não mais os tiver consigo e não puderem ser recuperados junto ao terceiro adquirente.

Quanto às benfeitorias que acaso o herdeiro aparente houver realizado no bem, a sua qualidade de possuidor impõe a aplicação das regras gerais concernentes à matéria. Logo, se estiver de boa-fé, terá direito à indenização das benfeitorias necessárias e úteis, bem como, quanto às voluptuárias, se não lhe forem pagas, a levantá-las, quando o puder sem detrimento da coisa, e poderá exercer o direito de retenção pelo valor das benfeitorias necessárias e úteis (art. 1.219 do Código Civil). Agindo de má-fé, terá direito ao ressarcimento apenas das benfeitorias necessárias; não lhe assiste o direito de retenção pela importância destas, nem o de levantar as voluptuárias (art. 1.220 do Código Civil). A indenização, em qualquer das hipóteses ventiladas, será paga por quem reclamar e obtiver a devolução dos bens.

Se o terceiro, adquirente dos bens hereditários a título oneroso, estiver de boa-fé quando da celebração do contrato, não poderá ser alvo de reclamação provinda do efetivo herdeiro com vistas à restituição (parágrafo único). O negócio jurídico será eficaz e produzirá todas as suas normais consequências. Restará ao sucessor, como única possibilidade, postular junto ao herdeiro aparente a indenização cabível, na forma já referida.

A solução apontada pelo legislador tem por objetivo evitar que terceiros de boa-fé sejam prejudicados ao negociar com quem se apresenta como herdeiro sem na verdade o ser. Cumpre frisar que a proteção conferida ao adquirente de boa-fé se estende tanto às situações em que o alienante também está de boa-fé como àquelas em que este último age com mau ânimo, pois o teor da norma legal leva em conta apenas o estado anímico do adquirente e não o do herdeiro aparente. Tanto isso é verdade que as alienações feitas a título oneroso serão ineficazes se o terceiro adquirente estiver de má-fé.

No que se refere ao estado anímico do herdeiro aparente que aliena bens hereditários, importa observar o seguinte: estando de boa-fé, responde apenas segundo as normas pertinentes ao enriquecimento sem causa; imbuído de má-fé, fica obrigado inclusive à indenização das perdas e danos suportados pelo adquirente e pelo verdadeiro sucessor.

Sendo feita a título gratuito a alienação, o terceiro de boa-fé não poderá escudar-se na regra contida no parágrafo único do art. 1.816 do Código Civil, ficando obrigado a restituir os bens hereditários ao verdadeiro titular. São ineficazes perante o sucessor as alienações feitas gratuitamente pelo herdeiro aparente ao terceiro, independentemente do estado de ânimo das partes contratantes. Isto porque o adquirente nenhum prejuízo terá com o desfazimento da liberalidade promovida por quem não estava legitimado a dar. Optou o legislador, em tal contexto, por conferir maior resguardo ao herdeiro, até mesmo como forma de evitar a concretização de doações e outros artifícios maliciosos que o possam prejudicar.

Não se pode deixar de cogitar a hipótese de que o herdeiro aparente e de boa-fé esteja encarregado do pagamento de legado instituído pelo *de cujus* em testamento (*v. g.*, a entrega de um veículo). Se assim procede, nada mais faz do que cumprir o dever de observar rigorosamente a declaração de última vontade do testador. Nesse compasso, fica fora de cogitação infligir ao herdeiro aparente qualquer espécie de reprimenda ou obrigação no que se refere ao legado pago, pois do contrário estar-se-ia ante inadmissível excrescência. O art. 1.828 do Código Civil, acerca do tema, preleciona: "O herdeiro aparente, que de boa-fé houver pago um legado, não está obrigado a prestar o equivalente ao verdadeiro sucessor, ressalvado a este o direito de proceder contra quem o recebeu".

Embora o verdadeiro sucessor não possa reclamar do herdeiro aparente a indenização do legado pelo seu equivalente em dinheiro, nada impede que tome a iniciativa de voltar-se contra o receptor do benefício, visando à recuperação do bem hereditário ou ao pagamento do correspondente valor. A devolução do legado tem por objetivo recolocá-lo no monte-mor para fins de posterior submissão a inventário válido, sendo perfeitamente possível que, diante da comprovada regularidade da instituição, o próprio legatário junto a quem foi buscado o bem venha a recebê-lo em definitivo quando da partilha.

Capítulo 9

DA ORDEM DA VOCAÇÃO HEREDITÁRIA

9.1. Aspectos gerais

O sucessor recebe a herança por força de testamento deixado pelo *de cujus* ou em virtude da lei. No primeiro caso, tem-se a chamada sucessão testamentária; no segundo, a denominada sucessão legítima. É possível, todavia, que ambas coexistam em um mesmo contexto, bastando para isso que uma parte do patrimônio seja destinada aos sucessores indicados no testamento e a outra àqueles definidos na lei. Morrendo a pessoa sem deixar disposição de última vontade (*ab intestato*), ou verificada a invalidade ou a caducidade do testamento confeccionado, a partilha da herança será feita com base exclusiva nas regras relativas à sucessão legítima. Também haverá aplicação dessa modalidade quanto aos bens não abarcados pela cédula testamentária acaso lavrada pelo falecido.

As normas que regem a qualidade sucessória e todos os demais elementos atinentes à matéria são de ordem pública, motivo pelo qual não podem sofrer a interferência da vontade dos interessados nem qualquer espécie de alteração no seu alcance. A exegese dessas regras sempre será restritiva, vedado todo exercício destinado ao emprego da analogia, como também à ampliação ou à redução do seu conteúdo mandamental.

São herdeiros legítimos os indivíduos que, por expressa menção legislativa, figuram como destinatários da totalidade da herança ou de uma parte dela. Dentro dessa categoria aparecem os herdeiros necessários (descendentes, ascendentes e cônjuge) e os facultativos (colaterais até o quarto grau). Em favor dos primeiros a lei determina que seja reservada metade da herança, chamada de *legítima*, para distribuição de acordo com as quotas definidas no ordenamento. Aos facultativos, porém, não é assegurada impositivamente fatia alguma da herança, de modo que eles tomarão assento na partilha somente na hipótese de faltarem herdeiros necessários e inexistir testamento válido que disponha acerca da totalidade dos bens que compõem o monte-mor. Enquanto os herdeiros necessários não podem ser excluídos da vocação legal, exceto por meio dos institutos da deserdação e da indignidade, os sucessores facultativos sofrem afastamento por simples disposição de todo o acervo, em proveito de outrem, na cédula testamentária regularmente constituída.

Os sucessores habilitados por força do testamento são chamados de herdeiros instituídos e legatários, conforme, respectivamente, disputem o monte-mor com direito a uma quota-parte ou recebam um ou mais bens individualizados e singularmente considerados. O herdeiro testamentário é sucessor a título universal, pois recebe uma fração do todo ficado por morte do *de cujus*. Já o legatário é sucessor a título singular, exatamente porque o seu benefício se traduz na percepção de coisa específica, predeterminada na disposição de última vontade.

Na sucessão legítima há distinção entre ordens, classes e graus. Duas são as ordens: parentes e cônjuge. Quatro são as classes: descendentes, ascendentes, cônjuge e colaterais. Dentro da classe dos parentes, os graus de parentesco na linha reta e na colateral interferem na vocação hereditária e definem a preferência de uns sobre os outros para fins de recebimento da herança. Os herdeiros de cada classe têm preferência em relação aos da classe posterior (*v. g.*, a classe dos descendentes prefere à dos ascendentes), que são chamados a suceder apenas na hipótese de inexistirem integrantes na classe imediatamente anterior, em qualquer grau. A propósito, cumpre salientar que os parentes de graus mais próximos excluem os mais remotos (*v. g.*, na classe dos descendentes, os filhos preferem aos netos). Havendo previsão de concorrência entre membros que integram diferentes classes, a forma de participação na divisão do monte-mor, assim como a quantificação das quotas, atenderão aos ditames contidos nas normas legais concernentes à matéria.

O fundamento da preferência sequencial de beneficiários, posta na ordem da vocação hereditária, é o prestígio deferido aos laços familiares. A família, como célula mais expressiva da sociedade, recebe ampla proteção legal, de maneira que o interesse público em resguardá-la não se volta apenas para o plano da sua organização econômica, afetiva e moral ao longo da existência dos respectivos membros, projetando-se inclusive para além do óbito de qualquer deles. Assim, entrega-se aos indivíduos remanescentes o acervo patrimonial do falecido, com obediência à ordem escalonada que o Código Civil definiu. Também é certo que o legislador pretendeu, com isso, atender à vontade presumida do autor da herança, que, imagina-se, faria questão de deixar para os herdeiros necessários, de acordo com a proximidade do parentesco ou da afeição, os bens existentes ao tempo do óbito.

Cabe acentuar a circunstância de que regula a sucessão e a legitimação para suceder a lei vigente ao tempo da abertura daquela (art. 1.787 do Código Civil). Em razão disso, para as mortes anteriores a 10 de janeiro de 2003, será aplicável exclusivamente a codificação de 1916, independentemente do momento em que ocorrer a iniciativa judicial ou administrativa de realizar o inventário com vistas à divisão do monte partilhável. Portanto, a ordem da vocação hereditária, que será abordada a seguir, diz respeito aos casos em que a abertura da sucessão se deu a partir da vigência do diploma civilista de 2002. É o que informa o seu art. 2.041: "As disposições deste Código relativas à ordem da vocação hereditária (arts. 1.829 a 1.844) não se aplicam à sucessão aberta antes de sua vigência, prevalecendo o disposto na lei anterior (Lei n. 3.071, de 1º de janeiro de 1916)".

Como exemplo de diferença entre os dois sistemas normativos, pode-se citar o fato de que no regramento anterior o cônjuge não era considerado herdeiro necessário, mas apenas facultativo. Destarte, receberia alguma coisa a título sucessório somente na completa falta de descendentes e de ascendentes do finado, e desde que em testamento ele não houvesse deixado a totalidade do acervo para outrem. Também inexistia o mecanismo da concorrência entre sucessores de classes diversas, operação introduzida pelo legislador com o fito de atribuir ao cônjuge sobrevivo uma qualidade hereditária em concurso com os ascendentes — dependendo do regime de bens — e descendentes do falecido. Tal quadro revitalizou a instituição do casamento, conferindo-lhe o merecido destaque jurídico também quando verificado o óbito de um dos consortes.

Por outro lado, na atual disciplina o Município, o Distrito Federal e a União não figuram como herdeiros do *de cujus*, embora possam vir a recolher a totalidade do acervo. Isso acontecerá, todavia, unicamente nos casos de vacância, em que não existem sucessores aptos ao recebimento. Na codificação revogada, tais entes públicos eram considerados herdeiros legítimos facultativos, tendo direito aos bens quando não sobrevivesse cônjuge nem parente algum sucessível, ou os existentes renunciassem à herança. É preciso reconhecer, porém, que o resultado final continua sendo o mesmo de antes, qual seja, o recolhimento do acervo pela pessoa jurídica de direito público interno indicada na lei.

Na ordem da vocação hereditária, a primeira classe a ser chamada é a dos descendentes, e, dentro dela, os mais próximos têm preferência em relação aos mais distantes em grau de parentesco. Os filhos receberão antes dos netos, assim como estes terão prevalência sobre os bisnetos, e assim por diante. Destarte, havendo um indivíduo apto a receber em grau mais próximo, os outros nada herdarão, salvo o direito de representação conferido aos filhos do sucessor premorto. De banda diversa, poderá haver concorrência entre os descendentes e o cônjuge do falecido, conforme o regime de bens adotado no casamento.

Não existindo descendentes aptos à sucessão, o ordenamento chama os ascendentes, que disputarão a herança com o cônjuge do falecido independentemente do regime de bens adotado. Se não houver ninguém capacitado a receber o acervo nas duas primeiras classes, o cônjuge sobrevivente receberá tudo, sem que tenha qualquer relevância o regime de bens adotado quando do matrimônio com o extinto. Isso porque o cônjuge é terceiro na ordem da vocação hereditária. Somente depois de frustrada a hipótese de existir um sucessor nas três classes iniciais, composta pelos chamados herdeiros necessários, é que serão chamados os colaterais até quarto grau, ou seja, irmãos, primos, sobrinhos e tios, para a entrega do acervo.

Se o falecido mantinha união estável ao tempo do óbito, a participação do companheiro sobrevivente na disputa dos bens deixados ficará submetida à disciplina constante do art. 1.790 do Código Civil, cuja análise se fará noutra etapa da obra. A sucessão do companheiro, embora não inserida pelo legislador nos capítulos específicos da vocação hereditária, guarda estreito liame com o assunto, devendo sempre ser examinado a partir dessa peculiaridade.

Não obstante tudo o que foi exposto, é imperioso atentar para a circunstância de que a sucessão pode ocorrer de maneira diferenciada, sem observância das regras que ordinariamente traçam o rumo a ser seguido. Cuida-se de quadro especial, ditado pela necessidade de resguardar o benefício maior dado ao sucessor pela lei estrangeira em comparação com a nacional, quando se tratar do falecimento de estrangeiro que deixou bens no Brasil. Efetivamente, o art. 10, § 1º, da Lei de Introdução do Código Civil (Decreto-lei n. 4.657, de 4.9.1942), preconiza: "A sucessão de bens de estrangeiros, situados no país, será regulada pela lei brasileira em benefício do cônjuge ou dos filhos brasileiros, ou de quem os represente, sempre que não lhes seja mais favorável a lei pessoal do *de cujus*". Essa determinação encontra respaldo no art. 5º, XXXI, da Constituição da República, pelo qual "a sucessão de bens de estrangeiros situados no País será regulada pela lei brasileira em benefício do cônjuge ou dos filhos brasileiros, sempre que não lhes seja mais favorável a lei pessoal do *de cujus*".

9.2. Da sucessão dos descendentes

9.2.1. Posição dos descendentes na ordem da vocação

Por presumir que o autor da herança daria preferência aos seus descendentes na percepção dos bens que a integram, o legislador os colocou em primeiro lugar na ordem da vocação hereditária. A solução prestigia, assim, o rumo natural das relações humanas, pois nada se afigura mais lógico e racional do que os pais verem nos filhos e demais sucessores na linha reta a perpetuação do próprio sangue. Daí ser corolário normal dessa constatação a entrega do acervo patrimonial aos descendentes, mantendo-o no circuito familiar com vistas a facilitar a vida dos beneficiários e garantir a continuidade da existência genética do antecessor.

Na atribuição das quotas hereditárias aos descendentes não se considera espécie alguma de distinção, seja em função do sexo, da idade, da origem do nascimento (matrimônio, relação adulterina, união estável etc.), e assim por diante. Entretanto, convém observar que os descendentes de grau mais próximo excluem os mais remotos (art. 1.833 do Código Civil), de maneira que a existência de filhos impede que os netos tomem lugar na partilha; à falta dos filhos, serão os netos chamados a suceder, excluindo os bisnetos. E assim por diante, sem limitação em grau, pois a natureza se encarrega de, pela finitude da existência, evitar a ampliação *ad infinitum* desse rol. A presença de um só indivíduo em determinado grau, dentro da classe dos descendentes, obsta o acesso de todos os outros, de graus diversos, à partilha da herança.

Todavia, há um momento sucessório em que os descendentes de grau mais remoto são convocados para receber o monte-mor, ainda que existam herdeiros de grau mais próximo em relação ao falecido. Isso ocorre por força do denominado *direito de representação*, que consiste no chamamento de parentes de maior distância em grau para o recebimento de todas as vantagens e ônus que caberiam ao herdeiro premorto, ou seja, àquele falecido antes do óbito do autor da herança. Exemplo: se Pedro tinha três filhos, sendo um deles, Márcio, já falecido ao tempo da abertura da sucessão por óbito de Pedro, os descendentes do premorto Márcio (netos do autor da herança) serão chamados para receber a quota que seria destinada ao filho que faleceu antes do próprio pai, como se ele vivo fosse. Destarte, para cada um dos filhos vivos de Pedro se atribui uma terça parte da herança; o outro terço se entrega àqueles que representam o premorto Márcio, a fim de que o partilhem em frações iguais entre si, por representação de quem receberia a quota se estivesse vivo.

Pelo direito de representação, o herdeiro chamado a suceder ocupa o lugar deixado pelo premorto. Isto somente acontece na sucessão legítima, sendo inviável a representação de pessoa agraciada em testamento, mas falecida antes da abertura da sucessão. Em tal hipótese, a fração destinada ao herdeiro instituído na cédula testamentária, premorto em relação ao testador, retorna para o monte-mor para fins de distribuição entre os herdeiros legítimos, se outra não for a solução dada pelo *de cujus*. O representante do premorto recebe por estirpe, mas em nome e por direito próprio, motivo pelo qual se exige que tenha qualidade sucessória ao tempo da morte do *de cujus*.

Na linha descendente, os filhos sucedem por cabeça, e os outros descendentes, por cabeça ou por estirpe, conforme se achem ou não no mesmo grau (art. 1.835 do Código Civil). O recebimento da herança por cabeça significa que a cada filho, individualmente considerado, é entregue quota igual à dos demais na partição da herança, em correspondência ao seu direito sucessório. Se o falecido não deixou filhos, convocam-se os descendentes do grau seguinte — netos — para o recebimento do acervo, direcionando-se a cada um, por cabeça e direito próprio, o quinhão apurado a partir da divisão do total da herança pelo número de sucessores convocados. Exemplo: suponha-se que fossem dois os filhos premortos do *de cujus* Manoel, e que um deles (Paulo) deixou dois filhos, enquanto o outro (Fernando) teve três filhos. Como não existem descendentes vivos no primeiro grau, os do grau subsequente são chamados à sucessão do *de cujus*. A cada um dos netos, singularmente tomados, entregar-se-á um quinto da herança, eis que munidos de direito próprio e disputantes do acervo por cabeça. Nessa hipótese não se forma a estirpe, que seria o conjunto de sucessores dos premortos, habilitada à percepção daquilo que cada um receberia se vivo fosse.

Em determinadas ocasiões, os descendentes que não são filhos do autor da herança sucedem por estirpe e não por cabeça, participando da herança em virtude de direito de representação e recebendo a exata medida patrimonial que caberia ao premorto se estivesse vivo. Na ilustração acima, haveria estirpe, por exemplo, se apenas Paulo fosse premorto em relação ao *de cujus*, situação que atribuiria aos respectivos filhos o volume que seria repassado a Paulo caso não tivesse falecido antes de Manoel. Em tal situação, a partilha se dá pelo número total de filhos, incluído o premorto, sendo entregue o quinhão deste último aos representantes. A sucessão acontece por estirpe em relação ao herdeiro antecipadamente morto, estabelecendo-se disputa entre os seus representantes e os filhos vivos do *de cujus*, haja vista a diversidade dos graus.

De acordo com a literal construção do art. 1.834 do Código Civil, os descendentes da mesma *classe* têm os mesmos direitos à sucessão de seus ascendentes. Qualquer distinção qualitativa ou quantitativa, entre descendentes situados em igual patamar jurídico na sucessão de seus ascendentes, é inconstitucional, eis que todos devem receber idêntico tratamento na divisão do acervo. Destarte, os filhos provindos do casamento não têm primazia alguma em relação aos que advieram de relacionamentos estranhos ao matrimônio. Pela mesma razão, os netos do *de cujus* serão considerados de forma absolutamente equivalente na hipótese de serem chamados à sucessão por falta de herdeiros de grau mais próximo. Enfim, a tônica é a igualdade entre os descendentes postados em situação jurídica idêntica, cabendo a cada um o quinhão definido em lei. Essa regra abrange também os indivíduos adotados, que são equiparados aos parentes consanguíneos na divisão do acervo.

Vale dizer que o legislador se equivocou ao fazer menção à igualdade entre os descendentes da mesma *classe*, eis que não há mais de uma classe a congregá-los. Existe, sim, a classe dos descendentes, sendo certo que o legislador quis se reportar à igualdade entre os graus chamados a suceder dentro da classe dos descendentes. A identidade de tratamento estabelecida na norma diz respeito a parentes do mesmo grau. Sendo de classes diversas, ou de graus diferentes, resta notório o descabimento da invocação do teor normativo, pois então se estará diante de situações jurídicas desiguais e que exigem, por isso mesmo, a incidência do regramento específico.

9.2.2. Concorrência entre descendentes e cônjuge

Conforme disposto no inciso I do art. 1.829 do Código Civil, que disciplina a ordem da vocação hereditária, a sucessão legítima defere-se aos descendentes, em concorrência com o cônjuge sobrevivente, salvo se casado este com o falecido no regime da comunhão universal, ou no da separação obrigatória de bens (art. 1.640, parágrafo único); ou se, no regime da comunhão parcial, o autor da herança não houver deixado bens particulares.

Percebe-se, destarte, que em determinadas situações o cônjuge supérstite disputa o monte-mor com os descendentes da pessoa falecida, prerrogativa que fica na dependência do regime de bens em vigor à data do óbito. A rigor, o cônjuge é terceiro no elenco das classes indicadas na lei como destinatárias da legítima. Contudo, em atenção ao princípio da solidariedade, que deve presidir as relações matrimoniais e faz com que as pessoas se mantenham unidas até acontecer a morte de uma delas, o legislador prestigiou o cônjuge sobrevivente com a qualidade de herdeiro necessário, quando o regime for um daqueles previstos na norma transcrita.

Os descendentes do *de cujus*, como regra geral, concorrem com o cônjuge sobrevivente na partição da herança. Isto somente não ocorrerá em três hipóteses: a) se eram casados no regime da comunhão universal, porque então o sobrevivente já será meeiro por força de direito próprio decorrente do matrimônio; b) se eram casados no regime da separação obrigatória de bens, tendo em vista o fato de que este pressupõe a absoluta incomunicabilidade, em vida e depois da morte, dos itens patrimoniais de cada consorte; c) se eram casados no regime da comunhão parcial e o autor da herança não houver deixado bens particulares, porque então o cônjuge sobrevivente terá direito à metade do acervo comum, ou seja, parte daquele patrimônio constituído ao longo da constância do casamento e sujeito à divisão. Não se trata de herança, mas de direito patrimonial direto emergente do regime de bens.

Vale destacar que o rompimento da sociedade conjugal e do vínculo matrimonial rechaça a perspectiva de acesso do cônjuge sobrevivente à sucessão, pois caracteriza o fim do liame pessoal que embasava a opção do ordenamento jurídico pela atribuição do aludido *status* sucessório. Incide na espécie o art. 1.830 do Código Civil: "Somente é reconhecido direito sucessório ao cônjuge sobrevivente se, ao tempo da morte do outro, não estavam separados judicialmente, nem separados de fato há mais de dois anos, salvo prova, neste caso, de que essa convivência se tornara impossível sem culpa do sobrevivente".

Não basta, portanto, a qualidade formal de cônjuge para que seja pleiteado o reconhecimento de direito sucessório em relação ao acervo deixado pelo consorte falecido. O rompimento em vida da constância da sociedade conjugal elide a possibilidade de suceder, eis que a qualidade de sucessor, conferida ao cônjuge pelo ordenamento jurídico, funda-se na força do liame matrimonial, na sadia convivência, no esforço comum, na dedicação recíproca e em tantos outros atributos que tornam justa e moralmente aceitável a destinação da herança a quem esteve presente até o derradeiro momento.

Inexiste direito sucessório em favor do cônjuge quando, ao tempo da morte do *de cujus*, já estava sacramentada a separação judicial do casal. Com muito mais razão, por óbvio, o mesmo resultado se verificará quando efetivado o divórcio. Sob igual manto coloca-se o sobrevivente que estava separado de fato do consorte há mais de dois anos, exceto se demonstrado que o rompimento fático da relação matrimonial não foi motivado por culpa sua. Em qualquer das hipóteses, tem-se em foco a preservação do direito do cônjuge que efetivamente conviveu com o autor da herança até o momento do óbito. Com suporte nesse aspecto, revelador de união e entrosamento, inibe-se a sucessão em favor do sobrevivente que rompeu faticamente a constância do casamento por iniciativa própria e com culpa (*v. g.*, abandono imotivado do lar), ainda que há menos de dois anos.

Se o cônjuge supérstite for inocente, e a separação fática contar menos de dois anos, ficará plenamente viabilizada a participação na partilha do acervo deixado pelo *de cujus*. Porém, se ao tempo do óbito a separação de fato tiver mais de dois anos, o elemento culpa não será levado em linha de consideração para fins de apuração de eventual direito sucessório, pois o longo período de afastamento entre os cônjuges fulmina toda pretensão, retirando do sobrevivo o direito de postular quotas na herança.

Caso a ação de separação judicial ou divórcio esteja em tramitação ao tempo do óbito do autor da herança, a qualidade sucessória do sobrevivente regular-se-á pelos ditames relativos à separação fática, nos moldes preconizados na segunda parte do art. 1.830 do Código Civil, já examinados. Isso porque a inibição da capacidade de o cônjuge suceder, com fundamento na prévia ocorrência de ruptura, somente se dá na hipótese de existir sentença transitada em julgado no momento da morte do *de cujus*.

9.2.3. Apuração da parte devida ao cônjuge

Se o falecido deixar descendentes e cônjuge, a participação quantitativa deste último na herança, observadas ainda as disposições que já foram alvo de análise, dependerá da circunstância de ser ou não ascendente das pessoas com quem concorre. O art. 1.832 do Código Civil estabelece: "Em concorrência com os descendentes (art. 1.829, inciso I) caberá ao cônjuge quinhão igual ao dos que sucederem por cabeça, não podendo a sua quota ser inferior à quarta parte da herança, se for ascendente dos herdeiros com que concorrer".

Disputando com os seus próprios descendentes, ao supérstite será assegurado pelo menos um quarto da herança, ou seja, vinte e cinco por cento dos bens pertencentes ao falecido, independentemente do número de indivíduos aptos a tomarem lugar na partilha. No regime da comunhão parcial, se o autor da herança deixou bens particulares que exclusivamente lhe pertenciam, o consorte sobrevivente ficará com a meação dos aquestos — decorrente do regime matrimonial adotado — e disputará com os descendentes do falecido os itens patrimoniais exclusivos. Exemplo: Pedro e Maria, casados sob o regime da comunhão parcial de bens, tiveram dois filhos e construíram um acervo de 100 ao longo do casamento. O marido era titular de outros 20, recebidos de terceiro como doação. Morrendo Pedro, a viúva auferirá 50 por direito próprio, como resultado do regime de bens. Aos filhos serão destinados os outros 50, como herança correspondente à meação do pai. Os 20 que remanescem, e eram itens exclusivamente do falecido, serão partilhados em três partes iguais, com entrega a cada filho e à viúva.

É possível que o cônjuge receba mais do que essa quota mínima de um quarto, pois a partilha com os descendentes leva em conta os que sucederem por cabeça. Havendo sucessor premorto, os herdeiros dele receberão por estirpe, mas perante o cônjuge sobrevivente serão tidos como um só conjunto e lhes será destinado aquilo que o premorto receberia se vivo fosse. Exemplo: suponha-se um casal com um filho, consorciado sob o regime da separação convencional de bens. Vindo a falecer o marido, metade do acervo caberá ao filho comum e a outra metade à mulher, ambos na condição de herdeiros. Fossem cinco os filhos, a quarta parte da herança seria entregue ao cônjuge supérstite, enquanto os três quartos restantes partilhar-se-iam entre a prole. Esta situação não se alteraria se existisse sucessor premorto, pois a quota dele seria repassada aos próprios herdeiros, em nada afetando o concurso com o consorte sobrevivo.

Na hipótese de o casal não ter descendentes, mas o falecido sim, concorrerão eles com o cônjuge sobrevivo. Porém, não será assegurado a este quota mínima de um quarto, de vez que a herança se dividirá por cabeça em tantas partes quantos forem os sucessores, nisso incluído o supérstite. Logo, sendo quatro os filhos, o monte-mor sofrerá divisão por cinco, cabendo vinte por cento dele a cada sucessor.

Concorrendo com determinados descendentes próprios (*v. g.*, filhos comuns do casal) e com outros que são exclusivos do falecido (*v. g.*, filhos de outra relação), o cônjuge sobrevivente receberá a quota que for apurada mediante fracionamento do acervo por cabeça. Isso porque não há previsão expressa de reserva da quarta parte em favor do sobrevivente quando ele não for ascendente de *todos* os indivíduos com quem concorre, ao inverso do que acontece quando disputa o acervo apenas com herdeiros dos quais é ascendente. Em vista disso, simplesmente toma-se a herança toda e se a divide pelo número de sucessores, incluído no cômputo final o consorte do *de cujus*. Tal solução preserva a igualdade entre os filhos e não diferencia a parte do consorte sobrevivo, a quem só se deve reservar quota especial quando o ordenamento jurídico expressamente determinar. De resto, as normas reguladoras da sucessão caracterizam-se pela exegese restritiva, porque disciplinam questões de ordem pública.

Ao cônjuge sobrevivente, qualquer que seja o regime de bens, será assegurado, sem prejuízo da participação que lhe caiba na herança, o direito real de habitação relativamente ao imóvel destinado à residência da família, desde que seja o único daquela natureza a inventariar (art. 1.831 do Código Civil). Tradicionalmente, o direito de habitar o único imóvel residencial do casal sempre foi assegurado pelo ordenamento jurídico pátrio em favor do cônjuge sobrevivo.

Objetivando evitar que o supérstite fique sem dispor de um local para morar, a lei consagra em seu proveito a prerrogativa real de morar no imóvel destinado à residência da família, mas para tanto exige a inexistência de outros imóveis da mesma natureza a inventariar. Com efeito, se além do imóvel utilizado pelo casal como residência houver no acervo outros prédios dotados de função habitacional, não será reconhecido o direito mencionado neste artigo, porque então a participação do cônjuge na herança permitirá que aufira recursos capazes de propiciar adequado acesso a um local onde possa residir.

O direito real de habitação é oponível *erga omnes*, motivo pelo qual acompanhará o imóvel até que sobrevenha alguma das causas de extinção do gravame. Como o objetivo da norma é proporcionar moradia ao sobrevivo, o reconhecimento do direito independe do regime de bens que regia o casamento. Há de se acrescentar que a outorga do direito real de habitação em nada prejudica a participação do supérstite na herança do finado, sendo-lhe normalmente destinada a quota a que fizer jus em virtude da vocação sucessória, e independe da circunstância de figurar como herdeiro ou como legatário.

Não terá direito real de habitação o cônjuge separado judicialmente ao tempo do óbito do autor da herança, nem aquele que estiver separado de fato há mais de dois anos. Quando o rompimento fático datar de menos de dois anos, o reconhecimento da prerrogativa ínsita na lei dependerá de que não tenha havido culpa do sobrevivo no afastamento do casal.

Cabe destacar que o direito real de habitação tem caráter vitalício, não sendo afetado nem mesmo por posterior constituição de novo liame matrimonial pelo titular. Todavia, é importante observar que o cônjuge sobrevivo não poderá alugar, emprestar ou de outro modo empregar o bem gravado, eis que se destina única e exclusivamente à moradia pessoal do beneficiário. Admite-se, porém, que outras pessoas vivam no imóvel juntamente com ele, pois isso integra a prerrogativa de habitar deferida ao sobrevivente, até mesmo como forma de permitir que desfrute amplamente do bem, consoante a finalidade prevista na lei. Os sucessores do *de cujus* não podem exigir qualquer contraprestação econômica do titular do direito real de habitação, motivo pelo qual sofrem direta restrição na sua condição de condôminos do acervo deixado, eis que não lhe será viável utilizar aquele específico imóvel e nem fazê-lo rentável enquanto persistir o gravame.

9.3. Da sucessão dos ascendentes

Em segundo lugar na ordem de sucessão hereditária, a sucessão defere-se aos ascendentes, em concorrência com o cônjuge sobrevivente (art. 1.829, II, do Código Civil). Como o legislador não faz referência aos regimes de bens sob cuja vigência ocorreria ou não a participação do supérstite na disputa do acervo, é certo que isso se dará independentemente do regime que vigorava ao longo do casamento. Também aqui a integração do cônjuge ao rol dos herdeiros preferenciais objetiva reconhecer no sobrevivo a importância que presumivelmente teve na construção do acervo, atribuindo-lhe quota na herança deixada pelo falecido. Por outro lado, prestigia-se, também nesse aspecto, a solidariedade entre os membros do casal, que se deixa entrever na manutenção do liame matrimonial até a data do óbito do autor da herança.

À semelhança do que se dá na sucessão dos descendentes, a concorrência entre os ascendentes e o cônjuge do autor da herança só será possível se na data do óbito o casal não estava separado judicialmente, nem separado de fato há mais de dois anos, exceto se, neste último contexto, for apresentada prova inequívoca de que a convivência se tornara impossível sem culpa do sobrevivente (art. 1.830 do Código Civil). Outra vez é perceptível a preocupação do legislador em impedir que ao término formal ou fático do vínculo societário e afetivo entre os cônjuges sobrevenha tentativa de participação do sobrevivo na disputa da herança do falecido.

O chamamento dos ascendentes do *de cujus* para que tomem assento na partilha do acervo somente acontecerá na hipótese de não existir nenhum descendente apto a receber a herança. É o que diz o *caput* do art. 1.836 do Código Civil: "Na falta de descendentes, são chamados à sucessão os ascendentes, em concorrência com o cônjuge sobrevivente". Entende-se por *falta* não apenas o óbito, mas também a inexistência de indivíduos em condições de receber, seja porque renunciaram e não há outros nos graus inferiores, seja em virtude de renúncia de todos os integrantes daquela classe. Ainda que haja somente uma pessoa habilitada, independentemente do grau em que se coloque (filho, neto, bisneto, tataraneto), os ascendentes não figurarão como herdeiros necessários, podendo apenas ser prestigiados em testamento válido.

Assim como acontece na classe dos descendentes, os ascendentes também se sujeitam à exclusão dos mais remotos em grau pelos mais próximos (§ 1º). Destarte, o pai recebe a herança por morte do seu filho e exclui o avô do falecido, assim como este, na falta do pai, recebe o acervo com exclusão do bisavô, e assim por diante. A análise da existência ou não de herdeiro em grau mais afastado somente se faz depois de definitivamente constatada a inexistência de qualquer sucessor no grau mais próximo. Vale dizer que o parentesco por adoção tem o mesmo tratamento jurídico do consanguíneo, razão pela qual a qualidade sucessória é idêntica em ambas as hipóteses.

Diz o § 2º: "Havendo igualdade em grau e diversidade em linha, os ascendentes da linha paterna herdam a metade, cabendo a outra aos da linha materna". Os ascendentes de mesmo grau compõem duas linhas: a materna e a paterna. Caso os sucessores postem-se na mesma distância de graus em relação ao *de cujus*, cada um receberá metade da herança. Exemplo: sendo vivos pai e mãe, a quota individual será de 50% do acervo deixado pelo filho, se este não era casado. Mas, faltando um dos ascendentes, a herança é na sua totalidade recolhida por aquele que sobreviveu, ressalvada ao cônjuge a percepção da respectiva quota.

Ao contrário do que se vislumbra entre os descendentes, o sucessor ascendente do premorto não é chamado para tomar a correspondente fração, motivo pelo qual, *v. g.*, morrendo alguém cuja mãe era premorta, mas sendo o pai vivo, os avós maternos do *de cujus* nada receberão. Por isso é que no § 1º do art. 1.836 do Código Civil o legislador fala na ausência de distinção em linhas, reportando-se, obviamente, à circunstância de não haver direito de representação na classe dos ascendentes.

É importante ressaltar que a existência de igualdade em grau e diversidade em linha faz distribuir a herança entre os integrantes de cada uma das linhas, independentemente de ser apenas um ou de estarem dois indivíduos postados no lado materno e no paterno. Assim, se o falecido não tinha pais vivos, mas restavam dois avós paternos e um materno (todos pertencem ao segundo grau ascendente), aqueles receberão metade do acervo, enquanto a este tocará sozinho a outra fração, por força da bipartição das linhas em materna e paterna. Isso tudo acontece mesmo que o finado tenha deixado cônjuge, cumprindo frisar, todavia, que em tal caso os ascendentes concorrerão com ele na partição do acervo, conforme estabelecido pelo ordenamento jurídico.

Concorrendo com ascendente em primeiro grau, ao cônjuge tocará um terço da herança; caber-lhe-á a metade desta se houver um só ascendente, ou se maior for aquele grau (art. 1.837 do Código Civil). A concorrência entre os ascendentes e o cônjuge varia em suas feições de acordo com as peculiaridades apresentadas pelo contexto. Estabelecida a disputa entre o cônjuge e os dois ascendentes de primeiro grau (pai e mãe), àquele tocará um terço da herança deixada pelo *de cujus*, atribuindo-se a estes os dois terços restantes.

Se o cônjuge concorrer com apenas um dos ascendentes em primeiro grau (pai ou mãe), caberá àquele metade da herança, destinando-se a outra metade ao genitor capaz de suceder. O mesmo ocorrerá no caso de ser maior o grau de quem concorre, pois, então, independentemente do número de integrantes de cada linha de um mesmo grau (avós, bisavós, etc.), será destinada metade da herança ao cônjuge, partilhando-se a outra metade entre os ascendentes aptos a suceder. A divisão entre estes últimos se dá por cabeça. Exemplo: José, que era órfão e casado com Maria, morreu deixando o valor de 90 como herança. Há dois avós paternos e o avô materno vivos ao tempo da abertura da sucessão. Maria, que concorre com ascendentes do falecido em segundo grau, receberá 45, entregando-se a outra metade aos avós de José, que a dividirão em três partes iguais, tocando 15 para cada um.

É importante salientar que, nos termos do art. 1.831 do Código Civil, ao cônjuge sobrevivente, qualquer que seja o regime de bens, será assegurado, sem prejuízo da participação que lhe caiba na herança, o direito real de habitação relativamente ao imóvel destinado à residência da família, desde que seja o único daquela natureza a inventariar. Isso ocorre também na sucessão dos descendentes e sem qualquer influência do regime matrimonial que vigorava ao tempo do óbito, como já frisado alhures.

9.4. Da sucessão do cônjuge sobrevivente

Em terceiro lugar na ordem de vocação hereditária situa-se o cônjuge sobrevivente, que, faltando descendentes e ascendentes, recebe na íntegra a totalidade da herança. Vale dizer que, se houvesse qualquer indivíduo na classe dos descendentes, o cônjuge sobrevivente poderia ou não disputar a herança com ele, dependendo do regime de bens adotado no casamento. Já na hipótese da existência de algum ascendente, sempre haveria concorrência dele com o consorte do falecido, independentemente do regime patrimonial que disciplinava o âmbito econômico do casal. Isso tudo já foi explicitado em tópicos anteriores, tendo como substrato os incisos I e II do art. 1.829 da codificação.

O art. 1.838 do Código Civil estabelece: "Em falta de descendentes e ascendentes, será deferida a sucessão por inteiro ao cônjuge sobrevivente". Como já salientado, na sucessão legítima são três as situações em que o cônjuge, herdeiro necessário, sucede ao consorte falecido: a) concorrendo com descendente; b) concorrendo com ascendente; c) recebendo toda a herança. A totalidade do acervo somente será direcionada ao supérstite se faltarem descendentes e ascendentes aptos a suceder ao *de cujus*, quadro que ensejará a captação da herança pelo integrante da terceira classe na ordem de vocação estabelecida pelo legislador, seja qual fosse o regime de bens vigente no matrimônio.

Importa observar que somente é reconhecido direito sucessório ao cônjuge sobrevivente se, ao tempo da morte do outro, não estavam separados judicialmente, nem separados de fato há mais de dois anos, salvo prova, neste caso, de que essa convivência se tornara impossível sem culpa do sobrevivente (art. 1.830 do Código Civil). O divórcio, com muito mais razão, inviabiliza todo pleito sucessório, pois dele resulta o rompimento do próprio matrimônio. Aplicam-se, nesse particular, as mesmas considerações formuladas quando da análise da sucessão dos ascendentes e dos descendentes, eis que a ruptura judicial ou informal dos elementos econômicos e de solidariedade entre os consortes suprime a perspectiva do assento de qualquer deles na disputa da herança daquele que falecer.

Se o cônjuge supérstite estava separado faticamente do outro há menos de dois anos, sem que tenha havido separação judicial ou divórcio até a data da morte, a inclusão no quadro sucessório é impositiva, aplicando-se as regras comuns à espécie. Destarte, a condição de herdeiro necessário fará com que se atribua ao beneficiário a totalidade do acervo, na falta de descendentes e de ascendentes.

Como visto, o art. 1.830 da codificação exclui do rol de sucessores o cônjuge que culposamente houver provocado a separação de fato que perdura por mais de dois anos. Entretanto, não indica o rumo a seguir nos casos em que restar demonstrada a culpa concorrente do homem e da mulher no desencadeamento da ruptura. Em face desse silêncio, é inevitável admitir que qualquer grau de culpa, unilateral ou de ambos, tem força suficiente para afastar a qualidade de herdeiro. Logo, só aquele que não deu causa alguma para a separação fática manterá a condição de herdeiro, se ao tempo do óbito do consorte o quadro de rompimento informal já contar mais de dois anos de duração.

O ônus de fazer a prova da culpa do sobrevivente é de quem, alegando essa circunstância, tiver legítimo interesse em demiti-lo do rol dos sucessores. Noutras palavras, caberá aos herdeiros do falecido a obrigação processual de revelar, pelos meios probatórios que estiverem ao seu alcance, a culpa do cônjuge supérstite na provocação da ruptura fática com duração superior a dois anos. Assim, constata-se que ao sobrevivo basta pleitear a própria habilitação no inventário, pois disso emergirá a imputação do ônus da prova aos sucessores do autor da herança, quando desejarem excluí-lo do elenco dos indivíduos aptos à disputa do acervo.

Cabe aduzir, também, que nos casos de estar em trâmite a ação de divórcio ou de separação judicial, o direito do sobrevivente, de participar da partilha como terceiro na ordem de vocação hereditária, só desaparece a partir do momento em que a respectiva sentença transitar em julgado, salvo, por óbvio, quando a base da lide seja o prévio afastamento fático dos membros do casal por mais de dois anos, pois então incidirá o teor do art. 1.830 do Código Civil. Se assim for, e não incidir a hipótese ventilada na parte final do dispositivo, desaparecerá a qualidade sucessória. Como se percebe, a sentença produz efeitos *ex nunc*, mantendo a plena condição recíproca de sucessores, entre os litigantes, até o trânsito em julgado. Daí que o óbito de qualquer deles durante a tramitação da demanda não obsta o acesso à herança.

Feita a separação judicial do casal, e posteriormente restabelecida a sociedade conjugal por simples petição nos autos com base no art. 1.577 do Código Civil, automaticamente também se reativará a qualidade sucessória, que, logicamente, fenecerá a partir do trânsito em julgado da sentença proferida na lide de separação, voltando ao seu antigo vigor tão logo seja despachada a petição pela qual se comunica ao juízo o restabelecimento do estado societário anterior à demanda.

Outra questão interessante diz respeito ao reconhecimento da putatividade do matrimônio. Ele é juridicamente putativo quando, embora anulável ou mesmo nulo, foi contraído de boa-fé por ambos os cônjuges, ou por apenas um dos contraentes. Nessa hipótese, o enlace, em relação a quem agiu de boa-fé, produz todos os efeitos até o dia da sentença anulatória (art. 1.561 do Código Civil). Sabendo-se que uma das consequências ordinárias do casamento é transformar os cônjuges em sucessores um do outro, postados em terceiro lugar na ordem da vocação hereditária, resta forçoso concluir que a putatividade enseja o acesso do sobrevivente, que estava de boa-fé quando da celebração, em herdeiro do consorte falecido. Tal fenômeno acontecerá mesmo que já tenha sido prolatada sentença afirmando a insubsistência do casamento por defeito que o fez nulo ou anulável, se nela foi reconhecida a boa-fé de quem postulou o recebimento da herança.

Logicamente, se o cônjuge é chamado para receber toda a herança, porque nas classes anteriores inexistia alguém apto a tomá-la, não terá aplicação o art. 1.831 do Código Civil, que lhe assegura o direito real de habitação relativamente ao imóvel destinado à residência da família, desde que seja o único daquela natureza a inventariar. Todavia, se o falecido deixou sucessores testamentários, poderá haver o emprego da norma, pois se trata de mecanismo destinado a garantir um lugar para servir como habitação do supérstite. Saliente-se que a existência de mais de um imóvel de natureza residencial no acervo partilhável obsta a invocação do aludido direito real, se na partilha ficar definido que ao menos um deles caberá ao cônjuge do *de cujus*.

9.5. Da sucessão do companheiro sobrevivente

É reconhecida como entidade familiar a união estável entre o homem e a mulher, configurada na convivência pública, contínua e duradoura e estabelecida com o objetivo de constituição de família (art. 1.723 do Código Civil). É fundamental não confundir a união estável com o concubinato, que se traduz na relação não eventual entre o homem e a mulher impedidos de casar (art. 1.727 do Código Civil). A legislação não prevê tutela alguma ao concubinato, seja em termos pessoais ou econômicos, até mesmo como forma de não incentivar a sua multiplicação na sociedade, eis que altamente nocivo à família.

A sucessão entre companheiros tem por base exatamente a vida em comum, projetada no tempo, de conhecimento público e com ânimo de constituir família, ensejando a comunicabilidade dos bens adquiridos onerosamente ao longo da relação. Para efeito da proteção do Estado, a própria Constituição Federal reconheceu a união estável entre o homem e a mulher como entidade familiar (art. 226, § 3º), do que resultou, também, a atribuição de consequências sucessórias ao instituto. As primeiras incursões normativas nessa seara, motivadas pela citada previsão constitucional, ocorreram por meio da Lei n. 8.971/94, e, posteriormente, pela Lei n. 9.278/96, hoje derrogadas em seu teor sucessório pelo art. 1.790 do Código Civil.

A citada norma, que rege a totalidade das questões hereditárias entre os participantes de uniões estáveis, diz: "A companheira ou o companheiro participará da sucessão do outro, quanto aos bens adquiridos onerosamente na vigência da união estável, nas condições seguintes: I – se concorrer com filhos comuns, terá direito a uma quota equivalente à que por lei for atribuída ao filho; II – se concorrer com descendentes só do autor da herança, tocar-lhe-á a metade do que couber a cada um daqueles; III – se concorrer com outros parentes sucessíveis, terá direito a um terço da herança; IV – não havendo parentes sucessíveis, terá direito à totalidade da herança". Por má técnica legislativa, o dispositivo foi colocado fora do capítulo atinente à ordem de vocação hereditária, tendo sido postado nas previsões gerais que tratam do direito sucessório.

Não obstante a inadequada inserção geográfica do art. 1.790 na codificação civilista, é inegável que isso não afeta a sua prestabilidade quanto à regência da sucessão do convivente. É de salientar, por relevante, que, ao contrário do cônjuge, elencado como herdeiro necessário, o companheiro não figura expressamente como tal no ordenamento pátrio. Entretanto, as características da sua condição jurídica acabam por atribuir-lhe uma posição de destaque na ordem hereditária, uma vez que a verificação do implemento dos pressupostos legais contidos na norma regente impõe a entrega do quinhão ao companheiro sobrevivente. Logo, ele desfruta de qualidade análoga à dos herdeiros necessários, ainda que o art. 1.829 do Código Civil não o tenha diretamente enquadrado nessa categoria. Em vista disso, veda-se ao testador a disposição de mais da metade do acervo próprio quando, mesmo faltando outros sucessores, mantiver união estável.

Reconhecida a existência de união estável, um companheiro participará da sucessão do outro na forma estabelecida nos diversos incisos do art. 1.790 do diploma civilista somente quanto aos bens onerosamente adquiridos, pois sobre os que pertencerem exclusivamente ao falecido não terá direito algum. Esses itens serão entregues aos sucessores elencados nas regras gerais, de acordo com as previsões ordinárias.

A participação estatuída em proveito do sobrevivente não obstará o recebimento, por ele, da meação que lhe couber por força da aplicação das regras pertinentes à comunhão parcial, salvo se os companheiros houvessem celebrado contrato escrito prevendo outra forma de partilha do acervo para a hipótese de rompimento da relação. Assim, tanto na hipótese de morte de um dos companheiros como no caso de dissolução da união estável em vida, ressalvado o já aludido ajuste escrito, o sobrevivente receberá a metade dos aquestos, cabendo-lhe ainda, se for o caso de morte do companheiro, participar da herança dele conforme previsto no art. 1.790 do Código Civil.

O direito sucessório estabelecido na norma legal, portanto, é um *plus* que se agrega à meação do companheiro sobrevivente. Se assim não fosse, chegar-se-ia a situações abstrusas, como a da perda de dois terços do acervo para um tio, sobrinho ou primo do falecido, que ocorreria por aplicação do inciso IV da regra. A meação, como se sabe, não constitui direito hereditário, mas sim prerrogativa decorrente do sistema econômico vigente na união estável, o mesmo ocorrendo nos casamentos celebrados sob a égide dos regimes de bens da comunhão universal e parcial. A participação hereditária, de outra banda, reveste-se de natureza diversa, tendo lugar depois de realizada a operação econômica resultante do emprego do princípio ínsito no art. 1.725 do Código Civil.

Quanto aos bens que integrarão o acervo para fins de apuração da meação, é de salientar que somente aqueles adquiridos a título oneroso (compra e venda, dação em pagamento, etc.) na vigência da união estável serão considerados como itens do acervo partilhável. O mesmo vale no que diz respeito à apuração da herança deixada pelo falecido, composta pela fração que lhe caberia por dissolução da união estável. Os demais bens, insuscetíveis de participação hereditária do companheiro, serão inventariados em favor dos sucessores vocacionados segundo as regras gerais.

Não se submeterão aos ditames do art. 1.790 do Código Civil os bens recebidos a título gratuito, em doação ou herança por apenas um dos conviventes ao longo da relação ou antes do seu início. Serão eles direcionados, portanto, aos sucessores na ordem de vocação ordinariamente prevista na lei (art. 1.829 e seguintes da codificação).

Cabe salientar que a união estável deve estar em pleno vigor fático ao tempo do óbito para que haja direito sucessório em favor do sobrevivente. Como o relacionamento não é formal, a sua caracterização depende da permanente renovação no campo dos fatos, sendo certo que a ruptura anterior ao óbito determina a necessidade de partilha dos bens com base no art. 1.725 do Código Civil. Nessa hipótese, os aquestos — itens onerosamente adquiridos ao longo da constância do liame — serão divididos entre os companheiros. Se um deles faleceu depois do rompimento, a sua fração terá como destinatários exclusivos os herdeiros apontados no art. 1.829 do Código Civil, entre os quais não se postará, à evidência, a pessoa com quem convivera. Assim, não se aplica o permissivo ínsito no art. 1.830 da codificação, que admite uma separação fática de até dois anos — e excepcionalmente mais — entre os casados, sem que ocorra a perda da qualidade sucessória.

É fundamental acrescentar, ainda, que o Código Civil silenciou quanto à aplicação do instituto do direito real de habitação em favor do companheiro sobrevivente. Deferiu-o apenas aos casados, prevendo, no art. 1.831, que ao cônjuge sobrevivente, qualquer que seja o regime de bens, será assegurado, sem prejuízo da participação que lhe caiba na herança, o direito real de habitação relativamente ao imóvel destinado à residência da família, desde que seja o único daquela natureza a inventariar. Todavia, a Lei n. 9.278/96, no art. 7º, parágrafo único, estabelece: "Dissolvida a união estável por morte de um dos conviventes, o sobrevivente terá direito real de habitação, enquanto viver ou não constituir nova união ou casamento, relativamente ao imóvel destinado à residência da família". Como jamais houve a revogação expressa do mencionado diploma legal, e considerado o fato de que a derrogação tácita alcança unicamente as normas contrariadas por dispositivos mais recentes, é forçoso concluir pela preservação da vigência da aludida regra.

Assim, ao companheiro também é assegurado o direito real de habitar o único imóvel residencial da família. Não por exegese ampliativa do art. 1.831 do Código Civil, operação que seria incompatível com a ideia de equiparação da união estável ao casamento exclusivamente naquilo que a lei expressamente quiser, mas sim por força do parágrafo único do art. 7º da Lei n. 9.278/96, que, de resto, conserva vigor também nas demais previsões não contrariadas por normas posteriores.

Faz-se mister, nesta etapa do trabalho, analisar os vários incisos do art. 1.790 do Código Civil, que contêm previsões específicas quanto à destinação sucessória dos bens por morte do parceiro. Se da união estável resultou prole comum, o companheiro sobrevivente concorrerá com os próprios filhos e receberá quota igual à que por lei for atribuída a cada um destes (inciso I). Vale dizer, o monte-mor será dividido em tantas partes iguais quantos forem, em somatório, os filhos comuns mais o companheiro sobrevivo. Não haverá diferença quantitativa, cabendo individualmente aos filhos e ao genitor quotas idênticas sobre o acervo formado pelos bens amealhados a título oneroso durante a vigência da união estável.

É importante salientar, contudo, que a norma deve obediência ao teor do *caput*, porque não passa de um derivativo dele. Em assim sendo, resta claro que a sucessão estabelecida diz respeito apenas aos bens onerosamente adquiridos ao longo da convivência, ou seja, o quinhão do sobrevivente é constituído com base nos aquestos e não no todo distribuído entre os herdeiros. Portanto, terá direito a uma quota equivalente à que por lei for atribuída ao filho, considerados exclusivamente, para fins de apuração, os bens adquiridos onerosamente na vigência da união estável.

Embora a regra mencione apenas os *filhos* comuns, é preciso considerar que houve mero lapso na redação e estender o mesmo mecanismo de partilha aos demais descendentes comuns do casal, a saber, netos, bisnetos e tataranetos. Isso se justifica porque no inciso II o legislador, em dispositivo similar, prestigia os *descendentes* e não só os *filhos*. Ademais, esse sistema ampliativo também foi lançado pelo legislador com vistas à sucessão entre pessoas casadas (art. 1.829, I, do Código Civil), inexistindo razão para discriminar parentes na linha reta consanguínea apenas porque não se relacionavam com o falecido em primeiro grau. Logo, os descendentes comuns em qualquer grau disputam o acervo com o companheiro do falecido. Se houver pré-morte, a sucessão será deferida com base na constituição de estirpes, entregando-se a cada uma aquilo que o premorto receberia.

Caso o sobrevivente concorra apenas com descendentes do autor da herança, *v. g.*, filhos, netos ou bisnetos, receberá quota correspondente à metade do que couber a cada um deles (inciso II). O direito do sobrevivo, portanto, é de receber o seu quinhão na proporção de dois para um, ou seja, a cada unidade monetária que lhe for entregue caberão duas ao descendente do autor da herança. A ausência de filhos comuns, destarte, interfere vigorosamente na participação econômica do companheiro na sucessão do outro, quebrando ao meio a quota que receberia se concorresse com prole advinda da união estável. Em obediência ao teor do *caput*, não há dúvidas de que a apuração da quota cabível ao sobrevivente será feita com base nos bens adquiridos onerosamente na vigência da união estável, ou seja, receberá a metade do que couber a cada um dos filhos do falecido, mas tendo por base apenas os aquestos, não entrando no cômputo qualquer bem que não seja de aquisição onerosa.

Concorrendo com filhos comuns e com filhos do companheiro, o sobrevivente receberá porção igual à que couber àqueles, seguindo-se então a regra do inciso I, tomados por base de formação do monte os bens adquiridos onerosamente ao longo da união estável. A conclusão acima expendida deriva da circunstância de tratar-se de norma mais favorável ao companheiro, não sendo lógico sujeitá-lo à aplicação pura e simples do inciso II, quando concorre também com filhos comuns e pode invocar em proveito próprio a disciplina do inciso antecedente.

Disputando a herança com outros parentes sucessíveis (ascendentes ou colaterais até o quarto grau), o companheiro receberá um terço da totalidade do acervo, ou seja, a terça parte do monte-mor deixado por óbito do *de cujus*, considerados exclusivamente os bens adquiridos a título oneroso durante a união estável (inciso III). Os outros dois terços serão fracionados entre as pessoas acima referidas, independentemente do número de indivíduos que tomarão assento na divisão. Quanto aos itens incorporados ao patrimônio do falecido a título gratuito, como doações, heranças etc., é necessário atentar para a regra contida no *caput*, de modo que não estarão sujeitos à partilha com o sobrevivente, devendo todos ser distribuídos entre os parentes legalmente aptos ao recebimento.

Em se tratando de concorrência com os ascendentes do falecido, algumas situações devem ser cogitadas. Se a mãe e o pai do autor da herança forem vivos, cada um receberá um terço, entregando-se o remanescente ao companheiro. Faltando um dos genitores, o outro receberá um terço, porção igual à do companheiro. O restante será entregue aos ascendentes em segundo grau, pertencentes à linha do premorto. Exemplo: João, dono de um acervo de 90, morreu, deixando o pai, os avós maternos e a companheira. A esta será repassado o valor de 30, o mesmo ocorrendo com o pai do extinto. Os avós maternos receberão 30 e dividirão entre si, restando 15 como proveito individual. Se o falecido não tivesse genitores, mas dois avós paternos e um materno, este receberia 30, cabendo também 30 àqueles (para divisão em duas quotas de 15), e o restante para o companheiro. Como se percebe, aplicam-se aqui as mesmas regras da divisão em linhas paterna e materna quando os beneficiários forem ascendentes do falecido, exceto se vivos o pai e a mãe, pois então a operação se fará desnecessária.

Critica-se o teor do inciso III do art. 1.790 do Código Civil pelo fato de que pode trazer soluções absolutamente injustas, como na hipótese de o companheiro disputar a herança com o tio da pessoa falecida. Este receberá dois terços do acervo e todos os bens carreados gratuitamente ao patrimônio do extinto, sobrando para quem viveu com o autor da herança até o final da vida apenas um terço dos aquestos. Porém, não se há de olvidar que na maioria das vezes tal quadro não será lesivo ao sobrevivente. Afinal, com substrato nas regras do direito de família, ele recolherá a metade dos itens onerosamente adquiridos ao longo da união estável. Assim, a disputa com o parente sucessível se restringirá à herança propriamente dita, ou seja, à metade pertencente ao finado.

Na hipótese de não haver parentes sucessíveis, o companheiro sobrevivente recolherá toda a herança deixada pelo falecido (inciso IV). A medida é justa e recompensa a pessoa que se manteve em união estável com o *de cujus* até o momento da abertura da sucessão, demonstrando respeito e interesse que fazem plenamente adequada a regra legal. Outra vez é necessário alertar para o fato de que a participação do companheiro na herança dar-se-á apenas em relação aos bens adquiridos a título oneroso durante a convivência. Esta é a dureza exegética ditada pelo *caput*, eis que as condições estabelecidas nos incisos, conforme explícita menção do legislador, referem-se à participação do companheiro quanto aos bens adquiridos onerosamente na vigência da união estável. Logo, os itens captados a título gratuito não serão destinados ao sobrevivente, devendo ser recolhidos como vacantes pelo ente de direito público indicado na lei (arts. 1.822 e 1.844 do Código Civil).

Finalmente, impende salientar que jamais haverá concorrência sucessória entre o cônjuge formal do falecido e o companheiro deste. Como é sabido, a união estável pode ter início quando ainda casados os seus membros, desde que se tenham separado faticamente dos respectivos consortes. Em vista disso, a sucessão atenderá aos preceitos relativos ao casamento e à união estável, mas cada um a seu tempo. A pessoa que ainda estava formalmente casada com o falecido receberá o que lhe couber com suporte no regime de bens adotado e nas regras sucessórias pertinentes, tendo como *dias ad quem* da formação do acervo a data da ruptura fática. Já aquela outra pessoa, que passou a manter união estável com o autor da herança quando ele se separou de fato do consorte, terá direito apenas à partilha dos aquestos, adquiridos ao longo da relação, nos moldes discriminados. Não haverá confusão temporal nas operações que precisam ser realizadas, pois o cônjuge não terá qualquer direito aos bens integrados ao patrimônio do *de cujus* ao longo da união estável, nem o companheiro poderá reclamar algo que tenha sido incorporado durante a constância do casamento.

9.6. Da sucessão dos colaterais

Faltando todos os sucessores indicados nos incisos I a III do art. 1.829 do Código Civil, e somando-se a isso a ausência, nulidade ou caducidade do testamento feito pelo *de cujus*, a herança será entregue aos colaterais (inciso IV), a saber: irmãos, sobrinhos, tios e primos. Vale ressaltar que a eventual existência de companheiro do falecido gerará a incidência do art. 1.790, III, da codificação, de maneira que ao convivente tocará um terço da herança, entregando-se os dois terços remanescentes aos sucessores, considerados apenas os bens adquiridos a título oneroso durante o relacionamento.

Como os colaterais não são herdeiros necessários, mas apenas legítimos, o titular do acervo pode excluí-los da participação na herança mediante simples lavratura de testamento que contemple terceiros com a totalidade dos itens patrimoniais deixados. Trata-se da única classe mencionada no art. 1.829 do Código Civil que não desfruta da qualidade sucessória em caráter necessário, certamente em virtude da distância do parentesco entre os personagens envolvidos. É verdade que os irmãos são, muitas vezes, extremamente próximos em afeto, mas o legislador optou por dar maior prestígio a outras classes, por considerar que nela estejam os parentes que de ordinário mantêm laços estreitos com o dono do monte partilhável.

A classe dos colaterais submete-se à limitação de grau, sendo chamados a suceder apenas os parentes até o quarto grau. Os que estiverem em posição mais distante — quinto grau em diante — não são considerados sucessores, embora juridicamente tidos como parentes do falecido. Com efeito, o art. 1.839 do Código Civil diz: "Se não houver cônjuge sobrevivente, nas condições estabelecidas no art. 1.830, serão chamados a suceder os colaterais até o quarto grau". Não existindo cônjuge sobrevivente, ou faltando-lhe as condições exigidas por lei para considerar-se apto a suceder, a herança será entregue aos colaterais. Outro aspecto a merecer consideração diz respeito ao fato de que eles não integram o rol dos herdeiros necessários, ao contrário do que acontece com os descendentes, ascendentes e cônjuge sobrevivente. Por isso, mesmo inexistindo indivíduos aptos a suceder nas classes anteriores, há o risco de os colaterais nada receberem, situação verificada quando o *de cujus* deixa testamento e indica sucessores em relação a todo o conteúdo do seu patrimônio, nele não prestigiando qualquer parente colateral.

À semelhança do que se dá com as outras classes, na dos colaterais os mais próximos excluem os mais remotos, salvo o direito de representação concedido aos filhos de irmãos (art. 1.840 do Código Civil). Assim, os irmãos (segundo grau) excluem os sobrinhos e os tios do falecido (terceiro grau), e estes eliminam os primos, integrantes do último grau sucessório. Há, porém, um detalhe relevante: é reconhecido o direito de representação em favor dos filhos de irmãos premortos do falecido. Em função disso, os sobrinhos formam uma estirpe e representam os próprios pais na partilha do acervo deixado pelo falecido tio, que era irmão de quem já morrera ao tempo da abertura da sucessão. Exemplo: José morre deixando como herança o valor de 100. O falecido tinha um irmão vivo (Mário) e outro premorto (Pedro), sendo que este era pai de duas crianças. Não havendo sucessores nas classes antecedentes, para Mário se entrega o montante de 50, enquanto à estirpe de Pedro, constituída por seus dois filhos, caberá a outra metade do acervo. Isso em virtude do chamado direito de representação. Os membros da estirpe, ao depois, repartirão esse valor em duas porções de 25, correspondentes às quotas individuais.

Essa operação, estatuída na parte final do art. 1.840 do Código Civil, configura a única hipótese em que se admite o direito de representar fora da classe dos descendentes. Cabe observar que, sendo chamados sucessores de um mesmo grau (*v. g.*, os filhos de irmãos, sendo todos estes premortos), o recebimento da herança da-se-á por cabeça e não por estirpe, em face da inexistência de herdeiros no grau imediatamente anterior. Assim, se no exemplo oferecido os dois irmãos de João fossem premortos, os filhos de Mário e de Pedro repartiriam a herança em tantas porções quantos fossem os indivíduos somados. Supondo-se que Mário tivesse três filhos e Pedro dois, o valor de 100 seria dividido em cinco partes iguais, cabendo 20 a cada um dos filhos dos irmãos premortos de João.

Concorrendo à herança do falecido irmãos bilaterais com irmãos unilaterais, cada um destes herdará metade do que cada um daqueles herdar (art. 1.841 do Código Civil). São *germanos* ou *bilaterais* os irmãos que têm mesmo pai e mesma mãe; ambos possuem identidade, portanto, tanto na linha paterna como na materna. Denominam-se *unilaterais* aqueles irmãos cujos laços são estabelecidos apenas por terem o mesmo pai (consanguíneos) ou a mesma mãe (uterinos); seu parentesco, à evidência, encontra suporte em apenas uma das linhas.

Na falta de herdeiros necessários, a herança é deferida aos colaterais, tendo primazia, dentre estes, os irmãos, que são os indivíduos mais próximos em grau do falecido. Se todos os irmãos forem bilaterais, cada um receberá seu quinhão por cabeça, dividindo-se igualmente o acervo pelo número de sucessores. Todavia, se concorrerem irmãos bilaterais com unilaterais, estes receberão metade da quota cabível a cada um daqueles, ou seja, os germanos recebem o dobro do que se destina aos consanguíneos ou uterinos. Exemplo: José, que tinha patrimônio de 90, falece deixando os irmãos Marcos e Flávio, sendo o primeiro bilateral e o segundo unilateral. Àquele se atribuirá o montante de 60, ao passo que este auferirá 30, em correspondência às respectivas frações hereditárias.

O cálculo do quinhão dos irmãos concorrentes pode ser representado pela fórmula idealizada por Milior Maderan, referida por Caio Mário da Silva Pereira (obra citada, v. VI, p. 112): os bilaterais são representados pelo algarismo 2, e os unilaterais pelo algarismo 1. Divide-se o valor do monte-mor pela soma desses algarismos. O quociente encontrado corresponde ao quinhão do unilateral, sendo o dos germanos a sua duplicação.

Não concorrendo à herança irmão bilateral, herdarão, em partes iguais, os unilaterais (art. 1.842 do Código Civil). Percebe-se, destarte, que no caso de concorrerem entre si apenas irmãos unilaterais, cada um deles receberá por cabeça, dividindo-se o acervo em tantas partes iguais quantos forem os sucessores. Essa regra é fixa, aplicando-se tanto à hipótese de concorrência exclusiva entre irmãos unilaterais consanguíneos (mesmo pai) como à de disputa entre unilaterais uterinos (mesma mãe), ou mesmo no caso de partilha entre uns e outros.

Na falta de irmãos, herdarão os filhos destes e, não os havendo, os tios (*caput* do art. 1.843 do Código Civil). Os sobrinhos do falecido, em relação aos tios deste, ocupam posição privilegiada na ordem de vocação hereditária. Embora tios e sobrinhos estejam postados na mesma distância em grau do falecido (terceiro grau na linha colateral), o legislador estabelece preferência de uns em detrimento de outros, fundando-se essa discrepância de tratamento no fato de presumivelmente os sobrinhos terem maior vínculo de afeição com o autor da herança do que este teria com os seus próprios tios. Cuida-se de presunção que não admite prova em contrário e opera *ex vi legis*.

Os filhos de irmãos — e, portanto, sobrinhos — do *de cujus* recebem por cabeça quando concorrerem sozinhos (§ 1º), partindo-se a herança em frações iguais segundo o número de sucessores. A eles são atribuídas quotas individuais independentemente de quantos sobrinhos cada irmão do falecido tenha gerado. Cumpre destacar que, havendo irmãos aptos a suceder e outros premortos, os filhos destes últimos, sobrinhos do *de cujus*, receberão por estirpe a quota que seria destinada ao pai se vivo fosse. Isto pela incidência da regra pertinente ao direito de representação (art. 1.840 do Código Civil, *in fine*), que difere substancialmente do § 1º do art. 1.843 da codificação, haja vista que neste é disciplinada a sucessão dos sobrinhos por direito próprio e por cabeça.

Se sobrinhos concorrem por direito próprio à herança, e considerando que entre eles existam filhos de irmãos bilaterais e filhos de irmãos unilaterais do *de cujus*, estes receberão a metade do que for destinado àqueles (§ 2º). A fórmula para se calcular o quinhão individual é a mesma aplicável à hipótese da concorrência entre irmãos bilaterais e unilaterais do falecido.

Se todos forem filhos de irmãos bilaterais, ou todos de irmãos unilaterais, herdarão por igual (§ 3º). Portanto, herdarão por direito próprio e por cabeça, em quinhões exatamente iguais, os filhos de irmãos bilaterais do falecido que concorrem entre si. O mesmo se dará quando estabelecida concorrência exclusivamente entre filhos de irmãos unilaterais. A diferenciação de quinhões, nos moldes do § 2º, tem lugar apenas quando há sobrinhos aptos a suceder que provêm de irmãos germanos, enquanto outros derivam de irmãos consanguíneos ou uterinos.

9.7. Entrega do acervo ao Poder Público

Não sobrevivendo cônjuge, ou companheiro, nem parente algum sucessível, ou tendo eles renunciado a herança, esta se devolve ao Município ou ao Distrito Federal, se localizada nas respectivas circunscrições, ou à União, quando situada em território federal (art. 1.844 do Código Civil). Na falta de sucessores legítimos, sejam ou não necessários, o Município ou o Distrito Federal, conforme a localização dos itens patrimoniais, receberá as quotas que lhe disserem respeito. Destarte, a habilitação dos entes públicos se dará em virtude do lugar de situação dos bens integrantes da herança, sendo tantos os beneficiários quantas forem as circunscrições territoriais em que se encontrarem. Caso os itens patrimoniais estejam postados em Território Federal, a entrega da herança se fará à União, levando-se em consideração o mesmo critério utilizado para os Municípios e o Distrito Federal.

Considera-se que inexistam sucessores legítimos "na ausência de herdeiros conhecidos, ou se os que se apresentarem tiverem renunciado à herança ou dela forem excluídos. Será buscada a titularidade sobre o acervo, ou parte dele, após o cumprimento de uma série de requisitos" (CAHALI, Francisco José e outro. *Direito das sucessões*. São Paulo: Revista dos Tribunais, 2007. p. 209). Portanto, em qualquer contexto do qual deflua a ausência de receptores habilitados com suporte no direito sucessório estará franqueado o caminho para a entrega definitiva do monte-mor à coletividade.

Importa destacar que os organismos públicos referidos pelo legislador como destinatários dos bens não são tecnicamente considerados herdeiros do *de cujus*. Nenhuma qualidade sucessória em sentido estrito é reconhecida em seu favor. Contudo, para evitar que os itens patrimoniais componentes do acervo fiquem sem efetivo titular, a arrecadação deles acontece a partir da constatação de terem restado vacantes, depois de ultrapassada a etapa em que são juridicamente tidos como jacentes (arts. 1.819 a 1.823 do Código Civil). Assim, e também em nome da importância de preservar a substância e a expressão econômica das riquezas, defere-se a titularidade dos bens do monte às mencionadas pessoas jurídicas.

Como carecem da qualidade de herdeiros, os entes beneficiados não são chamados para dizer se aceitam ou repudiam o conjunto patrimonial deixado por falecimento do dono. A arrecadação, portanto, assume contornos de obrigatoriedade e não de mera faculdade. Destaque-se, porém, que se o *de cujus* houvesse endereçado legados às referidas pessoas jurídicas, ou mesmo se as tivesse instituído como herdeiras testamentárias, existiria a prerrogativa de acolhida ou repulsa ao teor do proveito acenado, pois, em face do interesse público envolvido, seria necessário analisar os aspectos econômicos relativos à matéria, mormente na hipótese de ser estipulado encargo pelo testador, pois disso emergiria a perspectiva de que o benefício pudesse ser economicamente inferior ao ônus previsto.

Capítulo 10

DOS HERDEIROS NECESSÁRIOS

10.1. Conceito e participação na herança

São herdeiros necessários aqueles em cujo favor a lei reserva a metade do acervo deixado pelo falecido, considerado o volume patrimonial existente na data da abertura da sucessão. Em razão disso, são também conhecidos como *legitimários* ou *reservatários*, de modo que se veda a realização de qualquer conduta tendente a privá-los do recebimento da fração que individualmente lhes couber, salvo quando expressamente admitida em lei essa iniciativa, decorrente da prática de atos que caracterizam indignidade ou ensejam deserdação.

O rol dos herdeiros necessários está posto no art. 1.845 do Código Civil: descendentes, ascendentes e cônjuge. Por força da reserva de metade do monte-mor pelo legislador, destinada aos sucessores obrigatórios, o dono da herança não poderá lavrar testamento que disponha da totalidade dos bens, exceto, é claro, se inexistirem herdeiros necessários, pois então o testador ficará autorizado a direcionar para quem quiser todos os bens que compõem o seu patrimônio.

Esse volume econômico, endereçado compulsoriamente aos sucessores indicados na lei, é chamado de *legítima*, enquanto a parcela que fica à mercê da vontade do titular, para submissão a eventuais atos de disposição testamentária, denomina-se *porção disponível*. Se não for confeccionado testamento, tudo o que pertencia ao falecido será entregue aos herdeiros necessários, ou, na falta deles, aos colaterais até o quarto grau. Isso significa que, tendo o *de cujus* elaborado testamento, os bens integrantes da parte disponível serão distribuídos entre os sucessores apontados no respectivo instrumento, salvo se estiverem impedidos de receber (art. 1.801 do Código Civil). Caso as previsões formuladas pelo testador superem a metade sobre a qual poderia livremente testar, o excedente será desconsiderado para fins de sucessão, ocorrendo o que se denomina redução das disposições testamentárias.

Com o objetivo de reforçar essa tutela, preservando o direito dos herdeiros necessários, o legislador também veda a doação de fração patrimonial maior do que aquela que poderia ser alvo de testamento. Assim, o titular do patrimônio não poderá dispor, em forma de doação ou de testamento, de mais da metade dos bens que tiver, pois isso afronta a legítima reservada por lei aos herdeiros necessários. Ainda que o dono dos bens possa livremente aliená-los onerosamente a estranhos, seja por venda, dação em pagamento ou operação diversa, os negócios a título gratuito experimentam limitação quantitativa, com o fito de evitar dissipação patrimonial danosa aos interesses dos futuros sucessores.

O rol dos herdeiros necessários é taxativo: descendentes (filhos, netos, bisnetos etc.), ascendentes (pais, avós, bisavós etc.) e cônjuge sobrevivente. O ordenamento jurídico não limitou em grau a qualidade sucessória dos descendentes e dos ascendentes, seja porque se presume a existência de profunda relação familiar e afetiva entre os beneficiários e os sucedidos, como também em virtude do fato de que a própria natureza se encarrega de limitar as gerações. No que diz respeito aos colaterais (*v. g.*, irmãos, tios etc.), o legislador estabeleceu que a qualidade sucessória não ultrapassará o quarto grau, eis que inaplicável a presunção de existência de importante vínculo afetivo e pessoal entre parentes longínquos.

Também por isso os colaterais não integram as classes de herdeiros necessários, figurando apenas como herdeiros legítimos, a quem se transferirá o acervo do *de cujus* somente se não houver qualquer sucessor nas classes reservatárias, e se, além disso, o titular dos bens não tiver deixado testamento direcionando a totalidade dos itens patrimoniais a outrem. A respeito do tema, o art. 1.850 do Código Civil diz: "Para excluir da sucessão os herdeiros colaterais, basta que o testador disponha de seu patrimônio sem os contemplar". Portanto, caso a declaração de última vontade destine validamente toda a herança a terceiros, os colaterais estarão excluídos, modo irremediável, da sucessão.

Quanto ao cônjuge, o Código Civil de 2002 cuidou de inseri-lo no rol dos herdeiros necessários, o que até então não acontecia. Com essa mudança, o cônjuge sobrevivente terá direito de participar da disputa da herança do falecido, desde que o regime de bens em vigor ao tempo do óbito assim o permita (art. 1.829, I, da codificação). Se assim não for, o sobrevivente receberá a meação do acervo conjunto, pois, mesmo alijado da partilha da herança, continuará sendo dono da metade do patrimônio que pertencia ao casal.

Já se disse que pertence aos herdeiros necessários, de pleno direito, a metade dos bens da herança, constituindo a legítima (art. 1.846 do Código Civil). À vista dessa circunstância, não se mostra viável questionar em vida o conteúdo do testamento acaso feito pelo titular da herança. Mesmo que o teor da cédula venha a ser conhecido por terceiros, e ainda que estes sejam juridicamente interessados na matéria, somente depois da morte do *de cujus* e da regular abertura da cédula é que ficará viabilizada a discussão em torno da caducidade, nulidade ou vícios outros da derradeira disposição volitiva.

A expressão *de pleno direito*, contida na regra legal supracitada, significa que os herdeiros necessários são destinatários de metade da herança independentemente da prática de qualquer ato ou formalidade. Cuida-se de prerrogativa que somente deixa de prevalecer em situações excepcionais, como nos casos de deserdação, indignidade, renúncia etc. Por outro lado, é de todo conveniente relembrar que o art. 1.784 do Código Civil consagra o chamado *direito de saisina* pelo qual os herdeiros são considerados senhores e possuidores da herança a partir do exato instante do óbito da pessoa que deixou o acervo partilhável.

Calcula-se a legítima sobre o valor dos bens existentes na abertura da sucessão, abatidas as dívidas e as despesas do funeral, adicionando-se, em seguida, o valor dos bens sujeitos a colação (art. 1.847 do Código Civil). Como visto, a legítima é composta pela metade dos bens que estão sob a titularidade do *de cujus* ao tempo da abertura da sucessão, ou seja, na data da sua morte. Porém, a quantificação não decorre pura e simplesmente da análise da faceta positiva do patrimônio deixado, pois a verdadeira extensão da metade reservada aos herdeiros necessários somente se faz mostrar depois de abatidos os gastos com o funeral do sucedido e as dívidas por ele contraídas em vida. Depois, soma-se ao conjunto patrimonial então apurado o valor dos bens sujeitos a colação, isto é, aqueles que foram antecipados em doações aos sucessores enquanto ainda vivo o autor da herança. Dessa operação é que emerge o conteúdo da legítima, fração a ser preservada em favor dos herdeiros necessários.

10.2. Cláusulas de restrição sobre a legítima

Como regra geral, a legítima deve ser transmitida aos herdeiros necessários sem qualquer ônus ou restrição, a fim de evitar que interesses diversos e malquerenças sejam capazes de levar o autor da herança a gravar os quinhões ou de outro modo obstar o livre controle e disposição dos itens patrimoniais pelos sucessores. Afora isso, deve-se considerar a hipótese de os beneficiários não terem condições econômicas para prover à conservação dos bens recebidos, sendo compelidos pelas circunstâncias a alienar o conteúdo patrimonial captado por direito hereditário. Se fosse invariavelmente permitido ao autor da herança restringir a mobilidade do acervo em relação aos herdeiros necessários, estes em muitas ocasiões não conseguiriam retirar dos bens todos os proveitos que poderiam proporcionar noutro contexto, com o que ficaria maculada a integridade jurídica do direito sucessório.

Em virtude desse quadro, o *caput* do art. 1.848 do Código Civil estabelece que, salvo se houver justa causa, declarada no testamento, não pode o testador estabelecer cláusula de inalienabilidade, impenhorabilidade, e de incomunicabilidade, sobre os bens da legítima. Com efeito, em determinadas situações apresenta-se como medida interessante a imposição testamentária de limites à livre disposição dos bens pelos sucessores. O legislador, em caráter excepcional, admite que assim se proceda em relação à parte integrante da legítima. Para tanto, o testador terá de declarar no instrumento a justa causa que o motivou a estabelecer cláusula de inalienabilidade, impenhorabilidade e de incomunicabilidade sobre os bens da legítima. Não é suficiente, portanto, a existência da declaração em si mesma, tendente a clausular a legítima. Faz-se absolutamente indispensável, sim, que da cédula testamentária conste a indicação de fato capaz de justificar a aplicação da drástica medida.

Entende-se por justa causa aquela que se revele como imprescindível para a proteção dos direitos do sucessor, conservação dos bens transmitidos, preservação de relevantes interesses do herdeiro e assim por diante. É o caso, por exemplo, de comprovada prodigalidade do herdeiro, sendo justificada a inserção de cláusula de inalienabilidade com vistas a impedir a desintegração do patrimônio. É no caso concretamente analisado que se poderá aquilatar a adequação da vontade do testador ao querer normativo. Mostra-se inviável definir, por meio de uma fórmula previamente concebida, hipóteses que sempre possam fundamentar a incidência das aludidas cláusulas. De outra banda, a subjetividade de que se revestem as circunstâncias passíveis de arguição fazem ver da dificuldade que terá o julgador para considerar ou não presente a justa causa.

Cumpre salientar que é sempre facultada ao testador a livre aposição das cláusulas de inalienabilidade, impenhorabilidade e incomunicabilidade sobre a fração disponível do acervo, eis que o legislador limita o seu emprego apenas quando se estiver a tratar da legítima destinada aos herdeiros necessários. Destarte, no tocante à outra parcela dos bens poderá o testador, a todo tempo e sem óbice de espécie alguma, gravar os quinhões da herança ou os bens do legado, sem que se tenha de submeter ao ditame normativo de limitação.

A cláusula de inalienabilidade, que impede a disposição do bem a qualquer título, impõe a permanência deste sob titularidade do sucessor. A extensão temporal máxima da cláusula não ultrapassará a duração da vida do beneficiário, sendo certo, portanto, que ele transmitirá aquele bem aos seus próprios sucessores sem gravame algum, pois no momento do óbito automaticamente desaparece o obstáculo que afetava a perspectiva de alienação. Admite-se, entretanto, que o testador faça incidir a cláusula apenas por certo tempo, definindo na cédula testamentária a sua duração. Não há parâmetros legais a definir a mobilidade de atuação do interessado em termos temporais, cabendo-lhe livremente determinar qual será a duração da cláusula nas hipóteses em que ela possa incidir.

O sucessor, a quem for destinado o item patrimonial submetido à cláusula, poderá fazer testamento pelo qual fique estabelecido novo gravame para depois da sua morte, igual ou não ao anterior. Assim, se Paulo é destinatário de uma casa submetida ao ditame de inalienabilidade, poderá estipular que ao morrer ficará para o filho José aquele imóvel, clausulado como inalienável. Porém, no exemplo dado será mister o apontamento de justa causa, pois se trata de legado de pai a filho. Se fosse uma deixa formulada em proveito de estranho, a aposição do óbice da inalienabilidade seria livre, competindo ao beneficiário indicado no testamento aceitar ou recusar o bem.

A inalienabilidade, quanto à amplitude, pode ser *absoluta* ou *relativa*. No primeiro quadro, recairá sobre a coisa em qualquer contexto fático e em relação a todos os indivíduos, de modo que o dono não poderá jamais promover a alienação, independentemente de qual seja a sua situação e de quem seja a pessoa interessada em adquirir. Sendo relativo o óbice, admitir-se-á a alienação em certos casos ou a determinadas pessoas. Quem fixa os pressupostos da transmissão é o testador, único sujeito apto a definir como absoluta ou relativa a inalienalidade.

A existência da previsão que torna inalienável o bem também faz dele, automaticamente e sem necessidade de expressa menção, incomunicável. A propósito, a Súmula n. 49, do Supremo Tribunal Federal, preconiza: "A cláusula de inalienabilidade inclui a incomunicabilidade dos bens". Isso porque a eventual comunicação do item patrimonial ao cônjuge do titular implicaria em uma forma indireta de alienação, o que frustraria o objetivo do testador. Por igual motivo, da incomunicabilidade resulta, como consequência necessária, a impenhorabilidade, mesmo que esta não conste expressamente da vontade exarada.

Ao impor a cláusula de incomunicabilidade, o testador evita que o cônjuge do destinatário da coisa se torne dono da metade dela por força do regime de bens. Portanto, independentemente da espécie de regulação patrimonial em vigor durante o matrimônio, o consorte do sucessor nunca terá acesso à propriedade daquele item especificamente considerado. Nem mesmo por testamento elaborado pelo dono do bem clausulado seria possível contornar o obstáculo posto na cédula testamentária primitiva, já que a incomunicabilidade prevalece tanto na dissolução do matrimônio em vida como na ruptura decorrente da morte.

Cabe destacar que o bem incomunicável não se torna, por força daquele outro gravame, inalienável ou impenhorável. O titular da coisa poderá, destarte, aliená-la a título gratuito ou oneroso a quem quiser, mas não lhe será facultado transmiti-la por mecanismo algum ao cônjuge, ainda que por interposta pessoa, sob pena de restar afrontada a cláusula. Vale dizer que, embora se afigure inusitado imaginar uma situação dessa natureza, o testador pode estipular um tempo de duração da incomunicabilidade, o que só impediria o acesso do consorte ao bem ao longo daquele período. Rompido o casamento depois do seu transcurso, a coisa seria passada por metade ao cônjuge, desde que o regime de bens fosse daquele que enseja o surgimento do direito à meação.

A cláusula de impenhorabilidade tem por objetivo resguardar o bem da acorrida de credores que acaso vejam naquele item patrimonial a fonte de satisfação dos seus direitos. Em razão da incidência da referida cláusula, o bem não poderá ser constrito, o que, por conseguinte, faz inútil qualquer oferta deste como garantia do cumprimento de obrigações. Será nula toda previsão que indique como segurança de dívidas a coisa clausulada com impenhorabilidade, em respeito à derradeira vontade do testador que a gravou.

Se a substância da coisa é impenhorável, diferente é a situação dos frutos e dos rendimentos que produzir. Eles são passíveis de constrição e de alienação, pois do contrário o próprio sentido da propriedade ficaria prejudicado. Afinal, de nada adiantaria ser dono de algo que não produz riquezas aptas a entrarem em circulação e a gerarem proveitos em favor do titular. Logo, se uma casa é impenhorável, os aluguéis produzidos podem ser penhorados e utilizados pelo titular do imóvel. Se um animal é impenhorável, as suas crias podem tanto ser vendidas ou doadas, como servir de garantia do pagamento de dívidas. Em hipótese alguma se admitirá que a cláusula testamentária de impenhorabilidade estenda os seus efeitos por sobre os frutos e rendimentos da coisa principal, reputando-se não escrita qualquer previsão nesse sentido.

A regra posta no *caput* do art. 1.848 do Código Civil, que trata da aposição das cláusulas supracitadas, terá aplicabilidade quando aberta a sucessão no prazo de um ano após a entrada em vigor do Código, ainda que o testamento tenha sido feito na vigência do anterior. Se, no prazo, o testador não aditar o testamento para declarar a justa causa de cláusula aposta à legítima, não subsistirá a restrição. É o comando emanado do art. 2.042 do Código Civil, que, à evidência, funciona como regra de transição entre a antiga e a atual codificação.

Portanto, se o testador não aditar a cédula no prazo definido pela lei, a cláusula eventualmente aposta à legítima não prevalecerá. As demais disposições testamentárias, porém, terão plena prestabilidade jurídica e deverão ser cumpridas na medida de seu conteúdo. Na falta de aditamento, o herdeiro a quem for transmitida a legítima recebê-la-á sem qualquer restrição, como se jamais houvesse sido estabelecida qualquer cláusula. Esgotado o primeiro ano de vigência do Código Civil, cessa a possibilidade de se efetivar o mencionado aditamento. Daí que as cláusulas nas quais não se consigna a causa da restrição infligida à legítima serão insubsistentes. Para fazer incidir qualquer gravame, o interessado terá de confeccionar novo testamento e adequá-lo às determinações legais pertinentes.

O legislador prevê ainda a existência de outros mecanismos de intervenção sobre a legítima, embora a ideia de preservação da sua essência seja mantida ao longo de toda a disciplina. Nesse compasso, o art. 2.014 do Código Civil dispõe no sentido de que pode o testador indicar os bens e valores que devem compor os quinhões hereditários, deliberando ele próprio a partilha, que prevalecerá, salvo se o valor dos bens não corresponder às quotas estabelecidas. O permissivo legal viabiliza a distribuição dos itens patrimoniais do acervo, singularmente considerados, aos sucessores indicados na lei, mas exige a observância da igualdade quantitativa das quotas a fim de não afetar a legítima. Na mesma trilha, o art. 2.018 do Código Civil diz ser válida a partilha feita por ascendente, por ato entre vivos ou de última vontade, contanto que não prejudique a legítima dos herdeiros necessários. Embora na prática seja rara a divisão do acervo em vida, por escritura pública, funciona como método destinado a evitar a necessidade da realização de futuro inventário, antecipando em favor dos herdeiros necessários o recebimento de uma herança a que teriam efetivo direito apenas quando da morte do titular do acervo.

10.3. Outras considerações relevantes

Não é permitido ao testador estabelecer a conversão dos bens da legítima em outros de espécie diversa (§ 1º do art. 1.848 do Código Civil). Os herdeiros necessários têm o direito de receber os bens da legítima no estado em que se encontrarem ao tempo da abertura da sucessão. É nula qualquer disposição testamentária que determine a sua transformação em outros, pois isso subverteria a prerrogativa sucessória dos titulares da legítima. Assim, v. g., não pode o testador validamente deixar consignada a sua vontade no sentido de que os bens móveis sejam vendidos após o óbito para a aquisição de imóvel e posterior entrega deste ao herdeiro.

A vedação da conversibilidade dos bens integrantes da legítima tem por escopo evitar que o testador, mesmo de boa-fé, acabe acarretando a dissipação do conteúdo da herança em decorrência da alteração da natureza dos bens, dado o potencial de lesividade embutido em providências dessa natureza. E, de banda diversa, tenciona o legislador impedir que por malevolência ou sentimento similar o testador prejudique a qualidade sucessória das pessoas arroladas na lei como destinatárias do acervo.

No que diz respeito à perspectiva de mudança do quadro fático e jurídico estabelecido pelo emprego das cláusulas de inalienabilidade, incomunicabilidade e impenhorabilidade, o § 2º do art. 1.848 do Código Civil estabelece que, mediante autorização judicial e havendo justa causa, podem ser alienados os bens gravados, convertendo-se o produto em outros bens, que ficarão sub-rogados nos ônus dos primeiros. Nos casos em que existam fundadas razões a embasar a aposição de tais gravames sobre os bens da legítima, a providência vigorará, em princípio, rigorosamente de acordo com os termos estabelecidos pelo testador na disposição de última vontade. Isso não importa, todavia, na absoluta impossibilidade de levantamento dos óbices, pois como exceção o ordenamento jurídico admite a alienação dos bens sobre os quais incidia a vontade constritiva.

Entrementes, para que haja a liberação, é necessária a existência de justa causa, ou seja, de um fundamento que, apresentado ao juiz, demonstre de maneira cabal a relevância de se autorizar a alienação pretendida. É o caso do maquinário agrícola que, estando gravado e em processo de deterioração, melhor aproveitamento produziria em favor do herdeiro se fosse alienado para transformação em pecúnia e aquisição de outros bens. Justifica-se também o permissivo ante a seguinte constatação: muitas vezes, o testador deixa gravados imóveis que, para sua manutenção e conservação, consomem uma receita que nem sempre os herdeiros dispõem. A norma resolveria, também, por exemplo, casos em que o herdeiro necessita de dinheiro para pagar despesas inadiáveis e inevitáveis com doenças graves e prolongadas. Solucionaria, também, hipóteses de herdeiros que, embora com situação econômica razoável — criada a partir do recebimento dos imóveis gravados —, têm a sua situação financeira precária, vivendo em estado de penúria. Sem dúvida, as cláusulas de inalienabilidade, impenhorabilidade e incomunicabilidade, se em muitos casos protegem o patrimônio, noutros geram sérias dificuldades, por vezes extremamente prejudiciais aos beneficiários do testamento.

Autorizada a alienação dos bens gravados, o produto apurado terá como exclusivo destino a aquisição de novos bens, que ficarão sub-rogados nos ônus dos alienados. Cabe destacar que, preferencialmente, suportarão a sub-rogação bens da mesma espécie daquele que saiu do patrimônio do herdeiro. Logo, a venda de um imóvel provocaria a aquisição de outro. Porém, nada impede que as circunstâncias apontem para sentido inverso, levando à sub-rogação dos ônus em bens de natureza diferente daquela ostentada pelos originários.

Efetivada a alienação e incorporados outros bens com o produto derivado do negócio jurídico, os mesmos gravames que incidiam sobre os itens alienados passarão para aqueles que ingressaram no patrimônio em virtude da operação. Nesse compasso, é certo dizer que, suportando o bem original a cláusula de incomunicabilidade, o que o substituir experimentará igual peso, com a mesma formatação. Os ônus transferem-se com idêntica força jurídica e amplitude aos bens postados como substitutos dos originais.

Como referido, a parte disponível é de livre direcionamento pelo autor da herança, sendo-lhe sempre facultado deixá-la para quem quiser, inclusive para algum de seus herdeiros necessários. A estes, por direito, têm de ser assegurada a legítima, mas nada impede sejam aquinhoados, por testamento, com uma fração ou com toda a parte disponível. Optando por beneficiar herdeiros necessários, o testador não fica obrigado a alcançar porções da metade disponível a todos eles. Pode até mesmo agraciar um e nada dispor em favor dos demais, o que não afetará a regularidade da manifestação volitiva.

O herdeiro necessário, a quem o testador deixar a sua parte disponível, ou algum legado, não perderá o direito à legítima (art. 1.849 do Código Civil). Beneficiado com uma fração ou com a totalidade da metade disponível, ele não deixará de ter acesso à legítima, nem a terá reduzida pelo fato de participar da divisão como herdeiro ou legatário instituído no testamento. Sendo ou não nomeado como destinatário da parte disponível, o herdeiro necessário conservará intacto, na íntegra, o direito que lhe cabe sobre a legítima. Figurando como herdeiro ou legatário no testamento, receberá de duas fontes os itens do acervo, incorporando ao seu patrimônio o somatório do quinhão da legítima e a participação na metade disponível.

Capítulo 11

DO DIREITO DE REPRESENTAÇÃO

11.1. Considerações gerais

Via de regra, a pessoa chamada a suceder apresenta-se para a disputa da herança em virtude de direito próprio, ou seja, como decorrência única da condição sucessória que a lei diretamente lhe atribui. Porém, quando o sujeito vocacionado a receber a herança morre antes do *de cujus*, ou incide alguma das outras causas previstas no ordenamento, os sucessores de quem deveria originalmente captar o benefício hereditário são chamados a recebê-lo por inteiro, representando o legitimado primitivo. Destarte, em sentido genérico, a sucessão pode dar-se por direito próprio ou por direito de representação, ou, como mais modernamente se proclama, a vocação hereditária é *direta* ou *indireta* (MONTEIRO, Washington de Barros. Obra citada, v. 6, p. 116).

Diz o art. 1.851 do Código Civil: "Dá-se o direito de representação, quando a lei chama certos parentes do falecido a suceder em todos os direitos, em que ele sucederia, se vivo fosse". Como se percebe, o direito de representação deixa entrever o fenômeno da vocação indireta, que se caracteriza pelo chamamento de outras pessoas para receberem o quinhão que caberia ao sucessor direto. Consiste na convocação dos descendentes do herdeiro premorto, indigno ou ausente, para ficarem em seu lugar como se desde sempre estivessem investidos na qualidade de sucessores. Por isso é que se questiona a pertinência do vocábulo *representação*, já que na realidade um indivíduo não representa o outro, mas apenas atende a um chamamento feito *ex vi legis*. Entrementes, consagrou-se a terminologia tradicional, de modo que, feita a ressalva, não se quererá alterar neste livro o rumo ditado pela história.

As pessoas conclamadas à percepção da herança na condição de representantes não a recebem *por cabeça*, mas sim por estirpe, tomando para si o quinhão do premorto. Logo, é de nenhuma relevância o número de sucessores do premorto para fins de fixação do volume patrimonial que lhes será destinado, pois sempre e invariavelmente receberão aquilo que o representado captaria se estivesse vivo. O art. 1.854 do Código Civil esclarece: "Os representantes só podem herdar, como tais, o que herdaria o representado, se vivo fosse". A estirpe recolhe o quinhão que caberia ao premorto e depois o divide em tantas frações quantos forem os indivíduos que a integram.

O mecanismo de funcionamento do direito de representação atribui a um parente de grau mais remoto a herança que seria deferida ao de grau mais próximo. Vale dizer que a distância de parentesco continua sendo a mesma, porque juridicamente imutável, mas o chamamento determinado em lei coloca os representantes no mesmo lugar do representado com vistas à sucessão do *de cujus*, como se estivessem postados no mesmo grau ocupado por este. A representação, portanto, é um proveito que decorre exclusivamente da vontade da lei, não tendo outra fonte senão ela própria.

O comando normativo assenta-se na presunção de que o autor da herança gostaria que os descendentes do herdeiro premorto recebessem a fração a este originalmente destinada. Cabe destacar, por isso mesmo, que aos convocados, que formam uma estirpe, será atribuída apenas aquela porção hereditária, independentemente do número de representantes chamados a suceder. Exemplo: sendo dois os filhos do autor da herança, e tendo um deles morrido antes do genitor, os filhos do premorto (netos do *de cujus*) exercerão o direito de representação tomando a parte que seria destinada àquele. Logo, metade do acervo fica com o filho sobrevivente e a outra metade é entregue aos representantes do premorto. Estes recebem a fração e a dividem em tantas partes quantos forem os beneficiários, surgindo daí os quinhões finais individualizados.

Essa operação deita raízes no teor do art. 1.855 do Código Civil: "O quinhão do representado partir-se-á por igual entre os representantes". A estirpe participa da herança como se fosse um só indivíduo, embora congregue vários integrantes. Por isso, recebe o que seria entregue ao representado, para somente depois estabelecer-se entre os seus componentes a partilha do quinhão auferido, tomando-se então por base o número de beneficiados e dividindo-se igualmente os bens entre eles. Na partilha do quinhão entre os representantes não existe diferenciação na quantidade de bens que integram as porções a eles individualmente cabíveis. Isso equivale a dizer que todos os membros da estirpe receberão parcelas iguais do quinhão do representado, tomando-se o mesmo como base para fracionamento igualitário em tantas partes quantos forem os representantes.

11.2. Requisitos de implementação

O direito de representação decorre basicamente do preenchimento de três pressupostos: a) que se trate de sucessão legítima, pois o instituto não se verifica na sucessão testamentária; b) que fique patenteada a impossibilidade de o herdeiro original suceder, por pré-morte, ausência, indignidade ou deserdação; c) que entre o representado e os representantes haja relação de descendência, sem solução de continuidade em graus e com aptidão para o recebimento por parte dos beneficiários.

A morte do *de cujus* desencadeia a abertura da sucessão, que pode ocorrer por força de lei, e então será denominada *legítima*, ou por disposição de última vontade, sendo chamada de *testamentária*. Só há direito de representação na primeira hipótese, pois a lei assim o determina. Todavia, é preciso observar que, no caso de ter havido a deserdação de um descendente, também existirá a possibilidade de que o sucessor do deserdado o represente na partilha do acervo deixado pelo falecido. Embora o afastamento do herdeiro necessário, na forma explicitada, somente ocorra mediante confecção de testamento, o direito de representação não terá, em tal contexto, natureza testamentária.

É bem verdade que da cédula resultou a prerrogativa de os sucessores ingressarem na disputa do acervo em representação do deserdado, mas o fenômeno acontece por força da qualidade de descendentes, e não porque se tenha um quadro de sucessão testamentária. Afinal, ao promover a deserdação o objetivo do testador não é o de instituir herdeiros, mas sim o de afastar do panorama sucessório a pessoa apontada. Logo, ainda que a lei não mencione expressamente a viabilidade da representação do deserdado, a sua admissão na hipótese de indignidade acarreta, por simetria, a necessidade de admitir o emprego do instituto em ambas as situações, já que, a rigor, os mesmos fatos que ocasionam a indignidade servem também para fundamentar a deserdação.

Como visto, portanto, o anterior óbito do representado, em relação ao representante, é pressuposto do direito de representação, salvo quando verificada uma das seguintes situações: ausência, indignidade ou deserdação. Se é certo que em princípio não se representa pessoa viva, não menos real é a previsão normativa no sentido de que na indignidade e na deserdação os representantes captam o quinhão do representado como se este houvesse falecido (art. 1.816 do Código Civil). Logo, não se deixa de estar diante de um contexto que remete à ideia de inexistência de sucessor — prioritariamente chamado em razão do grau de parentesco — apto a receber. Já na ausência o raciocínio é diferente, pois dela emerge a noção de morte presumida, fazendo com que as consequências desse evento sejam as mesmas da morte real e viabilizando o chamamento dos sucessores do ausente para que recebam, na qualidade de representantes, a herança que ele auferiria se estivesse presente.

Cumpre destacar que se equipara à pré-morte, para fins de representação, a comoriência. Se dois ou mais indivíduos falecerem na mesma ocasião, não se podendo averiguar se algum dos comorientes precedeu aos outros, presumir-se-ão simultaneamente mortos (art. 8º do Código Civil). Sendo comorientes, por exemplo, pai e filho, não haverá transmissão de direitos sucessórios entre eles, pois um dos requisitos para que isso ocorra é a sobrevivência de um ao outro. Como ambos presumidamente morreram a um só tempo, nenhum terá recebido herança do outro, e, portanto, também não a transmitiram aos próprios sucessores. Todavia, é preciso atentar para o fato de que o recebimento do acervo do avô pelos netos não se dará porque antes disso o seu pai o havia captado daquele, mas sim em virtude da representação do genitor. Logo, tanto o representariam em caso de pré-morte como no de comoriência, haja vista inexistir o requisito da anterior transmissão ao pai como elemento de transferência aos netos do *de cujus*.

Outro pressuposto do direito de representação é a existência de liame parental de descendência entre os envolvidos. Mesmo na linha colateral esse fenômeno é perceptível, eis que o representante será o filho do irmão do *de cujus*. Na linha reta isso se visualiza ainda com maior intensidade, haja vista o fato de que a lei não limita em grau a possibilidade de representar. Observe-se, todavia, que não poderá jamais haver ruptura do encadeamento dos graus de parentesco entre o representante e o representado. Eles terão sempre de estar ligados de um grau a outro imediato, sem omissão de qualquer geração, como no caso de o filho ser chamado a exercer o direito de representação do pai na herança do avô. Nunca acontecerá, por exemplo, de o bisneto representar o próprio avô premorto na herança do bisavô, passando por cima do direito de representação que compete ao neto.

Entre o *de cujus* e o destinatário final dos bens por direito de representação nem sempre é exigível a descendência, eis que admitida pelo ordenamento, embora muito limitadamente, a sucessão na linha colateral. Como já asseverado, a descendência deve existir apenas entre o representante e o representado, em qualquer das situações geradoras do direito. Afora isso, em todos os casos de representação será mister que o indivíduo chamado a participar da sucessão como representante tenha, no instante do óbito, legitimação para herdar do *de cujus*, pois não lhe será deferida a herança se incidir qualquer das causas que afetam a qualidade sucessória. Como o representante disputa a herança do falecido, e não da pessoa a quem representa, não ocorrerá interferência alguma no desencadeamento do fenômeno a circunstância de estar impedido de figurar como sucessor do representado. Assim, o filho que não puder receber a herança do pai, porque excluído da sucessão, terá legitimação para representar o próprio genitor na sucessão do avô, haja vista o caráter personalíssimo da representação. Destarte, a possibilidade de herdar deve ser apreciada no tocante ao sujeito sucedido, em nada interferindo nesse contexto a realidade instalada entre o representante e o representado. Portanto, somente a deserdação ou a indignidade do representante para receber a herança do sucedido é que obstará o seu ingresso na partilha do acervo, como na hipótese de o neto ter atentado contra a vida do avô.

11.3. Hipóteses de cabimento

O instituto da representação tem lugar exclusivamente na sucessão legítima, descabendo qualquer alusão à sua aplicabilidade na modalidade testamentária de partilha. Consoante asseverado, o seu emprego se restringe aos casos de pré-morte, ausência, indignidade e deserdação, eis que em tais circunstâncias o herdeiro original não poderá receber o benefício previsto em lei, de maneira que os seus sucessores restarão contemplados com o correspondente quinhão.

Na sucessão testamentária existe um instituto que produz consequências semelhantes às do direito de representação. Com efeito, a chamada *substituição vulgar* (art. 1.947 do Código Civil) permite que o testador indique o herdeiro ou legatário que captará o proveito sucessório, definindo ainda, na cédula testamentária, que, na hipótese de o contemplado não querer ou não poder auferir o proveito, ele será destinado a outra pessoa, livremente nominada pelo testador, parente seu ou não. Logo, se assim quiser o titular do acervo, a eventual pré-morte do beneficiário primitivo provocará o deslocamento da herança ou do legado para o sucessor deste, como aconteceria se fosse o caso de representação na sucessão legítima.

O direito de representação dá-se na linha reta descendente, mas nunca na ascendente (art. 1.852 do Código Civil). Em vista disso, a premoriência de um dos pais do *de cujus* não propicia o chamamento dos avós, eis que o acervo será todo entregue ao genitor ainda vivo. No caso de ambos os pais serem premortos, a herança distribuir-se-á entre os avós por direito próprio, e não em representação.

Na linha reta descendente inexiste limite em grau para fins de representação, de modo que o chamamento sequencial de representantes não encontra obstáculos relacionados à proximidade do parentesco entre o *de cujus* e o sucessor. Destarte, se um dos filhos do autor da herança (primeiro grau) não puder suceder, serão chamados os filhos do sucessor impossibilitado (netos do morto, descendentes em segundo grau); se algum deles também não puder receber, serão convocados para representação os bisnetos (terceiro grau), e assim por diante. Totalmente diversa é a situação em se tratando de representação na linha colateral ou transversal.

Na linha transversal, somente se dá o direito de representação em favor dos filhos de irmãos do falecido, quando com irmãos deste concorrerem (art. 1.853 do Código Civil). Nesse contexto, o legislador impôs severo limite quanto à viabilidade do instituto. Ele terá lugar apenas em favor dos sobrinhos do falecido, quando disputarem o acervo com os tios em razão do óbito do próprio genitor. Suponha-se, por exemplo, que o *de cujus* não tivesse descendentes, ascendentes ou cônjuge aptos a suceder. Chamados os irmãos, e sendo um deles premorto, os filhos deste (sobrinhos do autor da herança) serão chamados a receber por estirpe aquilo que caberia originalmente ao impossibilitado de suceder. Cuida-se, aqui, de representação na linha transversal, exceção à regra de que um dos pressupostos do direito de representar é o vínculo de descendência entre o *de cujus* e o representante.

No direito brasileiro, o direito de representação existe na classe dos descendentes, sem limite de grau e por estirpe, e na classe dos colaterais, limitado ao segundo grau, com recebimento também por estirpe. No que concerne a esta última hipótese, cumpre salientar que somente tem lugar quando ao menos um dos irmãos do falecido estiver em condições de receber a herança, concorrendo então com os sucessores do irmão impossibilitado do *de cujus*. Se nenhum dos irmãos puder receber a herança, os sobrinhos serão chamados para receber por cabeça, circunstância que afasta, portanto, a representação. Logo, se Marcelo falece deixando os irmãos premortos Francisco e Maria, tendo esta dois filhos e aquele três, a herança de Marcelo será dividida em cinco partes e entregue a cada um dos sobrinhos, por direito próprio e por cabeça. Se os dois filhos de Maria fossem também premortos, o acervo caberia integralmente à prole de Francisco, com divisão em três porções iguais, já que inexiste representação em favor de filhos de sobrinhos.

O renunciante à herança de uma pessoa poderá representá-la na sucessão de outra (art. 1.856 do Código Civil). Inicialmente, é preciso acrescentar que ninguém representa herdeiro renunciante, eis que, tendo este abdicado de sua qualidade sucessória, nenhum direito recebeu e nada transmitirá. Assim, os filhos de quem renuncia não herdarão por estirpe, somente participando da divisão do acervo na hipótese de o renunciante ser o único legítimo da sua classe, ou se todos os outros da mesma classe renunciarem ou forem premortos. Esta situação excepcional habilita-os ao recebimento da herança por direito próprio e por cabeça.

Não obstante o conteúdo da explanação, os efeitos da renúncia somente se projetam sobre a herança a que se refere, não se estendendo sobre outros acervos aos quais tenha acesso o renunciante como herdeiro ou legatário. O fato de o herdeiro ter renunciado ao direito sucessório decorrente do óbito do pai, por exemplo, não impede que tome o quinhão que acaso lhe caiba como representante do genitor premorto na sucessão do avô. A renúncia alcança apenas o quadro jurídico estabelecido na data em que ela ocorre, não se projetando para situações futuras.

Quando os netos, representando os seus pais, sucederem aos avós, serão obrigados a trazer à colação, ainda que não o hajam herdado, o que os pais teriam de conferir (art. 2.009 do Código Civil). A colação é um mecanismo pelo qual se igualam os quinhões hereditários, preservando a legítima. O donatário recebe antecipadamente uma parte ou a totalidade daquilo que captaria por morte do antecessor. Caso a operação aritmética revele que o montante auferido supera o quinhão devido ao herdeiro, ocorrerá a restituição do excesso ao monte-mor, para redistribuição entre os sucessores legítimos. Porém, no caso dos netos, isso somente se dá quando chamados a captar a herança em virtude de representação, pois, se a receberem por direito próprio (*v. g.*, quando todos os filhos do *de cujus* forem premortos ou renunciarem), tal fenômeno não terá lugar.

Capítulo 12

DA SUCESSÃO TESTAMENTÁRIA

12.1. Observações iniciais

Conforme referido alhures, o direito brasileiro prevê duas modalidades sucessórias: a legítima, que tem como exclusiva fonte a lei e atribui aos herdeiros nela definidos a herança do *de cujus*, e a testamentária, que confere aos herdeiros e legatários indicados pelo testador os benefícios previstos na cédula que contém a derradeira vontade do titular do acervo. Admite-se a coexistência de ambas as formas, desde que se verifique uma das seguintes situações: a) o testador tenha herdeiros necessários, a quem a lei reserva a metade do monte-mor em caráter compulsório, de modo que o testador não poderá afrontar a legítima dispondo de quantidade maior do que aquela facultada pelo ordenamento jurídico; b) o testador não disponha, ao lavrar a cédula, de todo o volume patrimonial que poderia destinar aos herdeiros e legatários, fazendo com que a porção não alcançada pelo testamento, existam ou não herdeiros necessários, submeta-se às regras da sucessão legítima.

Se o autor da herança morrer sem deixar testamento, a totalidade do acervo será distribuída de acordo com a disciplina normativa atinente à sucessão legítima. Ao contrário do que ocorre noutras partes do mundo, e, em especial, na Europa, o Brasil ainda não desenvolveu a cultura do testamento, sendo até mesmo raro que alguém preveja em cédula testamentária a destinação do patrimônio para depois da sua morte. Daí se presumir, em caráter absoluto, ter sido vontade do falecido atribuir os bens exatamente às pessoas indicadas na lei, e na sequência dela constante. Cabe destacar que a ordem da vocação hereditária prestigia, com prevalência, os familiares que em geral estão mais próximos do dono do acervo: descendentes, ascendentes, cônjuge, etc. Por isso, a circunstância de não ter sido confeccionado testamento acaba por direcionar o monte-mor a tais sucessores, em desfecho que muitas vezes, na prática, coincide com o efetivo querer do falecido. A este, contudo, é dado modificar tal realidade jurídica por meio da elaboração formal de declarações de última vontade.

Por meio de testamento, o interessado pode instituir herdeiros ou legatários, conforme, respectivamente, destine aos beneficiários uma fração do acervo ou bens singularizados. Na primeira hipótese, o sucessor recebe a título universal, eis que não lhe é direcionada uma coisa especificamente considerada, mas sim um universo patrimonial cuja composição material será definida no momento da partilha. No segundo caso, a pessoa sucede a título singular, pois lhe será direcionado um bem previamente definido na cédula. Essa, em suma, é a principal diferença entre o herdeiro e o legatário. De toda sorte, é a vontade do testador que funciona como exclusivo elemento desencadeante do fenômeno da sucessão testamentária, da qual resulta a modificação do rumo traçado pelo ordenamento em torno da sucessão legítima.

Toda pessoa capaz pode dispor, por testamento, da totalidade dos seus bens, ou de parte deles, para depois de sua morte (art. 1.857 do Código Civil). Releva acrescer, por fundamental, que a disposição colocada em testamento somente poderá abranger todo o acervo patrimonial na hipótese de inexistirem herdeiros necessários. Caso existam, o testador só estará legitimado a fazer previsões de última vontade em torno da chamada *parte disponível*, composta por metade dos itens que integram o acervo, pois a outra metade será inexoravelmente destinada aos sucessores compulsórios. Em qualquer circunstância, a legítima dos herdeiros necessários não poderá ser incluída no testamento (§ 1º). A inclusão parcial ou total da legítima no testamento invalida-o nesse aspecto, mas conserva intactas as demais disposições que não afetarem o direito dos herdeiros necessários. Isso porque deve ser preservada ao máximo a derradeira vontade do testador, mantendo-se na plenitude dos efeitos tudo o que puder ser juridicamente aproveitado.

São válidas as disposições testamentárias de caráter não patrimonial, ainda que o testador somente a elas se tenha limitado (§ 2º). É equivocado imaginar que o testador só poderá manifestar-se acerca de itens que tenham conotação econômica imediata, já que a lei admite a exteriorização de pronunciamentos de índole eminentemente pessoal, ou despidos de qualquer teor financeiro, desde que exequíveis e condizentes com as normas em vigor. Isso pode ocorrer mesmo que a cédula tenha sido confeccionada exclusivamente com essa finalidade. É o que ocorre, por exemplo, nos seguintes casos: reconhecimento de filhos havidos fora do casamento (art. 1.609, III); nomeação de tutor para o filho (art. 1.729, parágrafo único); reabilitação de sucessor indigno (art. 1.818), instruções em torno do funeral e do sepultamento etc. Na prática não se tem visto acontecer com frequência tal agir, pois no mais das vezes as previsões feitas na cédula dizem respeito diretamente a temas de natureza econômica.

12.2. Conceito e características do testamento

Uma das mais lúcidas manifestações em torno da definição de testamento foi formulada por Washington de Barros Monteiro: "Testamento é o negócio jurídico unilateral e gratuito, de natureza solene, essencialmente revogável, pelo qual alguém dispõe dos bens para depois de sua morte, ou determina a própria vontade sobre a situação dos filhos e outros atos de última vontade, que não poderão, porém, influir na legítima dos herdeiros necessários". Disso resultam as características do testamento, que é ato: a) unilateral; b) personalíssimo; c) solene; d) gratuito; e) revogável; f) *causa mortis*.

Diz-se que o testamento é *negócio jurídico unilateral* porque a sua existência e validade dependem unicamente da manifestação volitiva do testador. Não é exigida a aquiescência do beneficiário para que a cédula se aperfeiçoe no plano jurídico, eis que se trata de declaração não receptícia de vontade. Aliás, eventual intervenção, direta ou indireta, da pessoa a quem o testamento aproveita, acarretará a nulidade do ato, pois a lavratura do documento deve ser isenta de influências externas. Somente depois da morte do testador é que serão chamados a se manifestar os herdeiros e os legatários instituídos, a fim de que digam se recebem ou repudiam o proveito definido pela pessoa falecida (art. 1.804 e seguintes do Código Civil).

Ainda na esteira do mesmo raciocínio, destaca-se o caráter *personalíssimo* do testamento (art. 1.858 do Código Civil). Ninguém mais, exceto o testador, tem legitimidade para deliberar sobre o seu conteúdo, eis que se trata de prática eminentemente privativa do interessado. Logo, não pode ser realizada por mandatário, preposto ou interposta pessoa, sob pena de nulidade. Isso não se confunde com o tema relativo à elaboração física do instrumento, que, em determinadas modalidades, fica a cargo do tabelião e não implica em afetação da validade da cédula. Noutras palavras, a circunstância de ser confiada a elaboração do documento ao tabelião não retira dele a plenitude da viabilidade jurídica, desde que, logicamente, não tenha havido ingerência externa na formação da vontade do testador, pois, se ela ocorrer — inclusive provinda do tabelião —, haverá inexorável nulidade de toda a cédula.

Por iguais razões, a elaboração de minuta por advogado ou pessoa da confiança do testador não importa, por si só, na insubsistência da última vontade exarada. Ao interessado se faculta valer-se do auxílio de outrem na instrumentalização do seu querer, contanto que este provenha exclusivamente do ânimo do testador e corresponda com rigor às suas orientações. O que se coíbe é a atitude de influenciar, coagir, sugerir ou de qualquer modo formar ou alterar o convencimento do titular do acervo quanto às disposições testamentárias, haja vista ser personalíssima a construção do teor da derradeira manifestação volitiva do agente.

O testamento é *ato solene*, pois a sua validade fica umbilical e necessariamente atrelada à estrita observância de todas as formalidades apontadas na lei. Mesmo que haja correntes preconizando certa flexibilização na análise e compreensão do rigor formal imposto à elaboração do testamento, a prática mostra ser imprescindível atentar para a integralidade das exigências normativas referentes ao instituto. Isso porque tal aparato de disciplina configura essencial mecanismo de segurança, destinado a garantir o cumprimento da exata vontade do testador, que, por isso mesmo, precisa ser resguardada desde o instante em que se constitui no plano mental do interessado e passa ao mundo exterior por intermédio da cédula testamentária. Só a permanente vigilância, acompanhada do pleno atendimento das prescrições legais, consegue evitar a distorção da vontade do testador, seja preservando a livre emissão de vontade como evitando que a supressão de requisitos formais funcione como elemento gerador de insegurança quanto à efetiva amplitude e autenticidade do querer do autor da herança. Daí que será irremediavelmente nulo o testamento quando preterida qualquer das formalidades exigidas pelo ordenamento jurídico.

Cumpre observar que o testamento é ato *gratuito*, traduzindo-se em liberalidade da pessoa que deixa a herança para os beneficiários indicados na cédula. O testador não obtém proveito algum ao externar a sua derradeira vontade, à semelhança do que ocorre na doação. Ambos são atos de efetivo desprendimento, tendo como principal diferença a circunstância de um ser *causa mortis*, e o outro, *inter vivos*.

A eventual aposição de encargo não desfigura a natureza gratuita do testamento, pois o que se tem em vista é a índole da iniciativa tomada, e não a concreta vantagem patrimonial agregada ao acervo do beneficiário. Portanto, mesmo nos casos em que o encargo seja economicamente tão ou mais expressivo do que o proveito carreado, isso não transmudará em onerosa uma prática que na sua gênese sempre se considerará gratuita. Predominará invariavelmente, em qualquer hipótese, a liberalidade sobre o ônus acaso infligido ao destinatário da previsão inserida na cédula.

O testamento é *revogável*, admitindo-se que seja modificado a qualquer tempo (segunda parte do art. 1.858 do Código Civil), pois a vontade do testador, submetida às variantes do meio social e às contingências das relações pessoais, talvez venha a experimentar mutações. A revogação dá-se pelo mesmo modo e forma como pode ser feito (art. 1.969 da codificação). Por isso, reputa-se não escrita a cláusula que, embora inserida no próprio corpo da cédula, tenha por desiderato vedar a alteração das previsões nela postas.

Não se pode fazer do testamento algo imutável e rígido, pois isso contraria a própria essência do ser humano, naturalmente influenciável pelas circunstâncias que o cercam. Uma pessoa que hoje seja alvo de incondicional afeição talvez no futuro venha a receber menor consideração por parte do testador, ainda que tal impressão se situe exclusivamente no âmbito subjetivo deste. Assim, a modificação ou supressão de disposições testamentárias que anteriormente beneficiavam alguém é de ser amplamente admitida, pois do contrário haveria submissão do testador à primeira manifestação formulada, o que vai de encontro à natureza dessa modalidade sucessória.

O testamento pode ser revogado expressa ou tacitamente. No primeiro caso, sobrevém disposição testamentária que faz direta referência ao fato de a anterior previsão perder a validade. No segundo, nova manifestação em testamento contraria a anterior, fazendo-a ruir por incompatibilidade com a vontade primitiva. Impende salientar que em termos de testamento as disposições mais recentes sobrepõem-se às mais antigas, no que forem conflitantes com estas.

Como decorrência da revogabilidade, o testador pode construir tantas disposições de última vontade quantas desejar, sem que tenha de fazer qualquer espécie de menção às causas ou razões pelas quais assim se comporta. É tão ampla a liberdade de testar que dela o interessado não poderá renunciar em hipótese alguma. Isso porque se trata de um princípio de ordem pública, cuja relevância ultrapassa os limites do próprio interessado e alcança a coletividade como um todo. É também irrenunciável a faculdade de modificar o testamento, tendo-se por inexistente eventual cláusula que contenha previsão em sentido oposto. Vale destacar, todavia, que a regra da revogabilidade comporta a exceção apontada no inciso III do art. 1.609 do Código Civil, segundo a qual o reconhecimento dos filhos havidos fora do matrimônio é irrevogável quando feito em testamento, ainda que incidentalmente manifestado.

Por fim, o testamento é ato *causa mortis*, porque, enquanto o testador não morrer, as previsões por ele feitas na cédula permanecerão em compasso de espera. Os concretos efeitos das disposições de última vontade jamais se farão sentir antes do óbito do autor da herança, mesmo que a validade do ato esteja patenteada desde o instante em que perfectibilizada a regular lavratura do instrumento.

12.3. Capacidade de testar

A pessoa que pode regularmente dispor por meio de ato de última vontade exercita a chamada *capacidade testamentária ativa*, ao passo que o beneficiário da herança ou do legado deve possuir *capacidade testamentária passiva*. Impende frisar que essa faculdade, na sua espécie ativa, diz respeito apenas às pessoas naturais, pois às jurídicas é vedado testar em qualquer circunstância. Tem capacidade ativa toda pessoa natural que estiver no pleno uso e gozo de suas faculdades jurídicas e mentais, no instante em que o testamento for lavrado. Isso envolve a plenitude do elemento cognitivo, ou seja, a pessoa deve compreender aquilo que está praticando e se portar de acordo com esse entendimento. Importa destacar que a capacidade, em sentido genérico, é pressuposto de validade de qualquer negócio ou ato jurídico, consoante explicitado no art. 104 do Código Civil.

Considerando o fato de que no direito brasileiro a capacidade é a regra e a incapacidade somente surge como exceção, o *caput* do art. 1.860 do Código Civil estabelece as hipóteses em que a pessoa ficará impedida de dispor por meio de testamento: "Além dos incapazes, não podem testar os que, no ato de fazê-lo, não tiverem pleno discernimento". A fixação da incapacidade para testar é regulada com suporte nos ditames gerais pertinentes à capacidade civil das pessoas naturais, embora com eles não mantenha total coesão. Nesse compasso, os absolutamente incapazes não podem testar. São eles: a) os menores de dezesseis anos; b) os que, por enfermidade ou retardamento mental, não tiverem o necessário discernimento para a prática desses atos; c) os que, ainda por causa transitória, não puderem exprimir sua vontade. A previsão é taxativa e deve ser interpretada em sentido estrito, não se estendendo a outros casos por analogia, equiparação ou qualquer outro mecanismo destinado a ampliá-la.

Fazendo referência genérica aos incapazes, a lei abarca tanto os que se situam nessa condição em virtude da idade como os que nela se enquadram por força de causa diversa expressamente prevista. Cabe observar, porém, que a amplitude da incapacidade por força da idade do agente não é a mesma posta em caráter geral no Código Civil, existindo norma diferenciada a regrar a matéria. Com efeito, o parágrafo único do art. 1.860 da codificação estabelece: "Podem testar os maiores de dezesseis anos". Em vista disso, os relativamente incapazes para os atos da vida civil, assim classificados por força da faixa etária em que se colocam, possuem, não obstante, plena capacidade para testar, figurando como impedidos apenas os que ainda não houverem completado dezesseis anos. Estes, absolutamente incapazes por total falta de discernimento e de vontade jurídica apreciável, jamais poderão dispor da herança por ato de última vontade, afastando-se, por igual fundamento, a perspectiva de que se façam representar no ato pelos pais ou terceiros.

Ainda que venha a falecer depois de atingida a idade em que poderia livremente testar, o sujeito que elaborou a cédula quando se encontrava na faixa etária impedida de fazer a disposição terá deixado um instrumento completamente inválido.

A incapacidade relativa das pessoas situadas na faixa etária que vai dos dezesseis anos completos aos dezoito incompletos faz com que tenham de ser assistidos nos atos civis gerais. Cuidando-se, porém, de testamento, a conduta de dispor do próprio acervo em cédula testamentária poderá ser livremente praticada. Diga-se, por relevante, que a natureza personalíssima da disposição de última vontade faz vedada qualquer espécie de interferência volitiva externa quando da elaboração do testamento, o que obsta por inteiro toda sorte de acompanhamento pelos pais ou representantes legais do testador. Se isso ocorrer, haverá nulidade absoluta e de pleno direito, pois se exige que o menor teste sozinho, externando com total liberdade o seu querer derradeiro.

Aos críticos da previsão normativa, defensores do argumento de inexistir maturidade suficiente para que o menor com dezesseis anos pratique o ato de testar, a mais candente resposta, em si mesma inarredável, é de que a eficácia do testamento só se fará concreta a partir do óbito do testador. Logo, o indivíduo não estará praticando um ato de consequências imediatas e definitivas, mas apenas encaminhando a futura destinação da herança por meio de uma vontade absolutamente revogável, e, assim, suscetível de alteração ou supressão a todo tempo, inclusive pelo próprio menor, quantas vezes quiser, e sem assistência alguma de terceiros. Daí ser plenamente justificável a capacidade ativa especial que lhe foi atribuída pelo ordenamento jurídico brasileiro.

Superada a questão atinente à incapacidade testamentária decorrente da idade, releva destacar a circunstância de que os indivíduos enquadrados nos arts. 3º e 4º do Código Civil não poderão efetuar disposições de última vontade. Entre os impedidos de testar, genericamente referidos no art. 1.860 do Código Civil, estão os que, por enfermidade ou deficiência mental, não tiverem o necessário discernimento para a prática do ato (art. 3º, II, da codificação). Trata-se dos alienados mentais de qualquer espécie, que encontram classificação científica em anomalias congênitas ou adquiridas, cuja repercussão na esfera mental tolha o elemento cognitivo, como ocorre nos casos de imbecilidade, idiotia, esquizofrenia, doenças em estágio avançado de Alzheimer e de Parkinson, paranoias, etc.

Embora não se confundam os problemas permanentes de afetação do juízo com aqueles que apenas transitoriamente ceifam a expressão volitiva, também os indivíduos circunstancialmente inaptos ficarão impedidos de testar enquanto perdurar o quadro aventado pela lei. Nesse contexto se inserem os absolutamente incapazes referidos no inciso III do art. 3º do Código Civil, ou seja, os que, mesmo por causa transitória, não puderem exprimir sua vontade, *v. g.*, as vítimas de isquemia cerebral, os acidentados que ficam em estado semicomatoso, e assim por diante. É importante atentar para o fato de que o teor da supracitada norma difere da regra posta nos incisos II e III do art. 4º do Código Civil. Tais preceitos consideram relativamente incapazes os ébrios habituais, os viciados em tóxicos, e os que, por deficiência mental, tenham o discernimento reduzido, abrangendo, também, os excepcionais sem desenvolvimento mental completo. Nenhum desses indivíduos possui capacidade testamentária ativa, embora sendo apenas relativamente incapazes para os demais atos da vida civil, que podem praticar se devidamente assistidos. Dada a já mencionada índole pessoal da lavratura do testamento, que não pode ser redigido com assistência, as pessoas dotadas de capacidade civil parcial são, ao fim e ao cabo, totalmente incapazes de testar.

O testamento feito por relativamente incapaz é nulo de pleno direito, tendo o mesmo destino daquele idealizado pelo absolutamente incapaz. Outra vez se percebe a diferença do tratamento especial diferenciado pelo legislador à matéria, pois como regra geral os atos dos sujeitos que possuem capacidade relativa são anuláveis e não nulos. Todavia, considerada a impossibilidade de aproveitamento da última vontade manifestada por quem apresentava um quadro anormal de redução do elemento cognitivo, padecerá de nulidade a cédula feita quando presente essa irregularidade.

Aspecto a merecer consideração diz respeito à situação dos ébrios habituais e dos viciados em tóxicos. O testamento que qualquer deles houver elaborado somente não subsistirá quando cabalmente demonstrado que no momento da lavratura a capacidade cognitiva da pessoa estava afetada, com redução do nível de compreensão daquilo que estava sendo realizado. Afinal, é perfeitamente possível que o consumidor de álcool ou de substâncias entorpecentes não esteja ainda de tal modo comprometido em sua estrutura mental a ponto de ficar privado da plena ciência dos atos que pratica. Só nos casos em que restar demonstrado de forma inequívoca o comprometimento da atividade cognitiva é que será tida por nula a derradeira manifestação de vontade. Do contrário, presumir-se-á a capacidade, que é a tônica. Os fatos terão de ser apurados em cada quadro concreto, de acordo com as provas carreadas aos autos da lide que debate a validade do testamento.

Convém destacar que a prévia existência de interdição não é requisito de verificação da incapacidade do agente. Se ela já foi formalizada, presume-se *juris et de jure* a incapacidade, vedada a feitura de prova em sentido oposto àquela verdade jurídica estabelecida. Porém, mesmo nos casos em que o testador não foi interditado, existe a possibilidade de provar a insubsistência da cédula por incapacidade absoluta ou relativa. Afinal, a sentença de interdição não constitui a incapacidade, limitando-se a declará-la, do que resulta conclusão no sentido de que no plano dos fatos a pessoa pode estar despida da necessária capacidade sem ainda ter sido patenteada em juízo tal circunstância. Logo, caberá ao interessado provar que no instante da lavratura da cédula o testador apresentava um quadro de incapacidade, disso emergindo a nulidade do testamento.

Vale salientar que o direito brasileiro não reconhece a chamada *janela de lucidez*, traduzida em intervalos de atividade psíquica aparentemente normal por parte do sujeito acometido de problemas cognitivos que o fazem total ou parcialmente incapaz em termos jurídicos. Logo, tanto a pessoa já interditada como aquela cujo comportamento é de alguém incapacitado não serão admitidas a testar apenas porque em dado instante se revelaram aptas a manifestar uma vontade que parece perfeita. Tendo como uma de suas características a permanência, a incapacidade não deixa de prevalecer só porque em determinado interregno sobreveio a constatação de se ter revelado com menor severidade. Essa posição encontra em Orlando Gomes um dos seus mais ilustres defensores: "Pode o indivíduo sofrer de enfermidade mental ainda não verificada judicialmente. Não se exigindo a interdição como causa determinante da incapacidade, também é incapaz para testar quem padeça dessas doenças. Comprovada a enfermidade, deve ser declarada a incapacidade, não se admitindo a alegação de que o testamento foi feito num intervalo lúcido" (obra citada, p. 95).

A situação do pródigo, considerado relativamente incapaz pelo inciso IV do art. 4º do Código Civil, é peculiar. Como ele está impedido de praticar atos de conteúdo econômico imediato, isso pode dar a impressão de que possui legitimação para fazer testamento. Entretanto, mesmo que ao assim proceder não esteja dispondo de nenhum item patrimonial naquele momento, é mister observar que o seu plano de disposição futura já está maculado pela incapacidade, haja vista o contexto em que se insere. Encaminhando para depois da própria morte a destinação do acervo, age sob os efeitos da anomalia mental que o atinge, e que gera a consequente dilapidação econômica, por si mesma lesiva ao pródigo. A este, portanto, não é facultado fazer disposição de última vontade, exceto quando ultrapassado o estado fático e jurídico de incapacidade.

O surdo-mudo que não souber expressar a sua vontade será alvo de incapacidade testamentária ativa. Porém, aprendendo a se comunicar e a externar de maneira inteligível o seu elemento anímico, poderá testar livremente, observada a forma pública (art. 1.864 e seguintes do Código Civil). O indivíduo inteiramente surdo também poderá elaborar testamento, contanto que saiba comunicar-se adequadamente e com base nisso consiga externar a sua derradeira pretensão. A pessoa analfabeta somente poderá testar por meio da confecção de cédula pública, dotada de maior nível de segurança porque não prescinde da intervenção do servidor oficial competente.

Não são fatores de geração, isoladamente, de incapacidade testamentária ativa: a idade avançada do agente, a constatação de que padece de doença grave, a feitura da cédula em data muito próxima daquela em que houve o óbito do titular do acervo, o suicídio do testador logo depois de externar a última vontade. Todavia, se qualquer dos eventos citados se fizer acompanhar da constatação de ter sido afetada a integridade mental do testador, o seu produto volitivo não subsistirá, porque produzido quando já instalado um estado fático de incapacidade.

A incapacidade superveniente do testador não invalida o testamento, nem o testamento do incapaz se valida com a superveniência da capacidade (art. 1.861 do Código Civil). Já se disse que a capacidade do testador é aferida no instante em que ele pratica o ato de última vontade. Testamento que nasce viciado sob o prisma da capacidade do agente não convalida em instante posterior. A circunstância de o testador ser incapaz de testar, ou não ter discernimento quando da prática do ato, torna-o nulo para todos os fins. De nada adianta sobrevir capacidade ao agente, pois terá de fazer outro testamento e novamente dispor acerca do patrimônio se quiser imprimir à sua vontade pleno conteúdo jurídico. Nesse caso haverá testamento autônomo e independente do anterior, não se podendo falar em mera convalidação do ato nulo. Por igual motivação, o testamento que surge válido não será ao depois afetado pela superveniência da incapacidade do testador, já que o critério de aferição da perfeição do instrumento é a capacidade do agente no exato instante em que elabora a disposição de última vontade.

12.4. Impugnação do testamento

Os herdeiros e legatários instituídos por testamento não podem permanecer indefinidamente à mercê do possível surgimento futuro de impugnações quanto à validade do testamento. Em razão disso, o art. 1.859 do Código Civil fixa diretrizes para quem pretender questionar a validade da disposição de última vontade: "Extingue-se em cinco anos o direito de impugnar a validade do testamento, contado o prazo da data do seu registro". Transcorrido *in albis* o aludido lapso temporal, ou não sendo acolhidas as impugnações acaso formuladas tempestivamente, o testamento não mais poderá ser invalidado sob tal prisma de análise. Destarte, os vícios de vontade (coação, erro, dolo, etc.) e as demais modalidades de defeitos que em tese viabilizariam a derrocada da manifestação testamentária devem ser deduzidos no prazo marcado pela lei.

O lapso temporal definido na lei começa a transcorrer a partir da data em que restar efetivado o registro do testamento, por ordem do juiz competente a quem for apresentado. Em hipótese alguma se debaterá a viabilidade jurídica da cédula enquanto viver o testador, em face da proibição legislativa de se discutir questões atinentes à herança de pessoa viva (art. 426 do Código Civil). A previsão de registro das declarações de última vontade é feita pelo art. 1.126, e pelos subsequentes, do Código de Processo Civil. Está claro, portanto, que, uma vez aberta a sucessão, cabe ao interessado levar o testamento a juízo para fins de abertura, registro e cumprimento. No segundo estágio dessa sequência, ou seja, o do registro, é que principia a fluência do prazo decadencial. Note-se que o registro se dá após o juiz constatar a ausência de vícios externos no testamento, que o tornem suspeito de nulidade ou falsidade, *v. g.,* falta da assinatura das testemunhas instrumentárias exigidas por lei, rasuras, destruição parcial etc. Defeitos intrínsecos do testamento (por exemplo, vícios de consentimento) não impedem a aprovação e o registro, pois somente em ação própria e de ampla cognição promovida pelos interessados é que poderão ser discutidos.

Aspecto fundamental a ser abordado diz respeito ao efetivo alcance do art. 1.859 do Código Civil, pois ele somente se aplica às hipóteses de anulabilidade. Os casos de nulidade absoluta (*v. g.,* incapacidade do agente) não se sujeitam à regra, eis que imprescritível a possibilidade de sua arguição judicial. Por mais que passe o tempo, e por maior que seja a inércia dos eventuais interessados em combatê-la, jamais se contornará a falha apresentada pela cédula nula. Reforça essa ideia o teor do art. 169 do Código Civil: "O negócio jurídico nulo não é suscetível de confirmação, nem convalesce pelo decurso do tempo". Somente em se tratando de defeitos relativos será factível a invocação de mácula apta a ensejar decreto de insubsistência do testamento. Daí que exclusivamente quanto aos vícios sanáveis se poderá extrair do silêncio dos sucessores, que teriam legitimidade para debatê-los, o fator de desencadeamento do mecanismo de convalidação da cédula defeituosa.

Não se pode ignorar, todavia, a existência de forte corrente que pugna pela incidência do art. 1.859 do Código Civil nos casos de nulidade, pois ele se traduziria em exceção ao ditame posto no art. 169 da codificação, criando tratamento específico para as disposições de última vontade. Essa posição encontra sustentáculo no teor do art. 1.909 do Código Civil: "São anuláveis as disposições testamentárias inquinadas de erro, dolo ou coação".

E o parágrafo único complementa: "Extingue-se em quatro anos o direito de anular a disposição, contados de quando o interessado tiver conhecimento do vício". O argumento central dos defensores de tal exegese consiste na aparente impossibilidade de compatibilizar o prazo do art. 1.859 com o do 1.909, se ambos dissessem respeito tanto à nulidade como à anulabilidade do testamento. Assim, o primeiro dispositivo se aplicaria às hipóteses de vícios absolutos, reservando-se o segundo para os defeitos relativos.

Ademais, existe projeto de lei, em tramitação no Poder Legislativo, destinado a fixar expressamente em cinco anos o prazo para arguição de nulidade e em quatro para a invocação da anulabilidade. Isso acabaria com os debates em torno da matéria e inegavelmente criaria disciplina especial em torno da convalidação de testamentos nulos, excepcionando a regra do art. 169 do Código Civil. Por ora, todavia, subsiste a perplexidade estabelecida pela existência de dois prazos decadenciais para o regramento do mesmo tema, qual seja, a invalidação da cédula defeituosa.

Capítulo 13

DAS FORMAS ORDINÁRIAS DO TESTAMENTO

13.1. Considerações gerais

Como derradeiro ato de vontade, cujo cumprimento somente se verifica depois da morte do autor da herança, o testamento é cercado de muitas e impositivas formalidades. Objetivando assegurar o integral e perfeito cumprimento da vontade do testador, o ordenamento jurídico exige que o agente a expresse por meio de formas rigorosamente disciplinadas. Tal quadro deriva da necessidade de respeitar ao máximo o querer do finado, o que exige a adoção de medidas destinadas a aferir a efetiva vontade do indivíduo e a garantir que a manifestação volitiva proveio do livre ânimo do interessado. A solenidade agregada à lavratura da cédula minimiza os riscos de que haja fraudes, manipulações e outros vícios capazes de tornar incerta a origem do pronunciamento exarado, ou distorcido o seu conteúdo.

O testamento será sempre escrito, pois assim ficará patenteada de maneira indelével a pretensão do titular do acervo, facilitando a prova em torno do seu efetivo conteúdo. Apenas em uma situação, por si mesma excepcional, admite-se o testamento verbal. Ela está prevista no art. 1.896 do Código Civil, ficando ao alcance do militar empenhado em combate, ou ferido, que confiará a sua última vontade a duas testemunhas, em iniciativa que será válida e eficaz contanto que restem observadas posteriormente as disposições legais atinentes à matéria. Todas as demais modalidades observarão a forma escrita, sob pena de inexistência — e não de mera nulidade — do ato.

Há formas testamentárias ordinárias e outras que são especiais. Aquelas estão previstas no art. 1.862 do Código Civil (pública, cerrada e particular), ao passo que estas se encontram patenteadas no art. 1.886 da codificação (marítima, aeronáutica e militar). Analisada individualmente, cada espécie é dotada de particularidades que a distinguem das demais, ora com maiores exigências de segurança, ora com menos extensas imposições. A observância dos pressupostos elencados na lei, todavia, é absolutamente imperiosa, pois do contrário a cédula padecerá de nulidade.

Cabe observar que no concernente às formas de testamento não vigora o princípio da fungibilidade, de maneira que a disposição de última vontade feita sob a égide de um dos regramentos não pode ser convertida noutra espécie, exceto quando se puder aproveitar o testamento cerrado, que carrega algum defeito a ponto de torná-lo inviável como tal, desde que estejam presentes os requisitos da espécie particular. Entrementes, isso não tem grande repercussão prática, de vez que o preenchimento das imposições legais, seja qual for a modalidade testamentária eleita, confere validade e eficácia à derradeira disposição.

Os testamentos público, cerrado e particular são chamados de ordinários porque ficam ao alcance de qualquer interessado capaz de testar, sem que haja qualquer circunstância a ensejar a necessidade e a viabilidade da adoção de outro tipo legal. De outra banda, como já referido, há formas testamentárias especiais idealizadas pelo legislador, às quais somente têm acesso as pessoas indicadas nas normas pertinentes. Daí por que alguns testamentos são considerados ordinários, enquanto outros são denominados especiais ou extraordinários.

Todo aquele que desejar fazer o seu testamento ficará obrigado a seguir com rigor as exigências normativas da espécie eleita. Não se admite, em hipótese alguma, que o testador crie modalidade testamentária nova, nem é possível mesclar princípios de várias espécies com o fito de gerar um tipo novo, de caráter híbrido. É privativa da lei a produção de novos mecanismos de formalização da última vontade, tendo-se por nula toda iniciativa destinada a modificar o rol taxativo consagrado pelo ordenamento pátrio.

Além dos requisitos expressamente elencados para cada espécie testamentária, devem ser cumpridos com igual atenção os ditames ínsitos no art. 104 do Código Civil, aplicáveis genericamente a todos os atos jurídicos. Destarte, afora a necessidade de observação da forma imposta aos testamentos, será imprescindível que o autor da herança seja capaz, e que o objeto da deixa se revele lícito, possível, determinado ou determinável. Consoante asseverado alhures, a capacidade para testar não se confunde com aquela fixada para a execução dos atos gerais da vida civil, eis que a pessoa fica autorizada a lavrar a própria cédula testamentária a partir do dia em que completar dezesseis anos de idade.

Consagrando a ideia de que o ato de testar é personalíssimo, o art. 1.863 do Código Civil estabelece: "É proibido o testamento conjuntivo, seja simultâneo, recíproco ou correspectivo". Define-se como testamento conjuntivo, ou de mão comum, aquele em que duas ou mais pessoas testam no mesmo ato, seja nomeando umas às outras como herdeiras ou legatárias, seja indicando terceiros como beneficiários das disposições. Nenhuma intervenção de outrem na vontade do testador é aceita pelo legislador, razão pela qual foram elencadas três espécies do gênero testamento conjuntivo, todas elas conducentes à nulidade do ato: simultâneo, recíproco e correspectivo.

No testamento denominado *simultâneo*, os testadores agem como se fossem uma só pessoa, dispondo conjuntamente em favor dos mesmos beneficiários. Exemplo: Nós, por meio da presente cédula, instituímos Paulo como herdeiro da porção disponível do nosso acervo individual. Como se percebe, os testadores atribuíram, no mesmo instrumento e a um só beneficiário, o próprio volume patrimonial, quando na realidade deveriam externar a sua vontade por meio de disposição autônoma. Nada impede que cada um deles, em caráter autônomo e sem ingerência externa, decida instituir Paulo como herdeiro, mas nunca em previsão simultânea. A feitura dos testamentos independentes pode inclusive ocorrer no mesmo dia e no mesmo tabelionato, sendo exigível, apenas, que guardem total autonomia um em relação ao outro.

Diz-se *recíproco* o testamento em que cada testador posta o outro como seu herdeiro ou legatário, de maneira que entre eles se estabelecem tantos liames de reciprocidade quantos forem os autores das disposições. Exemplo: Paulo e José, cada qual em cédula separada, faz deixa contemplando o outro, criando proveitos mútuos porque previamente ajustados com o fito de assim proceder. Veja-se que os disponentes têm legitimidade para nomear o outro como sucessor, mas isso não pode ser feito com base em previsões recíprocas encomendadas, porque desse contexto se extrai a falta de liberdade e de independência no ato de testar.

Denomina-se *correspectivo* o testamento quando contempla a afirmação expressa de cada testador no sentido de que faz a deixa ao outro porque também foi indicado como herdeiro ou legatário por aquele a quem nomeia. No resultado final, é semelhante ao testamento recíproco, mas se diferencia deste na medida em que a observação, quanto à disposição cruzada, está expressamente indicada pelos testadores nas respectivas cédulas.

Testamentos confeccionados em condições semelhantes de tempo e lugar, ainda que partidos de pessoas com vínculos de sangue ou matrimoniais, nem sempre poderão ser considerados nulos. A intenção do legislador é impedir o testamento de mão comum, ou seja, aquele confeccionado em instrumento único e com disposições vinculadas. Porém, a lavratura de instrumentos isolados é admitida e não importa em defeito dos atos, exceto quando revelarem as conexões aludidas, pois então se evidenciará a ocorrência de afronta à livre manifestação volitiva e ficará patenteada a nulidade. Em vista disso, não padecem de vícios testamentos de duas pessoas, feitos na mesma data, no mesmo tabelião e em termos parecidos, deixando bens um para o outro, pois, cada ato, isoladamente, conserva a própria autonomia e unipessoalidade.

A eventual reciprocidade, resultante de atos distintos e unilateralmente revogáveis, não implica isoladamente em nulidade das disposições testamentárias. Por igual fundamento, o fato de marido e mulher fazerem, cada qual, o seu testamento, na mesma data, local e perante as mesmas testemunhas e servidor público, deixando um ao outro a correspondente parte disponível, não importa em se tolherem, mutuamente, a liberdade, desde que o façam em testamentos distintos e que conservem em si a liberdade de posterior revogação ou modificação.

Importa destacar, por outro lado, que a eventual perda ou destruição da cédula testamentária normalmente inviabiliza o cumprimento do ato de última vontade. Essa observação se aplica tanto aos testamentos lavrados pelo tabelião como àqueles confeccionados diretamente pelo testador. A perda dos livros ou registros públicos, o extravio da cédula privada ou qualquer acontecimento que acarrete a supressão do meio material em que estava cristalizado o querer do titular do acervo obstam a reconstrução do ânimo original, salvo se o testador se aperceber disso e fizer lavrar nova cédula, observando todos os requisitos necessários à construção do novo testamento.

Caso o disponente já tenha falecido, e depois disso se constate a falta do instrumento que continha as derradeiras previsões, haverá instransponível obstáculo ao cumprimento da vontade originalmente deduzida. Afinal, não se pode correr o risco de fazer vir à tona um querer destoante do primitivo, motivo bastante para que se preserve a segurança das relações jurídicas por meio da vedação de atos destinados a reconstituir o elemento anímico do extinto. Sendo público o testamento, e havendo nos livros do tabelião o texto da disposição feita pelo interessado, não existirá o supracitado problema, bastando acorrer ao repositório oficial para a coleta integral do teor da deixa. Por similar fundamento, à cédula privada já carcomida pelo tempo, mas ainda legível e compreensível, dar-se-á atendimento rigoroso com vistas a respeitar a vontade do disponente.

13.2. Testamento público

13.2.1. Conceito e requisitos

Uma das formas de declaração de última vontade é o testamento público, submetido a requisitos essenciais e de observância obrigatória, sob pena de nulidade. No dizer de Washington de Barros Monteiro, "testamento público é o lavrado pelo tabelião no livro de notas, contendo a declaração de vontade do testador, manifestada em presença do mesmo oficial e de duas testemunhas desimpedidas" (obra citada, p. 134). Como o próprio nome sugere, o conteúdo dessa modalidade testamentária é imediatamente conhecido pelas pessoas que participam do ato, ficando, após a confecção, registrado junto ao órgão notarial competente.

Trata-se da modalidade mais segura pela qual se pode testar, eis que cercada de cuidados que a tornam praticamente inatacável quanto à forma, mesmo porque incumbe ao tabelião a estruturação da última vontade, declarada pelo testador, dentro do serviço cartorário. Talvez o seu maior inconveniente seja o fato de que o teor do querer do disponente não permanece sigiloso, gerando a perspectiva de que a divulgação das previsões derradeiras fomente o conflito entre o testador e as pessoas preteridas, ou entre estas e as aquinhoadas. De toda sorte, a vantagem da segurança acaba compensando, no mais das vezes, o risco de que terceiros venham a saber quais são os contornos da cédula lavrada.

Na realidade, o problema acima referido seria facilmente superado pela edição de normas destinadas a impedir a extração de certidões oficiais por qualquer pessoa, limitando o acesso às informações, enquanto vivo o testador, a ele mesmo. Assim, o testamento público manteria essa denominação apenas porque elaborado pelo servidor público competente, evitando-se a divulgação do teor das previsões formuladas. Hoje ainda não é assim, pois a publicidade do testamento permite que fique acessível a todos a obtenção de certidões da lavratura original, a qualquer tempo. Porém, a evolução do instituto aponta para essa nova e salutar tendência de restringir o espectro de ciência das disposições, que ficariam ao alcance apenas das testemunhas — no momento da feitura da cédula — e do tabelião encarregado dos trabalhos, permanecendo exclusivamente no livro de notas até o óbito do testador ou até que este reclame a expedição de certidões.

As formalidades a serem cumpridas para que se faça viável o testamento público estão consignadas no art. 1.864 do Código Civil: "São requisitos essenciais do testamento público: I – ser escrito por tabelião ou por seu substituto legal em seu livro de notas, de acordo com as declarações do testador, podendo este servir-se de minuta, notas ou apontamentos; II – lavrado o instrumento, ser lido em voz alta pelo tabelião ao testador e a duas testemunhas, a um só tempo; ou pelo testador, se o quiser, na presença destas e do oficial; III – ser o instrumento, em seguida à leitura, assinado pelo testador, pelas testemunhas e pelo tabelião. Parágrafo único. O testamento público pode ser escrito manualmente ou mecanicamente, bem como ser feito pela inserção da declaração de vontade em partes impressas de livro de notas, desde que rubricadas todas as páginas pelo testador, se mais de uma". Vale dizer, de início, que essa espécie testamentária é, de longe, a mais comum no Brasil, seja pela segurança como pela facilidade que oferece aos interessados.

Em regra, todo aquele que consegue, pessoalmente e de viva voz, deduzir perante o tabelião a sua derradeira vontade, pode fazê-lo por meio dessa espécie testamentária. O testador precisa afirmar na íntegra ao agente público o teor de sua última vontade (inciso I), a fim de que ela seja tomada por escrito no livro oficial, em língua portuguesa. Não é viável o emprego de outro idioma, embora não se exija que o declarante conheça a fundo o vernáculo. É mister, apenas, que as testemunhas e o tabelião entendam o que está sendo dito, para que este possa elaborar adequadamente a cédula e aquelas tenham condições de mencionar o ocorrido sempre que necessário.

O teor a ser incrustado nas notas do servidor público deve estrita fidelidade ao que lhe for narrado pelo disponente, ainda que sem ser literal reprodução das palavras usadas. Admite-se que o interessado dite ao tabelião a deixa valendo-se do auxílio e leitura de minuta, notas ou apontamentos, não se podendo inferir dessa conduta qualquer corrupção da vontade interna. É imprescindível zelar pela total liberdade de dispor dos bens *causa mortis*, nos limites da lei, nisso incluindo-se a faculdade de o testador utilizar rascunhos e anotações para declarar rigorosa e fielmente o seu derradeiro querer ao tabelião. Daí ser admissível, inclusive, que o disponente entregue ao servidor a minuta da vontade declarada verbalmente, a fim de que sirva como guia para a confecção do texto oficial.

A propósito, os apontamentos cartorários finais não conterão quaisquer rasuras, imperfeições ou entrelinhas, exceto quando ressalvadas ao final pelo servidor. Isso visa a ampliar o leque de garantias quanto à autenticidade do querer manifestado naquele momento. Entretanto, o juiz apreciará livremente a fé que deva merecer o documento, quando em ponto substancial e sem ressalva contiver entrelinha, emenda, borrão ou cancelamento (art. 386 do Código de Processo Civil). É factível o emprego de computador ou de outro meio mecânico para a consignação da deixa, nada impedindo, entretanto, que o tabelião manuscreva o texto oriundo da vontade exteriorizada pelo disponente.

O agente estatal responsável por lavrar a cédula — a saber, o tabelião ou o seu substituto legal — deve ser competente para a solenidade, pois do contrário estará patenteada a nulidade da iniciativa. A competência verifica-se a partir de regular investidura e de atuação dentro da circunscrição territorial para a qual foi nomeado. Como exceção à regra, admite-se que as autoridades consulares redijam o testamento, conforme previsão colocada no art. 18 da Lei de Introdução ao Código Civil, segundo o qual são competentes tais autoridades para fazer os ofícios de tabelionato relacionados a cidadãos brasileiros residentes no exterior.

Não é necessário que o testamento seja confeccionado dentro do tabelionato, mesmo porque muitas vezes o testador não tem condições de se apresentar ao agente oficial, *v. g.*, quando acometido por enfermidade, vitimado por acidente etc. Por isso, é lícito ao tabelião deslocar-se até o interessado com a finalidade de formalizar a manifestação volitiva, embora deva sempre dar preferência à atuação no seu ambiente, a fim de evitar eventuais interferências exógenas tanto no próprio trabalho como na vontade do disponente.

Incumbe ao tabelião certificar-se da identidade do testador e das testemunhas, exigindo documentação idônea se não o conhecer e fazendo constar a aludida operação no livro oficial. As testemunhas terão de conhecer o autor da herança, ainda que tal ciência se dê por ocasião do ato de lavratura da cédula. Mesmo que a falta dessas providências não acarrete por si só a nulidade do testamento, a sua implementação facilitará a posterior manifestação das testemunhas em torno das particularidades do evento e da vontade externada, quando chamadas a juízo para esclarecer circunstanciais dúvidas. Embora haja respeitáveis opiniões em contrário, não há razão para nulificar a cédula apenas porque as testemunhas não conheciam o disponente, já que delas só se exige a presença a todo o ato e a plena ciência dos fatos ocorridos durante a solenidade.

Como é absolutamente imprescindível que o testador diga ao tabelião quais são as disposições que tenciona fazer inserir na cédula, não sendo admitida a substituição dessa formalidade por gestos ou linguagem corporal diversa, resta evidenciada a impossibilidade de que o mudo e o surdo-mudo façam testamento público. Mas não existe tal obstáculo para os surdos que verbalizam o próprio querer, nem para os analfabetos ou cegos.

Depois de reduzidas a escrito as disposições de última vontade, o tabelião deverá ler o instrumento em voz alta perante o testador e duas testemunhas, de uma só vez (inciso II do art. 1.864 do Código Civil). As testemunhas devem conhecer o idioma nacional e saber escrever, a fim de que, respectivamente, entendam o que está sendo dito pelo tabelião e assinem o instrumento. A leitura tem por objetivo permitir a todos os ouvintes a verificação da coincidência ou não entre o que foi dito pelo testador e aquilo que foi escrito pelo tabelião, a fim de alcançar o maior grau possível de fidelidade com a vontade emitida. A lei não impõe ao tabelião que afirme, nos seus registros, ter sido reconhecida pelos circunstantes a adequação entre os dizeres do titular do acervo e a redação formalizada, bastando que mencione a ocorrência da leitura.

O número mínimo de duas testemunhas configura pressuposto *ad solemnitatem*, e, uma vez inobservado, nulifica o ato. Nada impede que sejam convidadas mais pessoas, vendo-se nisso inclusive um elemento adicional de segurança. O que se coíbe é a presença de apenas uma, e, com maior razão ainda, a completa ausência de tais figuras indispensáveis. Presente o número de testemunhas previsto em lei, veda-se a leitura em separado ou descontínua, pois isso impediria mais adequada análise do texto e a conferência de seu teor pelos ouvintes. A mera aposição das assinaturas, sem o prévio acompanhamento das etapas precedentes, importa em nulidade das disposições, porque notória a impossibilidade de aferição da regularidade do evento.

O instrumento deve ser lido ao testador e às testemunhas quando todos estiverem agrupados, em lugar próximo o suficiente para que compreendam o teor do pronunciamento do servidor público, facultando-se a qualquer deles impugnar-lhe a redação quando divergir ou afastar-se da vontade exarada pelo interessado. É imprescindível, sob pena de nulidade, a presença das testemunhas instrumentárias desde o início do ato, nisso incluído o momento em que o testador afirma diante do tabelião a sua vontade. Somente assim elas poderão conferir a conformidade do texto redigido com as declarações do interessado, apontando eventuais imperfeições e falhas. Não se admite qualquer afastamento dos personagens ao longo da solenidade, exceto por breves instantes (*v. g.*, atender a um telefonema, ir ao banheiro etc.) e desde que a leitura seja suspensa até o retorno. Caso prefira, o próprio testador poderá ler o instrumento na presença das testemunhas e do oficial que fez a redação, sem que isso altere a regularidade do procedimento.

Logo depois da leitura, o instrumento será assinado, nesta ordem, pelo testador, pelas testemunhas e pelo oficial (inciso III do art. 1.864 do Código Civil), ficando assim perfectibilizado. A assinatura do servidor público encerra o testamento, assegurando-se com isso que não seja posteriormente alterado. Porém, eventual inversão da sequência, conforme iterativas decisões judiciais, não importa em nulidade, exceto quando provada a existência de vício. A falta de qualquer das assinaturas, ao contrário, acarreta a imperfeição do ato e não o completa para o mundo jurídico.

Via de regra, a assinatura das testemunhas será aquela usualmente empregada por elas em seus atos comuns, sendo de todo conveniente a alteração da firma naquele momento e a aposição de rubrica. Porém, tais acontecimentos não redundariam na nulificação do ato, desde que provada a autenticidade da identificação gráfica das pessoas apontadas no instrumento oficial. É admissível o uso de pseudônimo pelas testemunhas, contanto que por ele sejam identificáveis, já que o art. 19 do Código Civil atribui ao pseudônimo, lançado em atividades lícitas, a mesma proteção conferida ao nome. Todavia, caso as testemunhas estejam impossibilitadas de assinar (*v. g.*, por lesão), ficarão impedidas de participar da solenidade.

Tendo em vista a circunstância de que a assinatura do testador, das testemunhas e do oficial público fecha a solenidade e faz perfeito o testamento, resta patente que a falta dela torna nulo o ato. Se qualquer das aludidas pessoas deixar de assinar, não haverá meio de considerar válido e eficaz a disposição de última vontade. Por isso, mesmo que o testador tenha ditado ao tabelião o seu derradeiro querer, a negativa de inserção da assinatura ou a fulminante morte de algum dos personagens fará de nenhuma prestabilidade o ato. Diga-se, ao contrário, que o posterior óbito de qualquer deles não interferirá na plenitude jurídica do testamento, bastando que se registre formalmente tal ocorrência no rodapé da lavratura.

A lei não exige que se indique, no final da redação do testamento, o local e a data em que ele está sendo elaborado. Contudo, normalmente essa informação é incrustada no livro público, até mesmo para que se possa confrontar a data daquele instrumento com a de outro eventualmente lavrado pelo testador, pois é sabido que a cédula mais recente afeta as disposições volitivas que, colocadas na mais antiga, entram em rota de colisão com as previsões feitas por último.

13.2.2. Outras considerações relevantes

O testamento público pode ser escrito manualmente ou mecanicamente, bem como ser feito pela inserção da declaração de vontade em partes impressas de livro de notas, desde que rubricadas todas as páginas pelo testador, se mais de uma (parágrafo único do art. 1.864 do Código Civil). O permanente avanço da tecnologia recomenda que se aceite a confecção do testamento por escritura mecanicamente formulada. Nesse compasso, viável o instrumento datilografado, digitado ou por outro meio mecânico redigido. Isso não obsta, à evidência, a plena eficácia da tradicional redação manuscrita proveniente do tabelião.

Afora os meios já referidos, também é regular a inserção da declaração de vontade em partes impressas de livro de notas, cujos espaços em branco vão sendo completados pelo tabelião a partir da manifestação volitiva do testador. Seja qual for o método de redação, a validade do testamento subordina-se à aposição da assinatura ou rubrica do testador nas páginas que constituírem o instrumento, se mais de uma. Desse modo ficará rigorosamente patenteada a circunstância de o texto redigido ter origem nas declarações do interessado, minimizando a hipótese de posteriores ou fraudulentos acréscimos.

O analfabeto pode fazer testamento público, uma vez que o conteúdo do instrumento, por força de lei, tem de ser lido pelo tabelião ao testador, que conferirá o teor da lavratura com o da vontade emitida. Na hipótese de o testador não saber assinar, o tabelião ou seu substituto legal declarará expressamente tal circunstância no corpo do instrumento, firmando-o uma das testemunhas instrumentárias a rogo do interessado e por ele (art. 1.865 do Código Civil). A assinatura da testemunha vale como se fora a do próprio testador, acarretando todos os efeitos que a firma exarada pelo punho deste produziria.

É imprescindível, sob pena de nulidade, que o tabelião faça constar do instrumento expressa referência ao fato de o testador não saber assinar, providência destinada a evitar que outrem assine por ele sem o seu cabal assentimento. Nada impede que ao número mínimo legal de testemunhas instrumentárias se acrescente outra, especialmente chamada para assinar a disposição de última vontade a rogo do testador. Porém, a validade do testamento não reclama essa medida, pois depende apenas de que uma das testemunhas que perfazem o mínimo de lei firme a pedido e em nome do interessado. Assim, estará assinando a um só tempo como testemunha instrumentária e a rogo do testador. Não é preciso lançar duas assinaturas, sendo suficiente que a pessoa firme o instrumento uma única vez.

O mesmo procedimento — assinatura a rogo — será adotado quando o testador não puder assinar, como na hipótese de estar fisicamente impedido por lesão ou doença. Uma das testemunhas instrumentárias, ou outra especialmente convidada para essa finalidade, firmará pelo testador a seu rogo, devendo tal circunstância ser declarada pelo agente estatal depois de informado pelo testador acerca da causa do momentâneo impedimento. Esta não precisa ser mencionada em pormenores, mostrando-se razoável que o tabelião declare genericamente a impossibilidade. A falta da aludida declaração implica na nulidade da disposição de última vontade, por se tratar de requisito essencial apontado pelo legislador.

Importa observar que o ordenamento jurídico admite a assinatura a rogo, em testamento público, exclusivamente no caso de o testador não saber ou não poder assinar. Não assim nos casos de recusa em lançar a assinatura, porque tal conduta importa na indicação de que o testador não está disposto a consumar a derradeira disposição volitiva. Portanto, haverá nulidade se alguém assinar em lugar do testador quando ele mesmo estiver apto a colocar a sua firma no documento.

O indivíduo inteiramente surdo, sabendo ler, lerá o seu testamento, e, se não o souber, designará quem o leia em seu lugar, presentes as testemunhas (art. 1.866 do Código Civil). Depois de confeccionada a cédula pública, o testador fará a leitura e confirmará ou não o conteúdo. Note-se que o fato de o surdo certificar-se pessoal e silenciosamente do texto, sem o ler de viva voz para as testemunhas, impõe a leitura a todos os circunstantes pelo tabelião, conforme preconizado no inciso II do art. 1.864 do Código Civil.

Caso o indivíduo completamente surdo não saiba ler, fará de imediato a indicação de outra pessoa para que promova a leitura perante todos os presentes, quais sejam, o testador, o tabelião e as testemunhas instrumentárias. É relevante observar que nenhuma destas nem aquele poderão ser designados para a leitura, pois o legislador é taxativo ao determinar que o testador indicará quem leia em seu lugar o instrumento, presentes as testemunhas. Portanto, se a leitura for feita na presença das testemunhas, é óbvio que somente uma pessoa estranha ao rol original poderá ser designada para a tarefa. Após a leitura, ela também firmará o documento, juntamente com o testador, as testemunhas instrumentárias e o tabelião. Se o testador não souber ou não puder assinar, uma das testemunhas (excluída, portanto, a pessoa encarregada da leitura) firmará a seu rogo, nos já frisados moldes do art. 1.865 do Código Civil.

Na hipótese aventada pelo art. 1.866 do diploma civilista, a intervenção da pessoa indicada pelo testador para a leitura do escrito é obrigatória, importando na nulidade do ato a inobservância da imposição normativa. Não é necessário que tenha acompanhado o ato desde o início, pois a sua função é apenas a de ler o documento para que o testador confira a sua conformidade com a vontade externada, visando à maior segurança jurídica das disposições.

Ao cego só se permite o testamento público, que lhe será lido, em voz alta, duas vezes, uma pelo tabelião ou por seu substituto legal, e a outra por uma das testemunhas, designada pelo testador, fazendo-se de tudo circunstanciada menção no testamento (art. 1.867 do Código Civil). Destarte, o cego não pode optar entre as várias formas testamentárias, de vez que a lei somente lhe permite dispor de seus bens *mortis causa* por meio de testamento público. Com isso, objetiva evitar que ele incorra em equívoco ou seja ludibriado ao externar a sua derradeira vontade. A presença do tabelião e a adoção das formalidades previstas na lei funcionam como garantia de lisura procedimental, minimizando sobremaneira o risco a que estaria submetido o disponente noutras circunstâncias.

Sendo cego o testador, a confecção do testamento público obedecerá a requisitos mais rigorosos do que aqueles exigidos do indivíduo dotado de visão. Dada a impossibilidade de o testador ler o instrumento, por duas vezes lhe será lido o seu conteúdo em voz alta, viabilizando, assim, a conferência da redação com a vontade deduzida. A dupla leitura é incumbência do tabelião — ou do seu substituto legal — e de uma das testemunhas instrumentárias, nesta mesma ordem. Cabe ao testador indicar qual das testemunhas fará a leitura do documento, não se lhe podendo negar o direito de escolher aquela que mais inspire confiança para a consecução de tão relevante missão. Todavia, veda-se a indicação de terceiro estranho ao ato, pois o ordenamento é claro ao exigir que a leitura se faça por uma das testemunhas instrumentárias.

O tabelião deve fazer minuciosa descrição de todas as intercorrências verificadas quando da confecção do testamento. O fato de o testador ser cego tem de ser referido expressamente no respectivo instrumento, pois dele decorre a obrigatoriedade da observância das formalidades previstas na lei. A falta de circunstanciada menção, no corpo do testamento, à cegueira do testador importa em nulidade do ato.

Seja quem for o disponente, a lavratura de testamento público exige do tabelião que faça referência, no seu livro de notas, acerca do estrito cumprimento das exigências legais inerentes à legitimidade do ato, conforme preconizado no art. 215, § 1º, V, do Código Civil. Vale lembrar que a escritura pública, assim lavrada, é documento dotado de fé pública, fazendo prova plena. Embora não carregue presunção *juris et de jure* de veracidade do conteúdo, é vigorosa o suficiente para conservar intacta a integridade formal do que dela consta, até que se prove o contrário.

A prática forense vem revelando uma tendência de flexibilização do rigor imposto pelo legislador à construção do testamento público. Assim, pequenos lapsos, como a falta de menção, na escritura, quanto ao atendimento das prescrições normativas, têm recebido certa complacência dos intérpretes, desde que do contexto aflore a ausência de elementos capazes de indicar a insubsistência das disposições de última vontade. Ainda que não se possa dar prevalência absoluta ao formalismo da lei, pois dele muitas vezes deriva o comprometimento de atos que poderiam ser integralmente aproveitados, nunca é demais salientar a relevância de se atentar para o fato de que a rigidez legislativa tem em vista atribuir máxima segurança ao testador e às disposições por ele exaradas. Logo, toda falha na cédula precisa ser investigada com cautela, dando-se plenitude ao teor do instrumento apenas quando dele não resultar conclusão no sentido de que o vício afeta as garantias que devem cercar tão relevante e solene ato.

Qualquer interessado, exibindo-lhe o traslado ou certidão, poderá requerer ao juiz que ordene o cumprimento do testamento público (art. 1.128 do Código de Processo Civil). Em geral, a iniciativa provém da pessoa a quem o disponente confiou a tarefa de testamenteiro, mas todo sucessor legítimo ou testamentário poderá pleitear certidão do texto junto ao tabelionato e pleitear a execução da vontade manifestada pelo *de cujus*. O juiz, de ofício ou a requerimento de qualquer interessado, ordenará ao detentor de testamento que o exiba em juízo para os fins legais, se ele, após a morte do testador, não se tiver antecipado em fazê-lo (art. 1.129 da codificação processual civil). Não sendo cumprida a ordem, proceder-se-á à busca e apreensão do testamento (parágrafo único). Tal medida, porém, é mais adequada para os testamentos cerrado e particular, dada a sua singularidade, pois da cédula pública é viável extrair tantas certidões oficiais quantas forem relevantes, elidindo a necessidade da apreensão forçada do traslado entregue pelo tabelião ao testador na data da lavratura das disposições.

Conclusos os autos, o juiz, ouvido o órgão do Ministério Público, mandará registrar, arquivar e cumprir o testamento, se lhe não achar vício externo, que o torne suspeito de nulidade ou falsidade (*caput* do art. 1.126 do mesmo diploma normativo). A partir de então, estará franqueada a apresentação do testamento ao juízo competente para o inventário, a fim de que seja rigorosamente cumprido. Como se vê, o juiz que determina o registro não é, necessariamente, aquele que presidirá o inventário, circunstância a ser definida pelas regras de organização judiciária.

Havendo suspeitas quanto à validade do testamento, o magistrado limitar-se-á a registrá-lo, mas não determinará o seu cumprimento. Na sequência, remeterá as partes para as vias contenciosas comuns, nas quais, por meio de ação declaratória ou de rito ordinário, serão discutidos os temas relacionados à constituição e regularidade da cédula.

13.3. Testamento cerrado

13.3.1. *Conceito e requisitos*

Testamento cerrado, ou secreto, é aquele de natureza sigilosa em seu conteúdo, escrito pessoalmente pelo testador ou por terceiro a seu rogo, com aposição da assinatura do disponente e regular aprovação pelo tabelião ou por quem o substitua, na presença de duas testemunhas. Em qualquer das hipóteses, tenha ou não redigido de próprio punho o teor das disposições, o testador deverá inserir a sua assinatura ao final da cédula testamentária, sob pena de nulidade absoluta. Não é prevista a assinatura a rogo, pretendendo o legislador, com isso, prevenir a ocorrência de fraude ou falseio.

O art. 1.868 do Código Civil estabelece: "O testamento escrito pelo testador, ou por outra pessoa, a seu rogo, e por aquele assinado, será válido se aprovado pelo tabelião ou seu substituto legal, observadas as seguintes formalidades: I – que o testador o entregue ao tabelião em presença de duas testemunhas; II – que o testador declare que aquele é o seu testamento e quer que seja aprovado; III – que o tabelião lavre, desde logo, o auto de aprovação, na presença de duas testemunhas, e o leia, em seguida, ao testador e testemunhas; IV – que o auto de aprovação seja assinado pelo tabelião, pelas testemunhas e pelo testador. Parágrafo único. O testamento cerrado pode ser escrito mecanicamente, desde que seu subscritor numere e autentique, com a sua assinatura, todas as páginas". Finalizada a redação, que não precisa ter sido feita na presença do tabelião, caberá ao testador apresentar o instrumento de última vontade a este, ou ao substituto legal, para fins de aprovação.

Somente com a consumação do ato em todos os seus aspectos é que existirá declaração válida de vontade. A cognição do teor das disposições não pode ser exigida pelo oficial nem por qualquer outra pessoa, pois o testamento é secreto. Eventual ciência do conteúdo das disposições por outrem (tabelião, testemunhas ou estranho à solenidade) não inviabiliza a manifestação volitiva, pois a lei faculta — e não impõe — o sigilo como mecanismo de segurança do testador. Entretanto, as diversas formalidades exigidas por lei para a confecção do testamento são de observância obrigatória. A falta de qualquer delas importará em nulidade do ato e, destarte, na insubsistência do conteúdo da cédula.

Em geral, a lavratura da cédula é feita pelo próprio testador, sem a intervenção de terceiros. Isso serve também como forma de evitar futuras arguições em torno de supostas ingerências na formatação do ânimo do disponente. Mas, como referido, ele pode valer-se de alguém para o fim de redigir o texto, desde que observada estritamente o querer verbalizado ao redator. Cumpre destacar, porém, ser vedado nomear como herdeira ou legatária a pessoa que, a rogo, escreveu o testamento, nem o seu cônjuge ou companheiro, ou os seus ascendentes e irmãos (art. 1.801, I, do Código Civil).

A entrega do instrumento, ao oficial público, pelo testador, prevista no inciso I do art. 1.868 da codificação, será necessariamente executada em caráter pessoal, sem qualquer possibilidade de representação, e sempre na presença de ao menos duas testemunhas. Estas não são instrumentárias, eis que ignoram o conteúdo da declaração de vontade. Atuam, portanto, no sentido de verificar o cumprimento das formalidades extrínsecas do ato. Podem funcionar como testemunhas os parentes do testador, o seu cônjuge, a pessoa que redigiu a cédula a rogo e todos os que tiverem capacidade civil. Embora se exija a presença de duas, nada impede que mais testemunhas presenciem a solenidade e assinem o respectivo instrumento de aprovação, pois isso inclusive dará maiores garantias quanto à regularidade dos procedimentos.

Não é aceita a entrega do instrumento por terceiro, devendo ser repassado de própria mão pelo testador ao oficial público, que, então, dará início ao trabalho formal de aprová-lo. A interposição de terceiro acarreta a nulidade do ato, dada a inequívoca referência legislativa ao personalismo da conduta atribuída ao testador. A este é que incumbe referir diretamente ao oficial público ser aquele o seu testamento e pleitear a correspondente aprovação (inciso II do art. 1.868 do Código Civil).

Ainda que não se imponha ao testador a pronúncia de qualquer fórmula sacramental para assim proceder, faz-se mister que ele afirme expressamente tais circunstâncias. Isto se dá no mesmo instante em que o testador entrega ao agente estatal a cédula testamentária, na presença das testemunhas. Não implica em nulidade o fato de, ante o silêncio do testador durante a entrega da cédula, o oficial público perguntar se aquele é o seu testamento e se pretende vê-lo aprovado. Havendo resposta afirmativa do testador, estará cumprido o teor da regra legal e franqueado o caminho para a perfeição do ato.

Em seguida à entrega da cédula testamentária e à manifestação do testador em torno da sua firmeza, o oficial lavrará o auto de aprovação do instrumento (inciso III), providência que completa o ciclo de formalidades do testamento cerrado e o torna perfeito. As testemunhas deverão acompanhar o ato desde o instante da entrega da cédula testamentária ao oficial público. Logo, estarão presentes quando da lavratura do auto, cabendo ao tabelião, depois de concluí-lo, promover a sua leitura perante as testemunhas e o testador. Havendo incorreções ou controvérsias, poderão estes referi-las ao agente estatal, a fim de que as corrija de imediato. A leitura não poderá ser feita por outra pessoa que não o oficial público, pois do contrário restará patenteada a nulidade do testamento. É óbvio que não se fará a leitura do conteúdo das disposições testamentárias, eis que devem ser mantidas em segredo. Somente o auto de aprovação será dado ao conhecimento das testemunhas.

O tabelião deve começar o auto de aprovação imediatamente depois da última palavra do testador, declarando, sob sua fé, que o testador lhe entregou para ser aprovado na presença das testemunhas; passando a cerrar e coser o instrumento aprovado (*caput* do art. 1.869 do Código Civil). A determinação do legislador, no sentido de que o auto de aprovação tenha início logo após a última palavra grafada pelo testador na cédula, tem por desiderato evitar a ocorrência de indevidos preenchimentos ou adulterações. Caso fosse deixado espaço não escrito entre o final das disposições testamentárias e o começo do auto de aprovação, eventuais acréscimos posteriores, ou mesmo singelas rasuras, seriam capazes de levar o testamento à nulificação.

Para a validade das disposições de última vontade, é imprescindível que o oficial declare, com base na fé pública de que é investido, que o testador entregou-lhe o testamento para ser aprovado na presença das testemunhas. Faltando tal observação, o ato não subsistirá, porque preterida formalidade essencial cujo objetivo é de atestar o cumprimento de todo o rito conducente à perfeição do testamento. Existem posicionamentos contrários a essa solução, os quais preconizam que somente a verificação de defeitos graves na estrutura do documento acarretaria a sua insubsistência, em face da necessidade de se preservar ao máximo a vontade do *de cujus*. Tal solução vai ao encontro da ideia de relativa flexibilização do rigor formal do testamento, mas deve ser vista com cautela e aplicada com parcimônia, a fim de evitar a ocorrência de burla à lei e ao querer do disponente.

Concluído o auto de aprovação, o oficial público cerrará o testamento, dobrando as folhas de papel que o compõem, de maneira que o seu conteúdo não seja visível. Normalmente são duas dobras, mas o número delas não constitui regra ínsita na lei. Depois disso, o tabelião passará a coser o instrumento, com linha comum e agulha, fechando toda a borda do papel. Normalmente são feitos cinco pontos, sendo um em cada canto do instrumento e outro no centro. Costuma-se lacrar o trabalho com cera, objetivando mais facilmente impedir ou flagrar ocasionais violações. Cuida-se de medida que não está prevista em lei, assumindo, portanto, contornos de mera faculdade.

O tabelião deve começar a redigir o auto de aprovação no próprio papel que lhe foi entregue pelo testador. Todavia, se não houver espaço suficiente na última folha do testamento, o oficial público iniciará ou concluirá o trabalho em peça apartada, circunstância que em nada afeta a prestabilidade da derradeira declaração volitiva. Nesse caso, o servidor mencionará a circunstância de ter faltado espaço na folha final do testamento, justificando, assim, o fato de dar início à lavratura do auto de aprovação noutra peça (parágrafo único do art. 1.869 do Código Civil).

A solenidade de aprovação deverá ser contínua, ou seja, uma vez iniciada, seguirá o seu curso até o normal encerramento. Não poderá haver postergação do término para o dia subsequente, mas são admitidos pequenos intervalos motivados por circunstâncias diversas, *v. g.*, atendimento de telefonema, verificação de aspectos relativos ao testamento etc. Ao ultimar o trabalho, o tabelião fará consignar o local e a data do ato, sendo certo, todavia, que eventual falta dessa providência não invalidará as disposições do titular da herança, pois a lei não impõe a sua adoção. Como já referido quando da abordagem da forma pública de testamento, a aposição da data e do local pelo servidor permite vislumbrar de imediato a prevalência daquela cédula sobre outra mais antiga se houver conflito de previsões entre elas.

O fato de ter escrito o testamento a rogo do interessado não proíbe o oficial de promover a aprovação do respectivo instrumento (art. 1.870 do Código Civil). Investido de fé pública, o agente estatal carrega consigo a presunção de que atua no interesse coletivo e com máxima honestidade no cumprimento de seus deveres. Ademais, a presença das testemunhas durante a leitura e a aprovação do testamento é garantia bastante em torno da lisura procedimental do tabelião, mesmo porque podem a todo tempo, durante a confecção das disposições de última vontade, manifestar-se em relação a eventuais irregularidades que vierem a constatar.

Como asseverado, auto de aprovação é o escrito pelo qual o oficial público atesta o cumprimento das formalidades exigidas na lei para validade e eficácia do testamento cerrado. Nele há três etapas distintas: a) introdução, em que são feitas referências genéricas à existência do testamento; b) confirmação, pela qual o tabelião informa da observância das exigências legais; c) encerramento, no qual se executa o fecho do auto, que fica pronto para a aposição das assinaturas. Enquanto a cédula testamentária precisa apenas conter a assinatura do disponente, o auto de aprovação deve ser firmado, nesta ordem sequencial, pelo oficial público, pelas testemunhas e pelo testador (inciso IV do art. 1.868 do Código Civil). A falta de alguma das assinaturas importará em nulidade, porque preterido requisito essencial da modalidade cerrada.

Depois de aprovado e cerrado, será o testamento entregue ao testador, e o tabelião lançará, no seu livro, nota do lugar, dia, mês e ano em que o testamento foi aprovado e entregue (art. 1.874 do Código Civil). Nenhum apontamento acerca do conteúdo da cédula cerrada permanecerá em cartório, nem o teor das disposições será de qualquer modo revelado a outrem. Somente o testador, e quem acaso tenha feito a redação a seu rogo, conhecem o teor das declarações de última vontade. Em razão disso, o instrumento é entregue ao disponente depois de aprovado e cerrado, a fim de que o conserve consigo ou confie em guarda a terceiro, para ser apresentado ao juiz competente quando da abertura da sucessão.

Para que se confirme formalmente a existência do testamento quando no futuro vier a ser aberta a sucessão, o tabelião, ao alcançá-lo ao testador, lançará no seu livro a indicação do lugar, dia, mês e ano em que foi aprovado e entregue. Se assim não fosse, nenhum registro oficial haveria quanto ao fato de efetivamente existir declaração de última vontade produzida pelo testador, de maneira que restaria inviabilizada qualquer iniciativa tendente à sua observância.

O testamento cerrado pode ser escrito mecanicamente, desde que seu subscritor numere e autentique, com a sua assinatura, todas as páginas (parágrafo único do art. 1.868 da codificação). Outrora vedada, a lavratura do testamento cerrado por meio mecânico é hoje admitida pelo ordenamento pátrio. Não se justifica o apego a exacerbados rigores quando o avanço tecnológico indica a necessidade de adaptação do homem e do direito às salutares inovações da ciência. Portanto, admite-se que o testamento seja escrito mecanicamente, por datilografia, digitação ou recurso diverso, contanto que o disponente numere e firme todas as páginas com a sua assinatura.

O fato de o testador apenas rubricar as folhas iniciais, assinando a última, não impede que o testamento adquira plena validade. O que se rejeita é a ausência de numeração ou a assinatura do testador apenas na derradeira página, pois isso levaria a incontornáveis dúvidas acerca da procedência e autenticidade do conteúdo das folhas anteriores. É inválido o testamento, feito por meio mecânico, a que falte a numeração das folhas ou a assinatura do testador em todas elas. Não assim aquele manualmente redigido pelo interessado, pois então estará perfeitamente evidenciada a origem da escritura.

13.3.2. Outras considerações revelantes

Ao contrário do que acontece com o testamento particular, sempre redigido em língua nacional, o testamento cerrado pode ser escrito em idioma estrangeiro (art. 1.871 do Código Civil). Isso porque incumbe ao próprio testador, ou a alguém a seu rogo, escrever o texto das disposições idealizadas pelo titular da herança, o que torna relevante facultar a expressão na língua do disponente, capaz de melhor externar a derradeira vontade. Quando da apresentação ao juiz para registro, a cédula será vertida para o português, eis que, nos moldes do art. 157 do Código de Processo Civil, só poderá ser junto aos autos documento redigido em língua estrangeira, quando acompanhado de versão em vernáculo, firmada por tradutor juramentado.

A opção por idioma alienígena é exclusivamente do testador, de maneira que, sendo a cédula escrita por terceiro a seu rogo, faz-se necessária expressa autorização do interessado para que se efetive a redação em língua diferente da nacional. Essa observação tem de constar do instrumento, pois, caso se adote língua que não a do disponente e nenhuma referência se faça em torno desse aspecto, poderá haver sérios questionamentos quanto à validade do ato.

Tendo em vista a circunstância de que o testamento cerrado pode ser escrito por terceiro a rogo do testador, admite-se que o interessado opte pela forma cerrada mesmo na hipótese de não saber escrever. Entrementes, se além disso a pessoa também não souber ler, estará impedida de adotar essa modalidade testamentária, pois a leitura das disposições de vontade é da sua essência formal (art. 1.872 do Código Civil). Se terceiro redige o instrumento e o testador não sabe ler para confirmá-lo ou não, é evidente que existe óbice à consecução da válida manifestação volitiva. É necessário, portanto, que o testador ao menos saiba ler, mesmo não sabendo escrever, pois só assim poderá verificar pessoalmente se o redator das disposições seguiu rigorosamente as orientações repassadas.

Além da pessoa que não sabe ler, a quem se permite apenas a modalidade pública de testamento, também aquela que circunstancialmente não pode ler (*v. g.*, por força de evento acidental que em caráter temporário deixa cego o autor da herança) está impedida de optar pela forma cerrada. O fundamento é o mesmo em ambas as hipóteses, dada a inviabilidade de o testador conferir a exatidão do texto redigido por outrem a seu pedido.

Permite-se ao surdo-mudo a feitura de testamento cerrado (art. 1.873 do Código Civil), já que ele não depende de outro sentido senão o da visão, aliado à circunstância de o indivíduo ser alfabetizado e poder escrever no momento de testar. Todavia, o surdo-mudo não poderá incumbir terceiro, a seu rogo, de redigir a cédula. Terá de fazê-lo por inteiro de próprio punho, firmando-o ao final das declarações e em cada uma das folhas que o compuserem.

Outro aspecto relevante do testamento cerrado feito pelo surdo-mudo concerne à formalidade da entrega do instrumento ao oficial público, eis que, por óbvio, será impossível ao interessado verbalizar ao agente estatal que aquele é o seu testamento e que deseja vê-lo aprovado. Para contornar o problema, prescreve a supracitada regra que o testador deve escrever diante do tabelião, na face externa do papel, ou do envoltório, que se trata do seu testamento e que pede a aprovação. Supera-se a falta de expressão verbal do testador por referência escrita, cumprindo-se assim a exigência de que o interessado manifeste inequívoca vontade de ver aprovado o testamento que apresenta ao oficial público.

Falecido o testador, o testamento será apresentado ao juiz, que o abrirá e o fará registrar, ordenando seja cumprido, se não achar vício externo que o torne eivado de nulidade ou suspeito de falsidade (art. 1.875 do Código Civil). Valem aqui, a propósito, as mesmas observações feitas alhures acerca dessa operação, quando da análise da modalidade pública de testamento, com lastro nos arts. 1.125 a 1.129 do Código de Processo Civil.

Cabe à pessoa a quem o *de cujus* confiou a guarda do testamento, ou a qualquer indivíduo que o tenha consigo, levá-lo ao juiz competente. Este, verificando que o instrumento se mantém fisicamente íntegro, ou seja, que não apresenta indicativos externos capazes de acarretar a sua nulidade, ou que o tornem suspeito de falsidade, promoverá a abertura e o fará registrar, ordenando que seja cumprido. Não cabe recurso da decisão que determina a observância do conteúdo do testamento. Porém, eventuais interessados poderão ajuizar demanda ordinária com vistas à decretação da nulidade das disposições do testador.

Impende ressaltar que o testamento deve permanecer sem violação alguma durante todo o período que sucede à aprovação e ao fechamento. Se o próprio testador o abre, dessa conduta presume-se *juris et de jure* a intenção de revogar, tendo-se efetivamente por revogado integralmente. Se terceiro for o autor da violação, estando ciente disso o disponente, também nesse caso não subsistirá a derradeira vontade manifestada, porque colocada em risco a autenticidade do seu conteúdo e presumido o desinteresse do autor da herança na manutenção dos dizeres outrora exarados.

Caso o juiz verifique a presença de vícios extrínsecos, como a ruptura do lacre, a violação da costura, ou vislumbre outros indicativos de ter sido aberto o testamento, deixará de determinar o seu cumprimento, fazendo constar em termo apartado o estado em que o encontrou. Cabe apelação do *decisum* que assim se pronuncia, sendo possível aos recorrentes demonstrar a inocorrência de violação, ou que a cédula foi aberta pelo desgaste natural produzido pelo tempo ou por circunstância acidental. Em tais hipóteses dá-se cumprimento à vontade do falecido, pois a abertura da cédula não decorreu de, ilícita violação.

Por outro lado, se constatar que o testamento deixa entrever suspeita de falsidade, como acontece, *v. g.*, quando há rasuras, supressão de parte do texto, adulterações etc., o juiz mencionará tal circunstância em termo apartado. Em razão disso, não deferirá o cumprimento até que os interessados provem, em demanda judicial ordinária ou declaratória, a inexistência de defeitos capazes de tornar inválida a derradeira vontade do *de cujus*.

É relevante asseverar que respeitável corrente doutrinária e jurisprudencial preconiza ser viável aproveitar o testamento cerrado, que se mostrar nulo por força da inobservância de formalidades atinentes à espécie, como testamento particular, se preenchidos os requisitos relativos a esta última modalidade. Isso ocorreria tanto na hipótese de constatação de vícios patenteados na formatação do auto de aprovação como no caso de serem observados quaisquer outros defeitos conducentes à insubsistência do instrumento cerrado. Essa parece ser a solução mais adequada, pois a derradeira vontade do testador, quando não pairarem fundadas suspeitas em torno da sua autenticidade ou regularidade, deve ser aproveitada no limite máximo do possível.

13.4. Testamento particular

13.4.1. Conceito e requisitos

Testamento particular, também conhecido como *hológrafo* ou *privado*, é aquele redigido e assinado pelo próprio disponente, que o manuscreve, ou lavra com emprego de processo mecânico, devendo ser lido a três testemunhas e por elas assinado. Ainda que o teor do *caput* do art. 1.876 do Código Civil deixe entrever a aceitação do uso de recursos como a digitação e a datilografia, exige-se que a integralidade do texto reste confeccionada pelo autor da herança. A intervenção de outra pessoa, seja escrevendo de punho ou mecanicamente, torna inválida a declaração de última vontade, pois afronta o caráter personalíssimo da iniciativa.

A feitura de testamento particular faz desnecessária a presença do tabelião, o que torna menos complexa a perfectibilização do instrumento. Embora sejam poucas as exigências da lei para a lavratura e firmeza da cédula, todas elas devem ser rigorosamente cumpridas, já que a dispensa da intervenção de oficial público na construção do instrumento o sujeita mais facilmente à prática de fraudes e falsificações. De todas as modalidades ordinárias esta é a menos segura, exatamente porque não permite, em caráter antecipado, invocar a participação do Estado como elemento que atesta a observância de princípios básicos como o da plena liberdade de testar. Ademais, o fato de não permanecer apontamento ou resquício algum — quanto à existência e ao teor da cédula — em depósito cartorial faz com que o extravio da cédula ocasione completa frustração da hipótese de cumprimento da última vontade exarada. Ainda que as testemunhas venham posteriormente a afirmar em juízo que estiveram presentes quando da leitura do texto, a falta do respectivo instrumento obsta qualquer iniciativa de atendimento daquilo que seria a vontade do *de cujus*.

Não há na lei dispositivo algum que imponha sigilo ao teor do instrumento confeccionado, admitindo-se, portanto, que de antemão terceiros venham a conhecê-lo, sem que isso afete a regularidade das disposições, contanto que tenham atendido integralmente às prescrições normativas da espécie. Também não há fechamento obrigatório e colocação de lacre na cédula, o que torna ainda mais fácil o acesso de outrem às ponderações finais do testador.

Se escrito de próprio punho, são requisitos essenciais à sua validade seja lido e assinado por quem o escreveu, na presença de pelo menos três testemunhas, que o devem subscrever (§ 1º). A leitura do testamento particular aos circunstantes deve ser necessariamente feita pelo testador, não se admitindo que a promova uma das testemunhas ou pessoa diversa. Em razão disso, fica evidente que o mudo não pode produzir testamento particular, devendo valer-se de outra modalidade. Por outro lado, tendo em linha de conta a obrigatoriedade de que as disposições sejam escritas pelo testador, não se podem valer da forma hológrafa o cego, o analfabeto e as pessoas circunstancialmente incapacitadas de redigir (*v. g.*, por doença, lesão etc.).

Manuscrito, o testamento não se infirma por conter rasuras, observações ou emendas, desde que devidamente ressalvadas pelo testador no instrumento. Todavia, se elaborado por processo mecânico, não pode ter rasuras, espaços em branco ou defeitos similares, sob pena de invalidade (§ 2º). Isso porque em tais casos não há como saber se o testador pretendeu ressalvar as imperfeições, e, ainda que ressalvas existam na escritura, será impossível saber se foram feitas pelo testador ou acrescentadas por outrem.

A validade do testamento fica sempre condicionada à leitura do seu conteúdo perante pelo menos três testemunhas. Estas não têm por missão conferir o conteúdo das declarações, servindo exclusivamente para, depois da morte do testador, afirmarem diante do juiz o cumprimento das formalidades previstas na legislação. O número mínimo de testemunhas é três, mas podem ser chamadas a assistir ao ato tantas quantas o disponente quiser. Aliás, a convocação de pessoas adicionais é fator de maior segurança para o testamento, de vez que eventual premoriência de testemunhas em relação ao testador pode acarretar a falta de quem confirme ao juiz o atendimento das exigências legais.

Podem servir como testemunhas todas as pessoas maiores e capazes. Não estarão aptas a figurar nessa condição, segundo afirmado no art. 228, I a III do Código Civil: os menores de dezesseis anos; aqueles que, por enfermidade ou retardamento mental, não tiverem discernimento para a prática dos atos da vida civil; e os cegos e surdos, quando a ciência do fato que se quer provar dependa dos sentidos que lhes faltam. Os analfabetos, e igualmente as pessoas circunstancialmente impedidas de assinar, ficam alijados dessa qualidade, porque não podem firmar a cédula. Vale destacar, ainda, que as testemunhas do testamento não serão admitidas como herdeiras ou legatárias (art. 1.801, II, do Código Civil).

Lido o conteúdo das declarações de vontade, o testador e as testemunhas assinarão o instrumento imediatamente após o final da grafia, sem necessidade de que as respectivas firmas sejam reconhecidas em cartório. Havendo várias folhas, nada obsta sejam apenas rubricadas as que antecederem a última, devendo esta, porém, conter a assinatura usual dos participantes do ato. Cabe destacar a inexigibilidade da presença das testemunhas no momento da redação da cédula, bastando que o texto lhes seja lido integralmente pelo testador, embora escrito noutra data.

O testador pode usar língua estrangeira na confecção do testamento particular, mas somente se as testemunhas a compreenderem (art. 1.880 do Código Civil). Afinal, a leitura perante elas é uma das formalidades essenciais do ato, de maneira que a falta de compreensão quanto ao teor lido torna inválidas as disposições. Se assim não fosse, seria posteriormente impossível ao juiz inquirir as testemunhas em torno de aspectos relacionados ao preenchimento dos pressupostos elencados no ordenamento jurídico. Depois da morte do autor da herança, haverá a tradução para o português, consoante estatuído no art. 157 do Código de Processo Civil.

Ainda que não se contenha na legislação a exigência de aposição de data na cédula testamentária, é de bom alvitre que assim proceda o testador, pois com isso evitará questionamentos sobre a validade e a eficácia do documento. Isso porque, como se sabe, há acontecimentos capazes de acarretar a posterior insubsistência total ou parcial das disposições de última vontade, tais como a superveniência de filho, a elaboração de outro testamento que contraponha previsões anteriores e assim por diante. Em todos eles, a definição da data de confecção do instrumento é aspecto de suma relevância, de maneira que nunca será demais adotar redobrada cautela e fazer consignar a data na cédula testamentária particular.

Não obstante o caráter formal do testamento, as rigorosas exigências legais podem ser relegadas a plano secundário. É o art. 1.879 do Código Civil que admite essa solução: "Em circunstâncias excepcionais declaradas na cédula, o testamento particular de próprio punho e assinado pelo testador, sem testemunhas, poderá ser confirmado, a critério do juiz". Logo, não se descarta de plano a validade e eficácia do testamento particular apenas porque inexistentes as testemunhas exigidas por lei. Embora como regra geral não subsistam disposições de última vontade assim constituídas, em quadros extremos poderá ser reconhecida a sua prestabilidade como testamento particular. Isso dependerá, conforme explicitado no art. 1.879 do Código Civil, da conjugação de diversos fatores: a) que o testador tenha feito a redação de próprio punho; b) que a cédula tenha sido assinada; c) que se esteja diante de um contexto excepcional de circunstâncias, como, *v. g.*, risco iminente de morte associado à ausência de outras pessoas por perto; d) que o testador tenha declarado na cédula testamentária as condições especiais em que se encontra no instante da redação do instrumento.

O fundamento da norma reside na importância de se dar cumprimento à derradeira vontade da pessoa, que, acossada pelo especial panorama de determinadas condições circunstanciais, não teria como observar todos os requisitos para a confecção de testamento cercado das garantias contidas na lei. Mesmo que depois de elaborada a cédula seja inteiramente alterada a realidade fática motivadora do ato, as disposições de última vontade não terão de ser ratificadas ou refeitas, mantendo-se na íntegra a viabilidade jurídica do querer exarado. Caberá ao juiz, depois do óbito do testador e recebendo o documento de quem estiver a tanto legitimado, verificar se é digno da credibilidade e se há elementos suficientes para gerar a confirmação e o cumprimento. Antes de proferir a decisão, terá o magistrado de encaminhar os autos ao Ministério Público, que emitirá parecer.

Observe-se que a regra legal menciona a expressão "sem testemunhas", exatamente para acentuar a impossibilidade da presença delas frente ao interessado. Portanto, não se admite testamento particular com mera dispensa das testemunhas, pois isso facultaria decisão arbitrária do testador em qualquer conjuntura. Na realidade, as circunstâncias excepcionais é que devem justificar a ausência de testemunhas. Por outro lado, nada impede que o juiz promova a instrução do feito com vista à obtenção de maiores subsídios probantes (*v. g.*, oitiva de testemunhas, realização de perícias etc.), a fim de que se chegue a uma decisão adequada e justa acerca da viabilidade da cédula testamentária.

13.4.2. Outras considerações relevantes

Morto o testador, publicar-se-á em juízo o testamento, com citação dos herdeiros legítimos (art. 1.877 do Código Civil). Ao herdeiro, legatário ou testamenteiro, assim como a qualquer outro interessado, caberá requerer, depois da morte do testador, a adoção da referida providência. A petição será instruída com a cédula do testamento particular (parágrafo único do art. 1.130 do Código de Processo Civil). Recebendo o pedido, o juiz fará citar os herdeiros legítimos, a fim de que acompanhem a tramitação do processo e possam, sendo o caso, apresentar impugnações.

Serão intimados para a inquirição das testemunhas que assinaram o instrumento, afora as pessoas a quem caberia a sucessão legítima, o testamenteiro, os herdeiros, os legatários que não tiverem requerido a publicação e o Ministério Público. As pessoas, que não forem encontradas na comarca, serão intimadas por edital. Inquiridas as testemunhas, poderão os interessados, no prazo comum de cinco dias, manifestar-se sobre o testamento (arts. 1.131 e 1.132 do Código de Processo Civil).

As questões relativas à falsidade do testamento, suscitadas pelos interessados, poderão ser dirimidas nos próprios autos formados a partir da apresentação do instrumento ao juiz competente. Isto se for possível solucioná-las com a designação de perito a apresentação do respectivo laudo. Havendo mais profundos questionamentos em torno das disposições de última vontade, as partes deverão ser remetidas às vias ordinárias.

Se as testemunhas forem contestes sobre o fato da disposição, ou, ao menos, sobre a sua leitura perante elas, e se reconhecerem as próprias assinaturas, assim como a do testador, o testamento será confirmado (*caput* do art. 1.878 do Código Civil). As testemunhas não têm a função de afirmar que o teor da cédula é coincidente com aquele que foi apresentado ao juiz, mesmo porque no mais das vezes não terão lembrança de detalhes da leitura feita pelo testador. Em vista disso, a sua missão consiste apenas em dizer se houve a disposição pelo testador, e se o instrumento lhes foi lido pessoalmente por ele. A resposta positiva a um desses aspectos leva à confirmação do testamento. As testemunhas funcionam como fiscais da regularidade do ato, de maneira que a sua oitiva em juízo tenciona aferir se foram cumpridas as formalidades essenciais preconizadas pelo ordenamento jurídico.

Caso as testemunhas não destoem em seus depoimentos, afirmando o fato da disposição, ou, ao menos, a leitura do testamento perante elas, o juiz o confirmará. Para que isso ocorra é necessário, ainda, o reconhecimento das próprias assinaturas pelas testemunhas no instante em que lhes for apresentado pelo juiz o instrumento que contém as declarações de última vontade. Não haverá confirmação do testamento quando dissonantes as testemunhas em torno de ambos os aspectos referidos na supracitada norma, ou se negarem a autenticidade das respectivas assinaturas, ou da firma do testador, apostas no documento, exceto quando provado que o dissidente agiu com malevolência, pois então poderá ser atendido ao que dispôs o autor da herança, se do restante do contexto for extraída a regularidade da cédula.

Se faltarem testemunhas, por morte ou ausência, e se pelo menos uma delas o reconhecer, o testamento poderá ser confirmado, se, a critério do juiz, houver prova suficiente de sua veracidade (parágrafo único). Na hipótese de faltarem todas as testemunhas que assinaram a cédula, por morte ou ausência, o juiz não confirmará o testamento. É que então não haverá possibilidade de atestar a ocorrência da disposição ou da leitura pessoal, nem como verificar a autenticidade das assinaturas das testemunhas e do testador.

Remanescendo apenas uma das testemunhas que figuram no testamento, o juiz poderá ainda assim confirmá-lo, desde que ela o reconheça como sendo o instrumento das derradeiras disposições do testador. Isso se dá mediante afirmação da ocorrência do fato da disposição, ou, ao menos, da sua leitura pelo testador perante as testemunhas. É necessário, ainda, que seja reconhecida a própria assinatura, e a do testador, na cédula testamentária. Com base nisso, caberá ao juiz, ouvido necessariamente o Ministério Público, dizer se entende suficientes as provas coletadas e confirmar ou não o testamento. Confirmado, mandará fazê-lo registrar, arquivar e cumprir, se lhe não achar vício externo, que o torne suspeito de nulidade ou falsidade. Cabe recurso de apelação da decisão que não confirma o testamento, seja qual for o fundamento deduzido pelo julgador na sentença.

Capítulo 14

DOS CODICILOS

14.1. Conceito e objeto

Assim como se dá com o testamento, o codicilo também é ato de última vontade. O seu alcance, todavia, mostra-se bastante reduzido se comparado com o potencial espectro de abrangência das cédulas testamentárias. Trata-se de escrito destituído de maior rigor formal, que é redigido, datado e assinado por pessoa capaz de testar, contendo determinações ou recomendações para serem cumpridas depois da sua morte. Em codicilo a pessoa dispõe sobre temas de menor expressão econômica, pequenas despesas e graciosidades, *v. g.*, destinação de esmolas, móveis, roupas, joias de pouco valor etc., podendo ainda fazer manifestações de caráter extrapatrimonial, *v. g.*, lugar do enterro, velório e assim por diante.

O art. 1.881 do Código Civil traz as linhas básicas do instituto: "Toda pessoa capaz de testar poderá, mediante escrito particular seu, datado e assinado, fazer disposições especiais sobre o seu enterro, sobre esmolas de pouca monta a certas e determinadas pessoas, ou, indeterminadamente, aos pobres de certo lugar, assim como legar móveis, roupas ou joias, de pouco valor, de seu uso pessoal". Como se vê, o codicilo é um instrumento de diminuta solenidade em sua constituição, o que o afasta do testamento nesse particular, já que a iniciativa de testar é cercada por normas que a fazem muito solene, objetivando atribuir-lhe maior segurança jurídica.

As matérias a serem abordadas em codicilo não poderão, em hipótese alguma, extrapolar o elenco estabelecido taxativamente pelo legislador. Destarte, veda-se ao indivíduo discorrer em codicilo sobre temas como deserdação, reabilitação do sucessor indigno, reconhecimento de filhos, instituição de herdeiros ou legatários de quinhões ou coisas valiosas etc. Tudo o que extrapolar as fronteiras normativas estará irremediavelmente fadado à mais absoluta nulidade, porque a matéria é regida por dispositivos de ordem pública.

Embora exista uma corrente que admite a viabilidade de se reconhecer filhos de fora do matrimônio por meio de codicilo, a melhor posição não é essa, de vez que a própria lei restringe o vigor do instrumento ao permiti-lo apenas para finalidades de relevância acessória ou secundária. Logo, o teor do art. 1.609, I, do Código Civil, ao se reportar à perspectiva da aplicação do *instrumento particular* como mecanismo de reconhecimento, não quer incluir o codicilo nesse universo.

A nomeação ou a substituição de testamenteiro também é tema passível de abordagem em codicilo, por força de expressa menção contida no art. 1.883 do Código Civil. Ao invés de lavrar novo testamento com a única finalidade de promover a medida, pode o interessado optar pela confecção de codicilo cujo desiderato, exclusivo ou associado a outros, seja o de nomear testamenteiro para funcionar após a sua morte no cumprimento do conteúdo da cédula testamentária já perfectibilizada. A substituição de testamenteiro regularmente nomeado em testamento anterior pode ser formulada no âmbito do codicilo, de maneira que essa vontade, embora deduzida em instrumento de menor espectro jurídico, acaba por sobrepor-se à antecedente em virtude da direta referência normativa.

Como frisado, o codicilo pode ser empregado para disposições de pequena envergadura econômica. A lei não estabelece um limite pecuniário dentro do qual se deva situar a vontade do indivíduo. A doutrina e a jurisprudência, porém, encarregaram-se de esclarecer o alcance da regra legal, afirmando que em hipótese alguma o somatório das previsões codicilares poderá superar dez por cento do acervo patrimonial do disponente. Se ainda assim o volume econômico final for muito expressivo, o juiz reduzirá equitativamente as disposições de vontade constantes da cédula, a fim de adequá-las ao desiderato normativo. Ainda que essa possibilidade esteja legalmente reservada ao testamento, inexiste motivo para obstar a sua utilização no codicilo, eis que esse procedimento evitará a integral supressão da derradeira vontade do autor das previsões e manterá intacto tudo aquilo que puder ser aproveitado. Tal circunstância, porém, não impede que em determinados contextos o codicilo todo se faça insubsistente, *v. g.*, se for deixado para certa pessoa o único automóvel do disponente.

A aferição de eventual excesso, para fins de corte e adaptação, não é balizada em qualquer aspecto pelo legislador, devendo ser realizada a partir do senso comum do que seja ou não uma excrescência, considerada a realidade social e econômica prevalente à época do óbito. Enfim, a questão do limite econômico da disposição codicilar precisará ser analisada em cada situação concreta. O que para determinada pessoa considera-se ínfimo valor, para outra talvez represente grande parte de seu patrimônio. Logo, a eficácia do codicilo somente é aferida no contexto em que se insere a disposição, sendo certo que não constitui mecanismo para vultosas e dispendiosas declarações de última vontade.

14.2. Requisitos e cumprimento

O art. 1.881 do Código Civil diz que tem capacidade para fazer codicilo toda pessoa capaz de testar. Assim, estão aptos a elaborar aquela disposição de última vontade os maiores de dezesseis anos de idade, contanto que mentalmente aptos. Cabe destacar que, além dos incapazes, não podem testar os que, no ato de fazê-lo, não tiverem pleno discernimento (art. 1.860 da codificação), nisso incluídos os indivíduos afetados, embora circunstancialmente, por qualquer causa de estreitamento do fator cognitivo, *v. g.*, por embriaguez, consumo de entorpecentes, acidentes e assim por diante.

Quanto à forma, será necessariamente escrita, admitida a de natureza particular. Em princípio, poder-se-ia ter a impressão de que o legislador exige a lavratura hológrafa, de próprio punho, pelo disponente. Na verdade, só não é possível que alguém manuscreva total ou parcialmente a cédula em lugar do emitente da vontade. Mas é perfeitamente factível a digitação do instrumento, desde que cumpridas as demais prescrições legais. Isso não afetará a consistência das disposições formuladas, ao que se associa o fato de igual método ser admitido na elaboração de cédulas testamentárias.

Ao dizer que o titular do interesse terá de se valer de *escrito particular seu, datado e assinado*, o já referido art. 1.881 da codificação está impondo a adoção de forma que outorgue certeza acerca da origem da vontade exarada. Isso deriva da assinatura do disponente — vedada aquela inserida a rogo — em todas as folhas do codicilo, ato que faz *seu* o teor da cédula. Por outro lado, a aposição da data no final também é elemento imprescindível e assume contornos de formalidade *ad solemnitatem*, pois, ao contrário do que se dá no testamento, foi explícita a referência normativa à necessidade de indicação desse elemento. Ele serve para situar no tempo o codicilo, fazendo-o prevalecer ante eventuais disposições posteriores, feitas noutra cédula de igual natureza.

Como quem pode o mais pode o menos, nada impede que o interessado opte pela escritura pública, haja vista inclusive a circunstância de atribuir maior segurança jurídica às disposições de última vontade. Confeccionado pelo tabelião, o escrito relatará de maneira fidedigna a vontade emitida pelo disponente, que terá de saber ler para viabilizar a posterior conferência pessoal do instrumento formatado. Será nulo o codicilo se o interessado não souber ler e assinar, afigurando-se inviável contornar tais defeitos por outros meios, *v. g.*, lendo ao disponente o teor da cédula ou permitindo que alguém a assine a seu rogo.

O codicilo pode ser gerado de maneira autônoma ou servir de complementação do testamento válido. A lei não exige a adoção de forma especial para as previsões codicilares, dada sua singeleza e pequena monta econômica. A feitura de codicilo não fica vedada apenas porque existe testamento anterior, sendo perfeitamente possível a convivência entre ambos os institutos como manifestações de derradeira vontade da pessoa (art. 1.882 do Código Civil). De outra banda, quem faz codicilo não está obrigado a confeccionar testamento, haja vista a independência dos respectivos mecanismos de funcionamento. Ressalvam-se em qualquer circunstância, porém, os direitos de terceiros, de vez que a manifestação somente é observada quando não atinge prerrogativas alheias. Por óbvio, disposição de coisa alheia ou de bem que já não mais integra o patrimônio do *de cujus* ao tempo da abertura da sucessão é juridicamente inviável.

Os codicilos são cumpridos pelo mesmo modo que se dá o cumprimento da cédula testamentária particular. Caberá a qualquer sucessor ou interessado, depois do óbito do autor das disposições, apresentar o codicilo ao juiz competente, requerendo a observância das disposições nele contidas. O testamenteiro — se o dono do acervo tiver deixado também um testamento — poderá assim proceder, ocasião em que postulará o atendimento tanto do codicilo como da cédula testamentária. Apresentado o codicilo ao juiz, e não havendo testamenteiro previamente nomeado pelo testador, será designada pessoa apta a assumir essa condição jurídica, ficando encarregada, então, de acompanhar o integral respeito à última vontade exarada.

Estando aberto o codicilo, não haverá necessidade de maiores formalidades para o seu cumprimento, bastando a apresentação ao juiz, que o mandará observar dentro do processo de inventário. Se o codicilo estiver fechado, a sua abertura se fará nos mesmos moldes em que se procede com o testamento cerrado (art. 1.885 do Código Civil). Em razão disso, depois do falecimento do autor, o codicilo será apresentado ao juiz, que, ouvido o Ministério Público, mandará registrar, arquivar e cumprir as disposições, se lhe não achar vício externo, que o torne suspeito de nulidade ou falsidade (art. 1.126 do Código de Processo Civil).

14.3. Revogação do codicilo

Os codicilos revogam-se por atos iguais, e consideram-se revogados, se, havendo testamento posterior, de qualquer natureza, este os não confirmar ou modificar (art. 1.884 do Código Civil). É evidente, por assim dizer, que o legislador brasileiro admite a revogação expressa e, com iguais efeitos, a tácita. Revoga-se expressamente o codicilo por meio da lavratura de outro, quando faz direta referência à supressão da validade da cédula anterior. De banda diversa, haverá revogação tácita sempre que o codicilo posteriormente elaborado contiver disposição que se torne inexequível por entrar em conflito com previsão contida na cédula precedente. Exemplo: se inicialmente o autor da previsão deixara para o sujeito "A" certa joia e depois, noutro codicilo, determina que seja entregue à pessoa "B", estará tacitamente revogada a primeira disposição, prevalecendo em todo o seu conteúdo a segunda.

É preciso observar que a revogação expressa do codicilo também pode ocorrer por meio de previsão ínsita em testamento, pois nesse caso o testador diz de maneira direta que não mais quer manter as disposições codicilares. Trata-se de um mecanismo de supressão integral do codicilo, mas nada obsta que o testador opte por revogar apenas parte dele, afirmando quais as previsões que torna insubsistentes. Por força do teor da parte final do art. 1.884 do Código Civil, admite-se também a revogação tácita do codicilo pela cédula testamentária, bastando para isso que o testador não se reporte nem faça qualquer menção ao codicilo anteriormente confeccionado. Na verdade, gera-se presunção absoluta no sentido de que a falta de referência ao codicilo, em testamento lavrado depois daquele, implica na vontade de tornar insubsistentes as disposições codicilares.

Vale dizer que a superveniência de qualquer espécie de testamento, seja ordinária ou especial, é capaz de promover o fenecimento integral do codicilo, salvo, como referido, se a cédula testamentária contiver expressa referência à manutenção do codicilo, ou modificar-lhe o conteúdo. Embora haja opiniões em contrário, não há como pugnar pela conservação do instrumento que não foi citado no testamento posterior. Ainda que nenhuma colisão exista entre as disposições de última vontade, é consequência imediata da lei a invalidação do codicilo pelo silêncio do testador.

Em nenhuma hipótese o codicilo terá força para revogar, seja expressa ou tacitamente, qualquer previsão inserida em testamento, já que este é dotado de muito maior vigor jurídico do que aquele. É relevante salientar que nem mesmo naquelas previsões próprias de codicilo e inerentes à sua natureza (v. g., esmolas) haverá afetação do testamento que acaso contiver manifestação diversa daquela posta no codicilo posteriormente lavrado. Prevalecerá sempre o testamento, eis que repositório mais abalizado do derradeiro querer do titular do acervo, a menos que seja nula a cláusula testamentária, ou toda a cédula, que contraria a previsão codicilar, pois então se dará cumprimento unicamente ao codicilo.

Capítulo 15

DOS TESTAMENTOS ESPECIAIS

15.1. Considerações gerais

Em princípio, todas as pessoas que pretendem testar devem eleger uma das modalidades ordinárias de testamento. É a tônica da sucessão, quando regida pela última vontade do indivíduo, a ser manifestada segundo os cânones expressamente elencados no ordenamento jurídico. Quem estiver postado em um contexto fático de normalidade terá, necessariamente, de fazer as suas derradeiras disposições pelas vias comuns, ficando vedado, para fins de elaboração do testamento, qualquer acesso aos mecanismos diferenciados previstos em lei.

Como referido, são ordinários os testamentos público, particular e cerrado (art. 1.862 do Código Civil), sendo absolutamente impossível ao testador mesclar tais modalidades, fazendo-as híbridas ou criando novas de conformação atípica. Em determinadas situações, porém, mostra-se demasiadamente rígido exigir da pessoa que se submeta ao tratamento legislativo tradicional, dadas as circunstâncias *sui generis* do contexto em que se insere.

Em vista disso, o ordenamento jurídico idealizou formas especiais ou extraordinárias de testamento, voltadas para a guarida dos interesses sucessórios de quem se submete a especial condição de fato. Isso acontece, fundamentalmente, em consideração ao local onde o interessado se encontra no momento de testar (desempenhando as suas funções ou apenas em deslocamento), e à consequente dificuldade de acesso às formas convencionais de manifestação da última vontade.

Os testamentos especiais caracterizam-se pela menor rigidez de forma, com abreviação de solenidades e de imposições, tudo em nome da celeridade reclamada pelo contexto vivenciado. Dadas as circunstâncias de tempo e lugar, não há como exigir a presença de agentes do serviço público e a observância de ritos morosos ou complexos. Em razão dessa maior flexibilidade, do que resulta menor segurança jurídica, o legislador plantou nos testamentos especiais a semente da própria insubsistência, que se fará sentir sempre que o testador sair incólume da situação excepcional em que estava inserido. A maior fragilidade, portanto, é outro dos caracteres dessas espécies testamentárias, que podem tornar-se insubsistentes em determinadas situações.

São três as modalidades especiais de testamento: marítimo, aeronáutico e militar (art. 1.886 do Código Civil). Trata-se de elenco taxativo, que não admite ampliação nem alteração de qualquer natureza (art. 1.887 da codificação). Suas regras têm de ser seguidas exatamente como postas, sob pena de invalidade das derradeiras disposições volitivas formuladas pelo testador. Em contrapartida, e isso já foi asseverado, tais instrumentos apresentam construção simplificada, exatamente com vistas a facilitar a elaboração de cédulas válidas e eficazes. Ademais, as particularidades que cercam as pessoas a quem se faculta o acesso às formas extraordinárias de testamento recomendam o oferecimento de mecanismo jurídico ágil e produtivo para o adequado desenvolvimento da tarefa.

Os testamentos especiais ficam também submetidos, assim como os de formatação ordinária, às regras gerais que norteiam as manifestações de última vontade. Aspectos como os relacionados à capacidade para testar (arts. 1.860 e 1.861), disposições testamentárias em geral (arts. 1.897 a 1.900), capacidade para suceder (arts. 1.799 a 1.801), entre outros, aplicam-se indistintamente a todas as modalidades, porque integram a estrutura básica de toda elaboração volitiva derradeira.

15.2. Testamento marítimo

Quem estiver em viagem, a bordo de navio nacional, de guerra ou mercante, pode testar perante o comandante, em presença de duas testemunhas, por forma que corresponda ao testamento público ou ao cerrado (*caput* do art. 1.888 do Código Civil). Os dois requisitos básicos para que isso ocorra são o risco de vida que acomete o testador e a inviabilidade de acesso ao solo para elaboração de cédula pela forma ordinária. Essa modalidade testamentária é factível durante deslocamentos em embarcação nacional de qualquer dimensão, seja de guerra ou mercante, nisso incluídos os de turismo e passageiros. É irrelevante verificar se a viagem está sendo desenvolvida em águas nacionais ou estrangeiras, pois em qualquer delas é admissível a confecção do testamento especial.

Afigura-se fundamental, porém, a circunstância de serem águas marítimas, o que exclui a possibilidade de testar quando da realização de deslocamentos por vias lacustres ou de rios navegáveis, porque então ficará acessível a terra firme com vistas à confecção de cédula ordinária, observadas as exigências legais que lhe são pertinentes. De outra banda, o *nomem juris* dado pelo ordenamento ao instituto revela claramente o desiderato do legislador quanto à capacidade ativa para testar.

Não se faculta a opção pelo testamento marítimo quando o navio, mesmo depois de iniciada a viagem, estiver ancorado em algum porto e for viável ao testador o desembarque e a elaboração das declarações de última vontade seguindo alguma das formas ordinárias (art. 1.892 do Código Civil). Na hipótese de lavratura da cédula nesse contexto, ela não valerá. Efetivamente, nada justifica a intenção de confeccionar testamento especial quando plenamente exequível qualquer das modalidades comuns, de vez que estas constituem a regra geral, enquanto aquele configura exceção. Porém, se o navio está ancorado em determinado porto, mas não se mostra possível ao testador formular testamento ordinário (*v. g.*, por falta de oficial público na localidade, impedimento físico, moléstia contagiosa, etc.), admite-se que redija validamente cédula de natureza marítima.

O testamento marítimo deve ser feito perante o comandante da embarcação, ou de quem circunstancialmente as vezes lhe faça por impedimento daquele, como, por exemplo, no caso de doença ou de ser ele mesmo o testador. A propósito, convém salientar que qualquer pessoa que esteja a bordo, seja passageiro ou tripulante, pode testar. Em qualquer das hipóteses, exige-se sempre a presença de ao menos duas testemunhas, livremente escolhidas dentre as pessoas que se encontram no navio. Não há normas específicas para a seleção, nem ordem de preferência embasada na função, categoria ou qualidade dos indivíduos.

Para a confecção do testamento marítimo, serão observadas as formalidades que o façam corresponder ao testamento público ou ao cerrado. Cuida-se de opção conferida ao testador, mas, uma vez realizada a escolha, deverá necessariamente atender às pertinentes exigências legais, sob pena de absoluta insubsistência do ato.

Elegendo forma correspondente ao testamento público, a lavratura das declarações de última vontade ficará a cargo do comandante da embarcação, que se valerá de manuscrito, processo mecânico ou eletrônico. Logo após a redação, o instrumento será lido em voz alta pelo redator ao testador e às testemunhas, a um só tempo, ou pelo testador, se o quiser, na presença delas e de quem redigiu as disposições de última vontade. Em seguida à leitura, assinarão a cédula o testador, as testemunhas e o comandante. Se o testador não souber, ou não puder assinar, o comandante ou seu substituto assim o declarará, assinando, neste caso, pelo testador, e, a seu rogo, uma das testemunhas (art. 1.865 do Código Civil). Importa asseverar que as pessoas designadas como testemunhas deverão estar presentes a todo o ato, sendo nulo o testamento quando comparecerem apenas para firmar o instrumento lavrado.

Caso o testador opte por testamento marítimo que corresponda à forma cerrada, deverá ele próprio lavrar a cédula, ou alguém a seu rogo (art. 1.868 do Código Civil), seja por manuscrito, processo mecânico ou eletrônico, em língua nacional ou estrangeira. Depois disso, o testador assinará — ou quem o redigiu a rogo, assim declarando no instrumento — e entregará a cédula ao comandante ou a quem as vezes lhe faça, dizendo ser o seu testamento e que deseja a respectiva aprovação. Tudo perante duas testemunhas livremente escolhidas dentre os que se encontram no navio, que a tudo terão de estar presentes. Ato contínuo o comandante certificará todo o ocorrido logo depois da última palavra da cédula, aprovando-a como testamento, que conterá a assinatura dele, das testemunhas e do testador.

Como não há oficial público a gerenciar o andamento dos trabalhos visando à perfeita conformação do testamento, o registro do instrumento em que constam as declarações de última vontade será feito no diário de bordo (parágrafo único do art. 1.888 do Código Civil). Este nada mais é do que o documento oficial das ocorrências verificadas no navio, de maneira que nele se inscreve também o fato de o testador haver formulado a bordo as suas derradeiras declarações de vontade.

Em vez de testar segundo a modalidade especial, o interessado que estiver em viagem marítima poderá optar pela elaboração de testamento particular, desde que observadas as prescrições contidas nos arts. 1.876 a 1.880 do Código Civil. É livre a escolha entre tais espécies testamentárias, pois as circunstâncias fáticas indicam a plausibilidade de qualquer delas.

O comandante do navio ou da aeronave em que foi confeccionado o testamento especial não pode permanecer indefinidamente com a documentação em seu poder, eis que a sua tarefa é de atuar como mero guardião temporário. Chegando ao primeiro porto dentro do território nacional, deverá entregar o instrumento às autoridades administrativas que nele funcionarem, as quais passarão à condição de depositárias em substituição ao comandante (art. 1.890 do Código Civil). Ao promover a entrega da documentação às autoridades administrativas do porto, o comandante fará com que passem o correspondente recibo, averbado no diário de bordo. Tal recibo constitui a garantia, em favor do comandante, de que efetivamente repassou a quem de direito os documentos relativos às declarações de última vontade.

O fato de o comandante não promover a entrega no local e no tempo indicados não importa na insubsistência do testamento, pois seria demasiado gravoso ao testador esse desfecho. Ele não pode ser prejudicado pela desídia alheia, nem deixar a plenitude jurídica do testamento à mercê de tal conduta. Em face disso, e contanto que em momento posterior e oportuno cheguem às mãos das autoridades competentes, as derradeiras declarações volitivas terão pleno vigor.

Como frisado, os testamentos especiais possuem eficácia temporária, dada a excepcionalidade das circunstâncias que ensejam a sua confecção. Por isso, caducam inapelavelmente se o testador não morrer na viagem nem nos três meses subsequentes ao desembarque em terra, onde possa testar por alguma das formas ordinárias (art. 1.891 do Código Civil). Não importa se a chegada ao solo se deu em território nacional ou estrangeiro, contanto que nele o interessado possa testar. A sobrevivência do testador e a sua posterior inércia em relação à feitura de testamento ordinário implicam no fenecimento da cédula especial, pois fazem presumir o desinteresse da pessoa pela conservação dos efeitos das declarações de vontade exaradas em situação excepcional. Porém, cumpre salientar que, se o testador falecer dentro do aludido período de três meses, o testamento especial será cumprido integralmente.

Em virtude desses mesmos fundamentos, resta evidente que o testamento especial deixa de subsistir também na hipótese de o testador elaborar novas disposições testamentárias posteriormente ao desembarque em terra, a qualquer tempo. A elaboração de outras previsões, com substrato em alguma das formas ordinárias, afeta irremediavelmente aquelas consignadas na cédula especial, ainda que não as contrariem nem as revoguem expressamente.

15.3. Testamento aeronáutico

Quem estiver em viagem, a bordo de aeronave militar ou comercial, pode testar perante pessoa designada pelo comandante, observado o disposto no artigo antecedente (art. 1.889 do Código Civil). O testamento aeronáutico segue as mesmas orientações técnicas do marítimo, motivo pela qual não serão repetidas agora as informações já constantes do tópico antecedente. A única diferença é que o ato de testar se dará perante pessoa designada pelo comandante, e não diante dele mesmo, dado seu envolvimento com a segura condução da aeronave.

A escolha do sujeito responsável pela condução dos trabalhos de formalização da cédula é prerrogativa exclusiva do comandante ou de quem as vezes lhe fizer, sendo-lhe facultado eleger qualquer dos presentes. Quanto aos demais aspectos, valem aqui exatamente as mesmas considerações expendidas quando da análise do testamento marítimo. Cabe destacar a necessidade da presença de duas testemunhas, que podem ser selecionadas pelo testador ou pela pessoa encarregada de conduzir as atividades.

Podem fazer testamento aeronáutico todos os que estiverem em viagem a bordo de aeronave de natureza militar ou comercial, independentemente de se localizar em espaço aéreo brasileiro ou estrangeiro quando da lavratura da cédula. O pressuposto básico da viabilidade dessa espécie testamentária é a existência de risco de vida, que acomete o indivíduo que está a bordo. Admite-se a elaboração de testamento especial nos casos em que, estando o veículo parado em aeroporto, não seja viável o desembarque para a feitura de testamento ordinário, seja por razões de segurança ou por situações extraordinárias, *v. g.*, a súbita afetação da saúde do testador. O mesmo se dá quando, embora possível o desembarque, inexistem condições técnicas para a confecção de testamento ordinário, *v. g.*, parada em aeroporto estrangeiro, falta de oficial público na localidade etc.

Assim como se dá em relação ao testamento marítimo, no caso do aeronáutico ele poderá corresponder à forma pública ou cerrada, por força do disposto no art. 1.888 do Código Civil. Nada obsta a confecção de instrumento digitado, embora normalmente seja manuscrito, dada a maior facilidade de redação. O testamento aeronáutico ficará sob a guarda do comandante, que o entregará às autoridades administrativas do primeiro aeroporto nacional, contra recibo averbado no diário de bordo (art. 1.890 da codificação).

Caducará o testamento aeronáutico, se o testador não morrer na viagem, nem nos noventa dias subsequentes ao seu desembarque em terra, onde possa fazer, na forma ordinária, outro testamento (art. 1.891 do Código Civil). Desaparecida a emergência que embasava a iniciativa, deve-se dar prioridade às modalidades comuns de testamento, porque revestidas de grande segurança jurídica. É a mesma solução encontrada pelo legislador para o testamento marítimo, haja vista a necessidade de viabilizar, sempre que possível, a lavratura de uma cédula carregada de mais acentuado rigor técnico. Sabe-se que os testamentos especiais não se submetem à maioria das formalidades inerentes às espécies ordinárias, em nome da excepcionalidade do quadro fático em que se insere o testador.

Impende frisar que a pessoa a bordo de aeronave pode livremente optar pela confecção de testamento particular, observadas as regras pertinentes à matéria. Assim, a escolha da modalidade especial fica a cargo do testador, a quem cabe decidir pela adoção de um procedimento volitivo em si mesmo perene ou se o quadro dos fatos indica ser melhor a confecção de uma cédula menos rigorosa em termos formais.

15.4. Testamento militar

O testamento dos militares e demais pessoas a serviço das Forças Armadas em campanha, dentro do País ou fora dele, assim como em praça sitiada, ou que esteja de comunicações interrompidas, poderá fazer-se, não havendo tabelião ou seu substituto legal, ante duas, ou três testemunhas, se o testador não puder, ou não souber assinar (*caput* do art. 1.893 do Código Civil). Como se percebe, essa modalidade pode ser utilizada não apenas por militares propriamente ditos, como também por pessoas circunstancialmente a serviço das Forças Armadas, embora se enquadrem como civis (médicos, religiosos, pessoal de apoio, etc.), quando verificadas as peculiaridades fáticas estabelecidas na lei.

Pressuposto essencial da realização dessa espécie de declaração de última vontade é a existência de perigo real para a vida do testador, associado à impossibilidade de se afastar de onde está com vistas à lavratura de cédula ordinária. Em face do exposto, estão legitimados a testar segundo a forma ora analisada: a) os que estiverem em campanha interna ou externa, seja em guerra propriamente dita ou em missões de paz (estas últimas, necessariamente, em território estrangeiro); b) os que se encontrarem em praça sitiada, qualquer que seja a sua localização; c) os que estiverem isolados em praça de comunicações cortadas. Cabe destacar que o testamento militar está ao alcance tanto de indivíduos ligados ao Exército como daqueles vinculados à Marinha ou à Aeronáutica, dada a amplitude do alcance pretendido pelo legislador ao disciplinar a matéria. Entendimento ainda mais ampliado preconiza a viabilidade dessa espécie testamentária também para os policiais militares estaduais e federais, desde que estejam diretamente envolvidos nas atividades de campanha citadas no ordenamento, em auxílio às Forças acima referidas.

Na hipótese de o testador pertencer, quando da confecção do testamento, a grupo militar separado daquele em que originalmente atuava, ficará encarregado da redação das declarações o respectivo comandante. Desimporta, em tal contexto, o posto ou graduação do redator, de maneira que será válido o testamento ainda que escrito por comandante de posto ou graduação inferior à do autor das disposições volitivas (§ 1º do art. 1.893 do Código Civil).

Estando o testador internado em hospital, a redação da cédula far-se-á pelo respectivo oficial de saúde, mas em nada se afetará a validade do testamento caso seja escrito pelo diretor do estabelecimento (§ 2º). Cumpre observar que o conceito de *hospital*, para fins de aplicação da regra legal, abrange não apenas os estabelecimentos de saúde legalmente constituídos, como também os pontos de campanha montados às pressas e incumbidos de tratar dos doentes e feridos.

Caso o testador não pertença a corpo ou seção de corpo destacado, a cédula será redigida sempre por pessoa de graduação ou posto superior ao dele. Se o testador for o oficial mais graduado, ficará encarregado da redação o seu substituto legal (§ 3º). Trata-se de norma de rigorosa observância, pois o fato de o testamento ser escrito por indivíduo diverso do que estiver legitimado torna insubsistentes as declarações de vontade.

Se o testador souber escrever, poderá fazer o testamento de seu punho, contanto que o date e assine por extenso, e o apresente aberto ou cerrado, na presença de duas testemunhas ao auditor, ou ao oficial de patente, que lhe faça as vezes neste mister (*caput* do art. 1.894 do Código Civil). A modalidade militar guarda certa correspondência com o testamento ordinário particular ou cerrado, conforme, respectivamente, seja redigido com ou sem fechamento posterior. É escrito pelo testador de próprio punho ou com o auxílio de meio mecânico ou informatizado, não se admitindo em hipótese alguma que terceiro o faça, seja parcial ou totalmente. Mesmo que a norma legal diga ser viável a lavratura pelo interessado, *de seu punho*, deve-se entender esse dispositivo como sendo indicador da faculdade de manuscrever ou de se valer de digitação ou meio similar. Não há razão para exigir a escrita manual, uma vez que a aposição da assinatura em todas as folhas da cédula mecanicamente confeccionada atribui semelhante segurança ao teor das disposições.

Depois de lavrado, o testador lança a sua assinatura no instrumento, apresentando-o ao auditor militar, que é o juiz deslocado para julgar questões atinentes à campanha, ou ao oficial de patente que estiver circunstancialmente designado para lhe fazer as funções inerentes ao ato. Pelo menos duas testemunhas presenciarão a entrega do testamento, nada impedindo que o número seja maior. A cédula pode ser apresentada aberta ou fechada, sem que isso tenha qualquer interferência na sua validade. É bem verdade, contudo, que, se estiver fechada considera-se inviolável, de modo que a sua abertura antecipada implicará em caducidade.

A pessoa a quem foi apresentado o testamento fará nele uma nota, pela qual consignará o lugar, dia, mês e ano em que se deu a apresentação (parágrafo único do art. 1.894 do Código Civil). Se o testamento lhe foi entregue aberto, a anotação poderá ser feita tanto pelo lado de fora como no interior do instrumento. Estando fechado, é óbvio que somente por fora se admitirá a lavratura da nota, pois, se for devassado, tornar-se-á ineficaz.

A formatação da cédula militar também apresenta algumas semelhanças com a do testamento público ordinário. Isto porque é feito perante pessoa que cumpre o papel reservado, nas formas comuns, ao oficial público. É necessária a presença de duas testemunhas no acompanhamento do ato, mas o número aumentará para três se o testador não puder ou não souber assinar, caso em que uma delas assinará por ele. A ausência das testemunhas torna inválidas as declarações de última vontade. Não obstante, faz-se mister salientar que em termos jurídicos o testamento militar somente poderá assumir conformação similar às das modalidades cerrada e particular, consoante asseverado alhures.

Consoante expressa dicção do art. 1.896 do Código Civil, as pessoas designadas no art. 1.893 do mesmo diploma legal, estando empenhadas em combate, ou feridas, podem testar oralmente, confiando a sua última vontade a duas testemunhas. O quadro fático que permite o emprego desse testamento, chamado *nuncupativo*, é absolutamente excepcional. Isso porque muitas vezes os envolvidos em campanhas militares não têm condições de fazer testamento escrito, nem de atender às formalidades exigidas pela legislação, haja vista o fato de estarem envolvidas diretamente em combates ou feridas. Tolera-se, nesse contexto, que o interessado declare a derradeira vontade perante duas testemunhas, que depois da morte do testador ficarão encarregadas de transmiti-la com estrita fidelidade ao juízo competente, se já não a tiverem reduzido a escrito e apresentado ao auditor ou oficial militar oportunamente.

O testamento oral é tão raro quanto inseguro. Além de muito escassas as situações fáticas que autorizam a sua utilização, é potencialmente impreciso no conteúdo, pois a vontade final do testador dificilmente será transmitida com absoluta perfeição a quem de direito, seja pelas distorções de compreensão das testemunhas como pelas dificuldades e tensões do momento em que deduzida. De resto, há sempre o risco de que as pessoas a quem incumbiria transmitir a verdade fraquejem e não a revelem fielmente, seja por temor inconfessável ou mesmo em razão de lhes ter sido acenada alguma vantagem econômica escusa.

Não terá efeito o testamento verbal se o testador não morrer na guerra ou convalescer do ferimento (parágrafo único). Como não poderia deixar de ser, o testamento militar oral é de precária subsistência, não produzindo qualquer efeito se o testador sobreviver. A eficácia das declarações depende, portanto, da morte do autor da herança ao longo da campanha de que participa. Tanto é assim que, superado o risco imediato de vida pela retirada do testador do cenário dos combates, restará insubsistente a cédula ainda que o conflito não se extinga.

Nos mesmos moldes do que se verifica nos testamentos marítimo e aeronáutico, nada impede que a pessoa empenhada na campanha opte pela confecção de testamento ordinário, seguindo a forma particular, em vez de lavrá-lo sob a égide da formatação militar. Novamente entra em cena o livre-arbítrio do indivíduo quanto ao mecanismo de manifestação volitiva acerca da destinação dos bens para depois da sua morte, sendo-lhe assegurado escolher entre um meio mais ágil, de duração temporal potencialmente efêmera, e outro menos informal na lavratura, porém com acentuado grau de permanência no tempo.

Falecendo o testador, o herdeiro, o legatário ou o testamenteiro poderá requerer a publicação em juízo do testamento particular, inquirindo-se as testemunhas que lhe ouviram a leitura e, depois disso, o assinaram (art. 1.130 do Código de Processo Civil). Se elas reconhecerem que é autêntico o testamento, o juiz, ouvido o órgão do Ministério Público, fará a devida confirmação, ordenando que seja registrado, arquivado e cumprido, se lhe não achar vício externo, que o torne suspeito de nulidade ou falsidade (arts. 1.126 e 1.133, ambos do Código de Processo Civil).

Assim como acontece com os testamentos marítimo e aeronáutico, o de natureza militar também é de duração temporária em suas disposições, eis que confeccionado em situação especial e transitória. Destarte, se o autor estiver, ao longo de noventa dias seguidos, em lugar onde lhe seja viável testar por meio de alguma das formas ordinárias, como regra geral caducará integralmente a cédula militar (art. 1.895 do Código Civil). O prazo se conta a partir do dia em que o interessado chegar a algum local que possibilite a utilização de forma testamentária comum.

A caducidade do testamento militar, por expressa dicção da norma supracitada, não se verificará quando o auditor, ou o oficial a quem o testamento foi apresentado, inseriu nota, em qualquer parte dele, do lugar, dia, mês e ano em que se deu o fato, nota esta assinada por ele e pelas testemunhas. Nesse contexto, a cédula prevalecerá mesmo que transcorra período superior a noventa dias da chegada do testador ao local em que poderia testar pelos meios comuns. Em tal situação, as disposições de última vontade assinadas pelo auditor ou oficial, e pelas testemunhas, valerão como se não fossem parte de um testamento especial. O seu conteúdo continuará tendo validade até que seja revogado ou modificado por outro testamento, lavrado posteriormente e com observância das determinações normativas.

Capítulo 16

DAS DISPOSIÇÕES TESTAMENTÁRIAS

16.1. Considerações gerais

Nos tópicos precedentes, tratou-se de analisar a questão atinente às disposições testamentárias sob o prisma formal. A partir de agora, a tarefa consistirá em expor o tema relativo ao conteúdo do testamento, ou seja, examinar, considerado o aspecto material, as perspectivas e possibilidades de inserção de previsões na cédula, seja quanto à nomeação de herdeiros e legatários como à amplitude da liberdade de testar. O legislador também editou normas tendentes a disciplinar o modo de interpretação do testamento, com o fito de evitar desvios na captação do legítimo querer do disponente.

Consoante referido alhures, o testador pode fazer disposições de natureza patrimonial (*v. g.*, indicação de herdeiros, quantificação das liberalidades até o limite admitido em lei, etc.) ou extrapatrimonial (*v. g.*, reconhecimento de filho havido fora do casamento, aposição de cláusulas que gravam o acervo etc.). Estas últimas são muito raras, pois em geral a preocupação do disponente diz respeito a questões de índole eminentemente econômica.

Só poderão figurar como beneficiárias do testamento as pessoas naturais e as jurídicas mencionadas no Código Civil. Não é admitida, em hipótese alguma, a feitura de previsão em direto favor de seres irracionais ou de coisas. A única maneira de proteger os animais por intermédio de testamento consiste em encarregar alguém de cuidar dele, como requisito inarredável ao deferimento da herança ou do legado endereçado à pessoa a quem se atribuiu o mister. O mesmo vale quando se tenciona proteger alguma coisa, pois então o beneficiário deverá cumprir o encargo para ter o direito de auferir a vantagem testamentária.

Outro pressuposto de pertinência da disposição testamentária é que a indicação do titular do proveito recaia sobre pessoa existente ao tempo da morte do testador. Veda-se a deixa favorável a quem não esteja ao menos concebido no dia do óbito do *de cujus*, salvo nas hipóteses de fideicomisso, nomeação condicional ou nomeação de filhos, ainda não concebidos, de pessoas indicadas pelo testador, desde que vivas estas ao abrir-se a sucessão.

Como exceção, portanto, admite-se a destinação de benefício à prole eventual e ao nascituro, como se verá adiante. E também que a vantagem seja direcionada para pessoa jurídica ainda não constituída, desde que atendidas as imposições legais atinentes à espécie.

Quanto à interpretação do testamento, cuja disciplina normativa será analisada no tópico subsequente, algumas observações devem ser feitas desde já. A vontade a ser cumprida é estritamente aquela declinada pelo autor da herança nas suas derradeiras previsões. Tal elemento volitivo não poderá ser complementado, expandido ou restringido por qualquer outra manifestação exógena, anterior ou posterior ao óbito, ressalvada, na primeira hipótese, a feitura de outro testamento, destinado a explicitar, modificar ou suprimir determinações contidas no anterior.

Isso não obsta, todavia, a busca de integração da efetiva vontade do testador por meio do emprego, em sede judicial, de prova capaz de investigar o verdadeiro sentido de disposições que reclamam circunstancial aclaramento, sem que se possa, entrementes, divergir do genuíno querer testamentário, cujo núcleo deve estar precisamente delineado na cédula. Se assim não for, e dela não se mostrar viável extrair qualquer manifestação regularmente exequível, a sua própria subsistência no mundo jurídico ficará comprometida.

16.2. Normas de interpretação

Atento à importância de investigar a exata vontade do testador nos casos em que ela não se evidencie já à primeira inspeção, o Código Civil editou regras capazes de nortear a averiguação do querer testamentário. São dispositivos de ordem pública, aos quais se deve observância necessária, evitando-se, tanto quanto possível, qualquer exercício mental de ampliação ou restrição do seu conteúdo jurídico.

Quando a cláusula testamentária for suscetível de interpretações diferentes, prevalecerá a que melhor assegure a observância da vontade do testador (art. 1.899 do Código Civil). A aludida norma entra em sintonia com o art. 112 do mesmo diploma, segundo o qual nas declarações de vontade se atenderá mais à intenção nelas consubstanciada do que ao sentido literal da linguagem. É certo que a vontade do testador, manifestada expressamente ou inferida das circunstâncias, deve ser rigorosamente respeitada. Se estiver deduzida de maneira clara e escorreita, nenhuma outra forma de interpretação haverá de ser aplicada, senão a que decorra de sua própria construção, sob pena de restar afrontado o elemento subjetivo do autor da herança. Pairando dúvidas em torno do real ânimo do testador, porém, caberá ao juiz analisar a fundo todas as peculiaridades que cercam a disposição volitiva, a fim de extrair do contexto a verdadeira intenção do autor da herança.

As incertezas em torno da vontade real do testador muitas vezes decorrem de previsões dúbias, obscuras e de difícil compreensão. Se as disposições testamentárias não fornecem por si mesmas uma solução plausível quanto ao desiderato do testador, toma-se em consideração a literalidade da construção e todos os demais aspectos que cercavam o testador ao tempo em que confeccionou a cédula. Essa é a base sobre a qual se assentará a conclusão final acerca da vontade do *de cujus*, ainda que extraída por presunção.

Ainda que de contratação não se trate, a compreensão do testamento envolve um esforço interpretativo semelhante ao empregado na aferição do teor das relações contratuais, sem, todavia, conferir a mesma flexibilidade admitida na compreensão dos negócios *inter vivos*, pois as determinações unilateralmente produzidas na cédula precisam ser examinadas com absoluta cautela. Em razão disso, os princípios interpretativos básicos têm aplicação também no testamento, embora com as ressalvas feitas.

A conformação literal da cédula é importante, mas será integrada pela busca do sentido exato da linguagem do testador, que levará em conta, por exemplo, a circunstância de que prevalece o entendimento capaz de dar melhor sentido às disposições, descartando-se aquele que não as esclareça adequadamente. A pontuação do texto pode ser corrigida sempre que necessário, visando ao fim acima referido. A exegese se faz de maneira sistemática, ou seja, inserindo cada cláusula no quadro geral do testamento ao invés de tomá-la como um elemento autônomo e isolado. A busca de elementos externos só será admitida como fator de complementação da prova captada a partir da própria linguagem testamentária, afigurando-se inadequado definir integralmente o querer do autor da herança com substrato em circunstâncias probatórias colhidas exclusivamente no ambiente exógeno à cédula.

O art. 1.903 do Código Civil preconiza: "O erro na designação da pessoa do herdeiro, do legatário, ou da coisa legada anula a disposição, salvo se, pelo contexto do testamento, por outros documentos, ou por fatos inequívocos, se puder identificar a pessoa ou coisa a que o testador queria referir-se". Como se percebe, não é qualquer erro que se apresenta com força bastante para ensejar a anulação da disposição testamentária; somente os denominados erros substanciais, como definidos no art. 139 do Código Civil, produzem essa consequência.

Diz-se que são substanciais porque representam insuperável divergência entre a vontade internamente elaborada pelo testador e aquela que afinal restou exteriorizada, de maneira que o seu cumprimento no plano prático não faria respeitada a exata vontade do autor da herança. Como exemplo de erro substancial pode-se citar a designação de José como legatário, quando na realidade o testador pretendia beneficiar Francisco (erro quanto à pessoa). Também é o caso da deixa que recai sobre uma casa, quando o testador tencionava deixar a outra (erro quanto ao objeto). Na mesma senda, é possível invocar como exemplo o legado que se faz a Carlos, por ser autor de certa obra de arte, quando na verdade ela não é de sua autoria (erro quanto à qualidade essencial da pessoa).

Constatada a ocorrência de erro capaz de anular a disposição, a subsistência desta depende da conjugação de elementos outros que se mostrem hábeis a contornar o defeito. Embora o erro substancial geralmente leve ao fenecimento da disposição testamentária, nem sempre isso acontece. Se, em virtude do contexto global da cédula ou mesmo de elementos estranhos a ela (outros documentos disponíveis ou fatos inequívocos), for possível identificar a pessoa ou a coisa, a que o testador queria referir-se, a disposição de última vontade será observada. A solução contida na lei vai ao encontro do princípio segundo o qual o testamento deve ser aproveitado até onde as circunstâncias o permitirem, só deixando de prevalecer ante a existência de obstáculos absolutos e incontornáveis.

Quanto à ocorrência de erro no apontamento da pessoa a quem se direciona o proveito testamentário, é elucidativo o dizer de Orlando Gomes: "O erro na designação da pessoa do herdeiro, ou do legatário, não a anula se, pelo contexto do testamento, por outros documentos ou por fatos inequívocos, for possível identificar a pessoa a quem o testador queria referir-se" (obra citada, p. 157). Esse mecanismo de interpretação se aplica a todas as demais hipóteses de erro, contanto que respeitados os limites volitivos emergentes da cédula.

Vale observar que o erro meramente acidental não vicia a disposição testamentária, sendo exemplo disso o caso em que o autor da herança afirma que deixa certo veículo para o irmão Pedro, quando o nome do seu colateral é Pietro. Trata-se, à evidência, de singelo equívoco de secundária relevância, pois nenhum esforço exegético maior é necessário para identificar o exato desígnio do testador. Frisa-se outra vez, por relevante, que o único erro capaz de anular o teor da cédula é aquele que se revela substancial, porque insuperável mesmo com o emprego dos recursos interpretativos previstos em lei. É por isso que o ordenamento — segunda parte do art. 1.903 do Código Civil — admite até mesmo a hipótese de prevalência da disposição maculada por erro tecnicamente considerado substancial, se for possível superar o percalço por meio da escorreita interpretação do testamento.

A disposição geral em favor dos pobres, dos estabelecimentos particulares de caridade, ou dos de assistência pública, entender-se-á relativa aos pobres do lugar do domicílio do testador ao tempo de sua morte, ou dos estabelecimentos aí sitos, salvo se manifestamente constar que tinha em mente beneficiar os de outra localidade (*caput* do art. 1.902 do Código Civil). Outra vez fundado em aspectos humanitários, o legislador mitiga o rigor exegético e permite que se tomem como válidas disposições marcadas pela relativa incerteza quanto aos beneficiários da manifestação volitiva. A presunção contida na norma legal somente não se confirmará se for revelado, pela interpretação dos dizeres ínsitos no próprio testamento, que o testador pretendia favorecer os pobres ou organismos de outro lugar.

Os estabelecimentos a que se refere a lei não precisam estar dotados de personalidade jurídica no momento da abertura da sucessão. Mesmo os de existência apenas fática estarão aptos a recolher o benefício, haja vista a clara intenção do legislador no sentido de dar mais relevância à atividade desenvolvida pelas entidades do que à sua situação jurídica formal.

Nos casos acima referidos, as instituições particulares preferirão sempre às públicas (parágrafo único). Os organismos públicos de benemerência são mantidos pelos entes estatais, de maneira que desfrutam de maiores recursos para levar a cabo as atividades a que se dedicam. Já as de caráter privado ficam expostas às dificuldades inerentes à economia nacional, invariavelmente sujeita a percalços de toda ordem. Em função disso, se o testador não indicar a natureza — pública ou particular — dos estabelecimentos que pretende beneficiar, preferirão sempre estes àqueles.

O art. 1.904 do Código Civil diz: "Se o testamento nomear dois ou mais herdeiros, sem discriminar a parte de cada um, partilhar-se-á por igual, entre todos, a porção disponível do testador". É regra de aplicação subsidiária, pois só entrará em cena se o testador silenciar a respeito do tema nela versado. Não se manifestando o disponente acerca da parte a ser atribuída aos diversos herdeiros nomeados, presume-se que tenha pretendido deixar frações rigorosamente iguais entre si. Assim, se a cédula consignar que o autor da herança deixa a parte disponível de seu acervo para duas pessoas, uma e outra perceberão metade da porção sujeita à vontade testamentária, sem qualquer distinção em valores ou quantidade.

Por igual razão, se o testador não tiver herdeiros necessários e mencionar que deixa o acervo para dois ou mais indivíduos sem especificar quotas, dividir-se-á a totalidade do monte-mor em tantas parcelas quantos forem os nomeados.

O art. 1.905 estabelece: "Se o testador nomear certos herdeiros individualmente e outros coletivamente, a herança será dividida em tantas quotas quantos forem os indivíduos e os grupos designados". No caso de o testador referir expressamente a circunstância de que faz a deixa em forma de quinhões, atribuídos a indivíduos e a grupos sem especificação quantitativa de seu conteúdo, a herança será dividida em quotas cujo número corresponda ao de pessoas e agrupamentos coletivos formados pela vontade do *de cujus*. Exemplo: deixo para José e para os filhos de Mariana a parte disponível de meu acervo. A divisão far-se-á do modo seguinte: metade para o indivíduo (José) e metade para o grupo (prole de Mariana).

Em vista do conteúdo da regra, presume-se que o testador tencionou considerar cada grupo inteiro como se fosse uma só pessoa, e cada indivíduo como merecedor da mesma quota endereçada ao conjunto. Destarte, a atribuição de porções diferentes aos beneficiários, sejam agrupamentos ou pessoas, depende de direta instituição pelo testador, pois do contrário o acervo se partilhará segundo o modo posto acima.

Não há óbice algum a que a sucessão ocorra de maneira mista, distribuindo-se parte do acervo — a disponível, ou fração dela — segundo as regras da sucessão testamentária e o restante em conformidade com as normas pertinentes à sucessão legítima. Se forem determinadas as quotas de cada herdeiro, e não absorverem toda a herança, o remanescente pertencerá aos herdeiros legítimos, segundo a ordem da vocação hereditária (art. 1.906 do Código Civil).

Em face do exposto, caso o testador aponte com exatidão as quotas de cada herdeiro instituído, e o somatório das previsões contidas na cédula não alcance a totalidade da porção disponível, o conteúdo patrimonial remanescente será acrescido à legítima, a fim de que se distribua entre os sucessores indicados no ordenamento jurídico, em conformidade com a ordem de vocação hereditária nele estabelecida. Exemplo: José tem dois filhos e um acervo de 900. Por testamento, institui o amigo Antônio como herdeiro, destinando-lhe dois terços da parte disponível. Aberta a sucessão, Antônio receberá 300, enquanto aos filhos do *de cujus* será entregue o montante de 600 (450 em correspondência à legítima e 150 como remanescente da parte disponível), que se partilhará igualmente entre estes.

Outra situação interessante está prevista no art. 1.907 do Código Civil: "Se forem determinados os quinhões de uns e não os de outros herdeiros, distribuir-se-á por igual a estes últimos o que restar, depois de completas as porções hereditárias dos primeiros". Havendo instituição de dois ou mais herdeiros, e sendo discriminados os benefícios apenas de alguns, eles perceberão o que lhes foi destinado pelo testador, no limite da disponibilidade estabelecida pelo ordenamento jurídico. Após o pagamento dos quinhões determinados, apurar-se-á a sobra, que será distribuída em quotas iguais entre os herdeiros instituídos sem fixação de quinhões. Exemplo: Carlos nomeia como herdeiros João, Miguel e Marlene, dizendo que o primeiro receberá dois terços da parte disponível. Abstêm-se, porém, de mencionar os quinhões cabíveis aos últimos. Em vista disso, estes dividirão entre si, igualitariamente, o terço restante, direcionando-se a João a quota exata definida na cédula.

Na hipótese de nada sobrar depois da feitura dos pagamentos aos herdeiros a quem foram atribuídos quinhões definidos, os demais sucessores testamentários nada receberão. Não lhes assistirá direito de reclamar, pois o silêncio do testador quanto ao volume econômico a que fariam jus importa na presunção de que pretendeu destinar-lhes apenas aquilo que eventualmente sobejasse, posteriormente à realização dos pagamentos aos herdeiros agraciados com quotas especificadas na cédula.

Também o art. 1.908 do Código Civil se ocupou de um quadro especial: "Dispondo o testador que não caiba ao herdeiro instituído certo e determinado objeto, dentre os da herança, tocará ele aos herdeiros legítimos". Assim como é facultado ao testador indicar a quota do herdeiro instituído, e os bens que serão alvo de entrega ao legatário, nada obsta que exclua da porção cabível ao herdeiro certo e determinado objeto. Caso assim proceda, será ele tido como elemento integrante da legítima, com endereçamento final aos sucessores que, por força de vocação hereditária, estiverem aptos a receber os itens patrimoniais não abarcados pelo testamento.

O testador pode, por exemplo, dizer que institui certo indivíduo como herdeiro, deixando-lhe toda a parte disponível com exceção de uma obra de arte especificamente identificada. Considerando-se a existência de herdeiros necessários, eles perceberão a legítima e mais o bem expressamente excluído do quinhão do herdeiro instituído. O mesmo ocorrerá quando, na ausência de herdeiros necessários, os sucessores legítimos recebem tudo quanto pelo testamento não foi abrangido.

16.3. Estrutura das nomeações

Abstraída a sucessão legítima, que tem origem em determinação legal que atende à presumida vontade do *de cujus*, o testamento é o único meio eficaz para a instituição de sucessor, inexistindo outras formas capazes de tratar sobre o direcionamento dos bens da pessoa para depois da sua morte. Por meio do referido instrumento, o testador pode dispor de todo o patrimônio (se não tiver herdeiros necessários) ou de uma fração dele (*v. g.*, 10% da parte disponível, 1/4 dos bens, etc.), como também especificar determinadamente as coisas que endereça para o beneficiário (*v. g.*, a casa situada na rua "X"). As pessoas a quem couberem frações ou a totalidade do acervo, sem determinação precisa dos bens que a integram, denominam-se herdeiros ou sucessores a título universal. Aqueles que forem contemplados com uma coisa específica e individualizada chamam-se legatários ou sucessores a título singular.

O art. 1.897 do Código Civil aponta os mecanismos e cláusulas passíveis de utilização pelo testador na instituição de sucessores, que vão desde a nomeação isenta de qualquer circunstância adicional até a aposição de elementos capazes de alterar o rumo ordinário de observância da vontade exarada. As hipóteses elencadas têm por finalidade alcançar ao disponente variados meios de adaptar o seu querer à realidade fática que o cerca, permitindo que opte pela solução entendida como mais adequada a esse contexto.

Diz o art. 1.897 do Código Civil: "A nomeação de herdeiro, ou legatário, pode fazer-se pura e simplesmente, sob condição, para certo fim ou modo, ou por certo motivo". Cada uma dessas situações precisa ser individualmente examinada, pois desse exercício emergirá a configuração final da vontade emitida pelo testador. Cabe destacar a inviabilidade de adoção de outros mecanismos que não os expressamente elencados, pois as normas sucessórias devem ser interpretadas restritivamente. Seja porque carregadas de interesse público como pelo fato de terem natureza de liberalidade e benefício, do que resulta a total vedação de promover, no tocante a elas, qualquer exegese ampliativa.

16.3.1. Nomeação pura e simples

Os testadores, na imensa maioria das vezes, não se ocupam de modificar o formato da execução da última vontade explicitada na cédula, razão pela qual livremente realizam estipulações despidas de quaisquer das cláusulas específicas consignadas no art. 1.897 do Código Civil. Aplicam, por assim dizer, a regra geral de que a nomeação pode ser feita de maneira pura e simples, aspecto conducente à exequibilidade imediata e ágil do testamento. Isso porque a ausência de condições, imposições ou limitações permite que o beneficiário, tão logo aberta a sucessão, adquira e exercite incontinênti os direitos apontados na cédula. Exemplo disso seria cláusula testamentária assim redigida: nomeio Manoel meu herdeiro, a quem atribuo a parte disponível do acervo.

A singeleza do quadro acima não precisa ser seguida à risca para que se tenha uma construção tecnicamente pura e simples. Ela não perderá tal qualidade ainda que ao apontar o sucessor o disponente seja menos claro quanto à sua escorreita identificação ou quanto ao volume econômico que tenciona deixar. A regularidade da estipulação depende apenas da existência de elementos suficientes para se apurar quem é o destinatário do proveito e qual o teor da liberalidade.

É pura e simples, portanto, a seguinte deixa: nomeio o meu sobrinho mais velho legatário do automóvel que estiver colocado na garagem da minha casa na data do óbito. A apuração do destinatário do benefício e do conteúdo material da vantagem é perfeitamente factível, de forma que, ausente qualquer cláusula modificadora da execução da vontade, o legado se cumprirá segundo o *iter* ordinário. A entrega do bem ao titular ocorrerá quando ultimada a partilha (§ 1º do art. 1.923 do Código Civil), se outra solução não houver sido fixada pelo testador.

O eventual emprego de linguagem que denota indiferença, desprezo ou mesmo malquerença do testador em relação ao herdeiro ou legatário (*v. g.*, deixo 5% da herança para o meu infiel primo José) não afeta a natureza pura e simples da disposição, nem é capaz de autorizar qualquer debate em torno da validade e da eficácia da vontade externada. O legislador não exige que o disponente nutra espécie alguma de apreço pelo beneficiário, impondo, apenas, que toda estipulação seja marcada pela estrita sintonia com a lei.

16.3.2. Nomeação submetida a condição

É lícito nomear herdeiro ou legatário sob condição, circunstância que sujeita a eficácia da disposição a evento futuro e incerto. A disciplina da condição como elemento acidental, que não difere daquela aplicável ao direito sucessório, é feita pelos arts. 121 a 130 do Código Civil. Trata-se de um dos elementos acidentais do negócio jurídico, pois este existe mesmo sem a sua aposição. Mas, uma vez inserida, altera o mecanismo de execução das obrigações geradas. Ela tem cabimento, como se percebe, tanto nos negócios jurídicos bilaterais (*v. g.*, doação, compra e venda) como nos unilaterais, dentre os quais se destaca o testamento. Sempre incrustada em relação jurídica formatada por escrito, eis que inviável ajustar verbalmente qualquer dos elementos acidentais.

São estas as características fundamentais da condição: a) que haja um acordo de vontades, não prevalecendo em hipótese alguma o querer unilateralmente fixado; b) subordinação a evento futuro, pois o negócio que já na sua constituição apresenta todos os aspectos definidos e acabados não fica jungido a uma ocorrência vindoura para a produção dos seus efeitos; c) incerteza do evento, que, todavia, não se traduz na impossibilidade de apontar o acontecimento esperado pelas partes (aliás, é obrigatório que o mencionem), mas sim na inviabilidade de se determinar com certeza se e quando ele ocorrerá; d) acessoriedade, pois a cláusula aposta pelas partes se junta à vontade principal, que só não produz de imediato os seus resultados comuns exatamente em virtude da existência de condição que altera o rumo ordinário da eficácia, submetendo-a a acontecimento futuro.

Admite-se tanto a condição suspensiva como a resolutiva. Com a primeira, a aquisição do direito pelo beneficiário permanece sobrestada até que se verifique o evento estabelecido no testamento (*v. g.*, fica previsto que o legatário receberá o automóvel se completar o curso superior). Será apenas eventual o direito do sucessor enquanto não restar implementada a condição (art. 130 da codificação), havendo inclusive a possibilidade de que o sujeito jamais venha a captar o benefício testamentário, bastando, para isso, que não se concretize o fato abstratamente aludido na cédula. Quando realizada, porém, as suas repercussões, operando *ex tunc*, retroagem à data da abertura da sucessão, tornando definitivos todos os efeitos já consumados e assegurando a produção futura dos que lhe forem inerentes (art. 126 do Código Civil).

Morrendo o sucessor antes de materializada a condição suspensiva estatuída, a disposição testamentária caducará por inteiro no que lhe dizia respeito, já que não houve a aquisição do proveito pelo destinatário (art. 1.943 do Código Civil). Na hipótese de o falecimento acontecer depois de consumado o fato, as vantagens, porque já definitivamente captadas, serão transmitidas aos próprios sucessores do agente nomeado como herdeiro ou legatário do *de cujus* primitivo.

Estipulada a condição resolutiva, a sua implementação faz com que o direito adquirido quando da morte do *de cujus* desapareça (*v. g.*, o testador estabelece que a disposição perderá o efeito se o herdeiro abandonar a família), remetendo o sucessor ao estado anterior à percepção do proveito. Tal solução emerge do art. 127 do Código Civil: "Se for resolutiva a condição, enquanto esta se não realizar, vigorará o negócio jurídico, podendo exercer-se desde a conclusão deste o direito por ele estabelecido". Ela faz desaparecer a eficácia alcançada pelo negócio jurídico quando da sua constituição, acabando com a sua existência a partir da consumação do evento a que estava subordinada.

Se a condição resolutiva não for implementada, ou se a sua materialização não se der de acordo com o tempo, o formato e os demais caracteres explicitados na cédula, a manifestação volitiva do disponente testamentário prevalecerá em todos os seus aspectos, fazendo permanentes e definitivos os reflexos da aquisição ocorrida quando da morte e abertura da sucessão.

A cláusula que fixa condição resolutiva pode ser inserida expressa ou tacitamente na cédula, mas sempre deve emergir inequivocamente do contexto, sob pena de não ser reconhecida. Assim, tanto configura condição resolutiva prever que determinada pessoa receberá um valor mensal, fornecido pela herança, até a data em que casar com Pedro (expressa), como estipular que o testador somente está aquinhoando o beneficiário em razão de este não casar com Pedro (tácita). Em ambas as hipóteses, se o destinatário da vantagem contrair matrimônio, cessará a eficácia da previsão, eis que implementado o evento abstratamente idealizado pelo testador.

No exato instante do óbito, o beneficiário adquire o direito como se a condição não existisse e a previsão fosse genuinamente pura e simples. Entretanto, a superveniência do evento, operando *ex tunc* e retroagindo à data da abertura da sucessão, afeta de maneira irremediável todas as consequências e a própria disposição testamentária, suprimindo por inteiro qualquer perspectiva de subsistência da vantagem auferida, salvo, consoante estatuído no art. 128 do Código Civil, se a disposição testamentária gerava vantagem de execução continuada ou periódica, pois, então, a menos que exista ordem contrária no testamento, não terá eficácia quanto aos atos já praticados.

A exceção tem justificativa, porque os negócios de execução continuada ou periódica fazem nascer a cada interregno temporal uma obrigação nova e que existe em si mesma, como acontece no caso de locação do imóvel legado sob condição resolutiva. A cada vencimento mensal surge para o legatário novo crédito fracionário, qual seja, o de receber os aluguéis correspondentes ao espaço de tempo em que o bem foi utilizado. Em assim sendo, resta patente que o implemento da condição vinculada ao legado não obriga o beneficiário a devolver os aluguéis já recebidos, pois estes tiveram por substrato uma utilidade consumada e irreversível sob o prisma jurídico.

Resolvida a propriedade pelo implemento da condição, entendem-se também resolvidos os direitos reais concedidos na sua pendência, e o proprietário, em cujo favor se opera a resolução, pode reivindicar a coisa do poder de quem a possua ou detenha (art. 1.359 do Código Civil). Assim, por exemplo, se o legatário do imóvel vendê-lo quando pendente a condição, a materialização desta fará insubsistente a venda e gerará, para os legítimos sucessores do *de cujus*, o direito de tomar para si a coisa, em caráter definitivo, salvo, é claro, se o testador houver consignado outra solução na própria cédula que instituiu o legado.

Para que se mostrem firmes e valiosas, as condições hão de ser lícitas, considerando-se como tal as que não contrariam a lei, a ordem pública ou os bons costumes (art. 122 do Código Civil). Também se veda qualquer condicionante de fazer coisa proibida por lei. Estabelecida condição ilícita (*v. g.*, deixo a casa para Joaquim se brigar com a esposa), valerá a disposição como pura e simples, reputando-se não escrita a imposição do elemento acidental. A licitude ou não da condição é analisada com base nas circunstâncias vislumbradas ao tempo da morte do *de cujus*, e não com suporte nas presentes quando da confecção do testamento.

Sendo física ou juridicamente impossível a condição (*v. g.*, deixo o dinheiro para Marcos se for à lua), invalida-se o ato a ela jungido, se suspensiva, como deflui do art. 123 da codificação. Isso porque todas afetam de maneira inarredável a previsão testamentária que a elas está subordinada. A impossibilidade física é aberração criada por uma vontade contaminada e insubsistente, enquanto a jurídica contraria o ordenamento e tenta burlar-lhe a vigilância. Portanto, não há como esperar que delas resulte uma previsão subsistente, razão pela qual a suspensividade que em tese se lhes pretende atribuir nunca chegará a se formar na prática. Não há, por assim dizer, como vislumbrar nas condições impossíveis uma força capaz de suspender a eficácia da cláusula testamentária enquanto não implementadas, pelo simples fato de que nunca poderão ser concretizadas no plano jurídico.

Invalida toda a disposição testamentária a condição resolutiva incompreensível ou contraditória. A primeira é aquela cujo conteúdo não se revela por maior que seja o esforço exegético, nem permite interpretação jurídica razoável. É o caso, por exemplo, da submissão do legado ao advento de um dia feliz para o Brasil. Não se pode precisar o que tenciona o interessado ao formular tal condição, de sentido inacessível e insondável em termos jurídicos. Por seu turno, é contraditória a condição que apresenta duplo rumo, cada um oposto ao definido pelo outro, como no caso de se estabelecer que o legado será desfeito se o beneficiário casar ou permanecer no estado de viuvez. Esse pronunciamento não enseja uma interpretação definitiva, restando desconhecida a verdadeira intenção do *de cujus*. Disso emerge insuperável contradição, gerando quadro de perplexidade que conduz à insubsistência da vontade emitida.

Apresentando-se como resolutiva, a condição impossível tem-se por inexistente, funcionando a deixa como se fosse pura e simples (art. 124 do Código Civil). Reputar-se-á não escrita, e a previsão testamentária prevalecerá inteiramente, pois adquiriu validade e eficácia a partir do instante do óbito e não deixará de produzir todas as consequências que lhe são intrínsecas. Exemplo: ficam 10% da herança para Carlos, mas ele perderá tudo se não for a outro planeta em um mês. Também não prevalece a condição de não fazer coisa impossível, já que de toda sorte o sujeito a quem ela se endereça não poderia agir da maneira que a cláusula tenta, desnecessariamente, evitar. Exemplo: deixo a minha casa para João se ele não matar o próprio filho.

Quanto à condição dita *potestativa*, ou seja, aquela cuja implementação tem a ver com a direta ingerência da vontade da parte, faz-se mister analisar se é puramente ou simplesmente potestativa, pois isso interfere de maneira profunda no deslinde da questão. Não subsiste, porque ilícita, a condição puramente potestativa, ou seja, a que ficar submetida ao exclusivo arbítrio de uma das partes nominadas na cédula (art. 122 do Código Civil), sem a concorrência de qualquer fator exógeno. Exemplo: nomeio Francisco legatário se meu pai não apresentar oposição. Nesse caso, a disposição valerá como pura e simples. Tratando-se de condição simplesmente potestativa, será integral a prevalência, eis que a sua verificação ficará atrelada a determinado ato realizado pelo beneficiário, como requisito para auferir o benefício. Exemplo: deixo o meu automóvel para Marcelo se ele for aprovado no concurso para a função de policial militar.

16.3.3. Nomeação com encargo

Por força do art. 1.897 do Código Civil, também existe a possibilidade de realizar a nomeação para certo fim ou modo, efetivando-se, assim, a chamada *disposição com encargo*.

Essa manifestação volitiva é feita por meio do estabelecimento, pelo testador, de uma imposição que recai sobre o beneficiário da herança ou do legado, exigindo dele a prática de um ato específico. Exemplo: deixo a minha casa para José, a fim de que ele a utilize como abrigo de crianças carentes ao longo de dez anos a partir do meu óbito.

O encargo limita, direta ou indiretamente, a amplitude do proveito carreado ao destinatário da previsão formalizada na cédula, eis que reclama dele o adimplemento, que, mesmo quando não apresenta conteúdo pecuniário imediato, sempre envolve o emprego de esforço que pode ser economicamente estimado. Daí que a vantagem cristalizada no testamento acaba não sendo plena em sentido econômico, porque atingida pelo desgaste correspondente ao encargo fixado.

Juntamente com o termo e a condição, o encargo é um dos elementos acidentais do negócio jurídico, encontrando disciplina nos arts. 136 e 137 do Código Civil. O seu cabimento se dá somente nos negócios jurídicos formulados a título gratuito, em caráter *inter vivos* (doações) ou *causa mortis* (testamento), servindo com igual vigor para inserção em declarações unilaterais de vontade (promessa de recompensa). Não se trata de uma contrapartida do beneficiário da liberalidade ao seu autor, pois, se assim fosse, estar-se-ia diante de um negócio oneroso, incompatível com a natureza do instituto.

Considera-se não escrito o encargo ilícito ou impossível, salvo se constituir o motivo determinante da liberalidade, caso em que se invalida o negócio jurídico (art. 137 do Código Civil). Via de regra, portanto, a vontade do disponente será cumprida como pura e simples diante de circunstancial ilicitude ou impossibilidade do encargo. Isso somente não ocorrerá se este, ainda que viciado, figurar como motivo que determinou a estipulação da liberalidade, pois então toda ela perecerá, por falta de substrato ao seu regular aproveitamento. Exemplo: Patrícia lega a Márcio um terreno para que nele construa um estabelecimento de distribuição de entorpecentes. Nesse caso, sendo ilícito o encargo, e levando-se em conta que a liberalidade teve por finalidade primacial um objetivo vedado em lei, toda a previsão será inválida. Igual desfecho haveria, se, por exemplo, Patrícia legasse uma asa dela para que Márcio contornasse o mundo em um dia, encargo fisicamente impossível e que inviabiliza a deixa.

O encargo não suspende a aquisição nem o exercício do direito, salvo quando expressamente imposto no negócio jurídico, pelo disponente, como condição suspensiva (art. 136 do Código Civil). Via de regra, portanto, esse elemento acidental, que apenas será exigível depois do óbito do testador, não obsta o recebimento do direito pelo agente indicado na cédul nem coloca empecilhos à mais completa atuação dele sobre o bem jurídico auferido e passe a exercê-lo. Submete-o, porém, ao cumprimento do dever estabelecido pelo disponente, sob pena de desfazer o negócio em todos os seus aspectos.

É muito semelhante o encargo, nas repercussões produzidas, à condição resolutiva, porque em ambos a falta de materialização do evento previsto repõe o estado anterior, depois de já ter sido transferida ao destinatário a vantagem patrimonial. Pode o testador, entrementes, dizer que, enquanto não restar concretizado o encargo, a aquisição do direito, o seu exercício ou mesmo ambos os atributos ficarão suspensos. Exemplo: Geane lega a Eduardo um terreno para que nele seja construída uma creche, mas determina que a propriedade da área só será transmitida ao legatário quando ele edificar o prédio e puser em funcionamento a entidade.

Com a inspiração de sempre, Washington de Barros Monteiro (obra citada, 1. v., p. 239) elenca importantes diferenças entre o encargo e a condição: a) na condição suspensiva, a existência ou extinção do direito fica sobrestada até a verificação do acontecimento futuro e incerto; o encargo, ao contrário, não suspende a aquisição nem o exercício do direito, salvo quando estipulado pelas partes; b) o encargo é coercitivo, e o seu descumprimento anula a disposição; ao contrário, ninguém pode ser constrangido a submeter-se a uma condição; c) a conjunção *se* serve para indicar que se trata de condição; o emprego das locuções *para que, a fim de que* ou *com a obrigação de* denota a presença de encargo. Vale destacar, ainda, que o óbito do herdeiro ou legatário antes de realizado o encargo determina o cumprimento da disposição como se fosse pura e simples, com entrega do benefício aos sucessores do nomeado. Já a morte antecipada do sujeito, quando a deixa estiver submetida a condição suspensiva, acarreta o fenecimento da deixa.

Também é importante esclarecer que entre o encargo e a condição resolutiva há outra diferença prática. Enquanto aquele não opera de pleno direito e reclama o aparelhamento de lide ordinária específica, para que da sua afirmação resultem as consequências que lhe são pertinentes (insubsistência da herança ou do legado), os reflexos da condição resolutiva revelam-se de imediato e decorrem do simples fato da ocorrência do evento previsto na cédula.

A liberalidade prevista no testamento é de livre aceitação pelo destinatário. Caso a aceite, o encargo funcionará como requisito de manutenção da viabilidade da cédula nesse particular, levando a previsão ao desaparecimento se inobservado. O cumprimento do encargo pode ser exigido por qualquer pessoa interessada, e, havendo interesse coletivo envolvido na sua materialização, a iniciativa caberá também ao Ministério Público. São juridicamente interessados, entre outros: os herdeiros, o testamenteiro, os indivíduos a quem caberia a vantagem sucessória na hipótese de inobservância do encargo pelo beneficiário original, e assim por diante.

De banda diversa, esses mesmos personagens têm legitimidade para ajuizar demanda visando à afirmação de que houve desatendimento do encargo, gerando-se, com isso, a total reversão do proveito testamentário em favor de quem de direito. A sentença terá eficácia *ex nunc*, ou seja, a partir de quando exarada, eis que se trata de hipótese de anulação da cédula na porção afetada. Assim, a menos que haja disposição em contrário no testamento, os frutos captados pelo beneficiário a partir do óbito do *de cujus* não terão de ser restituídos, pertencendo-lhe em definitivo.

Quanto à anulabilidade da deixa por inadimplemento do encargo, admite-se que o testador estabeleça solução diversa, desde que o faça de maneira expressa. Pode, por exemplo, dizer que a falta de cumprimento ensejará a redução da vantagem encaminhada ao herdeiro ou legatário, como reprimenda pela desídia. Aliás, é mister observar que somente a inexecução culposa ou dolosa do encargo será levada em conta, pois a prova de que ela ocorreu em virtude de situações como força maior, caso fortuito ou fato de terceiro elide a perspectiva de anulação.

O beneficiário da disposição testamentária gravada com encargo deverá cumpri-lo dentro do prazo fixado pelo testador, sob pena de automática constituição em mora, *ex vi legis*. Não tendo havido definição do lapso temporal concedido ao herdeiro ou legatário para o atendimento do encargo, qualquer dos interessados já referidos terá de promover a competente interpelação judicial ou extrajudicial, apontando prazo razoável, consideradas as circunstâncias do dever estipulado, para que haja o cumprimento. Se ainda assim restar inerte a pessoa a quem aproveita a disposição contida na cédula, estará patenteada a mora e franqueado o caminho para a anulação da liberalidade.

16.3.4. Nomeação por certo motivo

Ninguém é obrigado a testar mediante declaração dos motivos pelos quais dispõe de uma ou de outra maneira em favor de certo herdeiro ou legatário. Todavia, não há impedimento a que o testador faça a deixa explicando o porquê de assim proceder (*v. g.*, deixo para José porque o considero bom amigo). São raras manifestações nesse sentido, e, quando existentes, via de regra não passam de meras observações, destinadas a elogiar o beneficiário, fazer recomendações de caráter pessoal e sem reflexos no plano jurídico etc. Figuram, por assim dizer, como elementos secundários e prescindíveis, não se integrando ao testamento como fator decisivo de regular constituição. Daí que a sua eventual falta de sintonia com a realidade, seja porque inverídicos ou equivocados, não possui o condão de afetar a validade e a plena eficácia das disposições testamentárias, tampouco será exigível do destinatário do proveito, nesse contexto, que faça prova da veracidade do quadro fático narrado pelo autor da herança.

Em algumas situações, porém, o testador faz questão de guindar tal espécie de agir ao patamar de elemento essencial da exteriorização volitiva, integrando-o ao próprio núcleo jurídico formador da cédula. Isso ocorre quando ele declina expressamente o motivo pelo qual, como razão determinante, promove aquela específica deixa. Quando assim se der, por iniciativa livre e desembaraçada do interessado, estará cristalizada a aposição de *motivo* em sentido técnico. Entende-se por motivo o fator psíquico, endógeno e em si mesmo decisivo, que conduziu o disponente a elaborar a previsão testamentária a que se vincula. Não se confunde com a causa, que é o objetivo prático desejado pelo agente ao lavrar a cédula, ou seja, o escopo visado pelo autor da herança no instante em que realiza as disposições. A causa, ainda que diretamente apontada, não afeta o ato ou o negócio jurídico, enquanto o motivo pode levá-lo à insubsistência.

O art. 140 do Código Civil estabelece: "O falso motivo só vicia a declaração de vontade quando expresso como razão determinante". Como visto, só em circunstâncias excepcionais de erro o motivo afetará a validade e a eficácia do testamento. Tal ocorrerá apenas quando a motivação determinante da feitura da deixa, afora estar expressamente consignada na cédula, vem depois a ser desvendada como falsa. Exemplo: Mateus institui Evandro como legatário e declara que assim procede unicamente porque este havia sido presidente de certa empresa. Se depois vier a ser constatado que o legatário nunca fora sequer membro daquela pessoa jurídica, terá ocorrido erro quanto ao motivo determinante da instituição do benefício *causa mortis*, de maneira que poderá ser atacado em sua validade.

Isso porque o motivo que levou o sujeito a externar aquela vontade específica era falso, gerando insuperável discrepância entre o efetivo querer do indivíduo, a sua convicção íntima e a realidade exterior.

A prova da falsidade do motivo caberá a qualquer interessado, podendo ser referidos entre eles os herdeiros necessários, pois, no caso de anulação total ou parcial do testamento o volume econômico originalmente destinado ao herdeiro ou legatário nomeado na cédula pertencerá aos sucessores legítimos. De resto, qualquer pessoa a quem aproveite a decisão de invalidar a derradeira vontade estará legitimada a pleitear a adoção da medida. É o que ocorre com o substituto indicado pelo testador, antevendo a hipótese de o destinatário primitivo não querer ou não poder auferir o proveito. A ação seguirá o procedimento ordinário e terá no polo passivo o sujeito prejudicado por eventual sentença favorável ao demandante, isto é, a pessoa indicada como herdeira ou legatária com substrato no motivo falso.

16.3.5. Nomeação com cláusula de inalienabilidade

A cláusula de inalienabilidade, aplicável aos negócios jurídicos que envolvem liberalidade, limita o direito do proprietário, fazendo com que ele, a quem originalmente a lei conferiria, em circunstâncias ordinárias, a faculdade de usar, fruir, dispor e reivindicar, não possa exercer este último atributo. Como resultado desse quadro, todo ato de alienação, feito à míngua de vênia judicial, será considerado absolutamente nulo. O dono da coisa, à evidência, fica impedido de transmiti-la a qualquer título, seja oneroso (compra e venda, dação em pagamento, permuta) ou gratuito (doação).

Embora seja mais comum nas relações celebradas *inter vivos*, também é possível a inserção da referida cláusula em disposições *causa mortis*. Seja qual for a origem do gravame, a sua duração dependerá do formato que lhe foi dado quando do estabelecimento do ônus, admitindo-se a veiculação temporária ou vitalícia. A duração no tempo pode ser atrelada ao calendário (*v. g.*, por dez anos) ou a um acontecimento futuro (*v. g.*, o casamento do beneficiário), produzindo iguais efeitos em ambas as situações.

A inalienabilidade assume formatação *absoluta* ou *relativa*, conforme implique, respectivamente, em vedação que atinja toda e qualquer situação ou só algumas pessoas ou hipóteses. Haverá gravame absoluto quando o testador, pura e simplesmente, proíbe a transferência do bem, sem abrir exceção alguma. De outra banda, o ônus relativo provém de uma vontade que tolera as aberturas expressamente aludidas na cédula testamentária. Exemplo: o autor da herança faculta ao herdeiro a venda das coisas que integram o seu quinhão, sem prévia autorização judicial, se for para custear as despesas de aprendizado e formatura no curso de Direito.

Releva destacar a circunstância de que o emprego do citado gravame não pode ser feito em negócios celebrados a título oneroso, pois do contrário ficaria patenteada verdadeira aberração, extremamente perniciosa à segurança dos vínculos jurídicos. Isso porque o adquirente teria ao seu alcance um instrumento pelo qual livraria por inteiro os bens, mediante singela declaração volitiva, de quaisquer execuções futuras ou pendentes. O comprador, por exemplo, ajustaria com o vendedor que o automóvel transmitido permaneceria sob o jugo da cláusula de inalienabilidade, de maneira que os credores nunca o alcançariam com vistas à satisfação dos direitos em aberto. A providência, como se percebe, afetaria de forma indelével os liames jurídicos já estabelecidos e os que se viessem a firmar, acarretando uma espécie de insolvência procurada, que em tudo é repelida pelo ordenamento pátrio.

Na sucessão testamentária, a cláusula de inalienabilidade pode gravar tanto a parte disponível como a legítima. Ao testador é permitido inseri-la livremente na fração que por lei não se destina aos herdeiros necessários, sendo inexigível que diga o porquê de assim proceder. Entretanto, se quiser onerar a parcela do acervo endereçada pelo ordenamento aos herdeiros necessários, somente poderá fazê-lo se expressamente consignar justa causa na cédula (*caput* do art. 1.848 do Código Civil), a fim de ensejar discussão, pelos interessados, depois de aberta a sucessão, acerca da veracidade e pertinência dos fatos ventilados.

Disso poderá resultar o fenecimento da cláusula que onerava a coisa, tornando-se plena e completa a transferência efetivada. É que a porção indisponível deve, como regra geral, ser transmitida sem embaraço algum aos sucessores, que poderão dispor desse proveito como melhor lhes aprouver. Já no caso de herdeiros ou legatários instituídos, o caráter de absoluta liberalidade da previsão testamentária autoriza o autor da herança a gravar o acervo como quiser, sem declaração alguma das razões ou motivações do seu agir.

A previsão testamentária que institui herdeiro, ao contrário do que se verifica quando nomeado legatário, não onera de imediato uma coisa individuada do acervo ficado por óbito do titular. Somente no momento da realização da partilha haverá a definição dos itens patrimoniais integrantes daquele específico quinhão sucessório, razão pela qual o juiz pode, atendendo às necessidades econômicas do espólio, autorizar a venda de qualquer dos bens da herança. A efetiva incorporação de coisas ao patrimônio do herdeiro é que as torna inalienáveis, em respeito à vontade do testador.

Não obstante respeitáveis opiniões em sentido contrário, a renúncia à herança, pelo sucessor que receberia itens patrimoniais gravados de inalienabilidade, faz volvê-los ao monte-mor desembaraçados, para normal distribuição entre os herdeiros necessários, salvo se o *de cujus* onerara os próprios quinhões da legítima, pois então o peso da vontade emitida se conserva intacto. Para compreender esse posicionamento é preciso atentar para o fato de ser lícito gravar livremente a porção disponível, ao passo que a incidência do mesmo ônus sobre a legítima obriga o testador a dizer o porquê de assim proceder. Logo, a renúncia pelo herdeiro ou legatário instituído, estranho ao quadro sucessório legal, faz com que o correspondente benefício volte ao monte-mor para compor a legítima. E esta, como é cediço, só poderia ser gravada mediante declinação de justa causa, com referência direta a tal aspecto.

Assim, o retorno do quinhão ou bem ao conjunto hereditário se dará sem o gravame, de maneira que a redistribuição operada com base na lei será feita com se ele jamais houvesse existido. Se, porém, o ônus incidia desde sempre em relação a quinhões dos herdeiros necessários, a renúncia não afetará a disposição volitiva, sendo certo que os destinatários finais dos bens os receberão com a inalienabilidade primitivamente estipulada. Outro argumento bastante sólido, a sustentar a ideia acima exposta, é o de que o renunciante estranho ao contexto da sucessão necessária, por nunca ter promovido a aceitação do volume econômico que lhe foi destinado, não o transmitirá a ninguém em particular, de modo que a cláusula restritiva ainda não se havia impregnado no plano concreto ao benefício testamentário.

O *caput* do art. 1.911 do Código Civil estabelece: "A cláusula de inalienabilidade, imposta aos bens por ato de liberalidade, implica impenhorabilidade e incomunicabilidade". Portanto, se o testador gravar de inalienabilidade quaisquer dos bens do acervo, isso automaticamente importará em impenhorabilidade e em incomunicabilidade, de modo que eles não poderão ser constritos para pagamento de dívidas do beneficiário nem serão partilhados com o cônjuge na hipótese de dissolução dos laços econômicos derivados do casamento. Esse mesmo rumo já vinha desde há muito traçado pelos tribunais, destacando-se o teor da Súmula n. 49 do Supremo Tribunal Federal: "A cláusula de inalienabilidade inclui a incomunicabilidade dos bens".

Os três institutos mencionados na norma codificada se complementam, não sendo razoável admitir que determinado bem, não podendo sofrer alienação pelo titular, ainda assim esteja submetido à possibilidade de constrição por dívidas ou à divisão com o cônjuge em virtude do regime de bens. Por isso, se em ato de liberalidade — testamento ou doação — houver regular aposição de cláusula no sentido de tornar inalienável a coisa, será ela também, e independentemente de qualquer providência posterior, impenhorável e incomunicável.

Na hipótese de débitos do falecido, porém, não haverá o aludido resguardo contra a incursão de credores, eis que se entende por herança aquilo que sobrar para divisão entre os sucessores depois de satisfeitas as pendências deixadas pelo falecido. Tendo sido constituídos pelo *de cujus*, os débitos encontrarão no conteúdo econômico da herança a sua fonte primacial de satisfação. Logo, caberá aos herdeiros efetuar o aludido pagamento, retirando do acervo o montante necessário. Esgotada a herança, eventual saldo devedor não atingirá os recursos pessoais dos herdeiros, já que a exigibilidade das obrigações contraídas nunca ultrapassará a capacidade econômica do devedor primitivo.

Fixada a impenhorabilidade, também os atos de alienação eventual serão obstados, razão pela qual se veda ao sucessor o oferecimento dos bens gravados em hipoteca, penhor e anticrese, assim como a sua colocação em garantia de quaisquer obrigações. Afinal, toda forma de submissão dos itens patrimoniais ao risco de futura excussão importa em dar início ao ato de transmiti-los a outrem, ainda que em caráter forçado.

Como o objetivo do legislador consiste em impedir totalmente a alienação, nenhuma conduta, provinda do titular ou de terceiros, poderá ter por alvo os bens protegidos pela cláusula de inalienabilidade. Admite-se, entretanto, a constituição de outros direitos reais sobre eles, desde que não envolvam começo de alienação. Podem suportar, destarte, as repercussões decorrentes de usufruto, uso, habitação etc. Também os negócios jurídicos comuns, geradores de direito pessoal, poderão ser realizados tendo por substrato as coisas submetidas a gravame, *v. g.*, locação, empréstimo, arrendamento e assim por diante, já que não envolvem transmissão dominial.

No caso de desapropriação de bens clausulados, ou de sua alienação, por conveniência econômica do donatário ou do herdeiro, mediante autorização judicial, o produto da venda converter-se-á em outros bens, sobre os quais incidirão as restrições apostas aos primeiros (parágrafo único do art. 1.911 do Código Civil). O legislador preocupou-se em preservar ao máximo o gravame estabelecido por ato de liberalidade. Em razão disso, mesmo nas excepcionais hipóteses de desapropriação e de alienação do bem gravado, subsiste por via oblíqua a oneração estabelecida. Isto se dá por meio de sub-rogação, operacionalizada a partir da transformação, noutros bens, do produto econômico apurado com a indenização alcançada ao expropriado ou com o preço da alienação. Os bens assim incorporados ao patrimônio passarão a suportar os gravames apostos àqueles que foram expropriados ou alienados.

Não há contradição alguma no fato de o legislador admitir que bens gravados de inalienabilidade possam ser alienados, pois se trata de situação excepcional que somente se concretiza com a devida autorização judicial, uma vez provadas a necessidade e a conveniência da medida. Ela se realizará, via de regra, com o emprego de leilão ou hasta de caráter público, a fim de preservar os interesses dos envolvidos e dar plena transparência ao procedimento. É plausível, entretanto, a venda privada, precedida da feitura de avaliações idôneas, desde que ao juiz, com base em elementos concretos, revele-se como medida que mais adequadamente leva à consecução dos fins visados pela lei.

A jurisprudência e a doutrina vêm admitindo a alienação de bens gravados de inalienabilidade em hipóteses extralegais, mas que guardam correspondência com os objetivos do instituto. Em circunstâncias excepcionais o juiz pode autorizar a venda de coisas oneradas, como no caso de necessidades relacionadas à preservação da saúde do dono, acometido por doença grave e que lhe põe em risco a vida. De banda diversa, se for imprescindível para a formação universitária do proprietário, a venda do bem clausulado será medida factível, a critério do juiz, desde que a perspectiva de vantagem pessoal futura ao interessado seja manifesta. Eventual saldo positivo, considerado o montante das despesas que se pretende cobrir, terá de ser aplicado na aquisição de outro bem de igual natureza, sobre o qual incidirá o mesmo ônus que gravava o bem alienado.

Também a expropriação é providência *sui generis*, fundada na supremacia do interesse coletivo sobre o particular. Em qualquer das hipóteses, a sub-rogação do gravame nos bens impositivamente adquiridos com o produto da indenização ou venda conserva por via transversa o ônus estabelecido no ato de liberalidade, fazendo respeitada a vontade do instituidor.

16.4. Vedações em casos específicos

16.4.1. *Nomeação a termo*

A designação do tempo em que deva começar ou cessar o direito do herdeiro, salvo nas disposições fideicomissárias, ter-se-á por não escrita (art. 1.898 do Código Civil). Tal posicionamento guarda estrita compatibilidade com o art. 1.784 da codificação, segundo o qual o herdeiro, aberta a sucessão, imediatamente torna-se titular dos direitos sucessórios que lhe cabem, tanto em relação ao domínio como à posse, não ficando adstrito a eventual termo inicial ou final estabelecido pelo testador. É a consagração do denominado *direito de saisina*, tomado do regramento francês ainda pelo Código Civil de 1916.

Tem-se por não escrita a cláusula testamentária que estabelece o *dies a quo* ou o *dies ad quem* do exercício das prerrogativas sucessórias pelo herdeiro. Também não se pode suspender a aquisição ou fixar o tempo da resolução de tais vantagens, pois, como referido, a transmissão se opera incontinênti do *de cujus* para o herdeiro. Em vista disso, nesse contexto as disposições testamentárias sempre serão aproveitadas como puras e simples, e assim se cumprem, desprezando-se por completo o termo acaso estabelecido pelo testador. Vale salientar que as disposições em si mesmas ficam incólumes se corretamente elaboradas, eis que apenas a cláusula definidora do termo é repudiada pelo legislador.

Exceção à regra existe em relação às disposições fideicomissárias (arts. 1.951 a 1.960 do Código Civil), pois, por meio delas, é possível determinar que o indivíduo guindado ao patamar de fiduciário seja herdeiro até certo tempo (*ad diem*), passando a figurar como tal o sujeito apontado como fideicomissário, depois do transcurso do lapso indicado no testamento (herdeiro *ex die*). Esse mecanismo de atribuição do acervo ao sucessor, todavia, encontra sérias limitações normativas, aspecto a ser analisado oportunamente.

Como o legislador fez expressa menção apenas ao herdeiro ao vedar a aposição de termo, não há impedimento algum a que o testador estabeleça o tempo em que deva começar ou cessar o direito do legatário. Eventual disposição nesse sentido é perfeitamente eficaz, nada podendo ser oposto à sua exequibilidade se atendidas as prescrições normativas pertinentes. O teor do art. 1.924 do Código Civil reforça essa interpretação, de vez que admite a existência do que chama *legados a prazo*, isto é, a nomeação de legatário com termo previamente definido para o exercício do direito apontado na cédula testamentária. A diferença de tratamento encontra justificativa na circunstância de que o herdeiro funciona como uma espécie de substituto direto do falecido na vida jurídica que mantinha ao tempo do óbito. O mesmo não ocorre com o legatário, a quem não se destina a herança propriamente dita, mas um bem que a compõe.

16.4.2. *Cláusula captatória*

As disposições de última vontade devem primar pela completa liberdade e espontaneidade do testador ao estabelecer o destino dos bens e vantagens de que é titular. Por isso, abomina o legislador a instituição de sucessor com base em condição, explicitada na cédula, que se destine a obter contrapartida testamentária favorável ao testador ou a outrem. Efetivamente, o inciso I do art. 1.900 do Código Civil dispõe: "É nula a disposição que institua herdeiro ou legatário sob a condição captatória de que este disponha, também por testamento, em benefício do testador, ou de terceiro".

Singelo exemplo ilustra o quadro. Imagine-se que Paulo insira em testamento uma disposição afirmando deixar certa casa para Marcelo, contanto que este também preveja na sua própria cédula testamentária uma previsão que lhe seja favorável. Estará irremediavelmente viciada a manifestação volitiva, que não prevalecerá em hipótese alguma, pois interliga e condiciona previsões de testamentos diversos. É como se Paulo e Marcelo ajustassem que um beneficiará o outro em suas respectivas disposições, restando afetado, assim, o caráter personalíssimo e unilateral de todo testamento.

Aceitar tal procedimento constituiria franco incentivo ao engodo, à dissimulação e à malícia, pois detrás da aparente liberalidade vantajosa estaria o intuito ardiloso de auferir proveito econômico no futuro testamento do beneficiário. Ademais, se é vedada pelo legislador a feitura de cédula conjuntiva (art. 1.863 do Código Civil), e se é vedado contratar acerca de herança de pessoa viva (art. 426 da codificação), nada mais lógico do que obstar a confecção de testamento que atrele a destinação dos bens à atribuição de vantagens pelo beneficiário, em suas disposições testamentárias, ao próprio testador ou a outra pessoa.

Vale ressaltar que a nulidade somente atingirá as previsões feitas em benefício da pessoa a quem aproveita a condição captatória, permanecendo intactos os demais elementos da cédula. É a cláusula especificamente considerada, e não o testamento inteiro, que sofrerá o rigor da norma legal. Por outro lado, importa observar que a condição captatória, geradora da nulidade da disposição, não se equipara juridicamente aos vícios do consentimento, produtores de mera anulabilidade. Assim, por exemplo, se determinada pessoa age com dolo e induz o testador a fazer previsão em seu favor, esta será anulável com base no art. 171, II, do Código Civil. Na hipótese, porém, de ao mau ânimo se associar uma disposição captatória, que busca entrecruzar manifestações testamentárias, o dolo não funcionará como simples defeito da vontade, mas sim como elemento desencadeante da nulificação da cláusula, no moldes do art. 1.900, I, do mesmo diploma legal.

Com base nas razões já expendidas, considera-se nula a disposição testamentária inserida na cédula por força de indução dolosa ou sugestão maliciosa feita ao testador, ainda que não em proveito direto do autor, mas destinada a captar contrapartida testamentária. É que aí também haverá distorção do elemento volitivo do testador a partir de iniciativa eivada de malevolência, indevido ânimo sempre coibido pelo direito pátrio.

Não será nula a disposição, todavia, quando decorrer da relação amistosa e saudável do beneficiário para com o testador, mesmo não sendo totalmente desinteressada. Caso alguém se aproxime do titular do acervo e passe a auxiliá-lo em situações difíceis na esperança de ser brindado no testamento que porventura fizer, não se poderá dizer inválida ou ineficaz a deixa, eis que oriunda da efetiva vontade do testador. O que se combate é a captação ou sugestão de má-fé, fundada em falsas aparências protagonizadas por quem nutre o único objetivo de tirar vantagem a partir do engodo a que submete o titular do acervo.

O exame de cada situação concreta deve ser prudente e meticuloso, pois aquilo que em princípio talvez aparente ser condição captatória pode não passar de mero acaso. Nada impede que duas pessoas acabem fazendo previsões recíprocas de benefícios testamentários, desde que inexista prévio ajuste de vontades nesse sentido. Tal coincidência não é fator de inviabilidade da cláusula e terá inteiro cumprimento depois do óbito do autor da herança. Sempre que houver alegação em torno da existência de disposição vedada em lei, o ônus de fazer prova caberá ao interessado, presumindo-se, em caráter relativo, a regularidade do conteúdo da cédula.

16.4.3. *Identificador do sucessor*

É imprescindível que o destinatário da herança ou legado seja perfeitamente identificado no testamento, ou, ao menos, que haja elementos suficientes para a apuração de sua identidade. Isso porque a vontade do testador somente se cumpre com exatidão a partir do momento em que a herança é entregue exatamente à pessoa a quem ele pretendia aquinhoar. Em virtude dessa circunstância, o inciso II do art. 1.900 do Código Civil afirma ser nula a disposição que se refira a pessoa incerta, cuja identidade não se possa averiguar. O testamento como um todo não fica afetado pela nulidade, que atinge apenas a parcela em que consta a deixa para pessoa cuja identidade não se logra decifrar.

A identificação do beneficiário da manifestação do testador pode ser realizada imediatamente no testamento (*v. g.*, deixo 10% para João) ou resultar de outras circunstâncias, contanto que aferíveis até a data da abertura da sucessão (*v. g.*, destino 10% ao primeiro neto que o meu sobrinho Tiago tiver). Em síntese, admite-se a indeterminação relativa do sucessor, mas ele sempre será pelo menos determinável, sob pena de restar inviabilizado o atendimento da previsão. Nesse compasso, a apuração exata da identidade do herdeiro ou do legatário pode ficar na dependência de evento futuro, se assim houver sido fixado pelo testador. Também se admite a identificação da pessoa pelos meios que o autor da herança apontar, *v. g.*, quando atribui a terceiro o apontamento, como herdeiro, de uma das duas pessoas que nomina expressamente no instrumento.

Como se percebe, é aproveitável a disposição sempre que no testamento existir menção direta ao nome do beneficiário ou referência a mecanismos capazes de levar à apuração da sua identidade. A nulidade somente atinge a deixa nos casos em que a identificação do herdeiro ou legatário é totalmente impossível, pois isso impede a exata aferição e cumprimento da derradeira vontade. É o caso, por exemplo, de uma cláusula nomeando como sucessor "o mais fiel defensor do falecido dentre as pessoas que conheceu nos últimos dez anos". Não há como elucidar a questão, pois revestida de tamanha subjetividade que acabará deixando a terceiro, em caráter absoluto, o encargo de definir o titular do proveito, situação que retira da cédula a sua índole personalíssima e a faz insubsistente nesse particular.

Situação que também merece abordagem é a da impossibilidade absoluta de identificação do sucessor por terceiro. A vontade a ser cumprida é a do testador, e não a de outro indivíduo. Em função dessa realidade, e sendo incerta a pessoa beneficiada na cédula, considera-se nula a disposição que comete ao exclusivo arbítrio de terceiro a determinação da sua identidade (inciso III do art. 1.900 do Código Civil). Não é aceitável o fato de a previsão testamentária tornar-se ato de vontade alheia à do testador, ao invés de se apresentar como iniciativa personalíssima e exclusiva dele.

O arbítrio que não se leva em conta é aquele revelado como absoluto, ou seja, que confere a outro sujeito, em razão de expressa manifestação volitiva do testador, a definição de quem será o beneficiário do proveito testamentário. Sendo apenas relativa a ingerência do querer exógeno, porque definidos pelo autor da herança os contornos elementares conducentes à apuração da identidade do favorecido, manter-se-á por inteiro a disposição formulada.

Como se percebe, o apontamento não fica totalmente à mercê do terceiro, eis que ele apenas deverá indicar um dos indivíduos previamente selecionados pelo autor da herança. É juridicamente perfeita, destarte, esta previsão: deixo para Márcio, Paulo ou José o meu veículo, ficando a cargo de Francisco apontar quem recolherá o benefício. O que não se admite é a indeterminação absoluta, ou seja, a escolha do beneficiário por única e soberana vontade de terceiro, a partir de poderes que lhe são conferidos no testamento. Exemplo: deixo meu veículo para quem for indicado por Francisco.

Limitada a amplitude da interferência do indivíduo encarregado do mister, e sendo determinante a vontade do testador, que restringe o universo dos potenciais beneficiários identificando-os adequadamente, ou fornecendo elementos bastantes para a identificação, nada haverá a reparar na disposição contida no testamento. A análise a ser feita, portanto, tem por desiderato apurar se a decisão do terceiro é apenas subsidiária da vontade do falecido ou se efetivamente a substitui, de modo que neste último caso perecerá a cláusula, enquanto naquele ela se manterá por inteiro.

A aludida solução tem por substrato o inciso I do art. 1.901 do Código Civil, que diz ser válida a disposição em favor de pessoa incerta que deva ser determinada por terceiro, dentre duas ou mais pessoas mencionadas pelo testador, ou pertencentes a uma família, ou a um corpo coletivo, ou a um estabelecimento por ele designado. A incerteza relativa, à evidência, pode dizer respeito: a) à opção por uma dentre várias pessoas perfeitamente identificadas (*v. g.*, deixo o valor de 100 para Joaquim ou Maria); b) à escolha de uma das pessoas pertencentes a certa família (*v. g.*, deixo minha casa para um dos integrantes da família Mendes desta cidade); c) a integrante de corpo coletivo (*v. g.*, ficam minhas medalhas para um dos soldados da unidade "X" do Exército); d) a membro de estabelecimento designado pelo testador (*v. g.*, deixo meus livros para um dos alunos do Colégio Santa Eulália).

16.4.4. *Fixação do valor do legado*

O inciso IV do art. 1.900 do Código Civil diz ser nula a cláusula que deixe a arbítrio do herdeiro, ou de outrem, fixar o valor do legado. Em se tratando de legado, a certeza objetiva é um dos pressupostos básicos. A indicação precisa da coisa deixada é fundamental, eis que de outra forma não seria possível averiguar e cumprir fielmente a vontade do testador. Entretanto, não se descarta a hipótese da sua observância a partir de indicativos que, inseridos no testamento, tornem determinável o conteúdo objetivo do legado. Vale aqui a lição de Caio Mário da Silva Pereira, para quem a coisa legada há de ser certa, isto é, determinada pelo testador mesmo, ou determinável, segundo o critério por ele fornecido (obra citada, vol. VI, p. 183). A verdade é que se aproveita a disposição sempre que viável a determinação da coisa legada, somente se decretando a sua imprestabilidade se for absolutamente insondável a efetiva vontade do testador quanto ao objeto que tenciona deixar para alguém.

O herdeiro, ou terceira pessoa, não pode ser encarregado pelo testador de fixar o valor do legado. A determinação do seu conteúdo econômico é prerrogativa exclusiva do testador, porque a sua vontade — e não a de outrem — é que deve ser cumprida. Outra solução afrontaria o caráter personalíssimo da cédula, fazendo desaparecer a sua prestabilidade jurídica.

Embora o legislador não tenha feito expressa menção à nulidade da cláusula que atribui a terceiro o encargo de estabelecer o valor da herança, a exegese sistemática da norma legal torna imperiosa a sua aplicação, com igual rigor, a essa hipótese. Afinal, também na definição do montante da fração hereditária deve prevalecer a vontade do testador, sob pena de inobservância da índole pessoal do testamento.

Há, porém, uma exceção, prevista no inciso II do art. 1.901 do Código Civil, que diz ser válida a disposição feita em remuneração de serviços prestados ao testador, por ocasião da moléstia de que faleceu, ainda que fique ao arbítrio do herdeiro ou de outrem determinar o valor do legado. Nisso vai inserido acentuado viés moral e humanitário, em face da importância de possibilitar que o testador demonstre sua gratidão e apreço por quem lhe fez o bem.

16.4.5. Benefício a pessoa impedida de receber

O inciso V do art. 1.900 do Código Civil afirma ser nula a disposição que favoreça as pessoas a que se referem os arts. 1.801 e 1.802 do mesmo diploma normativo. Não prevalecem, em razão disso, as disposições testamentárias feitas em favor de pessoa não legitimada a suceder, ainda quando simuladas sob a forma de contrato oneroso, ou feitas mediante interposta pessoa. Presumem-se pessoas interpostas os ascendentes, os descendentes, os irmãos e o cônjuge do não legitimado a suceder (art. 1.802 e parágrafo único).

Em caráter específico, o art. 1.801 diz que não podem ser nomeados herdeiros nem legatários: I – a pessoa que, a rogo, escreveu o testamento, nem o seu cônjuge ou companheiro, ou os seus ascendentes e irmãos; II – as testemunhas do testamento; III – o concubino do testador casado, salvo se este, sem culpa sua, estiver separado de fato do cônjuge há mais de cinco anos; IV – o tabelião, civil ou militar, ou o comandante ou escrivão, perante quem se fizer, assim como o que fizer ou aprovar o testamento.

É importante destacar a insubsistência da cláusula testamentária que favoreça filho de concubino do testador, salvo se for também filho deste. A viabilidade desta última hipótese se justifica na medida em que o beneficiário é descendente em primeiro grau do testador, circunstância a fazer lícita e eficaz a disposição. Como, de resto, seria válida qualquer cláusula regularmente aposta na cédula em favor de qualquer filho do autor da herança, independentemente de quem seja a mãe.

16.5. Disposições viciadas

São anuláveis as disposições testamentárias inquinadas de erro, dolo ou coação (*caput* do art. 1.909 do Código Civil). Assim como afetam os atos jurídicos em geral, os denominados vícios de consentimento também atingem as disposições testamentárias, eis que importam em insuperável contrariedade entre a vontade íntima do testador e aquela que efetivamente vem a ser exteriorizada.

Quanto ao erro, cuida-se de engano em que o próprio testador incorre em função das circunstâncias, sem que haja sobre ele força volitiva estranha provinda do exterior. Saliente-se, todavia, que apenas o erro classificado como substancial (*v. g.*, indicar uma pessoa quando se tenciona agraciar outra), é capaz de tornar anulável a previsão testamentária. Não produz essa consequência o erro meramente acidental, pois ele não impede a identificação da pessoa ou da coisa a que se refere a declaração de vontade (*v. g.*, designar o beneficiário mencionando característica secundária que não possui, como no caso de a cédula referir-se equivocadamente à cor dos seus cabelos).

Concernente ao dolo, trata-se de manobra exógena astuciosa promovida por alguém tencionando obter declaração de vontade que lhe seja benéfica, ou a terceiro, e prejudicando o emitente em virtude dessa conduta. Por fim, a coação também faz anulável a disposição testamentária, entendendo-se como tal a pressão física ou moral exercida sobre o testador com o fito de obrigá-lo a dispor desta ou daquela forma acerca de seu acervo, quando não o faria se inexistente a interferência externa.

A iniciativa de anular a disposição testamentária defeituosa pode ser tomada por qualquer pessoa que tenha sido lesada em razão de sua existência, notadamente os herdeiros legítimos e os sucessores regularmente instituídos. Tratando-se de mera anulabilidade, o Ministério Público não pode alegá-la, vedando-se ainda, por igual fundamento, a sua afirmação de ofício pelo juiz.

Em atenção à necessidade de se estabelecer segurança nas relações jurídicas, não se prolonga *ad infinitum* a prerrogativa de anular a disposição testamentária maculada por vício de consentimento. A partir do momento em que toma ciência da presença do defeito, o interessado tem o prazo de quatro anos para postular a anulação (parágrafo único do art. 1.909 do Código Civil). Pouco importa que a decisão final não aconteça dentro desse período, bastando, para o regular processamento do pleito, que seja deduzido no prazo decadencial apontado na lei.

O prazo de quatro anos somente poderá ter início depois da abertura da sucessão, eis que, enquanto isso não ocorrer, existirá mera expectativa de direito. Ademais, não se pode tolerar discussões acerca de herança de pessoa viva, motivo pelo qual nenhum prazo flui, e nenhuma demanda será ajuizada, enquanto for vivo o testador.

A ineficácia de uma disposição testamentária importa a das outras que, sem aquela, não teriam sido determinadas pelo testador (art. 1.910 do Código Civil). De início, cumpre frisar que a menção à *ineficácia* tem de ser tomada em sentido amplo, de maneira a abarcar todas as causas de invalidade e defeitos que afetam o pronunciamento do disponente. Já foi salientado noutras oportunidades que sempre se deve procurar o máximo aproveitamento da vontade do testador. Isso não significa, porém, que disposições aparentemente perfeitas, mas umbilicalmente atreladas a previsões viciadas, tenham de ser cumpridas.

Sendo ineficaz determinada disposição, e supondo-se que a ela estejam vinculadas outras, que sem aquela não teriam sido determinadas pelo testador, todas padecerão de ineficácia. A solução ditada pelo legislador tem por desiderato impedir que subsistam previsões com origem vinculada a atos sem eficácia, e que reflexamente geram outros igualmente maculados, ainda que de maneira indireta. Exemplo: Pedro, induzido em erro substancial, nomeia Lucas como herdeiro, deixando-lhe determinada fração de terras. Na mesma disposição, e sem defeito volitivo algum a incidir, indica outra pessoa como administradora dos recursos captados pelo herdeiro instituído. Como há indelével vínculo entre ambas as disposições, e visto que a segunda não teria sido ordenada pelo testador sem a primeira, o fato de a elaboração de uma delas ser escorreita não faz com que subsista, de maneira que as duas sucumbirão.

A ineficácia de certa disposição testamentária não implica, por meio de esforço interpretativo judicial posterior à morte do *de cujus*, na viabilidade da criação ou geração de outra saída que, supostamente, teria sido idealizada pelo testador se não houvesse externado a vontade viciada. Patenteado o defeito, a insubsistência do pronunciamento exarado pelo disponente se impõe, tornando-o inservível ao fim a que originalmente se propunha. Afinal, a vontade do juiz não pode substituir a do testador, tampouco servirá para contornar o problema surgido a partir da constatação da ineficácia da disposição feita na cédula.

Capítulo 17

DOS LEGADOS

17.1. Considerações gerais

Ao testador é facultado distribuir o seu patrimônio, até o limite estabelecido em lei, por meio da instituição de herdeiros ou da nomeação de legatários. A porção disponível, que é constituída por metade do acervo do *de cujus* ao tempo do óbito, pode ser livremente testada, se houver herdeiros necessários. Caso não existam, todos os itens que compuserem a herança poderão ser distribuídos em testamento.

Os indivíduos que, por força de lei ou disposição de última vontade, recebem uma universalidade sem discriminação das coisas que a integram, tornando-se titulares de toda a massa hereditária ou de fração ideal desta, são chamados de *herdeiros*. Já os que percebem coisas definidas e individualizadas, nisso incluídos valores em dinheiro, perfeitamente identificados pelo testador na cédula, são denominados *legatários*. Aplica-se o mesmo raciocínio, quanto a estes últimos, na hipótese de serem beneficiados em codicilo com expressões econômicas de menor amplitude. Em vista do exposto, diz-se que os herdeiros sucedem a título universal, ao passo que os legatários sucedem a título singular.

Em hipótese alguma haverá sucessão universal na forma de um legado. Ainda que o testamento destine a totalidade do acervo a certo sujeito chamando-o de legatário, tecnicamente ele será considerado herdeiro para todos os fins. Isso ocorrerá mesmo que o testador individualize cada bem e direito que pretende ver transmitidos ao sucessor, pois é da essência do legado que o beneficiário receba uma ou mais coisas discriminadas. Mas nunca, na qualidade de legatário, auferirá todos os itens do monte-mor.

No que diz respeito ao papel jurídico do herdeiro e do legatário, vislumbra-se uma diferença fundamental. Aquele é tido como um agente que dá continuidade à vida patrimonial do falecido, tomando o lugar dele para todos os fins, observado os limites da herança. Já o sucessor a título singular não é visto como tal, eis que apenas se apresenta para receber o bem ou direito a que faz jus, sem comprometimento maior com a sorte do acervo. Tanto é assim que o conteúdo do legado somente poderá ser consumido com o pagamento de dívidas do *de cujus* se os quinhões hereditários não forem suficientes para suportar esses ônus. Exceto quando o testador, expressamente, fizer previsão que coloque os legados na linha de frente dos itens que por primeiro sofrerão o assédio de eventuais credores, resguardando preferencialmente os quinhões dos herdeiros.

Ninguém recebe legado por disposição direta contida na lei, eis que se trata de instituto vinculado necessariamente à sucessão testamentária. É a vontade do testador, observados os correspondentes pressupostos normativos, que desencadeia o mecanismo de instituição de legatários. Eles tanto podem ser pessoas naturais como jurídicas, impondo-se, no tocante àquelas, que ao menos estejam concebidas ao tempo do óbito do autor da herança, ressalvada a capacidade sucessória dos filhos, ainda não concebidos, de pessoas indicadas pelo testador, desde que vivas estas ao abrir-se a sucessão. As pessoas jurídicas beneficiadas deverão existir no momento da abertura da sucessão, admitindo-se também como sucessores, todavia, os entes ideais cuja organização for determinada pelo testador sob a forma de fundação.

Como regra geral, todas as coisas postas em comércio podem ser deixadas em forma de legado, seja móveis ou imóveis, assim como bens corpóreos e incorpóreos. Estão aptos a figurar como objeto da deixa, portanto, veículos, mobiliário em geral, edifícios, casas, fazendas, ações de empresas, títulos de crédito e tudo o mais que for lícito, possível, determinado ou determinável.

É possível que duas ou mais pessoas sejam apontadas como legatárias de uma só coisa, de modo a restar configurado o instituto do colegado ou legado conjunto. Haverá, nesse quadro, a formação de condomínio em relação ao objeto do benefício deixado, cabendo a cada destinatário a porção que for indicada no testamento. No silêncio da cédula prevalecerá o entendimento de que todos são donos em igualdade de condições, sem qualquer distinção quantitativa.

Nada impede que o herdeiro necessário seja nomeado herdeiro e legatário em testamento. Caso isso aconteça, o beneficiado sucederá por três títulos diferentes, cumulando as qualidades que lhe são deferidas pela lei e pela vontade do *de cujus*. Desde que não haja ofensa à legítima dos demais herdeiros necessários, a iniciativa do testador encontrará pleno abrigo normativo, devendo ser cumprida em sua plenitude a vontade livre e expressamente manifestada.

Visando à melhor estruturação da matéria, o legislador disciplinou as várias modalidades de legado, estabelecendo as características de cada figura prevista, a cuja análise se procederá nos tópicos subsequentes.

17.2. Legados de coisa alheia

Um dos princípios básicos do instituto do legado é o de que a coisa deixada deve pertencer ao testador no momento da abertura da sucessão, sob pena de ineficácia da manifestação volitiva. Tal realidade se evidencia no art. 1.912 do Código Civil, fundado na máxima de que ninguém pode dispor de mais do que tem: "É ineficaz o legado de coisa certa que não pertença ao testador no momento da abertura da sucessão". Isso significa que a pertinência do legado não depende do fato de o testador ser titular da coisa ao tempo da confecção do testamento, pois basta que o seja no momento da abertura da sucessão para que a previsão tenha plena viabilidade jurídica. Em razão desse contexto, o legado de coisa que ao tempo da feitura do testamento era alheia não pode ser tido invariavelmente como ineficaz, haja vista que a sua posterior aquisição pelo testador faz firme e valiosa a disposição volitiva.

A existência de legado insubsistente não contamina o restante da cédula. Ela se conserva intacta na porção regularmente gerada, não obstante a supressão da cláusula que veio a se mostrar defeituosa por força da incidência de benefício sobre coisa alheia. Se depois de lavrado o instrumento de última vontade o testador incorporar o bem jurídico ao seu acervo patrimonial, seja a título gratuito ou oneroso, a disposição valerá e produzirá todos os efeitos que lhe são próprios. Isso ocorre porque restará patente, ainda que em sede de presunção, a circunstância de ter interessado ao disponente a perfectibilização do legado e o concreto repasse do proveito ao beneficiário. Por igual motivo, a transmissão da coisa a outrem pelo testador demonstra que abandonou a ideia de prestigiar o legatário, de maneira que a coisa, não pertencendo ao disponente na data da morte, será entregue aos herdeiros legítimos e não a quem originalmente figurava como destinatário no testamento.

O art. 1.913 do Código Civil contempla algo como uma variante lícita do ato de dispor de coisa alheia, mesmo que o faça por via transversa: "Se o testador ordenar que o herdeiro ou legatário entregue coisa de sua propriedade a outrem, não o cumprindo ele, entender-se-á que renunciou à herança ou ao legado". Nesse caso, a percepção do benefício fica submetida à aceitação, pelo sucessor, da cláusula que exige dele o comportamento indicado na norma, qual seja, a transferência de coisa própria a terceiro. Trata-se de encargo que subordina a captação do proveito ao seu efetivo implemento, nos moldes aventados pelo testador. Promovendo a entrega de acordo com o que foi estabelecido na cédula, entende-se que o herdeiro ou legatário aceitou a nomeação. Recusando-se a cumprir a exigência, o nomeado presumivelmente renuncia à herança ou ao legado — e sem que possa fazer prova em sentido contrário, eis que *juris et de jure* a aludida presunção.

Denomina-se sublegatário aquele a quem se entrega a coisa pertencente ao herdeiro ou legatário instituído, por determinação do testador. Exemplo: Manoel faz testamento em que nomeia Alberto como legatário, deixando-lhe um caminhão. Todavia, diz que para receber o legado o beneficiário terá de entregar a Fabiane o seu próprio automóvel. Caso Alberto cumpra o encargo fixado em proveito da sublegatária, fará jus ao recebimento do caminhão, fruto daquilo que se denomina sublegado. O art. 1.935, prevendo essa hipótese, estabelece: "Se algum legado consistir em coisa pertencente a herdeiro ou legatário (art. 1.913), só a ele incumbirá cumpri-lo, com regresso contra os co-herdeiros, pela quota de cada um, salvo se o contrário expressamente dispôs o testador".

Não dando observância à previsão ínsita na cédula, entender-se-á que o sucessor implicitamente abdicou do proveito nela estipulado, de maneira que nada receberá. Releva destacar que isso não afeta o direito à percepção da legítima, que sempre fica imune a essa modalidade de previsão. Apenas a herança e o legado instituídos em testamento sofrerão a incidência da norma geradora da perda do direito ao benefício livremente determinado pelo testador.

A obrigação de entregar coisa própria como requisito para o recebimento da herança ou do legado não se aplica aos herdeiros necessários, já que a porção chamada de *legítima* não pode sofrer redução direta ou indireta. Enveredando no sentido acima ventilado, o testador estaria promovendo desfalque na legítima dos herdeiros, de vez que ao retirarem do seu acervo quaisquer itens patrimoniais — com o objetivo de entregá-los a outrem — haveria para eles evidente redução da vantagem econômica final. Se, por exemplo, cada um auferiria originalmente quinhão de valor 100, a imposição do repasse de um bem próprio a terceiro, avaliado em 20, faria com que o proveito definitivo ficasse reduzido a 80, quadro repudiado pelo ordenamento jurídico nacional.

O art. 1.915 do Código Civil diz: "Se o legado for de coisa que se determine pelo gênero, será o mesmo cumprido, ainda que tal coisa não exista entre os bens deixados pelo testador". Vê-se, portanto, que as coisas legadas nem sempre devem estar presentes no patrimônio do testador no momento da abertura da sucessão para que se possa exigir o cumprimento da disposição de última vontade. Basta que o disponente as mencione pelo gênero e indique o beneficiário, pressupostos capazes de conferir plena eficácia ao legado. Em sentido lato, o gênero não perece e não pertence exclusivamente a ninguém, razão pela qual o bem legado não se considera coisa alheia e fica protegido da invalidade prevista no art. 1.912 do Código Civil. Exemplo: deixo um touro da raça holandesa para o meu amigo Carlos. No inventário, um exemplar que atenda à disposição será adquirido e entregue ao legatário.

É importante não confundir o legado de coisa determinada pelo gênero com o legado de coisa perfeitamente individuada na cédula. Enquanto a inexistência da primeira no acervo não afeta a disposição, a falta da segunda torna caduco o legado. Exemplo desta última hipótese tem-se na cláusula pela qual o testador afirma que deixa o seu touro premiado de raça holandesa. Se ele morrer ou já tiver sido vendido quando do óbito do disponente, a previsão será ineficaz.

A coisa legada a partir da referência ao gênero (*v. g.*, mil quilos de arroz), não existente no acervo, será adquirida pelo testamenteiro com recursos pertencentes ao espólio, abatendo-se proporcionalmente o respectivo valor das quotas cabíveis aos herdeiros. Se existirem várias coisas de mesmo gênero no patrimônio do testador, e este não houver identificado precisamente na cédula aquela que será repassada ao beneficiário, a escolha caberá aos herdeiros. Eles, todavia, não poderão optar pelo item de pior qualidade, nem estarão obrigados a entregar o melhor, cabendo-lhes repassar aquilo que se encontrar na média de qualidade do bem indicado na cédula (art. 244 do Código Civil).

17.3. Legado de coisa comum

Se tão somente em parte a coisa legada pertencer ao testador, ou, no caso do artigo antecedente, ao herdeiro ou ao legatário, só quanto a essa parte valerá o legado (art. 1.914 do Código Civil). Já se disse que o legado de coisa alheia é ineficaz, se ela não integrar o patrimônio do testador ao tempo da abertura da sucessão, com as exceções postas. Na hipótese de a coisa legada estar sob titularidade parcial do disponente (*v. g.*, porque em condomínio o imóvel), prevalecerá a deixa apenas no que disser respeito à aludida fração, sendo ineficaz quanto ao restante. Isso porque a parte não pertencente ao autor da disposição será tratada como legado de coisa alheia, e, portanto, insuscetível de abrangência no testamento.

Caso o testador determine, como requisito para a percepção do benefício testamentário, que o herdeiro ou legatário entregue a outrem uma coisa que só em parte lhe pertence, o encargo será cumprido apenas no concernente à porção de que o herdeiro ou legatário era titular ao tempo da abertura da sucessão. Afinal, somente pode ser imposta obrigação passível de cumprimento pelo nomeado, e não por indivíduo estranho à relação sucessória. Em vista disso, se o obrigado entregar à pessoa indicada pelo testador a fração que lhe pertence na coisa, terá cumprido o encargo e fará jus à integral percepção do proveito testamentário.

Se ficar demonstrado pelo legatário que o testador conhecia de antemão, ao tempo da lavratura da cédula, o fato de a coisa legada por inteiro pertencer em parte a outrem, terá direito de exigir que o espólio adquira a fração restante e faça a correspondente entrega de todo o objeto da deixa, salvo manifestação em contrário do autor da herança. Haverá, nesse contexto, duas nuanças de uma só previsão testamentária: a transmissão de coisa parcialmente própria, cujo adimplemento não exige a adoção de qualquer providência adicional, e o legado de coisa parcialmente alheia, que deverá ser adquirida pelos encarregados de cumprir a vontade testamentária, na parte que não integra o acervo do *de cujus*. Não se revelando possível a aquisição, o legatário receberá, em complemento do benefício, o valor correspondente à porção que não pôde ser integrada *in natura* ao legado. Tal solução encontra guarida no art. 1.915 do Código Civil, que merecerá mais alongadas considerações na sequência.

A aquisição, pelo testador, da titularidade da parte da coisa que não lhe pertencia ao tempo da elaboração da cédula faz válida e eficaz por inteiro a disposição. Nessa hipótese, o ato aquisitivo que precede a abertura da sucessão, realizado a título gratuito ou oneroso, torna patente o desiderato de ver cumprida na íntegra a última vontade exarada, tendo por objeto todo o bem.

17.4. Legado de coisa singularizada

Não havendo indicação da coisa pelo gênero, mas sim por intermédio de expressa individualização na cédula, o legado somente valerá se ao tempo da abertura da sucessão ela se encontrar entre os bens pertencentes ao *de cujus*. O art. 1.916 do Código Civil estabelece: "Se o testador legar coisa sua, singularizando-a, só terá eficácia o legado se, ao tempo do seu falecimento, ela se achava entre os bens da herança; se a coisa legada existir entre os bens do testador, mas em quantidade inferior à do legado, este será eficaz apenas quanto à existente". Exemplo: Alfredo lega a Marcos o cavalo de nome Vendaval, vencedor da mais recente exposição agropecuária realizada na cidade de Esteio. Se ao tempo do óbito do testador o animal estiver entre os itens do acervo, o legado será cumprido. Ao contrário, se por qualquer razão (alienação onerosa ou gratuita, destruição etc.) não se situar no conjunto deixado, caducará a disposição.

Indicando expressamente várias coisas como integrantes de um só legado, e encontrando-se delas quantidade inferior no momento da abertura da sucessão, a disposição será eficaz apenas quanto ao que for localizado e pertencer ao testador. O restante da previsão testamentária caducará, porque o acervo deixado pelo *de cujus* não era composto, no momento oportuno, pela totalidade das coisas mencionadas na cédula. Presume-se que o disponente não mais quis prestigiar o beneficiário no montante originalmente previsto, pois, se mantivesse o intento original, adquiriria o necessário à complementação do legado, ou não desfalcaria o item já completo ao tempo da lavratura da cédula. Veda-se a iniciativa do espólio no sentido da aquisição de bens de terceiros para integralizar o legado, exceto se tal determinação for feita de maneira inequívoca pelo testador.

Caso o testador faça alusão a uma espécie inteira e não apenas às coisas individualizadas que a compõem (*v. g.*, deixo meus poemas para a Biblioteca Municipal de Pelotas), o legado abarcará todas as unidades que se encontrarem no patrimônio do *de cujus* no momento da abertura da sucessão. Trata-se do fenômeno conhecido como legado de universalidade. O autor da liberalidade deixa apenas aquilo que tem, não podendo invadir a esfera jurídica alheia para nela buscar itens capazes de satisfazer o teor do legado, ressalvadas as situações abordadas em tópico anterior.

17.5. Legado de coisa localizada

O legado de coisa que deva encontrar-se em determinado lugar só terá eficácia se nele for achada, salvo se removida a título transitório (art. 1.917 do Código Civil). Por expressa disposição do testador, a identificação da coisa que integra o legado pode ser feita exclusivamente a partir da referência ao lugar de sua localização, sem que se a individualize por características físicas próprias. É o que acontece, por exemplo, quando o testador afirma que deixa a certo amigo o cofre que se acha no seu quarto de dormir.

Não há necessidade alguma de que o bem esteja desde sempre colocado e se mantenha no ponto físico aludido, bastando que nele se encontre, quando da abertura da sucessão, por iniciativa do disponente. Irrelevante, destarte, que só poucos dias antes, ou mesmo na véspera do óbito, tenha sido levado ao lugar estatuído. Em qualquer das hipóteses prevalecerá a ideia de que o testador pretendeu efetivamente beneficiar o legatário com o repasse do objeto deixado, salvo, por óbvio, se for demonstrado que alguém o levou àquele ponto apenas para fazer cumprir uma deixa que já havia sido desprezada pelo autor da herança.

É adequado observar que o legado somente terá eficácia se a coisa referida pelo *de cujus* for encontrada no exato lugar indicado, a menos que dele tenha sido retirada provisoriamente para a consecução de algum fim específico. Ocorreria, por assim dizer, a chamada *remoção acidental* da coisa, entendendo-se como tal aquela que não carrega em si o ânimo, por parte do autor da herança, de romper o teor do legado. Noutras palavras, restaria constatada uma diversidade material quanto à situação do objeto, mas ainda haveria plena correspondência entre o quadro físico e a vontade testamentária exarada. Como exemplo, pode-se citar a hipótese de o testador ter levado o cofre à oficina para mudança do segredo. Tal conduta não revelaria, sequer implicitamente, que o testador pudesse estar imbuído da intenção de quebrar o benefício estabelecido, motivo pelo qual ele subsiste integralmente mesmo com a circunstancial ausência da coisa do lugar onde deveria estar.

A remoção intencional da coisa por outrem, com a finalidade de frustrar o cumprimento do legado, não afeta a eficácia da disposição regularmente entabulada. O legatário poderá reclamar a totalidade do proveito indicado pelo disponente, eis que o fato de a coisa não se encontrar no lugar apontado na cédula não se deveu, em caráter direto ou indireto, a qualquer conduta do *de cujus* que fosse compatível com a vontade de tornar ineficaz a deixa. Deve-se, então, cumprir a disposição conforme estabelecida no respectivo instrumento.

Pelo exposto, percebe-se que a ineficácia da manifestação volitiva, instruída com dados acerca da localização do objeto legado, consuma-se a partir do instante em que o testador, seja pessoalmente ou por meio de terceiro, mas com o seu assentimento, remover em definitivo a coisa do lugar mencionado na cédula. É o que ocorre, por exemplo, no caso de o cofre deixado ao amigo como legado não ser achado no quarto de dormir apontado pelo testador, porque este o transferiu para a casa da praia. Acontecimentos dessa natureza contêm implícita a vontade de romper a deixa testamentária, o que a torna insubsistente.

No caso de legado de várias coisas, ele será exequível apenas quanto às que forem encontradas no lugar explicitado, afigurando-se caduco no tocante às demais, exceto nas situações, já ventiladas, de remoção a título precário e sem o ânimo de romper a vontade originalmente emitida, pois então a disposição terá de ser cumprida na sua totalidade.

17.6. Legado de crédito ou de quitação de dívida

O legado de crédito, ou de quitação de dívida, terá eficácia somente até a importância desta, ou daquele, ao tempo da morte do testador (*caput* do art. 1.918 do Código Civil). A norma trata de duas situações distintas quanto ao objeto, mas idênticas em termos de disciplina jurídica, dada a similitude que apresentam.

É possível que o testador deixe legado constituído por crédito que tem junto a terceiro. Isso equipara a deixa a uma cessão, submetendo-a à normatização pertinente, de maneira que o legatário ingressa em lugar do credor original e assume todos os proveitos decorrentes do crédito. Cabe destacar que o espólio do testador não poderá ser demandado em caso de insolvência do terceiro ou na hipótese de defeito insanável do crédito, que o inviabilize na prática. O teor da liberalidade é transmitido no estado em que se encontra, carregando consigo as virtudes e os vícios originais.

De banda diversa, ao testador se faculta deixar em legado a quitação de dívida que ele mesmo, terceira pessoa ou o onerado — sucessor encarregado do cumprimento — tenha contra o legatário. Equipara-se essa modalidade de disposição a uma remissão de dívida, ficando perdoado, o beneficiário, daquele dever jurídico até então pendente.

Os legados de crédito e de quitação de dívida não ultrapassam o valor desta ou daquele ao tempo da morte do testador, eis que a vontade declinada na cédula abarca apenas a importância econômica do proveito ou da pendência que nela se menciona. Caso o crédito não mais exista quando do óbito do testador, o legado será caduco e nenhum efeito produzirá. Existindo apenas em parte, valerá pela fração que estiver integrada ao acervo do *de cujus*. O mesmo se diz das dívidas liberadas, pois, se quando da abertura da sucessão, o legatário já as houver integralmente pago, não poderá recuperar o respectivo valor, e, se as tiver saldado parcialmente, será perdoado apenas da porção que ainda subsistia em pendência.

Havendo na cédula testamentária menção expressa à liberação de todas as dívidas do legatário junto ao testador ou a outrem, feita em caráter genérico, a disposição valerá quanto às que ainda estiverem pendentes no instante da abertura da sucessão, e que forem representadas por títulos integrados ao acervo hereditário. Existindo referência do disponente apenas a obrigações específicas, só quanto a elas ocorrerá a respectiva liberação, eis que a interpretação da vontade exarada terá sempre de ser restritiva.

O cumprimento dessa modalidade de legado pelo herdeiro se faz mediante entrega, ao legatário, do título representativo do crédito ou da dívida (§ 1º). Como se sabe, a posse do título é requisito de viabilidade da execução do valor nele consignado, assim como faz presumir a quitação do débito que contém. De posse do título em que se insere o crédito, poderá o legatário exigir a respectiva quantia junto ao devedor. Tratando-se de legado de dívida que tenha perante o testador, considera-se liberado o legatário pelo simples fato de tomar para si o título em cumprimento à derradeira vontade do *de cujus*. Se a dívida for perante terceiro, caberá ao onerado pagá-la em nome do legatário, liberando-o em conformidade com a previsão testamentária.

Cumpre frisar outra vez que a entrega do título ao legatário não importa em assegurar-lhe a existência do crédito, pois, se nada mais existir quando do óbito do testador, direito algum haverá a reclamar em favor da pessoa apontada na cédula. Também não se garante a solvabilidade do terceiro devedor, de modo que o legatário não poderá reclamar do espólio o pagamento na hipótese de o obrigado ser insolvente.

O legado de quitação de dívida não abrange as constituídas depois da lavratura da cédula (§ 2º), porque a vontade do autor da herança se projeta unicamente para as obrigações já firmadas no plano jurídico. Se o testador, porém, expressamente mencionar a quitação de débitos que depois da feitura da cédula vierem a existir, o espólio onerado terá de cumprir a vontade emitida, promovendo a solução por meio da entrega do título que estava em poder do autor da herança ou pagando a terceiro credor aquilo que for devido.

Não o declarando expressamente o testador, não se reputará compensação da sua dívida o legado que ele faça ao credor (*caput* do art. 1.919 do Código Civil). Quando duas partes são ao mesmo tempo credora e devedora uma da outra, a compensação apresenta-se como modo de extinção das obrigações até onde se alcancem em expressão econômica. Todavia, não se pode desprezar o caráter benéfico do testamento, nem esquecer que, como regra, o objetivo da deixa é sempre o de carrear proveito direto ao agraciado. Em vista disso, salvo expressa referência feita pelo testador na cédula, o legado feito a alguém não pode ser compensado com dívidas que o beneficiário acaso tivesse para com o testador. Nessa linha de raciocínio, importa dizer que o legatário tem o direito de receber o legado e continua sendo titular do crédito que possui junto ao *de cujus*, a ser solvido pelo espólio. A compensação somente será admitida se o testador a houver mencionado na cédula, circunstância que levará ao encontro das pendências para fins de extinção até onde se puderem alcançar.

Consoante estatuído no parágrafo único do art. 1.919 da codificação, se a dívida do disponente para com o legatário for posterior à confecção do testamento e ainda pender ao tempo do óbito do testador, não se promoverá a sua compensação com o legado. Este subsiste por inteiro e pode ser exigido pelo beneficiário, a quem se permite, por óbvio, reclamar ainda o pagamento do crédito que tinha contra o *de cujus*, cuja solução passa à responsabilidade do espólio. Se a dívida surgida posteriormente à elaboração do testamento foi paga em vida pelo testador, também não se fala em compensação, pois o legado subsiste a qualquer intercorrência negocial havida entre o autor da herança e o legatário no período compreendido entre a confecção da cédula e a abertura da sucessão.

17.7. Legado de alimentos

Em Direito Civil, o vocábulo *alimentos* não designa apenas o necessário à sobrevivência da pessoa, mas também outros aspectos que envolvem a sua manutenção e desenvolvimento como ser humano considerado em sentido geral. Neles está incluído o provimento de necessidades relacionadas a aspectos como despesas de recuperação da saúde, vestimentas, habitação, educação e tudo o mais que, estando dentro das possibilidades do devedor e das necessidades do credor, viabilize a este uma subsistência digna. Os alimentos encontram substrato na lei, no ato ilícito ou na vontade regularmente exarada. Nesta última fonte é que se enquadra a deixa testamentária, que tem por objeto a constituição de legado alimentar em favor do beneficiário.

O art. 1.920 do Código Civil, acerca do tema, preconiza: "O legado de alimentos abrange o sustento, a cura, o vestuário e a casa, enquanto o legatário viver, além da educação, se ele for menor". O testador pode fazer a deixa de alimentos em espécie, conferindo ao onerado o dever de entregar ao legatário, na periodicidade fixada na cédula, gêneros alimentícios suficientes à sua subsistência, prédio apto a servir de habitação, medicamentos, etc. Todavia, a forma mais comum, prática e ágil de legar alimentos consiste em estabelecer um valor em dinheiro, a ser repassado periodicamente ao beneficiário.

Se o testador estipular a soma fixa que caberá ao legatário a título de alimentos, não poderá este exigir mais sob o pretexto de que não é bastante às suas necessidades. Também não se admitirá qualquer pleito tendente a alterar o montante que já estiver sendo pago desde o óbito do *de cujus*, pois, ao contrário dos alimentos fundados nas relações de família, a modificação do quadro fático de uma das partes — espólio ou beneficiário — não enseja a revisão do proveito carreado.

Caso o autor da liberalidade não defina o teor econômico dos alimentos, tampouco faça alusão a fatores ou critérios aptos a conduzir ao esclarecimento dessa circunstância, será do juiz a tarefa de estabelecer o patamar do benefício. Levará em consideração, para assim proceder, os elementos objetivos que existirem, dentre os quais a capacidade do acervo hereditário e as qualidades pessoais do favorecido (idade, condição social, estado de saúde etc.).

O marco inicial para pagamento do legado de alimentos é a data do óbito do testador. É importante observar que, dada a natureza alimentar do legado, as prestações são pagas ao início de cada período estabelecido (quinzena, mês, bimestre etc.), e não ao final. Isso apenas no que se refere a alimentos, pois os demais legados de quantia em dinheiro são pagos depois de completado cada período de tempo estabelecido na cédula.

Faculta-se ao testador legar alimentos por prazo certo (*v. g.*, até dia, mês e ano referidos na cédula), com duração submetida a acontecimento futuro (*v. g.*, a maioridade do legatário) ou com eficácia vitalícia. Também pode estabelecer que o valor do legado será aquele produzido a partir da renda de determinado imóvel, de maneira que se estabelece sobre o bem um ônus real, a ser inscrito junto ao Registro de Imóveis. Se não houver definição testamentária do *dies ad quem* das prestações, elas serão vitalícias, exceto se antes disso as forças da herança forem consumidas no cumprimento do dever estipulado.

Não podem ser nomeados legatários de alimentos os indivíduos a quem a lei nega qualidade sucessória. Se assim não fosse, poderia ser burlada a vigilância normativa por meio da deixa alimentar, sob o pretexto de se tratar de liberalidade destinada a assegurar a sobrevivência cômoda do legatário. Assim, estão impedidos de receber tal vantagem, em conformidade com o teor do art. 1.801 do Código Civil: "I – a pessoa que, a rogo, escreveu o testamento, nem o seu cônjuge ou companheiro, ou os seus ascendentes e irmãos; II – as testemunhas do testamento; III – o concubino do testador casado, salvo se este, sem culpa sua, estiver separado de fato do cônjuge há mais de cinco anos; IV – o tabelião, civil ou militar, ou o comandante ou escrivão, perante quem se fizer, assim como o que fizer ou aprovar o testamento".

17.8. Legado de usufruto

Somente o proprietário tem legitimidade para legar usufruto de certo bem móvel ou imóvel, eis que tal medida envolve disposição de atributos relacionados ao domínio, quais sejam, o direito de usar (*jus utendi*) e o direito de fruir (*jus fruendi*). A substância da coisa, por seu turno, passará imediatamente aos herdeiros no momento do óbito do *de cujus*, por força do art. 1.784 do Código Civil, que consagra o princípio da *saisina*. Tem-se, portanto, que estes últimos adquirirão apenas a propriedade nua, conservando a prerrogativa de, quando da extinção do usufruto, recuperar os elementos que haviam sido transmitidos em caráter temporário ao sujeito favorecido pelo legado. Fenômeno semelhante acontecerá na hipótese de terceiro ser indicado como legatário da propriedade nua, de maneira que depois de extinto o legado do usufruto haverá em seu favor a incorporação dos atributos circunstancialmente deslocados.

O legislador editou somente um dispositivo para disciplinar o usufruto de caráter sucessório, aplicando-se na sua regência, naquilo que for pertinente, as demais normas comuns ao direito real em sentido lato (arts. 1.390 a 1.411 do Código Civil). A duração do instituto gerado na cédula testamentária está fixada no art. 1.911 da codificação: "O legado de usufruto, sem fixação de tempo, entende-se deixado ao legatário por toda a sua vida". Cabe observar que o direito real de usufruto, em si mesmo, não pode ser transmitido pelo usufrutuário, pois a morte do titular faz com que desapareçam as prerrogativas inerentes ao instituto. Mas ao testador é facultado estabelecer a data exata em que terminará o benefício, ou o acontecimento que o fará desaparecer (*v. g.*, o casamento do legatário). A vitaliciedade só prevalecerá no caso de não ter sido mencionado na cédula o marco temporal de duração do legado.

Como já se disse, a morte do usufrutuário extingue o direito real, fazendo com que a propriedade plena do bem se concentre na esfera jurídica de quem até então conservava apenas a qualidade de nu-proprietário. Sendo deferido o legado a uma pessoa jurídica, o direito dela também se estenderá até a data estipulada pelo disponente. Não tendo havido essa definição na cédula, o direito real perdurará até a extinção da entidade ideal, com limite máximo de trinta anos, conforme previsto no art. 1.410, III, do Código Civil.

Outro aspecto importante envolve a absoluta invalidade da constituição de usufruto sucessivo. Nele, o usufrutuário primitivo fica obrigado a passar o seu direito a outra pessoa, como resultado do decurso de certo tempo, da verificação de determinado acontecimento, etc. Entretanto, mostra-se perfeitamente possível a constituição de usufruto simultâneo, em que mais de um indivíduo se investe na qualidade de usufrutuário de uma só coisa.

17.9. Legado de imóvel

O imóvel é um dos objetos mais comuns do legado, haja vista a praticidade que envolve essa espécie de disposição. Se aquele que legar um imóvel lhe ajuntar depois novas aquisições, estas, ainda que contíguas, não se compreendem no legado, salvo expressa declaração em contrário do testador (art. 1.922 do Código Civil). Presume-se que todas as coisas acrescidas ao bem de raiz depois da confecção do testamento não integram o legado, a menos que o testador expressamente estabeleça o contrário. As novas aquisições compõem um universo jurídico independente (*v. g.*, área de terra que por compra posterior somar-se à original), e, embora adjacentes à coisa deixada em legado, não integram o proveito testamentário. Somente a inequívoca vontade do testador, manifestada na cédula, pode reverter a presunção legal expendida.

Não obstante o que se asseverou, o legislador, em atenção ao princípio de que o acessório segue o principal, prevê que as benfeitorias realizadas no prédio depois da confecção do testamento aderem ao legado, passando juntamente com o imóvel à titularidade do legatário (parágrafo único). Esse efeito independe de expressa previsão testamentária, decorrendo simplesmente da superveniência de benfeitorias no prédio legado. Tanto as necessárias (*v. g.*, troca da rede elétrica para evitar incêndios no imóvel) como as úteis (*v. g.*, muro) e as voluptuárias (*v. g.*, floreira) terão o mesmo destino jurídico, qual seja, a incorporação ao legado definido pela derradeira vontade.

As acessões feitas no imóvel depois de confeccionado o testamento, mas antes do óbito do *de cujus*, também passam a compor o legado original, como acontece, por exemplo, com as construções (casas, galpões, obras diversas etc.) e as plantações. Isso porque revelam a intenção implícita do testador de promover efetivo acréscimo ao prédio e de carrear mais proveito ao legatário, até mesmo em face da natural antieconomicidade ou inviabilidade de separação do conjunto.

Caso os herdeiros do imóvel tenham nele, de boa-fé, realizado benfeitorias necessárias ou úteis, ou integrado acessões depois da morte do disponente, haverá direito ao recebimento do valor correspondente aos referidos gastos. Estando de má-fé, o direito limitar-se-á à percepção do montante relativo às benfeitorias necessárias e às acessões. Em qualquer das hipóteses não haverá direito de indenização das benfeitorias voluptuárias, mas elas poderão ser levantadas se não ocorrer o pagamento, quando isso for viável sem detrimento da coisa. Releva destacar que existirá direito de retenção apenas em favor dos herdeiros de boa-fé, quanto às benfeitorias necessárias e úteis e às acessões, até que lhes seja pago o valor despendido na sua implementação.

Capítulo 18

DOS EFEITOS DO LEGADO E DO SEU PAGAMENTO

18.1. Direito de pedir o legado

O direito de pedir o legado não se exercerá, enquanto se litigue sobre a validade do testamento, e, nos legados condicionais, ou a prazo, enquanto esteja pendente a condição ou o prazo não se vença (art. 1.924 do Código Civil). A posse da coisa legada é transmitida ao beneficiário assim que forem solucionadas todas as pendências relativas ao testamento e ao inventário. Embora seja automaticamente proprietário da coisa ao abrir-se a sucessão, o legatário terá de aguardar o deslinde das questões suscitadas em torno da validade do testamento antes de pleitear a posse, perante o juiz, do inventário. Isso porque eventual reconhecimento da invalidade da cédula, parcial ou total, terá influência decisiva na definição dos quinhões sucessórios e nos pagamentos testamentários a serem feitos.

A pendência de condição, assim como a fixação de prazo pelo testador, são fatores capazes de impedir o legatário de postular a entrega da coisa legada. Portanto, se o disponente estabelecer que o legado será entregue quando implementada certa condição, o direito de pedir a coisa dependerá da verificação do evento previsto na cédula, pois do contrário a disposição se tornará ineficaz. De igual forma, caso o testador estipule o *dies a quo* para a aquisição do legado, o direito de pedir a entrega se fará visível no advento do mencionado prazo. Tal quadro demonstra que o beneficiário terá apenas mera expectativa de direito enquanto não se verificar o acontecimento apto a transmitir-lhe em definitivo a coisa legada.

Entretanto, mesmo implementada a condição ou vencido o prazo, o legatário não poderá pedir a coisa, se houver questões a serem dirimidas em torno da validade do testamento. De outra banda, importa observar que a tradição do legado ao beneficiário deve aguardar a solução final do inventário, pois com isso estará definido com exatidão o acervo partilhável e averiguada a viabilidade quantitativa do testamento. Cabe destacar que a invasão da legítima pelas disposições testamentárias as torna ineficazes, e a liquidação do monte-mor é que dirá qual a efetividade do alcance da vontade do *de cujus*.

Nos legados com encargo, aplica-se ao legatário o disposto no Código Civil quanto às doações de igual natureza (art. 1.938 da codificação). Isso porque há vários pontos comuns entre os institutos da doação modal e do legado com encargo. O principal deles consiste na circunstância de que em ambos a percepção do proveito subordina-se à prática de determinado ato pelo beneficiário que pretender auferir o proveito. Para receber a coisa deixada em legado com encargo o favorecido terá de cumpri-lo, seja em benefício do disponente, de terceiro ou de interesse geral. Se optar pelo não cumprimento, entende-se que rejeitou a deixa, ficando desfeita a liberalidade e retornando a coisa ao acervo para redistribuição entre os sucessores do falecido.

18.2. Aquisição de coisa certa

Já se disse que por meio de testamento o disponente pode nomear herdeiros e legatários, respectivamente sucessores a título universal e singular. O art. 1.784 do Código Civil, que consagra no direito pátrio o princípio da *saisina*, estabelece que a abertura da sucessão gera a automática e imediata transmissão da herança — posse e propriedade — em favor dos herdeiros legítimos e testamentários. A norma legal não menciona os legatários, do que resulta a necessidade de reconhecer ter sido diverso o tratamento dado a eles.

O *caput* do art. 1.923 do Código Civil apresenta o seguinte teor: "Desde a abertura da sucessão, pertence ao legatário a coisa certa, existente no acervo, salvo se o legado estiver sob condição suspensiva". Percebe-se, destarte, que na hipótese de legado de coisa previamente determinada, e que esteja posta no monte-mor ao tempo do óbito, a abertura da sucessão é o marco que determina a aquisição do domínio por parte do legatário.

A regra não é absoluta, de vez que a vontade do testador pode alterar o mecanismo de aquisição da propriedade, bastando que seja inserida na cédula expressa determinação no sentido de submeter o legado a uma condição suspensiva. Caso nenhuma previsão seja feita pelo disponente nesse sentido, e não se trate de coisa incerta, o legado confere ao beneficiário o domínio imediato, não sendo necessário aguardar o transcurso de lapso temporal algum. Sendo incerto o bem, somente com a sua individualização, realizada no inventário, é que ocorrerá a atribuição da titularidade ao respectivo beneficiário.

A aquisição da coisa pelo legatário, no legado puro e simples, independe de qualquer formalidade ou ato posterior ao óbito do testador. Ainda que ignore a sua situação de titular e a própria existência do testamento, o legatário é considerado juridicamente como dono. Isso não impede, por óbvio, que renuncie ao legado e se dispa voluntariamente da condição jurídica de sucessor, pois ninguém pode ser obrigado a aceitar a deixa testamentária.

Embora sendo dono, o legatário não tem o direito de imediatamente reclamar para si a posse da coisa, nem de nela investir-se por iniciativa pessoal de qualquer natureza (§ 1º). Apenas ao término do inventário, com a partilha dos itens do acervo, é que será possível definir o efetivo direito do legatário. Afinal, o pagamento de dívidas do espólio e o ajuste das circunstâncias da herança muitas vezes fazem com que o legado se torne ineficaz (*v. g.*, por atingir a fração disponível) ou por razão jurídica diversa pereça (*v. g.*, nulidade da cédula). Logo, a faculdade original do legatário, quanto à posse do objeto, consiste apenas em reclamá-la do espólio, para futuro recebimento no âmbito do inventário. Essa diferença de tratamento encontra suporte no fato de que o legatário, ao contrário do herdeiro, não é tido como substituto do *de cujus* em todos os direitos e obrigações que em vida mantinha, figurando unicamente como beneficiário de itens previamente determinados na cédula.

Embora normalmente a coisa deixada em legado somente seja entregue ao destinatário no instante da partilha, esse acontecimento pode ocorrer antes, desde que haja a concordância de todos os herdeiros. A eles é que compete promover o repasse dos legados aos titulares, de maneira que a inexistência de controvérsia permite o acesso imediato do legatário à posse. Se a coisa, então, estiver sob posse de terceiro, o dono terá legitimidade para postular em juízo a sua restituição. Vale destacar que essa prerrogativa só tem lugar a partir de quando ficar definido o endereçamento do bem ao legatário, seja pela partilha ou em razão da anuência antecipada dos herdeiros. Até que isso aconteça, a estes é que incumbirá a defesa da posse da coisa que desde a abertura da sucessão já pertence ao destinatário apontado no testamento.

18.3. Percepção dos frutos

Frutos são todos os proveitos derivados da coisa, nisso incluídos tantos os de caráter civil (*v. g.*, aluguéis) como os industriais (*v. g.*, resultado do trabalho de fábrica de calçados) e naturais (*v. g.*, cereais). O legado de coisa certa existente na herança transfere também ao legatário os frutos que produzir, desde a morte do testador, exceto se dependente de condição suspensiva, ou de termo inicial (§ 2º do art. 1.923 do Código Civil). A transferência dominial do bem ao legatário se verifica com a abertura da sucessão, o que faz certa a necessidade de que lhe sejam repassadas, juntamente com a substância da coisa, todas as vantagens geradas por ela a partir de então. O fato de permanecer com os herdeiros a posse do item legado não os autoriza a integrarem os frutos ao seu próprio acervo, já que eles pertencem ao dono da coisa em virtude do princípio segundo o qual o acessório segue o principal.

A percepção dos frutos da coisa certa legada integra-se como direito na esfera jurídica do legatário a partir da data em que ocorrer o óbito do testador. Entretanto, a pendência de condição suspensiva ou de termo inicial faz com que essa regra não prevaleça, pois então o legatário terá de aguardar o implemento da condição ou o advento do termo para que tenha início a prerrogativa de recebimento dos frutos, já que também nessa ocasião se tornará dono da substância do bem. Enquanto o legado estiver atrelado a evento futuro ou a termo, a coisa não se transmite efetivamente ao beneficiário indicado na cédula pelo testador, nem tem início, por conseguinte, a faculdade de captar-lhe os frutos.

As observações feitas permitem entrever a circunstância de que não pertencem ao legatário os frutos produzidos pela coisa antes do óbito do testador. Afinal, como ainda estava integrada ao acervo do autor da herança, é certo que todos os proveitos a ele se incorporavam. Supondo-se, por exemplo, que a deixa diga respeito a uma casa locada, caberão ao legatário os aluguéis vencidos desde a data da morte do disponente. Quanto aos anteriores, pertencerão de pleno direito aos herdeiros, em conformidade com as regras sucessórias gerais.

No legado de coisa incerta ou que não esteja no acervo do disponente ao tempo do óbito, os frutos somente pertencerão ao legatário desde o momento da individualização do teor do benefício, ou a partir da data em que for localizado o bem deixado pelo autor da liberalidade. É preciso que se saiba com exatidão qual o proveito direcionado ao legatário, para que, integrado ao correspondente acervo patrimonial, mostre-se factível a adequada quantificação dos frutos gerados em seu favor.

O legislador regulamenta de maneira diversa o legado em dinheiro, que só vence juros — enquadrados como frutos civis — desde o dia em que se constituir em mora a pessoa obrigada a prestá-lo (art. 1.925 do Código Civil). Isso significa que o ato de legar dinheiro não importa no reconhecimento *pleno jure* do direito do legatário à percepção dos respectivos rendimentos, que são frutos do capital. Os juros só vencem em seu favor a partir da data em que for constituído em mora o onerado, ou seja, o sujeito a quem incumbe o cumprimento da disposição testamentária. A constituição em mora pode ocorrer tanto por meios extrajudiciais como por meio de providências deduzidas em juízo. Entre estas últimas incluem-se a ação de petição de legado e a habilitação no inventário com expressa referência à pretensão do demandante.

Vê-se, portanto, que, embora o óbito do *de cujus* invista automaticamente o legatário na qualidade de titular dos recursos, o recebimento do dinheiro e dos juros não pode ser postulado de imediato, submetendo-se à disciplina citada. Entrementes, pode o testador estabelecer que os juros sejam computados desde a abertura da sucessão, contanto que o faça mediante expressa referência na cédula.

Caso o legado não seja em dinheiro, mas sim em títulos de crédito, notas promissórias, duplicatas, letras de câmbio etc., os juros correrão contra o devedor conforme estipulados nos respectivos instrumentos. Em tal situação, desnecessária qualquer forma de interpelação do onerado para fins de constituí-lo em mora, pois o óbito do *de cujus* transmite ao legatário o crédito nos moldes em que originalmente estabelecido.

18.4. Entrega do legado de renda ou pensão periódica

Se o legado consistir em renda vitalícia ou pensão periódica, esta ou aquela correrá da morte do testador (art. 1.926 do Código Civil). Renda vitalícia é um valor que o onerado tem de entregar ao legatário durante toda a vida deste, a partir de numerário retirado do espólio deixado por morte do testador. Pensão periódica é um montante que se repassa ao legatário sempre que completado o ciclo temporal (quinzena, mês, semestre etc.) estabelecido na cédula testamentária, perdurando ao longo do prazo nela definido. Ambos os institutos são disciplinados em conjunto como decorrência da circunstância de terem similar conotação assistencial e benemerente.

A fonte econômica de adimplemento da renda ou da pensão é sempre dinheiro deixado pelo *de cujus*, ou bens imóveis que, integrantes do acervo, tenham suficiente potencial de geração da importância necessária à satisfação do direito do beneficiário. Tratando-se de renda vitalícia constituída sobre imóvel, de cujo emprego econômico (*v. g.*, aluguel) se deva retirar o valor devido ao legatário, cabe ao onerado, que é o herdeiro encarregado de cumprir a vontade do testador, fazer inscrever o gravame junto ao Registro de Imóveis, pois somente assim adquirirá oponibilidade *erga omnes*. O bem, daí em diante, estará jungido de forma permanente ao atendimento da disposição testamentária, mantendo-se assim enquanto viver o favorecido.

Tanto a renda vitalícia como a pensão periódica passam a ser computadas em favor do legatário desde a abertura da sucessão. Não há prazo algum a observar, a menos que o testador estabeleça termo inicial na cédula testamentária. Se isso ocorrer, a percepção da renda ou da pensão ficará atrelada ao advento da data aprazada pelo disponente.

Incumbe ao legatário pedir a entrega do legado que lhe foi destinado pelo *de cujus*. Ainda que não o faça de imediato, a renda ou a pensão correrá em seu favor desde o marco fixado pela lei ou definido na cédula. Releva destacar, todavia, que prescreve em três anos a pretensão de recebimento das prestações vencidas, conforme estatuído no inciso II do § 3º do art. 206 do Código Civil. Assim, cada parcela que se vencer abrirá a contagem de um particular e específico lapso prescricional, de modo que desaparecerá a pretensão do legatário sobre elas conforme deixar escoar *in albis* o período de que dispunha para reclamar a respectiva entrega.

Se o legado for de quantidades certas, em prestações periódicas, datará da morte do testador o primeiro período, e o legatário terá direito a cada prestação, uma vez encetado cada um dos períodos sucessivos, ainda que venha a falecer antes do termo dele (art. 1.927 do Código Civil). Vê-se, destarte, que o legado de quantidades previamente definidas, a serem pagas em prestações sucessivas, somente vence depois de completado cada período indicado pelo testador. O legatário não pode reclamar pagamento antecipado ou adiantado, ao contrário do que ocorre na hipótese de legado de alimentos. Aguarda-se o cumprimento do ciclo de tempo estabelecido na cédula, e daí surge a obrigação de entregar a prestação ao beneficiário, repetindo-se a mesma operação tantas vezes quantos forem os períodos definidos pelo disponente.

Conta-se cada período a partir do óbito do testador, mas nada impede que no testamento seja fixada data certa (*v. g.*, todo dia 10) para a efetivação dos pagamentos. Nesse caso, entre o óbito de testador e o primeiro dia demarcado para o vencimento da prestação corre um período incompleto, cujo pagamento tem de ser proporcional. Exemplo: se o ciclo estipulado na cédula é de trinta dias, com pagamento no dia 10, e o testador falece no dia 25, entre este marco e o dia 10 subsequente corre um período de 15 dias, a ser pago nessa proporção ao legatário.

Sobrevindo a morte do legatário enquanto ainda estiver em curso um dos períodos fixados no testamento, os seus sucessores terão o direito de receber a integralidade da prestação. A exigibilidade do valor, porém, surgirá apenas quando for completado o período de tempo mencionado na cédula.

Sendo periódicas as prestações, só no termo de cada período se poderão exigir (*caput* do art. 1.928 do Código Civil). As prestações periódicas instituídas por ato *causa mortis* vencem após o decurso completo de cada ciclo temporal fixado pelo testador. Isso difere substancialmente das prestações firmadas por ato negocial *inter vivos*, eis que então o credor adquire o direito à renda dia a dia, se a prestação não houver de ser paga adiantada, no começo de cada um dos períodos prefixos (art. 811 do Código Civil). Daí que, salvo previsão em contrário no testamento, o legatário terá de aguardar o encerramento do período para reclamar a prestação. Fosse o caso de contrato, e considerando-se a superveniência do seu rompimento, o credor poderia exigir pagamento proporcional ao lapso de tempo transcorrido, ressalvadas as exceções contidas na lei.

Em vista dos caracteres especiais que o revestem, o legado de alimentos não se sujeita à regra de que os pagamentos são feitos somente depois de encerrado cada período estipulado pelo testador. Destinados à subsistência do legatário, tais legados ensejam pagamento adiantado, ou seja, ao início de cada um dos ciclos temporais testamentários (parágrafo único do art. 1.928 do Código Civil). Aplica-se essa regra geral sempre que de outra forma não dispuser o testador, a quem é dado estabelecer pagamento ao final do período aquisitivo.

18.5. Entrega do legado de coisa incerta

Diz o art. 1.929 do Código Civil: "Se o legado consiste em coisa determinada pelo gênero, ao herdeiro tocará escolhê-la, guardando o meio-termo entre as congêneres da melhor e pior qualidade". Cuida o legislador, no dispositivo transcrito, do legado de coisa incerta, que é aquela indicada, ao menos, pelo gênero e pela quantidade (art. 243 do Código Civil). Na hipótese de ser instituído legatário de coisa determinada pelo gênero, com silêncio do testador quanto à identificação da pessoa a quem caberá fazer a escolha do bem, que, entre os congêneres, será entregue em cumprimento da vontade testamentária, incumbirá tal opção ao herdeiro. A este não é dado escolher o pior, nem tem a obrigação de eleger o melhor, impondo-lhe o legislador, todavia, o dever de indicar aquele que guarde média qualitativa e de valor entre os demais (art. 244 do Código Civil).

A solução apontada tem em vista a diversidade de interesses em disputa, pois de um lado é certo que ao legatário seria vantajoso receber a coisa de melhor qualidade e maior valor, enquanto ao herdeiro seria conveniente repassar ao beneficiário uma coisa de pior qualidade e menor valor. Estabelecendo o meio-termo como padrão necessário, o legislador evita prejuízo a qualquer dos envolvidos, fazendo cumprir com maior segurança e presteza a vontade do testador. Vale destacar, porém, que, se houver unanimidade entre todos os herdeiros, nada obstará que se repasse ao beneficiário o melhor bem daqueles que, considerados os congêneres, estiver no acervo do disponente.

Ao invés de simplesmente silenciar, o testador pode indicar a pessoa a quem competirá definir, entre coisas indicadas pelo gênero, aquela que será entregue ao legatário em cumprimento da disposição testamentária. A incumbência pode ser atribuída a terceiro estranho às relações decorrentes do testamento e do inventário. Também nesse caso a escolha terá de recair sobre coisa de qualidade média entre as congêneres, não sendo dado ao terceiro indicar nem a melhor e nem a pior (art. 1.930 do Código Civil). Se a opção recair sobre coisa que não representa a qualidade mediana, poderá o prejudicado reclamar ao juiz que determine a necessária adequação.

A negativa do terceiro em aceitar a tarefa de indicar a coisa a ser entregue ao legatário não inviabiliza o legado, pois então ao juiz competirá a indicação, sempre tomando por base a regra do meio-termo entre as coisas congêneres de melhor e de pior qualidade. O mesmo acontecerá se o terceiro não puder realizar a escolha, *v. g.*, em razão de morte, incapacidade, moléstia etc. A eficácia e o cumprimento da vontade testamentária não podem ficar adstritos a detalhe secundário como o relativo à escolha da coisa por terceiro, mesmo porque a negativa injustificada em aceitar a missão poderia beneficiar ou prejudicar indevidamente as pessoas envolvidas na partilha do acervo.

Em qualquer das situações mencionadas nos arts. 1.929 e 1.930 do Código Civil, a eventual inexistência da coisa no patrimônio do falecido obrigará o herdeiro a adquiri-la com recursos do espólio e a entregá-la ao legatário. Isso porque, consoante observado alhures, o gênero não perece, sendo certa a viabilidade de se encontrar uma coisa como a referida pelo testador, para aquisição junto a outrem e integral cumprimento do legado.

A escolha da coisa pelo próprio legatário ocorre exclusivamente nos casos em que o testador deduz essa vontade na cédula testamentária. Em tal circunstância, presume-se tenha pretendido deixar ao beneficiário a melhor das coisas que, definidas pelo gênero, forem encontradas no espólio (art. 1.931 do Código Civil). Isso significa que o legatário pode escolher a melhor delas, devendo os demais partícipes da herança resignar-se com a referida iniciativa.

Na hipótese de a coisa indicada pelo testador a partir do gênero não existir no acervo hereditário, incumbirá ao herdeiro onerado adquirir uma que satisfaça a vontade testamentária, guardando, porém, o meio-termo entre as congêneres da melhor e pior qualidade. Destarte, não poderá ofertar ao legatário a de qualidade inferior, nem estará obrigado a repassar a qualitativamente superior. Libera-se, todavia, entregando esta última, ou qualquer outra que se postar na média entre as congêneres colocadas no mercado.

18.6. Entrega do legado alternativo

Embora não diga respeito a coisa incerta, o chamado *legado alternativo* também apresenta a necessidade de se apurar exatamente qual é a coisa que deve ser repassada ao beneficiário. Legado alternativo é aquele no qual o testador aponta duas ou mais coisas como aptas a cumprirem a derradeira vontade, dentre as quais apenas uma será escolhida e apropriada. É o que acontece, por exemplo, quando o testador nomeia certo amigo como legatário e lhe atribui o direito de receber um dos seguintes bens de que é titular: o automóvel ou o relógio de ouro. No silêncio do disponente, presume-se que tenha deixado a critério do herdeiro a escolha da coisa, segundo a livre e soberana deliberação deste (art. 1.932 do Código Civi). Porém, nada impede que seja expressamente nomeada na cédula a pessoa a quem caberá fazer a opção final.

Não se pode desconsiderar a hipótese de que, antes de realizada a opção, venha a falecer o herdeiro ou o legatário a quem competia. Sobrevindo a morte do indivíduo incumbido da eleição, não se torna ineficaz o legado. Isso porque é transmitida aos respectivos herdeiros a tarefa de indicar qual das coisas, dentre as de mesmo gênero citadas pelo testador, servirá para cumprir a sua última vontade (art. 1.933 do Código Civil). Falecendo o herdeiro onerado, e feita a opção pelos seus herdeiros, a coisa será entregue ao legatário. Se quem faleceu foi o legatário, os seus próprios herdeiros indicarão a coisa cuja titularidade lhes será repassada.

Cumpre observar que a referida solução tem aplicabilidade restrita aos casos em que o legatário sobrevive ao testador. É que, tendo incorporado o legado ao seu patrimônio no instante da abertura da sucessão do disponente, transmite-o aos próprios sucessores no momento em que falece. Porém, tratando-se de legatário premorto ao disponente, o legado caduca e nenhum efeito produz (art. 1.939, V, do Código Civil). Afinal, um dos requisitos básicos para a percepção do benefício sucessório é o da sobrevivência do destinatário ao disponente.

Desde o instante em que se perfectibiliza a escolha da coisa no legado alternativo, tal manifestação volitiva assume caráter definitivo e não mais pode ser modificada, independentemente de quem tenha sido incumbido de externar a opção. É que o aludido fenômeno opera a denominada *concentração* ou *especialização*, tornando certo o objeto da deixa, que a partir de então recebe o mesmo tratamento que seria dispensado ao legado de coisa certa.

18.7. Obrigação de cumprir o legado

O disponente pode apontar na cédula o nome da pessoa a quem atribui a missão de fazer cumprir os legados. Essa orientação, tanto quanto possível, terá de ser atendida pelo juízo do inventário, salvo se o nomeado recusar a missão, não puder assumi-la ou for inidôneo para tanto. Restando silente acerca desse aspecto o testador, os herdeiros do *de cujus* ficarão automaticamente obrigados a dar observância às derradeiras disposições volitivas, na proporção das respectivas quotas.

O cumprimento do legado se faz pela extração, do acervo ficado, de tantos bens quantos forem necessários para dar integral atendimento à vontade do falecido. Vale ressaltar que não há solidariedade entre os herdeiros perante os legatários no que diz respeito ao cumprimento dos legados, pois cada um se vincula economicamente ao dever apenas até o montante da própria participação no monte-mor, sem qualquer afetação do acervo individual. Logo, ainda que apenas um deles (*v. g.*, porque inventariante ou testamenteiro) tome a dianteira das atividades e faça a entrega das coisas pertencentes aos legatários, é de todos a responsabilidade patrimonial pelo cumprimento daquilo que foi previsto na cédula. Havendo um só herdeiro, a ele caberá fazer respeitar as previsões testamentárias, entregando aos legatários o que de direito lhes pertence. Sempre, porém, em quaisquer dos quadros acima aludidos, com a limitação econômica ditada pelas forças da herança.

Inexistindo herdeiros legítimos ou instituídos, o cumprimento do legado será feito pelos outros legatários, observada a proporção da participação individual no acervo. Isso significa que eles, assim como se daria no caso de atuação dos herdeiros, nunca empregarão recursos pessoais na tarefa de distribuir os bens mencionados na cédula, pois a capacidade do acervo deixado pelo *de cujus* é que suportará o ônus previsto na última vontade exarada. Se não for viável extrair dela os itens necessários à execução do conteúdo do testamento, ou os valores que teriam de ser aplicados na aquisição das coisas indicadas pelo gênero, os legados simplesmente caducarão.

A tarefa de dar cumprimento aos legados não recai, sempre e necessariamente, sobre todos os herdeiros ou legatários, pois mediante expressa disposição testamentária faculta-se ao disponente responsabilizar pela observância da deixa um ou alguns dos beneficiários.

Porém, nada impede que o testador encarregue todos os herdeiros ou legatários, conjuntamente, do dever de fazer cumprir a sua vontade no que concerne aos legados.

Havendo indicação de vários onerados, partilhar-se-á entre eles o ônus decorrente da tarefa, obedecida à proporção das vantagens percebidas da herança (parágrafo único do art. 1.934 do Código Civil). As quotas individuais, destarte, serão afetadas proporcionalmente à participação de cada um no acervo, de maneira que se integralize o legado por meio da contribuição de todos os onerados. O eminente doutrinador Caio Mário da Silva Pereira (obra citada, v. VI, p. 195) sintetiza com precisão o tema: "Equivalendo o legado a um direito de crédito do legatário, há um sujeito passivo, contra o qual se exerce, e que varia conforme a natureza do objeto, exigível de um só herdeiro, do testamenteiro, de outro legatário, de vários herdeiros ou de todos, conforme se trate da entrega de uma coisa ou da prestação de um fato, oponível a um ou a outro, ou a todos".

Diz o art. 1.935 do Código Civil: "Se algum legado consistir em coisa pertencente a herdeiro ou legatário (art. 1.913), só a ele incumbirá cumpri-lo, com regresso contra os co-herdeiros, pela quota de cada um, salvo se o contrário expressamente dispôs o testador". Como visto alhures, o legado definido pelo disponente na cédula pode incidir sobre coisa pertencente a certo herdeiro ou legatário que, para receber benefício testamentário, deva entregá-la a outro legatário indicado. Se o testador ordenar que o herdeiro, ou legatário, entregue coisa de sua propriedade a outrem, e o obrigado não o fizer, entender-se-á que renunciou à herança, ou ao legado.

Portanto, tendo interesse em receber o proveito que lhe foi direcionado no testamento, o onerado deverá previamente entregar a coisa ao legatário nomeado na cédula. Todavia, ficará munido de direito regressivo contra os co-herdeiros. Sobre estes recairá a obrigação de reembolsar ao onerado o valor da coisa legada, com observância da proporção estabelecida a partir da quota de cada um. A participação individual no rateio fará com que a pessoa incumbida de cumprir o legado não suporte sozinha os ônus econômicos da missão. Ao testador, contudo, é permitido estipular livremente, sempre de maneira expressa, que não haverá direito de regresso, ou que este será exercido apenas contra alguns dos co-herdeiros.

As despesas e os riscos da entrega do legado correm à conta do legatário, se não dispuser diversamente o testador (art. 1.936 do Código Civil). O beneficiário responde pelos impostos, taxas, custos de transporte, guarda, conservação e tudo o mais que disser respeito ao conteúdo do legado, no período compreendido entre o óbito do *de cujus* e o efetivo recebimento da coisa.

Perecendo o bem no espaço que medeia a abertura da sucessão e o cumprimento do legado, nada receberá o legatário. Isso porque incidem sobre ele os riscos da entrega e os da coisa propriamente dita. Por igual razão, se a coisa experimenta depreciação ocasionada por força maior, quem a suporta é o legatário, que a receberá no estado em que se encontrar. Tal solução não se aplica à hipótese em que restar verificada a mora ou a existência de culpa do onerado na provocação do dano ou do perecimento, pois então caberá ao culpado restabelecer o *status quo ante*, indenizando pelo valor do bem ou da depreciação sofrida.

O testador pode, desde que expressamente consigne na cédula, dispor no sentido de que o legatário não suportará as despesas da entrega do legado, circunstância que, verificada, fará recair sobre o espólio o dever de arcar com todos os ônus, nisso incluídos o imposto de transmissão *causa mortis* e as despesas de conservação. Por outro lado, também é viável a liberação do legatário quanto a determinadas despesas, mantendo-se outras. É o que acontece, por exemplo, quando na cédula consta que o legatário receberá a coisa livre de impostos. Nesse caso, o espólio arcará com os encargos fiscais de transferência, enquanto o legatário pagará as outras despesas acaso pendentes.

A coisa legada entregar-se-á, com seus acessórios, no lugar e estado em que se achava ao falecer o testador, passando ao legatário com todos os encargos que a onerarem (art. 1.937 do Código Civil). O direito do legatário não se limita ao recebimento da coisa legada, abarcando igualmente os seus acessórios, em atenção ao princípio *acessorium sequitur principale*. São acessórios todos os elementos materiais que integram a coisa e naturalmente a devam acompanhar no seu destino, porque juridicamente classificada como principal perante eles. É o caso, por exemplo, das cercas, estábulos e galpões da fazenda legada. O onerado tem de entregar a coisa juntamente com os acessórios existentes ao tempo da abertura da sucessão, não os podendo excluir por iniciativa pessoal. É facultado ao testador determinar que tais itens não integram o legado, mas isso depende da existência de inequívoca previsão testamentária.

O legislador não se limitou a estipular proveitos em favor do legatário quanto à extensão do legado. Previu, também, o recebimento da coisa com todos os encargos que a onerarem por ocasião do óbito do *de cujus*. Portanto, se o imóvel legado encontrava-se hipotecado, ou sobre ele incidia servidão, o legatário não poderá levantar os gravames apenas porque figura como beneficiário da previsão cedular. Os débitos pendentes sobre o imóvel terão de ser solvidos por ele, desde que aceite o legado. É por isso que o ordenamento jurídico não obriga ninguém a acolher a herança ou o legado, pois cabe a cada indivíduo analisar as circunstâncias em que se inserem as coisas ou quinhões deixados pelo *de cujus*. Cabe destacar, ainda, o fato de somente os encargos que oneram o imóvel passarem à responsabilidade do legatário, não ocorrendo o mesmo com os débitos pessoais, que recaem sempre sobre o espólio.

Quanto à questão atinente ao circunstancial deslocamento da coisa para fins de repasse ao destinatário, impende asseverar que o onerado não tem o dever de entregar o legado no lugar em que aquele estiver. Na realidade, a pessoa favorecida com a disposição testamentária é quem terá a obrigação de ir ao local de situação da coisa para recebê-la no momento oportuno, arcando com os correspondentes ônus, a menos que o testador o tenha expressamente livrado deles.

Capítulo 19

DA CADUCIDADE DOS LEGADOS

19.1. Considerações gerais

Considera-se caduco o legado quando, por circunstância superveniente à feitura da cédula testamentária, torna-se ineficaz e de nenhuma prestabilidade jurídica. Noutras palavras, a disposição testamentária é válida e eficaz em sua origem, mas vem a perder o seu vigor e o potencial de cumprimento em razão de acontecimento posterior. Também a nulidade e a revogação fazem inservível o teor da manifestação volitiva expendida, mas são quadros totalmente diversos da caducidade especificamente prevista pelo legislador. A nulidade provém de defeito insanável da previsão testamentária, de modo que a vontade emitida já nasce totalmente inviabilizada, *v. g.*, em virtude da incapacidade absoluta do agente. Na revogação, o testador se vale da confecção de outra cédula que, expressa ou tacitamente, provoca a ineficácia da disposição primitiva. O legado caduco, por seu turno, torna-se igualmente ineficaz, mas em decorrência de episódios relacionados ao objeto ou ao beneficiário instituído.

O art. 1.939 do Código Civil traz a listagem das hipóteses em que o fenômeno ocorre: "Caducará o legado: I – se, depois do testamento, o testador modificar a coisa legada, ao ponto de já não ter a forma nem lhe caber a denominação que possuía; II – se o testador, por qualquer título, alienar no todo ou em parte a coisa legada; nesse caso, caducará até onde ela deixou de pertencer ao testador; III – se a coisa perecer ou for evicta, vivo ou morto o testador, sem culpa do herdeiro ou legatário incumbido do seu cumprimento; IV – se o legatário for excluído da sucessão, nos termos do art. 1.815; V – se o legatário falecer antes do testador". O elenco não é taxativo, pois outros eventos esparsamente previstos na codificação produzem o mesmo resultado. É o que se verifica, por exemplo, em função da renúncia, da falta de legitimação do destinatário e da morte do legatário antes de implementada a condição aposta na cédula.

As hipóteses arroladas nos incisos I a III dizem respeito ao objeto do legado, que resta de tal maneira afetado, com ou sem a prévia interferência da vontade do testador, a ponto de inviabilizar por inteiro o atendimento daquilo que restou consignado na cédula testamentária. Já os incisos IV e V consignam situações que atingem a pessoa do legatário, retirando a possibilidade de cumprimento do legado em virtude da falta do sujeito a quem fora originalmente endereçado. Em qualquer dos casos, o conteúdo material do legado permanece em definitivo no monte-mor, para ser regularmente distribuído entre os herdeiros necessários do *de cujus*.

A caducidade não se confunde com as causas gerais de extinção do direito ao legado, pois estas decorrem de situações que afetam as declarações de vontade como um todo (prescrição, decadência, incapacidade do testador, falta de implementação da condição, nulidades etc.), enquanto aquela se funda em um contexto específico e que concerne apenas aos legados propriamente ditos.

19.2. Modificação da coisa legada

O inciso I do art. 1.939 do Código Civil diz que caducará o legado se, depois do testamento, o testador modificar a coisa legada, ao ponto de já não ter a forma nem lhe caber a denominação que possuía. São dois, portanto, os requisitos para que esse fenômeno tenha lugar: a) que a alteração possa ser classificada como substancial, ou seja, extensa, profunda e considerável a ponto de atingir a essência e a forma do bem; b) que essa ingerência provenha do testador, ou então de alguém sob seu comando ou com o seu assentimento. Nenhuma importância terá na definição desse quadro a circunstância de ser ou não possível restabelecer o estado inicial da coisa. Exista ou não a perspectiva de voltar a ser como antes (*v. g.*, por nova formatação do objeto de ouro, que fora derretido e transformado em barra), caducará o legado sempre que a forma primitiva desaparecer ou for substancialmente afetada.

Ao agir sobre o bem deixado, fazendo com que seja alterada a sua forma ou se transforme a sua denominação, o testador revela implicitamente a vontade de retirar a eficácia do legado. Se o legado, por exemplo, era composto de mineral valioso, que foi industrializado pelo testador e transformado noutro produto totalmente diverso do original, caduca a disposição testamentária. No dizer de Washington de Barros Monteiro (obra citada, p. 208), "com relação a bens móveis, não parece difícil identificar a *specificatio*, capaz de aniquilar a eficácia de um legado", já que perceptível com maior intensidade a atuação do testador sobre o objeto da disposição. Nada obsta, porém, que os imóveis venham a experimentar a mesma atividade, desde que seja inequívoca a presença dos elementos caracterizadores do fenômeno.

Por óbvio, nem toda modificação experimentada pela coisa depois de lavrado o testamento é capaz de afetar a essência da disposição. Somente as alterações substanciais — não as de pequena amplitude — provocam essa radical consequência, dada a presunção de que o testador tende a conservar as disposições de última vontade. Em assim sendo, se o disponente junta acessórios à coisa e por isso a modifica (*v. g.*, incrementando o veículo com potente equipamento de som), os acréscimos se somarão ao legado, aumentando o proveito conferido ao legatário.

O mesmo vale para a feitura de acessões, consubstanciadas em construções e plantações, como na hipótese de uma casa ser construída sobre o solo deixado pelo *de cujus* ao beneficiário. A sua natureza acessória ocasiona a incidência do princípio *acessorium sequitur principale*, majorando o proveito inicialmente estatuído. Igual raciocínio, todavia, não se aplica quando for suprimida a edificação existente no terreno deixado ao legatário, pois nessa conduta se vislumbra o intuito de tornar sem efeito a disposição de vontade, haja vista a substancial modificação do *status quo ante*. Se, contudo, acontecer a demolição e a posterior edificação de outro prédio no local, o legado se manterá intacto, porque evidenciada a intenção de prestigiar a última vontade exarada. Isso independerá do tamanho e do formato da nova construção, salvo quando o testador expressamente mencionar o tipo de obra existente ao tempo da lavratura da cédula (*v. g.*, casa) e outra totalmente diversa surgir (*v. g.*, prédio comercial).

Cabe destacar que a simples alteração do nome ou do modelo da coisa não atinge o legado, se conservada a forma primitiva. Assim, prevalece o legado da área de terras que, anteriormente empregada na produção de cereais, passa a ser utilizada como ponto de turismo rural. O que provoca a caducidade é o fato de ocorrer a supressão da forma anterior e a consequente mudança na denominação da coisa, possa ou não retomar o seu estado original. Exemplo: pedra bruta que passa a ser escultura.

Decorrente de ação ignorada pelo testador, feita por terceiro sem o seu conhecimento e anuência, ou motivada por caso fortuito ou força maior (*v. g.*, incêndio que faz de um castiçal de prata metal disforme), a modificação experimentada pela coisa não afeta a eficácia do legado. Isso porque o fundamento da caducidade prevista na lei é o elemento anímico que se deixa entrever na conduta do testador quando altera a substância da coisa legada. Não sendo ele o responsável pela modificação, conserva-se plenamente o conteúdo do legado, entregando-se a coisa ao beneficiário, no momento oportuno, como se encontrar.

19.3. Alienação da coisa legada

Caducará o legado se o testador, por qualquer título, alienar no todo ou em parte a coisa legada; nesse caso, caducará até onde ela deixou de pertencer ao testador (inciso II do art. 1.939 do Código Civil). A feitura do testamento não atribui aos sucessores instituídos o direito à percepção da vantagem nele consignada em abstrato. Só com o óbito do titular do acervo é que surgirá a faculdade de agir em busca da obtenção do proveito econômico previsto na cédula. Em vista disso, a posterior mudança do panorama objetivo ou subjetivo pode inclusive fazer com que não prevaleça o teor da declaração de vontade emitida.

Deixando de pertencer ao testador, a coisa não mais se vinculará ao legado, transferindo-se ao novo titular sem restrição alguma sob o prisma sucessório. A alienação, seja a título gratuito (doação) ou oneroso (compra e venda, permuta, dação em pagamento), faz caducar a disposição testamentária que a mencionava. Sendo parcial a transferência, todavia, subsiste o legado sobre a porção da coisa que ainda remanesce no patrimônio do disponente, porque se presume tenha desejado manter o benefício na proporção daquilo que foi conservado no acervo.

A solução apontada na lei tem por base o fato de que a alienação da coisa depois de confeccionado o testamento faz presumir a absoluta vontade do testador em desfazer a liberalidade, pois do contrário tê-la-ia mantido em seu patrimônio para ser entregue ao legatário quando aberta a sucessão. Não se admite prova em sentido oposto, eis que, se o autor da cédula quisesse chegar a uma solução diversa, tomaria medidas compatíveis com essa perspectiva, em especial mantendo o bem sob sua propriedade.

Cumpre destacar que o retorno da coisa à titularidade do disponente depois de alienada não revitaliza a deixa, pois o rompimento da disposição ocorre de maneira definitiva, somente podendo ser contornado por meio da feitura de nova cédula. Eventual nulidade da alienação também não tem o condão de fazer o legado retomar a eficácia, eis que, ao transmitir o bem, o testador deixou patente o seu interesse em revogar a liberalidade. Isso ocorre ainda que se verifique a retomada da propriedade da coisa em virtude da nulidade ou da anulabilidade do negócio que originou a transferência, pois o ato inicial de repassar voluntariamente a titularidade a outrem carrega consigo o inequívoco anseio de desfazer o legado.

Seguindo-se a mesma linha de raciocínio, fica evidente que se o bem de qualquer modo volver ao testador após alienação forçada (*v. g.*, desapropriação) continuará sendo eficaz o legado, porque não houve voluntária transmissão a terceiro, e daí a não incidência da aludida presunção. Porém, se a coisa desapropriada não mais retornar ao acervo, o legado caducará por falta de objeto, ainda que subsistente o interesse do autor da herança em beneficiar o legatário.

A celebração de contrato de promessa de compra e venda, ainda que não transfira de imediato a propriedade do bem, é causa de afetação irremediável do legado. Afinal, trata-se de conduta reveladora da intenção de revogar a deixa, encaminhando a transmissão dominial, que se consumará por meio da lavratura do contrato definitivo de compra e venda ou da adjudicação compulsória. Nesta última hipótese, mesmo que a integração do bem ao patrimônio do promitente comprador acabe acontecendo em razão de medida judicial, e que o testador não mais quisesse aliená-lo, o resultado final tolhe a exequibilidade do legado, sendo fruto de um ato primitivamente marcado pela voluntariedade.

Caso o testador transfira a coisa por negócio *inter vivos* celebrado com o próprio legatário, este não poderá, depois do óbito do alienante, postular a conversão do legado em vantagem pecuniária. Seja em caráter gratuito ou oneroso, a aquisição negocial do bem pelo legatário faz caducar a deixa, fazendo nenhum o direito de postular qualquer espécie de proveito relacionado ao acervo hereditário. É equivocado concluir que na alienação onerosa da coisa ao legatário o testador quis converter em dinheiro a disposição original, pois, se esse fosse o seu objetivo, haveria de fazer consigná-lo noutra cédula, posterior à transmissão dominial. Mantendo-se silente a esse respeito, entende-se que pretendeu tornar sem efeito a liberalidade *causa mortis*. Incide na espécie o art. 1.912 do Código Civil, segundo o qual é ineficaz o legado de coisa certa que não pertença ao testador no momento da abertura da sucessão.

19.4. Perecimento ou evicção da coisa

Está previsto no inciso III do art. 1.939 do Código Civil que caducará o legado se a coisa perecer ou for evicta, vivo ou morto o testador, sem culpa do herdeiro ou legatário incumbido do seu cumprimento. Como não há direito sem objeto, e sendo certo que este desaparece nas hipóteses supracitadas, fica inviabilizado o cumprimento da disposição de última vontade.

A redação normativa contém pequena imperfeição ao se reportar ao caso de perecimento da coisa, *vivo ou morto o testador*, quando não houver culpa *do herdeiro ou legatário incumbido* do cumprimento. Isso porque só existirá alguém encarregado de cumprir o legado a partir da morte do autor da herança. Assim, deve-se interpretar a regra tendo-se por base a ideia de que ela tencionou estabelecer que, no caso de perecimento integral da coisa *depois de morto o testador*, a deixa caducará sempre que não tiver ocorrido culpa de quem teria de cumpri-la.

Isso acontece porque no momento da abertura da sucessão a coisa já se transferira automaticamente ao legatário, e, como é cediço, perece ela em prejuízo do seu dono (*res perit domino*). Assim, não se poderá imputar ao espólio o dever de alcançar qualquer indenização ou pagamento em proveito do legatário. Havendo culpa do onerado na provocação do perecimento, terá ele de indenizar o legatário pelo valor da coisa, acrescido das perdas e dos danos que restarem provados. O legatário poderá demandar a reparação diretamente contra o espólio, tendo este o direito de postular o correspondente reembolso junto ao culpado.

Uma situação isenta de maiores dificuldades é a do perecimento do bem antes da morte do testador. Independentemente de culpa ou não do proprietário ou de terceiro, o fenecimento do objeto acarreta a insubsistência do legado, porque ao tempo da futura morte ele não mais estará incorporado ao acervo hereditário. E, como frisado noutro tópico, o eventual retorno da coisa ao domínio do testador não produzirá a recomposição do legado, salvo se ela havia sido involuntariamente retirada do seu patrimônio, como acontece na desapropriação revertida.

O inciso III do art. 1.939 do Código Civil prevê que também a superveniente evicção rompe a deixa testamentária, porque provoca a saída da coisa do acervo, do qual seria retirada para cumprimento da derradeira vontade. Cabe destacar que na evicção ocorre o reconhecimento judicial da presença de anterior e melhor direito de outrem sobre o bem, de modo que o fenômeno acarreta a imprestabilidade do legado em virtude da circunstância de se tratar de coisa alheia, e, portanto, indevidamente mencionada na cédula. Se a evicção ocorrer ainda em vida do testador, acontecerá a pura e simples perda do objeto. Verificada depois da morte, e não havendo culpa do encarregado de cumprir o legado, igualmente desaparecerá o objeto, sem que surja direito algum do legatário a pleitear indenização junto ao espólio. Afinal, a coisa desaparece em prejuízo do seu dono (*res perit domino*), e no instante da abertura da sucessão ela já fora transmitida ao legatário. Entretanto, se o desencadeamento da evicção tiver origem em qualquer atitude culposa de quem deveria cumprir a última vontade, será do culpado a obrigação de indenizar os prejuízos ocasionados ao beneficiário.

Sendo apenas parcial o perecimento ou a evicção, subsistirá o legado no tocante à porção remanescente da coisa. É o que se dá, por exemplo, se um incêndio destrói em parte o veículo legado, ou se o evictor obtém sentença que afirma o seu direito unicamente sobre certa fração ideal da fazenda descrita na disposição volitiva. Cabe observar que o caso fortuito e a força maior são elementos estranhos à noção de culpa, de maneira que a sua ocorrência faz prevalecer o legado exclusivamente na porção não afetada pelo evento. Havendo culpa na provocação do perecimento ou evicção parcial, caberá ao culpado indenizar os respectivos danos, mantendo-se o legado sobre o remanescente da coisa.

Tratando-se de legado que menciona o bem apenas pelo gênero, a sua ocasional ausência não afetará a estrutura da disposição de última vontade. Como é cediço, o gênero não perece, decorrendo de tal circunstância a necessidade de aquisição, pelo espólio, da coisa referida na cédula, que deverá ser regularmente entregue ao legatário (art. 1.915 do Código Civil). Assim, se o testador deixa a determinada pessoa vinte bovinos da raça "A", e se ao tempo da morte do *de cujus* nenhum mais existir no acervo hereditário, caberá ao espólio proceder como acima explicitado.

Se o legado for de duas ou mais coisas alternativamente, e algumas delas perecerem, subsistirá quanto às restantes; perecendo parte de uma, valerá, quanto ao seu remanescente, o legado (art. 1.940 do Código Civil). Sendo alternativo o legado, portanto, a possibilidade de ser exercida a opção desaparece na hipótese de remanescer apenas uma das coisas apontadas pelo testador na cédula. Ela é que servirá para cumprir a derradeira vontade, mediante entrega ao legatário. Subsistindo mais de um bem, e tendo perecido outros, a alternativa dirá respeito aos que ainda forem encontrados no acervo quando do exercício da opção. O perecimento das coisas deixadas em legado alternativo vai reduzindo a faculdade de escolha, concentrando-a naquilo que permanece no conjunto patrimonial deixado pelo *de cujus*.

Caso o perecimento atinja apenas parte de uma das coisas apontadas pelo testador em legado alternativo, o legatário poderá escolhê-la para satisfação do seu direito, exercendo a opção sobre a porção que se manteve intacta. Releva destacar, contudo, que poderá fazer recair a escolha sobre qualquer das outras coisas indicadas pelo testador, e que não houverem sido afetadas. Mesmo que todas sejam parcialmente atingidas em sua expressão econômica, continuarão sendo computadas para fins de cumprimento do legado alternativo, que então incidirá sobre o remanescente de cada uma delas. A escolha deverá recair, por conseguinte, em alguma das que assim forem encontradas.

Impende destacar, como feito alhures, que no legado não alternativo o perecimento da coisa, sem culpa do onerado, faz com que se torne caduca a disposição. Havendo deterioração parcial do bem, o legado dirá respeito à porção que se manteve intacta, devendo ser ela entregue ao legatário como forma de cumprir a vontade do testador.

19.5. Indignidade do legatário

O inciso IV do art. 1.939 do Código Civil estabelece que caducará o legado se o legatário for excluído da sucessão, nos termos do art. 1.815, que trata da declaração judicial de indignidade dos sucessores. Por seu turno, o art. 1.814 da codificação traz o rol das hipóteses em que os herdeiros ou legatários serão juridicamente considerados indignos. Isso se dará quando: a) houverem sido autores, coautores ou partícipes de homicídio doloso, ou tentativa deste, contra a pessoa de cuja sucessão se tratar, seu cônjuge, companheiro, ascendente ou descendente; b) houverem acusado caluniosamente em juízo o autor da herança ou incorrerem em crime contra a sua honra, ou de seu cônjuge ou companheiro; c) por violência ou meios fraudulentos, inibirem ou obstarem o autor da herança de dispor livremente de seus bens por ato de última vontade.

A exclusão da sucessão por indignidade é fator bastante para acarretar a caducidade do legado. Presume-se em caráter absoluto, então, que o testador, se vivo fosse, afastaria aquela pessoa da distribuição dos bens deixados. A superveniente ocorrência de um dos fatos elencados na lei como causas de supressão do direito sucessório atinge irremediavelmente a disposição testamentária feita em favor de quem o praticou. Destarte, se o legatário for excluído da sucessão porque reconhecido como indigno, o legado caducará no que lhe disser respeito, mantendo-se em relação às demais liberalidades nele contidas.

É importante frisar que, ocorrendo antes da confecção do testamento o fato potencialmente gerador da exclusão, entende-se que o disponente pretendeu perdoar o legatário ao inseri-lo na listagem de beneficiários, motivo pelo qual subsistirá a disposição feita em seu proveito. Afinal, se o testador é vítima de alguma das condutas descritas na lei como ensejadoras da declaração de indignidade, e ainda assim institui legatário o ofensor, não há como ignorar o seu intento de conceder-lhe perdão tácito e redimi-lo. É também possível que a remissão se realize em caráter expresso, mediante referência direta do titular do acervo a essa circunstância, seja em testamento ou em outro documento autêntico (art. 1.818 do Código Civil).

19.6. Premoriência do legatário

Caducará o legado se o legatário falecer antes do testador (inciso V do art. 1.939 do Código Civil). Isso acontece porque um dos pressupostos necessários para a captação do benefício testamentário, quer em forma de herança ou de legado, é a sobrevivência do sucessor quando da morte do disponente. Não mais existindo o sujeito de direito a quem se endereçava a vantagem, fenece a disposição que a abrigava. Como o testador pretendia favorecer diretamente o legatário, e tendo em vista o óbito deste antes da abertura da sucessão, não se pode pretender que os herdeiros do beneficiário original venham a ocupar o seu lugar para receber o legado.

Presume-se, também aqui, que o autor da herança não direcionaria o proveito econômico aos sucessores do legatário, pois, se assim o quisesse, teria deixado expressamente consignado tal intento na cédula. Nada impede, portanto, que o disponente faça direta referência a essa circunstância, encaminhando o legado para outra pessoa, como mecanismo de antevisão da hipótese de que venha o destinatário primitivo a falecer antes dele. Nesse caso, a morte antecipada do legatário não afeta a plenitude da disposição ínsita no testamento, que será cumprido em favor dos substitutos apontados.

Caducando o legado, a coisa permanecerá no monte-mor, para regular distribuição entre os herdeiros legítimos do falecido, exceto, por óbvio, se houver direito de acrescer a porção do legatário premorto aos demais, o que se dará quando tiverem sido nomeados conjuntamente a respeito de um só bem pelo testador. Nesse caso, a parte do extinto caberá aos consortes, com sua regular partilha.

19.7 Outras hipóteses de caducidade

Como frisado, além das situações estatuídas no art. 1.939 do Código Civil, há outras que implicam na caducidade das disposições que instituem legatários. A renúncia do beneficiário é uma delas, pois ninguém será obrigado a suceder, e ele pode recusar o recebimento da coisa deixada. Vale destacar que a renúncia nunca será parcial, devendo recair sobre a totalidade do legado. Todavia, é lícito recusar a herança e aceitar o legado, pois são títulos sucessórios diversos (§ 1º do art. 1.808 do Código Civil).

Também gera caducidade o falecimento do legatário antes do implemento da condição suspensiva a que estava jungido o proveito estipulado. Cabe lembrar que se adquire o direito, com eficácia retroativa à data da abertura da sucessão, apenas no momento em que se verifica o evento condicionante previsto na cédula. Portanto, sendo manifestação volitiva exarada *intuitu personae*, e não tendo ainda havido a aquisição do direito porque pendente a condição, a morte do beneficiário acarreta a insubsistência do legado em vista do desaparecimento do sujeito da relação jurídica. Os herdeiros do legatário nada recebem, pois a coisa ficará no acervo hereditário para ser partilhada entre os sucessores legítimos.

Haverá também caducidade do legado quando o beneficiário indicado no testamento não possuir capacidade sucessória, nos moldes previstos no art. 1.801 do Código Civil. Efetivamente, não podem ser nomeados herdeiros nem legatários: I – a pessoa que, a rogo, escreveu o testamento, nem o seu cônjuge ou companheiro, ou os seus ascendentes e irmãos; II – as testemunhas do testamento; III – o concubino do testador casado, salvo se este, sem culpa sua, estiver separado de fato do cônjuge há mais de cinco anos; IV – o tabelião, civil ou militar, ou o comandante ou escrivão, perante quem se fizer, assim como o que fizer ou aprovar o testamento. Em qualquer dessas situações, pertencerá a coisa aos herdeiros mencionados na lei, eis que nula a nomeação dos legatários impedidos de receber (art. 1.802 do Código Civil).

Capítulo 20

DO DIREITO DE ACRESCER ENTRE HERDEIROS E LEGATÁRIOS

20.1. Considerações gerais

O direito de acrescer consiste na soma da parte do co-herdeiro, ou do colegatário, que não puder ou não quiser aceitar a liberalidade, à quota dos demais, quando conjuntamente chamados pela mesma disposição a partilhar a herança ou a coisa em frações não determinadas. É hipótese em que dois ou mais beneficiários são nomeados para receber a mesma herança ou o mesmo legado, e qualquer deles não integra o proveito ao seu patrimônio em virtude das circunstâncias explicitadas acima.

Trata-se de princípio fundado na vontade presumida do testador, afigurando-se desnecessária a existência de expressa menção na cédula. Não tendo ele distribuído em quotas determinadas a herança, e indicando em conjunto vários beneficiários, por certo pretendeu que a superveniente negativa ou impossibilidade de algum quanto à percepção do proveito viesse a provocar a distribuição de sua parte junto aos remanescentes.

Importa asseverar que o direito de acrescer tem lugar tanto na nomeação de herdeiros como de legatários, inexistindo qualquer diferença de tratamento jurídico entre estes e aqueles. É mister, contudo, que a disposição testamentária seja conjunta, pois a eventual individualização das porções pelo testador faz com que a falta de qualquer dos destinatários remeta de volta aos sucessores legítimos o proveito que ele originalmente captaria com base na disposição posta na cédula.

O direito de acrescer é fenômeno próprio da sucessão testamentária, pois na sucessão legítima é a própria lei que distribui o acervo do falecido em quinhões previamente quantificados, o que obsta o acréscimo. De banda diversa, também no ordenamento jurídico se situa a destinação do patrimônio do *de cujus* no caso de premoriência, sendo então chamados os sucessores do premorto para que exerçam o direito de representação e recebam o quinhão que caberia àquele. Isso afasta a perspectiva de acrescer. Entretanto, se acontecer a renúncia do herdeiro legítimo, existirá espaço para que a sua porção acresça à dos demais, conforme determinação ínsita no art. 1.810 do Código Civil, que, portanto, funciona como exceção à regra: "Na sucessão legítima, a parte do renunciante acresce à dos outros herdeiros da mesma classe e, sendo ele o único desta, devolve-se aos da subsequente".

Importa observar que não apenas no âmbito do direito sucessório tem lugar o acrescimento, já que o legislador o previu também noutras situações. O parágrafo único do art. 511 do Código Civil, por exemplo, estabelece direito de acrescer na seara obrigacional, dizendo que no caso de doação comum, feita para marido e mulher, o benefício subsistirá na totalidade em proveito do cônjuge sobrevivo. O mesmo se verifica na constituição de renda, pois, se ela for estipulada em benefício de duas ou mais pessoas, sem determinação da parte de cada uma, entende-se que os seus direitos são iguais, admitindo-se o acrescimento na hipótese de haver expressa previsão no instrumento gerador. Também o art. 1.411 do Código Civil, relativo ao direito das coisas, prestigia o instituto ao afirmar que, constituído o usufruto em favor de duas ou mais pessoas, extinguir-se-á a parte em relação a cada uma das que falecerem, salvo se, por estipulação expressa, o quinhão desses couber ao sobrevivente.

Verificada a presença dos requisitos de acrescimento no caso concreto, a solução será impositiva e compulsória. Com isso, tenciona o legislador evitar que a propriedade seja fracionada, do que resultam sabidos inconvenientes, em especial os relacionados à permanência indefinida de um quadro condominial. Ao ser acrescida a porção do faltante à dos outros, vai-se concentrando o direito de propriedade nos remanescentes, até que haja a integral consolidação do domínio no último dos beneficiários.

20.2. Direito de acrescer entre co-herdeiros

Quando vários herdeiros, pela mesma disposição testamentária, forem conjuntamente chamados à herança em quinhões não determinados, e qualquer deles não puder ou não quiser aceitá-la, a sua parte acrescerá à dos co-herdeiros, salvo o direito do substituto (art. 1.941 do Código Civil). São estes, portanto, os requisitos para o acrescimento entre herdeiros: a) nomeação feita na mesma disposição testamentária, em conjunto; b) que o testador lhes tenha destinado as mesmas coisas genericamente consideradas (*v. g.*, os imóveis do acervo), ou a mesma porção da herança (*v. g.*, vinte por cento da parte disponível); c) que não tenham sido estipuladas quotas individuais para cada beneficiário; d) não ter sido indicado substituto para receber em lugar de cada herdeiro instituído que não queira ou não possa captar o benefício.

Considera-se conjunta a nomeação quando o testador atribui a mais de uma pessoa qualidade sucessória sobre a mesma porção da herança, embora sem se valer de fórmulas sacramentais específicas. Exemplo: deixo minha porção disponível para Carlos, Pedro e Manoel. São situações das quais resulta o direito de acrescer, de modo que, faltando um dos herdeiros instituídos, ou não querendo qualquer deles receber a herança, a sua participação no acervo migrará para os co-herdeiros. Estes captarão por inteiro o benefício deixado, integrando-o definitivamente aos seus respectivos patrimônios, em frações iguais.

A existência do direito de acrescer não depende, necessariamente, de que o testador indique os beneficiários conjuntos em uma só frase, circunstância que daria ensejo à denominada *conjunção mista*. Embora esta seja a fórmula tradicional, nada impede que o disponente opte por fazer a deixa em considerações distintas, fisicamente separadas dentro do testamento. Exemplo: em certa etapa da narrativa, o testador afirma que deixa a sua parte disponível para João. Adiante, diz que deixa o mesmo proveito para José. É a chamada *conjunção real*. Não tendo estipulado quotas individuais, e referindo-se ao mesmo universo patrimonial, entende-se que tenha feito disposição conjunta, da qual resultará o direito de acrescer se verificados os demais pressupostos elencados na supracitada norma legal.

O que não dá nascedouro ao direito de acrescer é a denominada *conjunção verbal*, traduzida na iniciativa de discriminar a participação de cada sucessor no acervo, pois então se entenderá que o testador só os quis prestigiar individualmente com aquele limitado acesso ao monte-mor. Portanto, em hipótese alguma haverá acrescimento quando o disponente estipula quinhões determinados para cada herdeiro instituído (*v. g.*, deixo para Fernanda metade da minha porção disponível; a outra metade deixo para Cristina). Nesse caso, mesmo que sejam exatamente iguais as porções especificadas, a eventual falta do sucessor apontado na cédula acarretará a distribuição da correspondente fração entre os herdeiros legítimos.

Inexiste direito de acrescer quando o testador nomeia substitutos para o recebimento da herança, se os beneficiários primitivos não a quiserem (renúncia) ou não puderem recebê-la (pré-morte, incapacidade ou indignidade). Isso porque a vontade do disponente prevalece sobre as regras que norteiam o instituto, cuja natureza é meramente supletiva, e por isso de aplicação restrita às situações em que o testador não tenha dado solução diversa.

Se alguns dos herdeiros instituídos em testamento forem chamados a receber quotas determinadas, e outros a auferir porções indeterminadas da herança, somente a estes últimos aproveitará o direito de acrescer. A fixação de quotas individuais perfeitamente identificadas sempre elide a viabilidade da incidência da regra que permite o acrescimento.

O *caput* do art. 1.943 do Código Civil, que também se aplica aos legados, funciona como mecanismo de explicitação de soluções a serem adotadas em casos pontuais, afirmando que se um dos co-herdeiros ou colegatários morrer antes do testador; se renunciar a herança ou legado, ou destes for excluído, e, se a condição sob a qual foi instituído não se verificar, acrescerá o seu quinhão, salvo o direito do substituto, à parte dos co-herdeiros ou colegatários conjuntos. Como se percebe, o legislador construiu elenco taxativo das fontes que geram o direito de acrescer em favor dos co-herdeiros e dos colegatários. São elas: a) premoriência de um dos beneficiários em relação ao disponente; b) renúncia à herança ou legado; c) exclusão por indignidade; d) falta de implementação da condição sob o qual se instituiu a herança ou o legado.

O direito de acrescer não prevalecerá, destarte, se o testador expressamente houver, na cédula, inserido cláusula destinada a nomear substitutos dos co-herdeiros ou colegatários que eventualmente não pudessem ou não quisessem receber o proveito patrimonial. Nessa hipótese, tudo o que caberia ao sucessor que não captou o conteúdo da deixa será transmitido ao substituto indicado na cédula. Isso ocorre tanto nos casos em que o substituto já é herdeiro ou legatário sob outro fundamento (*v. g.*, por ser filho do *de cujus*) como naqueles em que primitivamente é figura estranha ao universo sucessório (*v. g.*, um amigo do falecido).

Os favorecidos pelo acrescimento terão de suportar as obrigações e os encargos que acaso onerassem a herança ou o legado ao tempo da abertura da sucessão. É o que se extrai do parágrafo único do art. 1.943 do Código Civil. Em assim sendo, se um imóvel chegar ao substituto com cláusula de inalienabilidade, ou estiver gravado de hipoteca, conservar-se-á nesse estado até que sobrevenha causa de extinção dos referidos ônus.

É relevante observar, todavia, que os encargos puramente pessoais, incidentes sobre os itens patrimoniais disponibilizados ao substituto, não passam à responsabilidade deste. Exemplo: o testador deixa uma casa em legado para o sobrinho Francisco, estabelecendo que nela deverá residir. Diz, ainda, que no impedimento do legatário a coisa caberá ao amigo André. Se o substituto vier a recebê-la, poderá dar-lhe o destino que quiser, pois o encargo dizia respeito à pessoa de Francisco, não atingindo quem veio a ocupar o seu lugar. Ao contrário, os encargos e obrigações que pesavam diretamente sobre a porção repassada ao substituto (incomunicabilidade, anticrese, hipoteca etc.) são de inteira responsabilidade do beneficiário.

Questão interessante é aquela relativa à possibilidade ou não de acrescer em favor de quem adquiriu, a título gratuito ou oneroso, a porção ou a coisa entregue ao co-herdeiro ou colegatário. A resposta deve ser negativa, pois o negócio realizado engloba apenas aquilo que ao tempo da celebração já integrava o patrimônio do alienante. Ninguém pode dispor de mais do que tem, razão pela qual a posterior ocorrência de qualquer dos eventos capazes de gerar o acrescimento aproveitará a todos os sucessores conjuntos originais, sem considerar o adquirente, que é figura estranha ao quadro sucessório em sentido estrito.

O herdeiro conjuntamente nomeado com outros não pode aceitar o seu quinhão original e repudiar o acréscimo resultante da falta de qualquer dos consortes. Essa conclusão emerge da circunstância de se tratar de um único título sucessório, constituído por tudo aquilo a que tem direito o herdeiro em virtude da deixa testamentária, nisso incluída a perspectiva de aumento do proveito em razão do óbice que recai sobre outro beneficiário. Embora genericamente seja dado ao sucessor recusar a herança e aceitar o legado (§ 2º do art. 1.807 do Código Civil), tal quadro não se confunde com a hipótese de superveniente vantagem fundada no direito de acrescer, pois este diz respeito a uma porção sucessória que se integra ao acervo do destinatário em virtude do mesmo título de herdeiro.

Nessa esteira de raciocínio, o art. 1.945 do Código Civil esclarece: "Não pode o beneficiário do acréscimo repudiá-lo separadamente da herança ou legado que lhe caiba, salvo se o acréscimo comportar encargos especiais impostos pelo testador; nesse caso, uma vez repudiado, reverte o acréscimo para a pessoa a favor de quem os encargos foram instituídos". Como já se disse, a herança e o legado cabíveis aos sucessores não podem ser dissociados da fração que deles se retiraria para cumprimento da vontade testamentária.

O universo sucessório de cada beneficiário, entendido como a parte que lhe cabe no acervo, forma um conjunto harmônico e insuscetível de cisão. Em vista disso, não se permite ao sucessor, a quem aproveitou o acréscimo da quota vaga, enjeitá-la separadamente da herança ou legado a que tem direito. Diante do contexto normativo criado pelo mandamento em análise, resta ao beneficiário do acréscimo adotar um dos seguintes rumos: a) repudiar tudo quanto lhe seria transmitido; b) aceitar por inteiro a sua porção sucessória.

Exceção à regra existe quando o acréscimo, correspondente à quota vaga, carrega consigo encargos especiais impostos pelo testador. Nesse caso, a sujeito a quem caberia o acrescimento não fica obrigado a aceitá-lo juntamente com a herança ou legado a que faz jus, podendo rechaçá-lo em separado, visando a acolher exclusivamente a parte que receberia se inexistisse o acréscimo onerado.

Repudiado o acréscimo em conformidade com a lei, reverte ele para a pessoa a favor de quem os encargos foram instituídos. Trata-se de uma espécie de compensação, pois, ao invés de auferir proveito com o cumprimento dos encargos incidentes sobre a quota que se tornou vaga, o indivíduo capta vantagens mediante incorporação dela mesma ao seu patrimônio.

20.3. Direito de acrescer entre colegatários

Várias das regras que norteiam o direito de acrescer entre co-herdeiros disciplinam também o instituto em relação aos colegatários, haja vista a inegável similitude de funcionamento que apresentam. Por tal motivo, valem aqui as considerações atinentes aos arts. 1.943 e 1.945 do Código Civil, inseridas no tópico antecedente. Salienta-se que apenas das conjunções real e mista emerge o direito de acrescer, não havendo como extrair da chamada conjunção verbal esse mesmo resultado. Diz-se real a conjunção quando as pessoas são chamadas a suceder por frases diferentes e autônomas, e mista quando uma só previsão menciona os destinatários do legado e a coisa sobre a qual incidirá o proveito. Já a conjunção verbal se caracteriza pela especificação das parcelas individuais, obstando o acrescimento.

O direito de acrescer competirá aos colegatários, quando nomeados conjuntamente a respeito de uma só coisa, determinada e certa, ou quando o objeto do legado não puder ser dividido sem risco de desvalorização (art. 1.942 do Código Civil). Sendo necessário regular a destinação da parte do legado que não for recebida por um dos sujeitos nomeados na cédula, optou a lei por estabelecer que há direito de acrescer também entre colegatários, embasado nos mesmos princípios que disciplinam o instituto entre co-herdeiros. Diferem, contudo, na medida em que estes são nomeados com vistas à percepção de universalidade sem quotas definidas, enquanto aqueles restam indicados para receber coisa determinada e certa.

Eis os pressupostos que viabilizam o acrescimento entre colegatários: a) existência de disposição testamentária conjunta em benefício de dois ou mais legatários; b) que o legado diga respeito a uma coisa, determinada e certa, ou que não se possa dividir sem razoável prejuízo para a sua expressão econômica; c) impedimento (indignidade, incapacidade ou premoriência) ou recusa (renúncia) de pelo menos um dos legatários, que por isso não recebe a coisa; d) que não haja determinação de quotas individuais dos legatários sobre o bem. Destaque-se, ainda, que não haverá acrescimento se o testador apontar substitutos imediatos, estranhos ao universo primitivo do legado, para receberem a quota afetada pela caducidade.

Não fica obstada a aplicação da regra legal se o testador fizer agrupar várias coisas individualizadas em um só legado. Por isso, deve-se entender a expressão literal "uma só coisa", contida na norma, como sendo designativa de legado único relativo a coisa ou coisas determinadas e certas. É indiferente, portanto, que o testador mencione a deixa que recai sobre o veículo de placas "X" ou, em previsão autônoma, sobre os automóveis de placas "Y", e "Z" a um só tempo. A atribuição dos bens aos beneficiários dar-se-á nos mesmos moldes já referidos em ambas as situações.

O legado em dinheiro não gera direito de acrescer em favor dos beneficiários remanescentes, eis que, embora sendo coisa certa e determinada, a moeda corrente é fungível e possui caráter genérico, quadro que a torna incompatível com o acrescimento. É permitido ao testador, porém, determinar na cédula a transferência da porção do legatário faltante aos demais consortes, fazendo-a acrescer em fenômeno similar àquele decorrente da lei.

Quando não se efetua o direito de acrescer, transmite-se aos herdeiros legítimos a quota vaga do nomeado (*caput* do art. 1.944 do Código Civil). Como referido alhures, a verificação de determinadas circunstâncias pode fazer insubsistentes as disposições contidas na cédula, e, por conseguinte, afetar o direito de acrescer que destas eventualmente emergiria. Assim, em todas as situações das quais resulte o rompimento da deixa testamentária, como no caso de o herdeiro ou legatário instituído pelo disponente ser excluído da sucessão, ou de o testamento padecer de vício insanável capaz de nulificá-lo, a quota que caberia aos nomeados passa à condição de vaga. Com isso, automaticamente é endereçada aos herdeiros legítimos do nomeado, como se jamais houvesse sido confeccionada a cédula.

O parágrafo único do art. 1.944 do Código Civil reporta-se exclusivamente à hipótese de frustração do acrescimento entre legatários conjuntos, não se aplicando, destarte, aos co-herdeiros. Não existindo o direito de acrescer entre os colegatários, a quota do que faltar acresce ao herdeiro ou ao legatário incumbido de satisfazer esse legado, ou a todos os herdeiros, na proporção dos seus quinhões, se o legado se deduziu da herança. A primeira parte da norma disciplina o repasse da fração nos casos em que o testamento expressamente encarregar certa pessoa — nomeada como herdeira ou legatária — de cumprir o legado estabelecido em favor de outrem. Em tal contexto, o próprio onerado tomará para si a quota e a incorporará ao seu patrimônio individual, como consequência lógica do fato de que seria deduzido de sua parcela hereditária o conjunto patrimonial necessário à satisfação da deixa que aproveitaria ao faltante.

A segunda parte da regra legal disciplina a matéria quando o legado houver de ser extraído diretamente do monte-mor. Nesse caso, a inexistência do direito de acrescer entre colegatários faz com que a quota daquele que faltar acresça em favor de todos os herdeiros, proporcionalmente aos quinhões individuais. Afinal, se o legado seria retirado da herança e reduziria as vantagens de cada sucessor na proporção dos respectivos quinhões, a não existência do direito de acrescer, associada à falta do legatário, faz com que se percorra o caminho inverso, incorporando-se em definitivo a quota vaga no patrimônio dos herdeiros, em correspondência ao tamanho dos quinhões particulares.

20.4. Direito de acrescer no legado de usufruto

Legado um só usufruto conjuntamente a duas ou mais pessoas, a parte da que faltar acresce aos colegatários (art. 1.946 do Código Civil). Isso faz ver que a nomeação de duas ou mais pessoas como usufrutuárias conjuntas, sem especificação de quotas, somente produz a extinção do benefício depois que todas elas faltarem, exceto, é claro, nas situações em que o direito real deva extinguir-se antes, porque submetida a sua vigência a termo previamente fixado pelo testador, mesmo que ainda presentes todos os beneficiários ou ao menos um deles. Silenciando a cédula acerca do *dies ad quem* do usufruto, entender-se-á que ele assume natureza vitalícia, fenecendo em porções conforme desapareçam os beneficiários aceitantes ou não sejam recebidas as partes individuais.

O rumo traçado pelo legislador para os casos de caducidade, verificada no tocante a qualquer dos usufrutuários, torna praticamente indivisível o legado. Por força da existência do direito de acrescer, eventos como a pré-morte, a renúncia, a exclusão e a incapacidade de um dos legatários não autorizam os herdeiros legítimos a receberem a quota do faltante. Os colegatários é que a incorporarão ao seu direito quando verificada a caducidade, conservando integralmente o benefício até que último deles falte e os atributos relativos ao usufruto volvam a se integrar à propriedade. "Aqui, o direito se funda em que o testador tenha querido atribuir a cada um dos usufrutuários o usufruto inteiro, isto é, os tenha designado *in solidum*" (PEREIRA, Caio Mário da Silva. Obra citada, v. VI, p. 32).

A solução trazida na sucessão *causa mortis* é francamente oposta à prevista para o usufruto surgido por ato *inter vivos*. Neste, salvo expressa determinação contida no instrumento constitutivo, a falta de qualquer dos usufrutuários promove a extinção da parte que lhe correspondia no direito real (art. 1.411 do Código Civil). Assim, toda vez que um dos usufrutuários desaparece, a sua quota é extinta, integrando-se em definitivo ao acervo do nu-proprietário. A completa retomada dos atributos do uso e da fruição, todavia, só terá lugar quando o último dos usufrutuários deixar de exercer o direito real sobre a sua específica porção ideal. Como visto, no direito sucessório a solução é diversa, pois o automático acrescimento determinará que o último dos beneficiários do legado exerça por inteiro o direito real, repassando-se ao nu-proprietário as faculdades de usar e fruir a coisa apenas depois de extinto o usufruto que se mantinha inteiramente postado na esfera jurídica do beneficiário remanescente.

Assim como se dá nas demais hipóteses de legado conjunto, aquele gerado em forma de usufruto pode ter base em conjunção real ou mista. A primeira existe sempre que o testador prevê o surgimento do usufruto em disposições testamentárias autônomas, mas que dizem respeito ao mesmo bem jurídico. A segunda, quando uma só previsão indica os usufrutuários da mesma coisa. A diferença está apenas na formatação da deixa, pois o resultado e o tratamento jurídico dos legados assim constituídos são absolutamente idênticos.

O parágrafo único do art. 1.946 preconiza: "Se não houver conjunção entre os colegatários, ou se, apesar de conjuntos, só lhes foi legada certa parte do usufruto, consolidar-se-ão na propriedade as quotas dos que faltarem, à medida que eles forem faltando". Não sendo fruto de conjunção real ou mista, o usufruto se instala normalmente em favor dos diversos legatários nomeados, mas sem que haja direito de acrescer. Logo, a fração que sofrer a incidência de algum dos eventos geradores de caducidade se consolidará na pessoa do nu-proprietário. Igual solução terá lugar quando o testador, embora por meio de nomeação conjunta, houver estipulado frações certas e rigorosamente discriminadas em proveito de cada usufrutuário. Isso porque, como frisado, um dos requisitos do direito de acrescer é que não tenha ocorrido a especificação das quotas individuais (*v. g.*, um quarto do direito real, vinte por cento do usufruto etc.).

Capítulo 21

DAS SUBSTITUIÇÕES

21.1. Conceito e modalidades

Em geral, o testador designa o beneficiário da liberalidade de maneira pura e simples, nomeando-o, ademais, como única pessoa apta a receber aquele quinhão ou a coisa especificamente identificada na cédula. Admite-se, todavia, que haja indicação expressa do sujeito a quem caberá o benefício, em caráter de substituição, para a hipótese de o agraciado original não querer ou não poder captá-lo, ou para os casos de ocorrência de morte, assim como de estabelecimento de termo ou condição. É aí que entra em cena o tema das substituições, em suas variadas modalidades.

Ao nomear o beneficiário imediato da liberalidade, o testador o faz em primeiro grau, ou seja, ordenando ao encarregado do cumprimento da última vontade que entregue ao herdeiro ou legatário exatamente aquilo que da cédula consta. Inviabilizado o atendimento da previsão testamentária, em face da verificação de qualquer das situações já referidas, haverá o repasse do proveito a quem foi indicado como substituto, residindo nisso o chamado segundo grau de nomeação. Trata-se, na verdade, do último grau em que se viabiliza a substituição concreta, pois o autor da herança não pode determinar que o acervo se transmita indefinidamente para titulares sequenciais, ou seja, com uns recebendo e entregando aos outros, quadro que geraria severa insegurança nas relações jurídicas.

A esse respeito, diz o art. 1.959 do Código Civil: "São nulos os fideicomissos além do segundo grau". Isso significa que apenas um elo haverá entre o fiduciário e quem vier a receber definitivamente a herança ou o legado. Não pode o testador, por exemplo, dizer que deixa a sua casa para Franco, que a transferirá por morte a Paula, que por sua vez a entregará a Fernando em certo tempo. O fideicomisso encontra limite no segundo grau, ou seja, na segunda transferência, sendo uma delas para o fiduciário e a outra para o primeiro fideicomissário nomeado. Tudo o que ultrapassar a fronteira acima aludida estará irremediavelmente maculado por nulidade.

Não se pode confundir essa vedação com a nomeação de diversos fideicomissários simultâneos. O legislador proíbe a indicação de beneficiários além do segundo grau, mas não obsta o apontamento de dois ou mais fideicomissários a um só tempo, para que recebam a herança ou o legado quando da verificação do evento estipulado pelo testador na cédula. Trata-se, esta última, de operação perfeitamente legal, sendo exemplo disso o caso em que o autor da herança faz a deixa em proveito de Henrique, estabelecendo que por sua morte os bens serão transmitidos aos fideicomissários Joel e Sávio.

Caso seja previsto fideicomisso além do segundo grau, o instituto valerá apenas até o limite acima referido. É a solução extraída do teor do art. 1.960 do Código Civil. Com isso, o fideicomissário que receber a herança ou o legado se tornará proprietário definitivo, podendo livremente dispor do que lhe pertence, por ato *inter vivos* ou *causa mortis*. Se falecer com os bens incorporados ao patrimônio e não deixar testamento, serão eles normalmente transferidos aos herdeiros legítimos, conforme a ordem fixada pelas regras sucessórias. Exemplo: o testador deixa uma fazenda para Marcos, que passará ao domínio de Joaquim por morte do fiduciário. Estabelece o disponente, também, que a mesma fazenda será entregue a Paula quando o domínio do fideicomissário completar cinco anos. Seguida a linha traçada na lei, é de se ver que apenas a primeira transferência — de Marcos e Joaquim — deverá ser cumprida, caducando o fideicomisso quanto às disposições subsequentes.

O fenômeno do fideicomisso pode acontecer, com semelhantes características, antes ou depois de ter havido o recebimento da vantagem pelo sucessor indicado com prioridade. "Substituição vem a ser, portanto, indicação de certa pessoa para recolher a herança, ou legado, na falta ou depois de outra, nomeada em primeiro lugar" (MONTEIRO, Washington de Barros. Obra citada, p. 223). Ela se dá tanto no concernente a herdeiros como a legatários, inexistindo diferença de tratamento jurídico entre os sucessores.

O substituto recolhe exatamente aquilo que se deixara ao substituído, exceto quando o testador estabelece diferente solução. A propósito, é relevante observar que as normas reguladoras do instituto são de aplicação subsidiária no que diz respeito à entrega do benefício ao substituto, pois o repasse integral só terá lugar na falta de expressa previsão em contrário, provinda do autor da liberalidade. A ele se confere a faculdade de dispor como melhor lhe aprouver do seu acervo patrimonial, em consonância com o direito de propriedade juridicamente assegurado e ao *jus abutendi* que dele resulta.

São três as espécies de substituição: a) vulgar ou ordinária, de natureza direta, que acontece antes da transmissão da herança ou legado ao sucessor primitivo; b) fideicomissária, de cunho indireto, que se verifica depois da transferência do benefício ao herdeiro ou legatário nomeado em plano inicial, de modo que incumbirá a este o seu repasse ao destinatário final; c) compendiosa, traduzida em genuína mescla das duas modalidades antecedentes. Como frisado, em todas as situações a substituição encontra espaço nos casos em que o beneficiário original não quer (por renúncia) ou não pode receber a vantagem acenada (por indignidade, falta de legitimação, premoriência ou não implemento da condição fixada).

21.2. Substituição vulgar ou ordinária

Considera-se vulgar ou ordinária a substituição que se dá em caráter direto, quando o testador indica um ou mais substitutos para o recebimento da herança ou do legado, nos casos em que o beneficiário instituído em primeiro lugar não possa ou não queira receber. É a forma mais comum, cabendo destacar, porém, ser ela própria bastante rara no âmbito prático. Exemplo: deixo para Marcos 20% da minha porção disponível, e, caso a recuse ou não possa aceitar, nomeio Carmen como herdeira desse mesmo quinhão. Trata-se de designação condicional, cuja operacionalidade prática depende da ineficácia da instituição principal, pois o substituto somente terá acesso à herança ou ao legado se o primitivo nomeado não tomar para si o proveito testamentário.

O art. 1.947 do Código Civil estabelece: "O testador pode substituir outra pessoa ao herdeiro ou ao legatário nomeado, para o caso de um ou outro não querer ou não poder aceitar a herança ou o legado, presumindo-se que a substituição foi determinada para as duas alternativas, ainda que o testador só a uma se refira". A substituição vulgar não encontra limite em número de disposições sucessivas, podendo o testador nomear muitos substitutos sequencialmente, antevendo a hipótese de os indicados na cadeia não poderem ou não quererem aceitar. Exemplo: deixo meu veículo para José, e, se este não aceitar, para Francisco. Se este também não quiser, fica para Mariana etc. Cabe observar, porém, que no momento em que um deles recebe a herança ou o legado o restante da disposição caduca, tornando sem efeito as indicações subsequentes.

Vale dizer que o substituto recebe diretamente do *de cujus*, de quem é sucessor, e não do substituído. Como asseverado, a substituição vulgar se verifica quando o instituído principal não quer ou não pode aceitar a herança ou o legado. Ocorre aquela hipótese se o indicado renuncia; a segunda, se constatada a incapacidade ou a premoriência do principal instituído, a inobservância da condição que lhe foi imposta etc.

Mesmo que o testador a apenas uma das circunstâncias faça expressa referência, entende-se que pretendeu abarcar tanto o caso de o instituído primitivo não poder como o de não querer aceitar o benefício. Se, por exemplo, o testador afirma que Pedro captará o veículo deixado se José recusá-lo, a substituição acontecerá também ante o fato de ser reconhecida a indignidade do agraciado primevo. Mas, havendo por parte do testador a expressa afirmação de que o fenômeno ocorrerá exclusivamente no caso de restar verificado o episódio que discrimina, a vontade deverá ser respeitada. Exemplo: deixo o meu veículo a Manoel, e apenas no caso de recusa ele será entregue a Carla.

Ainda que venha a ser reconhecida a nulidade ou a caducidade da instituição do principal herdeiro ou legatário, prevalece a substituição quando validamente formulada, pois se presume que o testador pretendeu antes de mais nada afastar a incidência da sucessão legítima no concernente ao quinhão ou bem mencionado na cédula. Todavia, se for revogada a instituição sucumbe também a substituição, por se presumir ser esta a vontade do testador (GOMES, Orlando. Obra citada, p. 213).

A substituição vulgar pode ser estipulada em proveito de herdeiro legítimo, de qualquer parente apto a suceder ou mesmo de terceiro. Contudo, não se admite que o testador estipule a substituição de herdeiro necessário da classe dos descendentes relativamente ao seu quinhão obrigatório, pois para tal hipótese está prevista na lei a incidência do instituto da representação, pela qual os sucessores do herdeiro recebem o que a este por direito caberia. Faculta-se ao testador, porém, nomear substituto ao herdeiro necessário naquela parte do acervo em que for instituído para suceder, ou seja, na fração que exceder a quota que lhe é por lei reservada.

Também é lícito ao testador substituir muitas pessoas por uma só, ou vice-versa, e ainda substituir com reciprocidade ou sem ela (art. 1.948 do Código Civil). A substituição vulgar pode ser *simples, coletiva* ou *recíproca*. Na primeira, nomeia-se um substituto para um ou vários dos herdeiros ou legatários instituídos. Na segunda, dois ou mais substitutos são indicados para tomar a parte originalmente endereçada ao substituído. Na terceira, os indivíduos postados como herdeiros ou legatários pelo testador substituem-se uns aos outros, dentro do mesmo grupo de beneficiários, conforme não desejarem ou não puderem aceitar.

A substituição recíproca importa na atribuição dos quinhões dos co-herdeiros ou colegatários que forem faltando aos remanescentes do grupo. Sendo iguais as partes deixadas, distribuir-se-á igualmente entre os beneficiários restantes a parte do que faltar. Caso as partes sejam desiguais, e uma vez estabelecida a substituição recíproca (previsão cedular pela qual uns auferem o que os demais não quiserem ou não puderem acolher), a parcela do sucessor que faltar será distribuída entre os demais, obedecida a proporção dos quinhões como fixada na primeira disposição (art. 1.950 do Código Civil). Exemplo: Pedro institui colegatários Maria, Gabriel e João, deixando-lhes um veículo e dizendo que as quotas serão, respectivamente, de 60%, 30% e 10% da coisa. Se João renunciar, a sua quota de 10% passará aos dois colegatários, na mesma proporção original. Como Maria recebe o dobro do que se destina a Gabriel, àquela caberão dois terços da parte renunciada (6,66%), e a este o terço restante (3,33%), percentuais que se somarão às suas parcelas primitivas.

É possível ao testador estabelecer substituição recíproca entre os co-herdeiros ou colegatários de partes desiguais, mas com a inclusão de pessoa estranha no elenco dos substitutos. Exemplo: Felipe nomeia legatários de uma casa Nara e Paula, fixando quotas de 70% e 30%. Diz também que a parte de quem recusar ou não puder receber será endereçada aos substitutos, nomeando para tanto as próprias colegatárias e mais o amigo André. Caso isso venha a ocorrer, a parcela vaga de qualquer dos co-herdeiros ou colegatários se dividirá em quotas iguais entre os substitutos, independentemente da participação individual primitivamente estipulada pelo testador em proveito de cada consorte. Como afirma Orlando Gomes (obra citada, p. 215), "cumula-se a substituição recíproca com uma substituição vulgar, concorrendo o substituto vulgar com os substitutos recíprocos".

Não obstante o que se disse, sempre é facultado ao testador estipular em quotas fixas o proveito originalmente endereçado aos sucessores e aquele que será atribuído aos substitutos na hipótese de restarem vagas quaisquer frações. É de se ver, portanto, que a solução contida na lei tem aplicabilidade subsidiária, ou seja, nos casos em que o testador não se pronuncia expressamente quanto ao resultado final da partição a ser feita entre os substitutos.

Seja qual for a modalidade de substituição vulgar adotada, no instante em que se opera o recebimento da herança ou do legado por um dos designados caduca totalmente a disposição, no que se refere aos demais. Assim, se o principal instituído acolhe a herança ou o legado, não mais se operará a substituição vulgar; e se vários forem os substitutos sucessivamente elencados, o recebimento do benefício por um deles inviabiliza a transmissão aos outros.

O substituto fica sujeito à condição ou encargo imposto ao substituído, quando não for diversa a intenção manifestada pelo testador, ou não resultar outra coisa da natureza da condição ou do encargo (art. 1.949 do Código Civil). Todos os gravames e ônus pendentes sobre a herança ou o legado, e que seriam transmitidos ao principal instituído, passam ao substituto indicado na cédula. Isso porque a oneração adere ao quinhão e à coisa dispostos em testamento, tornando-se parte componente do universo transferido.

O fato de o principal nomeado recusar ou estar impedido de receber o proveito sucessório não é suficiente para liberar a quota do peso até então sustentado. Exemplo: se o imóvel foi com cláusula de inalienabilidade, e o principal legatário nomeado renunciou, o substituto que aceitar a coisa recebê-la-á com o mesmo gravame. Por igual razão, se o testador impôs como requisito para recebimento da herança a doação de um bem do herdeiro a certa casa de caridade, o dever de cumprir a imposição incide sobre o principal nomeado; se este não puder ou não quiser auferir a deixa testamentária, ao substituto incumbirá o cumprimento da imposição, se for de seu interesse aceitar a herança.

Há circunstâncias que liberam o substituto da sujeição à condição ou encargo impostos pelo testador ao substituído. A primeira delas decorre do fato de o disponente fazer expressa menção à dispensa na cédula, pois a sua vontade deve ser respeitada. A segunda tem a ver com a natureza da condição ou do encargo, sendo certo que imposições de caráter pessoal atingem apenas o indivíduo a quem são dirigidas. Assim, caso o testador diga que deixa o seu apartamento para o legatário se ele submeter-se a tratamento contra o alcoolismo, o substituto acaso nomeado não ficará sujeito à imposição, exceto quando também lhe for direcionada expressamente. As condições e encargos apenas atingem indistintamente o substituído e o substituto quando não guardarem caráter personalíssimo.

21.3. Substituição fideicomissária

A observação inicial e necessária, para a exata compreensão do tema, deve versar sobre as nuanças do fideicomisso, instituto de rara aplicabilidade prática. Nele, são três os personagens: a) o fideicomitente, que por meio de testamento direciona o acervo para os sucessores, em sequência; b) o fiduciário, que recebe a herança ou o legado para conservar e, por sua morte, advento de tempo ou implemento de condição, transmiti-los a outrem; c) fideicomissário, que se torna titular definitivo no momento em que recebe o proveito hereditário em segundo grau.

O art. 1.951 do Código Civil preconiza: "Pode o testador instituir herdeiros ou legatários, estabelecendo que, por ocasião de sua morte, a herança ou o legado se transmita ao fiduciário, resolvendo-se o direito deste, por sua morte, a certo tempo ou sob certa condição, em favor de outrem, que se qualifica de fideicomissário". Aberta a sucessão, a herança ou o legado incorpora-se ao patrimônio do fiduciário. Este, porém, é titular apenas de uma propriedade resolúvel, pois com a verificação do evento previsto na cédula, terá de transmitir ao fideicomissário o que recebeu. Com isso, o fideicomissário toma em definitivo para si os itens patrimoniais deixados, podendo aliená-los em vida, transmitindo-os aos próprios sucessores quando falecer.

Requisito fundamental da substituição fideicomissária é que haja dupla disposição, ou seja, nomeação sequencial de sucessores em dois estágios, sendo um deles direto e outro indireto, pois, enquanto o fiduciário recebe a vantagem imediatamente do *de cujus* e sem intermediação alguma, o fideicomissário capta o benefício de forma mediata, eis que repassado pelo fiduciário. Exemplo: deixo o meu veículo para Manoel. Por sua morte, o bem passará para o primogênito de minha filha Luciana. Cabe destacar que, havendo apenas uma disposição, em que se menciona a transferência para outra pessoa se o principal indicado não quiser ou não puder aceitar, existirá substituição vulgar e não fideicomissária.

O fideicomissário não sucede ao fiduciário, mas sim ao fideicomitente. É deste que recebe a herança ou o legado, embora na prática o quinhão ou a coisa estejam com o fiduciário até a verificação do evento estabelecido pelo testador. A duração do fideicomisso pode ser vitalícia, presumindo-se como tal se o autor da liberalidade não fixar um termo ou uma condição como elemento desencadeante da transmissão que se faz ao fideicomissário.

Ainda que à primeira vista pareça tratar-se de um instituto dotado de grande amplitude, o legislador estabeleceu severa limitação ao seu verdadeiro alcance. Com efeito, o *caput* do art. 1.952 do Código Civil diz: "A substituição fideicomissária somente se permite em favor dos não concebidos ao tempo da morte do testador". O direito anterior previa a possibilidade de se estipular fideicomisso também em favor de pessoa existente ao tempo da confecção da cédula.

Não havia maior utilidade em tal posicionamento legislativo, eis que o fideicomisso acabava tomando o lugar de outro instituto que melhor se adequava à situação: o usufruto. Reformulada a ideia inicial, admite-se agora o fideicomisso exclusivamente em favor dos não concebidos ao tempo da morte do testador, ou seja, como mecanismo destinado a agraciar e beneficiar a prole eventual de alguém. Trata-se de postura justa e correta, mesmo porque não há maneira melhor de, por exemplo, o avô deixar herança ou legado para seus futuros netos, ainda não concebidos quando da abertura da sucessão.

Se, ao tempo da morte do testador, já houver nascido o fideicomissário, adquirirá este a propriedade dos bens fideicometidos, convertendo-se em usufruto o direito do fiduciário (parágrafo único). A construção literal da norma permite entrever que o legislador usou a expressão *não concebido* como sinônimo de *não nascido*. Logo, prevalece o fideicomisso se o fideicomissário já estiver no útero materno quando do óbito do fideicomitente. Inaplicável, portanto, a noção de que *não concebido* queira significar um estado em que ainda não exista o encontro dos gametas masculino e feminino dentro do útero materno.

Caso o fideicomissário nomeado pelo testador já tenha nascido quando da abertura da sucessão, caduca o fideicomisso como ordinariamente conhecido. A herança ou o legado passará diretamente à propriedade do fideicomissário, ficando com o fiduciário apenas o direito de usufruto sobre eles. Vale dizer, por relevante, que nesse contexto o fiduciário jamais será dono dos bens fideicometidos. Terá sobre eles, porém, direito real de usufruto até que se verifique o evento (morte, condição ou termo) estabelecido primitivamente pelo testador na cédula como fator de transmissão dos bens do fiduciário ao fideicomissário.

A solução apontada no ordenamento jurídico leva em conta a presunção de que o testador pretendia beneficiar o quanto antes a prole eventual de terceiro. Assim, se ao tempo da abertura da sucessão já estiver nascida a pessoa a quem o testador tencionava agraciar, nada mais lógico do que transferir imediatamente a propriedade da herança ou legado ao destinatário final, assegurado ao primitivo fiduciário o usufruto pelo período estabelecido na cédula.

O fiduciário tem a propriedade da herança ou legado, mas restrita e resolúvel (art. 1.953 do Código Civil). Todo fideicomisso submete-se a uma condição resolutiva, qual seja, a morte do fiduciário, o advento do termo prefixado ou o implemento da condição específica referida pelo testador. Percebe-se, destarte, que não se confunde a condição genérica — a que qualquer fideicomisso se submete — com a condição que pode ser idealizada como fator específico de abertura do fideicomisso e transferência dos bens ao fideicomissário. Exemplo: deixo minha casa para Fabiano, que a transmitirá para o segundo filho de meu amigo Fernando, se for um menino.

Diz-se que a propriedade recebida pelo fiduciário é resolúvel e restrita porque a herança ou o legado deixará de pertencer-lhe quando restar concretizado o acontecimento previsto pelo testador. Em razão disso, ele tem a inderrogável obrigação de conservar os bens para depois entregá-los ao fideicomissário, a quem caberá a propriedade definitiva e plena. Essa realidade não significa que o fiduciário esteja impedido de alienar os bens recebidos. Todavia, uma vez verificado o evento estipulado na cédula, esvai-se o direito do terceiro adquirente, e a propriedade transfere-se de imediato ao fideicomissário, que os poderá reivindicar de quem os detiver.

Em vista da possibilidade de o fiduciário alienar os bens que estão sob o seu domínio resolúvel, é comum, para maior segurança e integridade destes, a aposição de cláusula testamentária que fixe a inalienabilidade da herança ou do legado até que chegue ao fideicomissário. Se isso ocorrer, o fiduciário estará impedido de dispor dos bens do acervo, ficando seu direito limitado ao uso e fruição pelo tempo que anteceder a abertura do fideicomisso. Não se torna, contudo, mero usufrutuário, eis que mantém consigo a propriedade resolúvel, restrita e inalienável da coisa.

O fiduciário é obrigado a proceder ao inventário dos bens gravados, e a prestar caução de restituí-los se o exigir o fideicomissário (parágrafo único). A realização de inventário, que é medida judicial, permitirá ao interessado a feitura de completa relação dos itens transmitidos, acompanhada da sua minuciosa descrição. Com isso, ficará perfeitamente delineada a extensão da obrigação de restituir, que recairá sobre o fiduciário assim que tiver de repassar os bens ao fideicomissário.

O dever de inventariar os bens gravados é inerente à qualidade jurídica de fiduciário, não podendo ser elidida em hipótese alguma. Afora isso, o fiduciário pode ser compelido a prestar caução que assegure a restituição dos bens, ou que garanta a conversão em perdas e danos se não mais existirem ao tempo da abertura do fideicomisso e consequente transferência ao fideicomissário. Prestar caução não constitui obrigação automática do fiduciário, eis que depende de eventual exigência nesse sentido. A lei afirma que compete ao fideicomissário a faculdade de reclamar a caução, mas na realidade tal iniciativa é de competência de quem representa os seus interesses (pai, mãe, pessoa indicada na cédula etc.), pois, via de regra, o fideicomissário sequer terá nascido no momento da abertura da sucessão.

Salvo disposição em contrário do testador, se o fiduciário renunciar a herança ou o legado, defere-se ao fideicomissário o poder de aceitar (art. 1.954 do Código Civil). A renúncia do fiduciário, portanto, não afeta o direito do fideicomissário, tendo como resultado a potencial antecipação do momento aquisitivo do domínio pleno da coisa herdada ou legada pelo *de cujus*. Isso evita que o fiduciário, movido por interesses diversos, inviabilize a consolidação da propriedade no fideicomissário.

Em assim sendo, no instante em que o fiduciário renuncia a herança, ou o legado, abre-se em favor do fideicomissário a possibilidade de aceitar o domínio da coisa sem a consumação da etapa intermediária, fazendo com que o destinatário final seja na realidade o único. É como se o testador não houvesse instituído o fideicomisso e nomeasse diretamente o fideicomissário como legatário ou herdeiro. Tal solução somente se aplica na hipótese de o testador não inserir na cédula disposição em sentido contrário. Se estabelecer que a renúncia do fiduciário importa em caducidade da disposição, ou que a herança ou o legado se transferirá a outrem, assim será.

A renúncia do fideicomissário em relação à herança ou ao legado faz caducar o fideicomisso, consolidando a propriedade da coisa junto ao fiduciário (art. 1.955 do Código Civil). É como se este houvesse sido pura e simplesmente instituído herdeiro ou legatário pelo testador. Assim, ao invés de receber o domínio resolúvel da coisa, tê-lo-á em definitivo consigo, pleno e sem restrições que não aquelas, de origem diferente, suportadas no momento da abertura da sucessão (hipoteca, usufruto etc.).

Importa observar que a renúncia do fideicomissário pode ser formalizada antes da abertura do fideicomisso, ou seja, anteriormente à concretização do evento que lhe transmitiria a propriedade da coisa. Porém, terá de fazê-lo mediante escritura pública ou termo judicial nos autos de processo regular, e estar investido de plena capacidade civil.

Não obstante o que se disse, faculta-se ao testador estipular solução diversa para a hipótese de renúncia do fideicomissário. Pode, por exemplo, limitar-se a dizer que toda a disposição perde o efeito se ele renunciar. Ou, então, fica legitimado a prever que, ocorrida a renúncia, o legado ou a herança direciona-se a outro beneficiário.

Se o fideicomissário aceitar a herança ou o legado, terá direito à parte que, ao fiduciário, em qualquer tempo acrescer (art. 1.956 do Código Civil). Tudo quanto se juntar à herança ou ao legado por direito de acrescer verificado em favor do fiduciário será transmitido ao fideicomissário no momento oportuno. Isso acontece por ocasião do evento hábil a transferir a coisa ao fideicomissário, seja nas circunstâncias ínsitas no testamento (morte, termo ou condição) ou em excepcional contexto (renúncia do fiduciário). Diz-se, então que o acréscimo se integra ao direito original do fideicomissário, passando a compor o universo patrimonial a ser recebido.

A transmissão da herança ao fideicomissário, pelo fiduciário, faz com que os encargos ainda não satisfeitos também sejam repassados ao novo titular (art. 1.957 do Código Civil). Ao receber o benefício testamentário, o fideicomissário dá continuidade à existência jurídica da relação dominial, tornando-se responsável pelos encargos que o fiduciário ainda não havia cumprido ao tempo da abertura do fideicomisso pela verificação do evento previsto na cédula. Assim, cabe ao titular final solver pendências relativas a tributos, conservação, transporte etc.

É preciso, agora, examinar as consequências produzidas no caso de morrer o fideicomissário antes do fiduciário. Se isso ocorrer, o principal efeito será a consolidação da propriedade na pessoa do fiduciário, fazendo definitivo o domínio que até então era apenas resolúvel (art. 1.958 do Código Civil). Ele toma para si a herança ou o legado, portanto, como se houvesse sido instituído a título sucessório comum, pois o fideicomisso caduca e passa a ser desconsiderado para qualquer fim.

Também se consuma a caducidade do fideicomisso na hipótese de o fideicomissário morrer antes de se realizar a condição resolutória específica referida pelo testador na cédula. Isso porque o óbito precoce do destinatário final da herança ou do legado impede que venha a recebê-los no futuro, de nada prestando eventual verificação da condição a que se submetia a aquisição do proveito testamentário. Assim, a propriedade consolida-se no fiduciário, permanecendo consigo em definitivo. Exemplo: o testador deixa seu veículo para Marcos, estabelecendo que o bem será transferido para Luciano se este casar. Falecendo o fideicomissário antes de verificada a condição, Marcos passará à qualidade definitiva de titular do veículo.

O desfecho apontado na lei somente se concretizará na hipótese de o testador não dispor expressamente em sentido contrário na cédula, eis que pode livremente indicar outro destino para a herança ou o legado que não mais puder ser recebido pelo fideicomissário em virtude da pré-morte deste em relação ao fiduciário.

21.4. Substituição compendiosa

Quando o testador, por meio de um compêndio de palavras contidas em disposição de última vontade, promove várias substituições de natureza diferente, ocorre o que se chama de *substituição compendiosa*. Trata-se, em suma, da mescla das espécies vulgar e fideicomissária. No caso, por exemplo, de ser elaborada disposição que indica Mateus como legatário, com a observação de que se ele morrer antes do testador o bem será entregue ao substituto Carlos, e que se morrer depois do autor da herança será o primeiro filho dele que o substituirá, tem-se duas nomeações: a) uma vulgar, em que Carlos substitui Mateus, porque este, falecendo antes do testador, não poderia receber; b) uma fideicomissária, em que Carlos é o fiduciário e o primeiro filho dele, o fideicomissário.

A classificação desse fenômeno como sendo substituição compendiosa tem pouca relevância, figurando apenas no plano doutrinário, pois nenhuma repercussão prática gera. Desperta a atenção, em derradeira análise, porque consegue contemplar em uma só previsão as duas modalidades autônomas, respeitando o limite posto no art. 1.959 do Código Civil, no sentido de que a substituição não ultrapassa o segundo grau. De toda sorte, o seu mecanismo de funcionamento pode ser perfeitamente visualizado e tratado de forma independente, segundo as regras disciplinadoras de cada uma das substituições idealizadas pelo testador.

Capítulo 22

DA DESERDAÇÃO

22.1. Conceito e distinção

Deserdação é o ato pelo qual o testador, unilateral, expressa e motivadamente, insere na cédula disposição que priva o herdeiro necessário da parte que lhe caberia na legítima. Trata-se de medida fundada no caráter ético e moral que deve presidir as relações entre o autor da herança e o herdeiro necessário. O instituto não se aplica aos sucessores colaterais, pois, quanto a estes, o simples ato de dispor a respeito de todo o acervo hereditário em proveito de outrem afasta-os da disputa sucessória, conforme previsto no art. 1.850 do Código Civil. Portanto, a deserdação atingirá apenas os ascendentes, os descendentes e o cônjuge supérstite, nos casos em que a lei admitir o emprego de tal medida drástica.

O ordenamento jurídico reserva em favor dos herdeiros necessários a chamada legítima, composta por metade do acervo existente ao tempo do óbito do *de cujus*. Somente em hipóteses de notória excepcionalidade, previstas expressamente em lei, é que se admite o afastamento dos sucessores que em caráter necessário, fossem normais as circunstâncias, teriam direito à percepção da legítima. Nesse contexto, será lícito ao testador privá-los de qualquer assento na partilha, seja quanto à legítima como no concernente à porção disponível. Em virtude das graves consequências da vontade excludente emitida na cédula, a lei não deixa a critério do testador a idealização das causas de deserdação, acenando-lhe apenas com a perspectiva de promover o afastamento do sucessor com base em alguma daquelas mencionadas em rol taxativo.

Embora tenha fundamentos e finalidades semelhantes aos que norteiam a indignidade, a deserdação com ela não se confunde. Enquanto esta tem de ser expressamente manifestada em testamento (providência do disponente), aquela é apurada a partir de iniciativa posterior à morte do *de cujus* (providência do interessado). Ainda que se diga tratar-se da vontade presumida do autor da herança, não há interferência alguma deste, que, como referido, já estará morto ao tempo da propositura da demanda tendente a obter a exclusão. Outro detalhe a mencionar diz respeito ao alvo de um e de outro instituto, pois a deserdação atinge exclusivamente os herdeiros necessários, ao passo que a indignidade pode afetar indistintamente qualquer herdeiro ou legatário.

Ainda que ambos os institutos se estribem na lei, é certo que a indignidade deita raízes exclusivamente nela, de modo que o enquadramento do agente na capitulação normativa enseja o ajuizamento da lide pelos interessados. Já a deserdação não ocorre pelo simples encaixe da conduta no tipo legal, sendo imperioso que o ofendido, por meio de testamento, diga de forma inequívoca do seu desiderato de excluir da partilha o herdeiro necessário, explicitando o porquê dessa medida.

Cumpre observar que a nulidade do testamento que contém a cláusula de afastamento impede a consecução do fim almejado pelo testador. Isso não evita, porém, que os interessados na exclusão ajuízem demanda com o fito de conseguir o mesmo resultado que fora acenado pelo testador. Para tanto, será mister que a causa mencionada por ele na cédula funcione também como causa legal de afirmação da indignidade, o que via de regra sói ocorrer. Não se terá, nesse caso, a exclusão fundada no ato de deserdar, que sucumbiu juntamente com o testamento nulo, mas sim no de afastar o herdeiro por indignidade, por força de ação proposta depois do óbito do *de cujus*.

A lei não traz roteiro específico a ser seguido pelo testador, nem qualquer espécie de fórmula sacramental para que o disponente deserde o agente da afronta. Todavia, impõe-se a apresentação direta da causa geradora da vontade de deserdar, assim como a inequívoca manifestação do intento de excluir da partilha o herdeiro infrator. Não são suficientes para produzir esse resultado atitudes como: a) a crítica feroz e impiedosa ao sucessor; b) a afirmação de que ele não mereceria receber nada, por ser mau; c) a severa admoestação baseada em conduta indevida e específica do herdeiro; d) a expressa manifestação da vontade de excluir, desacompanhada da informação da causa que levaria a tal desfecho etc.

22.2. Hipóteses de deserdação

O art. 1.961 do Código Civil preconiza: "Os herdeiros necessários podem ser privados de sua legítima, ou deserdados, em todos os casos em que podem ser excluídos da sucessão". Como se percebe, as circunstâncias fáticas capazes de levar à deserdação do herdeiro necessário pelo *de cujus* são as mesmas que, noutro contexto, estariam aptas a provocar a exclusão do sucessor por indignidade.

Por isso, conjugada essa norma com o art. 1.814 do Código Civil, sujeitam-se à deserdação os herdeiros necessários que: a) houverem sido autores, coautores ou partícipes de homicídio doloso, ou tentativa deste, contra a pessoa de cuja sucessão se tratar, seu cônjuge, companheiro, ascendente ou descendente; b) houverem acusado caluniosamente em juízo o autor da herança ou incorrerem em crime contra a sua honra, ou de seu cônjuge, ou companheiro; c) por violência, ou meios fraudulentos, inibirem ou obstarem o autor da herança de dispor livremente de seus bens por ato de última vontade.

A norma tem conformação genérica, de maneira que o seu rigor alcança todos e quaisquer herdeiros necessários (descendentes, ascendentes e cônjuge supérstite), bastando para isso que seja narrado pelo testador o fato que entende capaz de excluir o sucessor, associado à afirmação do intuito de vê-lo afastado dos proveitos hereditários. Há duas outras normas que preveem situações aptas a acarretar a deserdação (arts. 1.962 e 1.963 do Código Civil), mas ambas são voltadas para quadros específicos, como se verá na sequência.

O homicídio tentado ou consumado (inciso I do art. 1.814 da codificação) é delito de ímpar gravidade e que desafia a aplicação de sanções tanto no âmbito penal como no civil. Havendo independência entre tais esferas de responsabilidade, não é necessária a existência de sentença penal condenatória, sendo suficiente que o juízo cível reconheça a prática do ilícito para que se decrete a exclusão. É óbvio que o homicídio consumado só gerará deserdação se entre o início do ato de matar e a sua consecução a vítima tiver feito testamento (*v. g.*, durante a internação hospitalar), pois, se o óbito for instantâneo, será caso de indignidade, a ser pleiteada pelos interessados.

Sendo exarada sentença criminal de condenação, os seus efeitos serão projetados para a seara cível, fazendo coisa julgada e levando ao automático afastamento do herdeiro que fora deserdado na cédula. Revelando-se absolutória a decisão penal, e tendo por substrato alguma das excludentes da criminalidade, não poderá haver deserdação. Porém, a extinção da pena aplicada, pela prescrição ou fundamento diverso, não a impede, já que apenas obsta a concreta execução da sanção criminal.

O dolo na prática do ato é elemento essencial para a deserdação, o que impõe concluir no sentido de que não se reprime com tal medida o agente de homicídio culposo nem aquele cuja conduta decorre de erro quanto à pessoa ou erro na execução. No primeiro caso, porque faltará o *animus necandi* contra o dono dos bens, e nos demais, porque o sujeito não visava aos indivíduos arrolados na lei, vindo a atingi-los em função de erro. Nesse contexto, mesmo que haja a aplicação da pena criminal, ela não estenderá as suas repercussões para o ambiente sucessório.

Apenas os autores, coautores ou partícipes de homicídio doloso, ou da tentativa, é que poderão ser excluídos da partilha do acervo. Mas a ilicitude geradora dessa consequência não é só aquela praticada diretamente contra o titular da herança se tratar, pois também leva ao mesmo desfecho o ato executado contra as demais pessoas indicadas na lei, quais sejam, o seu cônjuge, companheiro, ascendente ou descendente. No tocante ao companheiro, é mister a demonstração da existência de união estável, pois o simples concubinato ou o relacionamento episódico não permite a deserdação do sucessor. No que tange aos descendentes e ascendentes, é irrelevante o grau de parentesco do ofendido com o titular do acervo, já que o objetivo da lei é punir a ilicitude levada a cabo contra qualquer dos membros das aludidas classes.

A partir do teor do inciso II do art. 1.814 do Código Civil, são duas as situações que permitem a deserdação: a) acusação caluniosa, em juízo, tendo como alvo o autor da herança; b) prática de crime contra a honra do autor da herança, seu cônjuge ou companheiro. A primeira causa de exclusão, que não abarca a ofensa aos parentes próximos do titular do acervo, impõe que o sujeito pratique a denunciação caluniosa em juízo, seja apresentando queixa-crime ou fazendo representação ao Ministério Público. Requisito inarredável é que o juízo reconheça a impertinência da acusação feita pelo herdeiro indigno, e, também, que o Ministério Público dê início à persecução criminal contra o acusador pela prática do delito de denunciação caluniosa. Prescindível a condenação criminal para a deserdação prevista no testamento. No caso de delito contra a honra, é igualmente desnecessária a sentença de condenação penal, já que é admitido o reconhecimento da existência da ilicitude para fins unicamente sucessórios. De banda diversa, é inegável que a sentença criminal acaso lavrada transportará as suas repercussões para a seara cível, nos termos já referidos anteriormente.

Conforme previsto no inciso III do art. 1.814 do Código Civil, os atentados contra a liberdade de testar, por força do art. 1.961 do mesmo diploma legislativo, também viabilizam a deserdação. É inadmissível que titular do acervo não possa dispor livremente dos seus bens, mormente quando empregados meios fraudulentos ou violência por parte do sucessor.

O art. 1.962 do Código Civil preconiza: "Além das causas mencionadas no art. 1.814, autorizam a deserdação dos descendentes por seus ascendentes: I – ofensa física; II – injúria grave; III – relações ilícitas com a madrasta ou com o padrasto; IV – desamparo do ascendente em alienação mental ou grave enfermidade". Esse rol é taxativo e se aplica com exclusividade aos casos em que os ascendentes quiserem deserdar os descendentes, restando inviabilizada qualquer outra forma de incidência, seja por analogia, equiparação ou raciocínio jurídico diverso, dada a gravidade das consequências produzidas. O legislador assim procedeu em atenção ao fato de que o liame de descendência pressupõe redobrada dose de respeito e consideração, haja vista os fundamentos éticos que o devem presidir.

Expõe-se à deserdação o descendente que ofender a integridade física do ascendente (inciso I), seja qual for a extensão e a amplitude do resultado lesivo. Porém, a agressão deverá ser física, sendo insuficiente a ameaça ou a hostilidade moral. O legislador não pautou as repercussões da iniciativa pela gravidade das violações perpetradas, limitando-se a admitir a deserdação a partir da sua simples existência, haja vista que atitudes dessa natureza revelam a mais absoluta falta de harmonia nas relações entre os indivíduos envolvidos. Não se exige prévia condenação penal, bastando a ocorrência do fato e a sua afirmação pelo juízo cível. Por outro lado, se houver absolvição do acusado no juízo criminal, com suporte na presença de excludente da ilicitude (*v. g.*, legítima defesa), ficará elidida a perspectiva de deserdação.

Quanto à prática de injúria (inciso II), nem toda ocorrência dessa espécie autoriza o ascendente, vitimado pela conduta do descendente, a afastá-lo da partilha. Estão aptas a produzir esse efeito apenas as ofensas reconhecidas em juízo como graves. Tal circunstância é afirmada pelo julgador com base nos elementos probatórios disponíveis, e de seu pronunciamento depende a viabilidade ou não da injúria como fonte de afastamento do herdeiro necessário. Cumpre salientar a inexigibilidade de pronunciamento no âmbito criminal, bastando a prolação de sentença cível em que se ateste a gravidade da injúria cometida. A ilicitude referida na norma é aquela encaminhada diretamente ao testador, e não a que se pronuncia contra parente próximo (filho, neto, sobrinho etc.), cônjuge ou pessoa de suas estreitas relações. A ofensa irrogada a estes não tem o condão de ensejar a deserdação do agente.

Como asseverado, espera-se do descendente que tenha um mínimo de respeito e dignidade no trato com o ascendente. O fato de travar relações ilícitas — notadamente de cunho amoroso ou libidinoso, ainda que sem concreta prática sexual — com o padrasto ou a madrasta rompe o liame de confiança e acatamento que deveria manter para com o ascendente. Isto autoriza o ofendido a deserdar o ofensor (inciso III), excluindo-o por inteiro da sucessão. Incorre na sanção a pessoa que mantiver relações ilícitas com o companheiro ou a companheira do pai ou da mãe, porque os termos *padrasto* e *madrasta* abrangem tanto os casais vinculados pelo matrimônio como aqueles envolvidos em união estável.

O espírito de solidariedade é outro sentimento que se reclama do descendente. Quando a sua atitude revela completo afastamento dessa necessidade moral e ética, fica o ascendente autorizado a promover a deserdação. É o que ocorre se o agente o deixa ao desamparo quando afetado por alienação mental (inciso IV), independentemente do grau e gravidade com que se manifesta o problema. Tendo em vista a circunstância de que o ato de deserdar reclama total capacidade civil do testador, é lógico que a sua iniciativa depende da plena recuperação das faculdades mentais, pois, se assim não for, será nulo o testamento que acaso lavrar. Restará aos interessados promover, depois do óbito do titular do acervo, a competente ação para que se reconheça a indignidade do herdeiro.

O desamparo a que o ascendente é relegado pelo descendente, quando aquele se encontrar acometido por grave enfermidade, também é motivo bastante para que seja promovida a deserdação. Isso não acontece se restar comprovado que o descendente não tinha condições econômicas de prestar auxílio, eis que a penalidade prevista na lei decorre da negativa egoísta daquele que, podendo, deixa de dar assistência ao descendente em momentos de severa necessidade. A avaliação da gravidade da moléstia de que padece o testador, bem como a análise da existência de condições fáticas para a admissibilidade da deserdação ficam a cargo do julgador no exercício prudente de seu mister.

O art. 1.963 do Código Civil dispõe: "Além das causas enumeradas no art. 1.814, autorizam a deserdação dos ascendentes pelos descendentes: I – ofensa física; II – injúria grave; III – relações ilícitas com a mulher ou companheira do filho ou a do neto, ou com o marido ou companheiro da filha ou o da neta; IV – desamparo do filho ou neto com deficiência mental ou grave enfermidade". A enumeração dos casos de deserdação é taxativa, sendo inviável a sua ampliação ou a invocação da analogia como base para incidência em circunstâncias que não as expressamente previstas.

A mesma nobreza e respeito que têm de ornar a relação do descendente para com o ascendente devem disciplinar a conduta deste para com aquele. Em razão disso, o legislador autoriza a deserdação do ascendente quando verificada a ocorrência de situações idênticas às que viabilizariam a deserdação do descendente. Para tanto, vale-se de texto semelhante ao que compõe o art. 1.962 da codificação, deixando entrever a vontade de que se preservem rigorosamente princípios éticos e morais entre as partes. Por força da similitude de objetivos entre as referidas normas, valem aqui as mesmas considerações já tecidas.

Quanto ao inciso III, é importante observar ainda que as relações ilícitas capazes de levar à deserdação limitam-se aos graus estipulados na lei (primeiro e segundo na linha reta), não podendo ser ampliados para os seguintes. O teor normativo visa a sancionar relacionamentos imorais e de conteúdo contrário aos bons costumes, preservando a paz no lar e a moralidade social. Quem toma parte em relações como as mencionadas fica sujeito à deserdação, ficando a critério do ofendido tomar ou não a drástica medida em testamento.

22.3. Outros aspectos da deserdação

O testamento válido é a única iniciativa capaz de gerar a deserdação, não sendo possível atingir o mesmo objetivo a partir do emprego de elementos como a escritura pública, o escrito particular dotado de autenticação, o termo judicialmente confeccionado, a declaração de vontade emitida com formatação incidental em qualquer processo, o codicilo, e assim por diante. O já referido testamento nulo, assim como o caduco ou aquele que vem a ser revogado pelo testador, não produzem repercussão negativa alguma no plano da legitimação do herdeiro necessário para suceder, mantendo-o apto a receber o que lhe é devido.

Além de constar de cédula testamentária juridicamente perfeita, a disposição que deserda tem de expressamente declarar a causa que a fundamenta. Sem isso não prevalece, pois o ato de deserdar precisa, necessariamente, vir acompanhado da indicação do seu substrato fático, até para que possa ser alvo ocasional de impugnação pelo deserdado. Deserdação sem manifesta indicação de causa é ato que não se mantém, conforme resulta do teor do art. 1.964 do Código Civil: "Somente com expressa declaração de causa pode a deserdação ser ordenada em testamento".

É relevante destacar que não existe deserdação implícita, nem se pode inferi-la das circunstâncias contidas no testamento. Assim, embora o testador externe na cédula toda a sua mágoa para com o herdeiro (*v. g.*, dizendo ser péssimo e ingrato filho, violento e ímpio pai etc.), disso não se extrairá a intenção de deserdar. Somente quando o testador relata de maneira inequívoca e direta o seu intento é que se admite o afastamento do sucessor.

Manifestada na cédula a vontade de deserdar, e mencionada a causa que fundamenta a iniciativa, ainda assim não se pode considerar deserdado o sucessor. Falecido o disponente, deve seguir-se prova judicial eficiente acerca da veracidade do substrato invocado por ele com vistas à deserdação. A falsidade da causa, a sua inadequação aos fatos efetivamente constatados, ou simplesmente a ausência de provas quanto à sua veracidade tornam insubsistente o intuito de deserdar, autorizando o sucessor a receber o que de direito lhe compete.

Diz o art. 1.965 do Código Civil: "Ao herdeiro instituído, ou àquele a quem aproveite a deserdação, incumbe provar a veracidade da causa alegada pelo testador". Conforme se percebe por singela análise do texto normativo, a obrigação de provar a veracidade da causa invocada pelo testador recai sobre o herdeiro instituído na cédula, ou a qualquer outro interessado que se beneficie pelo eventual afastamento do sucessor. Nisso se vislumbra a conotação econômica ínsita no ato de demonstrar que a causa alegada pelo testador é real. O legislador não reclama do autor da lide que declare ou tenha interesse moral no desfecho, bastando que a sua legitimidade se estribe no interesse econômico.

A única consequência decorrente do fato de o interessado não lograr êxito na sua tentativa de provar a veracidade da causa consiste na admissão do sucessor — que se pretendia excluir — na partilha do acervo. Não incide penalidade alguma contra o autor da demanda, mesmo porque foi o testador quem afirmou a existência e indicou a causa que seria capaz de acarretar a deserdação. Logo, uma vez guardadas a lealdade e a correção que têm de presidir o processo, não pode o deserdado sentir-se ofendido ou atingido pessoalmente pelo autor da lide em virtude do ajuizamento, pois ele nada mais faz do que reclamar o cumprimento da última vontade do testador.

A obrigatoriedade da prova da causa da deserdação tem por objetivo impedir que o testador disponha de todo o seu patrimônio, violando a regra que protege a legítima. Esta somente é afetada nos casos em que se mostra viável a deserdação, sempre fundada em hipóteses previstas na lei. Por isso, o ato imotivado de deserdar é nulo e de nenhuma prestabilidade, assim como aquele cuja causa invocada não seja veraz.

O direito de provar a causa da deserdação extingue-se no prazo de quatro anos, a contar da data da abertura do testamento (parágrafo único). Ele é exercido por meio de ação ordinária. Vale dizer que a abertura da cédula é prerrogativa do juiz, de modo que o prazo estabelecido na lei passa a fluir da data aposta na respectiva ata judicial. Superado o quadriênio decadencial sem que os legitimados a propor a demanda tomem qualquer iniciativa, a deserdação torna-se insubsistente, permitindo ao sucessor receber normalmente tudo o que de direito lhe couber.

O testador pode revogar a deserdação, contanto que o faça com o emprego de uma das providências seguintes: a) expressa menção à insubsistência da disposição anterior, noutro testamento; b) silêncio, em testamento posterior, quanto à deserdação feita na cédula antecedente, pois a ausência de reiteração da penalidade faz presumir o desejo de não repetir a previsão gravosa.

Os efeitos da deserdação não passam da pessoa do deserdado, motivo pelo qual a fração que lhe caberia será direcionada aos seus próprios sucessores. Embora a lei não preveja essa solução, esta é de se aplicar em virtude da disciplina semelhante que o ordenamento dá aos institutos da indignidade e da deserdação, inclusive buscando naquela o elenco dos fatos que ensejam a incidência desta. Logo, considerando-se que a indignidade é de eficácia restritiva e pessoal, e sopesado o silêncio do legislador acerca do tema, outro mecanismo não se pode vislumbrar na deserdação, cujos efeitos são eminentemente pessoais.

Capítulo 23

DA REDUÇÃO DAS DISPOSIÇÕES TESTAMENTÁRIAS

23.1. Considerações gerais

Objetivando impedir que o titular do acervo faça disposições testamentárias capazes de direcionar todo o seu conteúdo para quem quiser, o legislador estabeleceu fronteiras que limitam o princípio da autonomia da vontade nesse particular. Havendo herdeiros necessários, o testador só poderá dispor da metade da herança (art. 1.789 do Código Civil). Assim, resguarda-se a legítima, que é a metade de tudo o que a pessoa tinha ao falecer, depois de satisfeitos os débitos e adotadas as demais medidas de saneamento da herança. O art. 1.846 da codificação, a esse respeito, define: "Pertence aos herdeiros necessários, de pleno direito, a metade dos bens da herança, constituindo a legítima".

O art. 1.966 do Código Civil prevê: "O remanescente pertencerá aos herdeiros legítimos, quando o testador só em parte dispuser da quota hereditária disponível". Logo, ao testador é conferida a faculdade legal de dispor como quiser da metade do seu patrimônio, isto é, da chamada porção ou quota disponível. A outra metade, como frisado, é reservada por lei aos herdeiros necessários. Se não houver herdeiros necessários, o testador poderá dispor livremente sobre a totalidade dos itens patrimoniais que compõem o seu acervo, direcionando-os às pessoas que quiser, sejam ou não parentes.

Embora possa dispor sobre toda a quota livre, o testador não é obrigado a assim proceder. Admite-se que na cédula aborde apenas parcialmente a quota disponível, silenciando quanto ao restante dela. Suponha-se, por exemplo, que o acervo alcance o valor total de 100, disso resultando a perspectiva, ao testador, de livremente direcionar o volume de 50. Se testar apenas sobre 30, os outros 20 não se sujeitarão à sucessão testamentária. Nesse caso, o remanescente pertencerá aos herdeiros legítimos, devendo ser distribuído entre eles de acordo com as regras pertinentes (art. 1.829 e seguintes, do Código Civil).

Quando o testador ultrapassa os limites normativos que tratam da faculdade de promover liberalidades destinadas a surtir efeitos depois da morte, entra em cena o instituto da redução das disposições testamentárias. Ele tem como finalidade precípua suprimir os excessos praticados pelo disponente, adequando a vontade testamentária às determinações legais relativas à matéria. Vale dizer que a constatação da ocorrência de liberalidades quantitativamente excessivas não acarreta a declaração de nulidade da cédula, impondo apenas o seu enquadramento aos ditames da lei. Só aquilo que afronta a legítima é cortado, sendo mister a preservação do último querer do *de cujus* tanto quanto possível.

Revela-se tão acentuada a preocupação do direito brasileiro com o resguardo das prerrogativas dos herdeiros necessários que até mesmo as liberalidades *inter vivos* são limitadas. O art. 549 do Código Civil define como nula a doação quanto à parte que exceder à de que o doador, no momento da liberalidade, poderia dispor em testamento. É a chamada *doação inoficiosa*, que integra o circuito normativo referente ao tema. Apura-se o valor do acervo no dia da doação, cabendo a redução do volume do contrato sempre que ultrapassar a metade disponível. Vislumbra-se, nesse contexto, o movimento firme do legislador no sentido de proteger a legítima de atos demasiadamente amplos, praticados entre vivos ou para terem eficácia depois da morte.

O herdeiro preterido só poderá solicitar em juízo o reconhecimento da doação inoficiosa ou a redução das disposições testamentárias depois da morte do autor da liberalidade. Isso porque não se admite a discussão de questões atinentes à herança de pessoa ainda viva, sendo imprescindível a abertura da sucessão para que se viabilize o debate.

Avançando nessa mesma direção, o art. 2.018 do Código Civil estende véu semelhante sobre a denominada *partilha em vida*: "É válida a partilha feita por ascendente, por ato entre vivos ou de última vontade, contanto que não prejudique a legítima dos herdeiros necessários". Optando por dividir o conjunto patrimonial em vida, o ascendente estará antecipando a herança em favor dos indivíduos que seriam no futuro seus sucessores. Ao invés de deixar para depois da morte a partição dos bens entre os herdeiros, o titular opta por entregar-lhes de imediato as respectivas porções. Na realidade, a partilha assim formulada dispensa a intervenção do Poder Judiciário e configura doação, obedecendo aos cânones correspondentes à aludida estrutura contratual. Daí o porquê de ser vedado prejudicar qualquer dos herdeiros necessários, embora a divisão possa abranger todo o patrimônio do disponente se ele o fracionar de modo igualitário entre os aquinhoados.

Por fim, o legislador determina que as doações feitas a descendentes sejam levadas à colação depois da morte do doador, em sede de inventário. Salvo quando o doador expressamente dispensar a adoção dessa medida, o donatário, aberta a sucessão, terá de computar o valor da liberalidade — promovida entre vivos — na sua porção hereditária. Caso ela ultrapasse o volume a que tem direito, o beneficiário restituirá o excedente, que será distribuído entre os demais sucessores em conformidade com os respectivos quinhões.

Importa destacar que são inconfundíveis a colação e a redução das disposições testamentárias. Esta promove a adequação das liberalidades feitas pelo disponente na cédula aos limites colocados na lei, com vistas à proteção da legítima. É matéria de ordem pública, e, portanto, a sua efetivação não pode ser obstada ou dispensada pelo testador. Já aquela tem por desiderato atender à vontade presumida do disponente, isto é, a de que os bens doados em vida sejam considerados antecipação do direito sucessório do descendente beneficiado, para equilibrar quantitativamente o proveito dos demais sucessores. Caso o testamento contenha previsão expressa de dispensa de colação, os bens doados não serão conferidos, de modo que o donatário participará da divisão do acervo remanescente como se não houvesse sido anteriormente beneficiado, salvo se o proveito auferido por força da doação ultrapassar a porção disponível do acervo.

23.2. Ordem de realização das reduções

O *caput do* art. 1.967 do Código Civil estabelece que as disposições excedentes da parte disponível serão reduzidas aos limites dela, de conformidade com o disposto nos parágrafos da aludida norma. Como referido, o direito de dispor em testamento sofre limitações quantitativas, fruto da necessidade de se preservar a legítima assegurada por lei aos herdeiros necessários. Disso é que decorrem as regras destinadas a promover a redução das disposições testamentárias, visando a evitar que o autor da herança disponha de mais do que a lei faculta. Reduzindo o conteúdo da deixa sem tornar inválido todo o testamento, o legislador a um só tempo preserva a legítima e faz cumprir a derradeira vontade do *de cujus*, na parte que não afrontar o quinhão reservado aos sucessores necessários.

O corte dos benefícios não se faz aleatoriamente, de maneira que se mostra inviável tirar de cada herdeiro e de cada legatário porção proporcional de seu benefício sucessório. É mister atender aos desígnios normativos, manejando as cláusulas testamentárias de acordo com a ordem e a extensão previstas pelo legislador. Em se verificando excederem as disposições testamentárias a porção disponível, serão proporcionalmente reduzidas as quotas do herdeiro ou herdeiros instituídos, até onde baste, e, não bastando, também os legados, na proporção do seu valor (§ 1º).

A primeira operação a realizar é o cálculo do monte partilhável, que se efetiva tomando por base os bens e direitos, subtraídas as dívidas, as despesas com o funeral do *de cujus* e adicionadas eventuais colações (art. 1.847 do Código Civil). Do saldo positivo encontrado, metade compõe a legítima. O restante é a parte disponível, sujeita ao livre arbítrio do testador. Se o testador era casado, e se o regime de bens atribuiu ao cônjuge sobrevivente a qualidade de meeiro, a legítima é apurada com substrato apenas na metade cabível ao testador. Noutras palavras, será composta por um quarto do patrimônio total do casal, que, logicamente, configura 50% do acervo do *de cujus*.

Verificada a ocorrência de excessos pelo testador, que ultrapassou a parte de que poderia dispor na cédula, o primeiro a ser afetado é o herdeiro instituído. Com a presteza de sempre, Washington de Barros Monteiro (obra citada, 6. v., p. 221) justifica a medida: "Os herdeiros são os primeiros a sofrer as reduções, porque representam a pessoa do *de cujus*, cuja vontade devem cumprir, ao passo que os legatários constituem meros beneficiários por ato *causa mortis*". Logo, todos os herdeiros instituídos terão reduzidas as suas quotas, proporcionalmente ao benefício que lhes foi endereçado pelo testador. Os cortes se dão em forma de percentual (*v. g.*, 30%, 40% etc.) ou de fração (*v. g.*, 1/4, 1/5 etc.). Com isso, poderão chegar inclusive à completa cassação das respectivas quotas, desde que assim se faça necessário para inteirar a legítima reservada pelo ordenamento aos herdeiros necessários. Cabe destacar outra vez o caráter impositivo da norma, sendo obrigatória a redução das previsões testamentárias que afetam a legítima.

Mostrando-se insuficiente o corte das quotas pertencentes aos herdeiros instituídos, procede-se à redução dos legados. O critério é o mesmo, qual seja, o da proporcionalidade, de maneira que cada legatário terá ceifado o seu benefício em proporção ao valor que tiver (*v. g.*, 20%, 1/3 etc.). Também aqui é possível vislumbrar a hipótese de completo desaparecimento do benefício testamentário, desde que isso seja necessário para assegurar a inteireza da legítima. Como se percebe, o legatário tem preferência em relação ao herdeiro, exatamente porque a este último incumbe o pagamento dos legados, cumprindo as determinações do testador, de quem é uma espécie de substituto no âmbito patrimonial.

Pode-se chegar a um ponto do qual decorra a total redução das quotas endereçadas aos herdeiros instituídos e dos legados, nada mais restando a qualquer dos indivíduos arrolados no testamento. Se ainda assim não for possível resguardar a legítima, a redução passa a recair sobre as doações feitas em vida pelo autor da herança. Isso se faz com suporte no art. 549 do Código Civil, iniciando-se pelas liberalidades mais recentes até chegar às mais antigas, se for preciso.

A regra contida no § 1º do art. 1.967 do Código Civil não é absoluta, cedendo diante de expressa previsão testamentária em sentido contrário. Com efeito, o § 2º diz: "Se o testador, prevenindo o caso, dispuser que se inteirem, de preferência, certos herdeiros e legatários, a redução far-se-á nos outros quinhões ou legados, observando-se a seu respeito a ordem estabelecida no parágrafo antecedente". Assim, pode o disponente estabelecer que eventual redução das disposições não se dê com observância da ordem definida pelo legislador, mas sim segundo a sua própria vontade cedular. Admite-se inclusive a inversão dos cortes, com incidência prioritária contra os legatários e somente depois sobre os herdeiros instituídos. Entre os beneficiários é viável ainda a fixação de reduções diferenciadas, como no caso de o testador determinar que por primeiro seja reduzido certo legado, para somente depois se atingirem outros.

Pode o disponente estipular que certo legado ou quinhão seja resguardado em relação aos demais para fins de redução das disposições testamentárias (*v. g.*, quero que o legado de Maria seja preservado prioritariamente em relação aos outros). Se isso ocorrer, a redução somente atingirá o legado e o quinhão protegidos quando os demais tiverem sofrido integral corte para resguardo da legítima, e a providência ainda assim não se mostrar suficiente para adequação à norma legal. Em suma, a vontade do testador é capaz de alterar a regra geral, mas a redução será compulsória quando restar afetada a legítima, sendo certo que se passará aos cortes dos benefícios, como já referido, sempre que forem insuficientes as reduções acaso definidas pelo testador.

23.3. Redução no legado de imóvel

Sabe-se que a instituição de condomínio imobiliário é, muitas vezes, fonte de desavenças entre os consortes, haja vista a diversidade de interesses, os problemas de relacionamento pessoal, e assim por diante. Em razão disso, o ordenamento jurídico, embora admita a existência de condomínio voluntário e discipline a modalidade necessária, busca evitar no plano sucessório, tanto quanto possível, a atribuição da titularidade de um mesmo bem a várias pessoas. Essa preocupação também se manifesta na matéria concernente à redução das disposições testamentárias.

Quando consistir em prédio divisível o legado sujeito a redução, far-se-á esta dividindo-o proporcionalmente (*caput* do art. 1.968 do Código Civil). O corte proporcional do bem surge como medida viável e adequada, eis que viabiliza a constituição de propriedades autônomas, ainda que reduzidas na sua extensão. Por meio dela, o legatário conserva consigo apenas a porção física que remanescer depois de efetuada a limitação, sendo devolvido aos herdeiros necessários o produto destinado a assegurar a integridade da legítima.

Nem sempre a redução consistirá na pura e simples retirada de uma parte do legado para entrega aos herdeiros necessários afetados em sua legítima. A solução, plausível quando tiverem de ser reduzidos legados de prédios divisíveis, é inviável quando se tratar do enquadramento de legados de imóveis indivisíveis. Este último quadro exigiu a edição de disciplina normativa capaz de evitar a ocorrência de infindáveis discussões em torno da matéria. Atento a isso, o legislador estabeleceu que a redução do legado de prédio indivisível far-se-á mediante aplicação de fórmula jurídica que culmina com o direcionamento do prédio ora para o legatário ora para os herdeiros necessários, de acordo com as peculiaridades do contexto.

Se não for possível a divisão, e o excesso do legado montar a mais de um quarto do valor do prédio, o legatário deixará inteiro na herança o imóvel legado, ficando com o direito de pedir aos herdeiros o valor que couber na parte disponível; se o excesso não for de mais de um quarto, aos herdeiros fará tornar em dinheiro o legatário, que ficará com o prédio (§ 1º). Portanto, caso o excesso ultrapasse vinte e cinco por cento do valor do prédio indivisível, este integrará a legítima. Em contrapartida, assegura-se ao legatário o direito de exigir dos herdeiros necessários o valor da parte legada que remanescer como disponível. Exemplo: o testador lega a André uma casa de valor 100. Atingida a legítima, há necessidade de se promover uma redução correspondente a 30, ou seja, mais de um quarto do valor total da coisa. O imóvel ficará por inteiro na herança, restando ao legatário reclamar dos herdeiros o valor de 70, pois esta é a sua participação eficaz no legado.

Na hipótese de o excesso do legado ser inferior a um quarto do valor do imóvel indivisível, pertencerá este integralmente ao legatário, assegurando-se aos herdeiros o direito de exigir-lhe o pagamento do excedente, em dinheiro. Quem indeniza é o legatário, ao contrário do que acontece quando, remontando o excesso a mais de um quarto do valor da coisa, a indenização incumbe aos herdeiros. Exemplo: o testador lega a Fernanda uma casa de valor 100. Atingida a legítima, há necessidade de se promover uma redução correspondente a 10, ou seja, menos de um quarto do valor total da coisa. O imóvel ficará por inteiro com o legatário, restando aos herdeiros reclamar daquele o valor de 10, correspondente à redução que se faz imprescindível para inteirar a legítima.

Se o legatário for ao mesmo tempo herdeiro necessário, poderá inteirar sua legítima no mesmo imóvel, de preferência aos outros, sempre que ela e a parte subsistente do legado lhe absorverem o valor (§ 2º). A fórmula idealizada pelo legislador para atribuição de preferência ao legatário é singela: legítima + parte subsistente do legado = valor maior do que o da coisa legada. Implementada a operação acima, o prédio integrará o patrimônio do legatário.

Isso não dispensa, por óbvio, a consecução dos ulteriores termos da partilha, de acordo com as regras pertinentes. Exemplo: suponha-se o legado de um prédio que vale 100, promovido em favor de herdeiro necessário. Imagine-se que o quinhão hereditário importe em 80, e que a redução das disposições, por ofensa à legítima genericamente considerada, seja de 30. Aplicada a fórmula ínsita na regra, tem-se que a soma da parte subsistente do legado (100 - 30 = 70), acrescida do quinhão do herdeiro necessário (80) perfaz o montante de 150. Sopesada a circunstância de que o prédio legado vale 100, o legatário/herdeiro necessário terá preferência sobre os demais herdeiros necessários em relação à propriedade do imóvel. No que diz respeito ao crédito de 50 que remanesce contra o espólio, recebê-lo-á segundo as regras sucessórias genéricas, dentro da normal tramitação do processo de inventário e partilha do acervo.

23.4. Mecanismo de redução

A redução das disposições testamentárias é feita por intermédio de ação ordinária, cuja propositura incumbe aos herdeiros necessários prejudicados em razão do excesso cometido pelo testador. A eles compete a obrigação processual de fazer prova do alegado, sob pena de improcedência da lide. Esta também pode ser proposta pelos sucessores do herdeiro necessário falecido, em virtude do direito de representação, e, ainda, pelos seus credores e cessionários. Vale dizer que os credores do falecido não possuem legitimidade para adotar a providência, já que lhes é assegurada a percepção dos respectivos créditos independentemente de ter ou não havido excesso de disposição por parte do *de cujus*. Mesmo que inexista testamento, os credores podem reclamar o pagamento integral junto à sucessão.

Consoante frisado alhures, a demanda somente será admitida depois da morte do testador, eis que enquanto vivo não há direito sucessório em debate, mas mera expectativa de direito. Ademais, como é cediço, o direito brasileiro abomina, sem exceção, qualquer debate em torno da herança futura de pessoa viva. Em suma, a mera perspectiva abstrata de, em algum instante projetado no tempo, figurar como sucessor, é incapaz de propiciar aos futuros e hipotéticos beneficiários a utilização de lides judiciais com vista à defesa dos seus pretensos interesses.

Promovida a ação por apenas alguns dos legitimados, a sentença que vier a ser prolatada somente a eles aproveitará, não estendendo seus efeitos aos demais sucessores. Por isso, a redução que se operar beneficiará exclusivamente os demandantes. Quanto aos outros, terão de proceder ao ajuizamento de nova lide para verem integralizada a legítima. O silêncio dos interessados carrega consigo a presunção de que desejaram acatar a manifestação volitiva do testador, abdicando, assim, da faculdade de reclamar a sua adequação aos ditames normativos atinentes à espécie.

Em caráter excepcional, admite-se a redução das disposições dentro do próprio inventário, contanto que as partes sejam maiores e capazes, e que haja acordo de vontades quanto ao formato e à extensão dos cortes a serem realizados. Não ocorrendo composição entre os interessados, o juiz somente poderá realizar a operação se o tema não suscitar discussões tecnicamente mais complexas. A seara comum para a solução de tais problemas, destarte, é a ação ordinária, viabilizando-se o enquadramento da vontade testamentária diretamente no âmbito do inventário só por acordo ou se a controvérsia for de muito singelo deslinde.

Capítulo 24

DA REVOGAÇÃO DO TESTAMENTO

24.1. Considerações gerais

Uma das principais características do testamento é a sua revogabilidade, o que acarreta a invalidade de qualquer cláusula que configure renúncia do testador ao direito de reformar ou suprimir a derradeira vontade emitida. Afora existir norma expressa a respeito do tema (art. 1.969 do Código Civil), releva também observar a natureza manifestamente personalíssima do ato de testar, circunstância que o torna passível de mudança a qualquer tempo (art. 1.858 da codificação). À vista desse contexto, pode-se dizer que revogação é o ato pelo qual o testador retira, parcial ou totalmente, a eficácia de testamento anterior, fazendo-o por intermédio da confecção de nova cédula em que, expressa ou tacitamente, encontram-se disposições aptas a tornar inócuas as previsões anteriormente formuladas.

A revogação é um dos mecanismos de aniquilamento da vontade testamentária emitida, figurando ao lado de institutos como o rompimento, a caducidade, a anulabilidade e a nulidade. Com nenhum deles se confunde, importando salientar que se estrema das duas últimas porque elas têm lugar em função de vício do ato, respectivamente contornável e insanável, enquanto a revogação tem por exclusiva origem a vontade do testador. A caducidade, por seu turno, implica na perda da eficácia por falta do beneficiário ou da coisa, mas surge em disposição válida. Já o rompimento acontece em virtude de fato gerador de presunção legal, no sentido de que o autor da herança não desejaria manter a cédula anteriormente lavrada, como se verá no capítulo seguinte.

O art. 1.973 do Código Civil disciplina o tema: "A revogação produzirá seus efeitos, ainda quando o testamento, que a encerra, vier a caducar por exclusão, incapacidade ou renúncia do herdeiro nele nomeado; não valerá, se o testamento revogatório for anulado por omissão ou infração de solenidades essenciais ou por vícios intrínsecos". O testamento capaz de gerar efeito revogatório é aquele que tem plena validade, pressuposto fundamental para a verificação da aludida consequência jurídica. A revogação se dá por meio da confecção de cédula plenamente válida em seus aspectos de fundo e de forma. Exatamente em razão disso é que testamento maculado por incapacidade do disponente não consegue revogar cédula anterior, o mesmo ocorrendo com aquele que não atender aos requisitos legais intrínsecos, mormente os relacionados à forma.

Há casos em que, embora não seja subsistente o testamento na parte que contém a revogação, esta prevalece e torna sem efeito a cédula anterior. É o que acontece quando o testamento revogatório caduca por exclusão, incapacidade, ou renúncia do herdeiro, nele nomeado. Em tais circunstâncias está presente a escorreita vontade do testador no sentido de revogar as previsões anteriormente formuladas, de maneira que deve ser rigorosamente respeitada em seu conteúdo. Trata-se de contexto que não se confunde com o patenteado pela nulidade da cédula revogatória por defeito intrínseco ou preterição de requisito essencial, pois, enquanto a nulidade revela a existência de uma vontade deduzida por meio inidôneo ou com elementos imperfeitos, a caducidade não afeta a constituição anímica da expressão do testador, que somente não prevalece por fatores exógenos, mais precisamente a exclusão, a incapacidade ou a renúncia do herdeiro nomeado. "Se incorrer apenas em caducidade (não em nulidade), o anterior não readquire vigência, porque a vontade revogatória subsiste intacta, como expressão pura do querer do morto" (OLIVEIRA, Itabaiana de *apud* PEREIRA, Caio Mário da Silva. Obra citada, v. VI, p. 242).

Diante do conteúdo da regra legal, conclui-se que a caducidade do testamento posterior não afeta a revogação do anterior, estabelecida naquele. O inverso acontece na hipótese de nulidade da cédula revogatória por um dos motivos arrolados na norma, pois então será mantido integralmente o antigo testamento, que se tencionava revogar por meio do novo.

Para revogar um testamento, o disponente não precisa mencionar a causa ou o motivo que o leva a assim proceder. Basta declinar expressamente o seu intento, ou fazer nova previsão incompatível com aquela contida na cédula mais antiga. Prevalecerá efetivamente, então, a última vontade emitida pelo titular do acervo hereditário. Nada impede, todavia, que coexistam vários testamentos, elaborados em datas diferentes ou não, desde que ausente qualquer conflito entre as previsões de uns e de outros. Todos serão cumpridos depois da abertura da sucessão, pois não há norma legal que preveja a supressão da eficácia de cláusulas testamentárias pelo simples decurso do tempo.

Tem-se por não escrita, e, portanto, nula, qualquer observação inserida na cédula acerca da irrevogabilidade do testamento. A liberdade de testar é ampla e obedece a princípios de ordem pública, ficando limitada apenas nos estritos limites do ordenamento jurídico. Nunca, todavia, poderá ser suprimida, em face da ausência de lei que estabeleça tal resultado. Há apenas uma exceção no direito brasileiro, posta no art. 1.610 do Código Civil, no qual está dito que o reconhecimento de filho havido fora do matrimônio não pode ser revogado, nem mesmo quando feito em testamento.

24.2. Espécies de revogação

O art. 1.969 do Código Civil estabelece: "O testamento pode ser revogado pelo mesmo modo e forma como pode ser feito". Fica patente, por assim dizer, que um testamento somente é revogável por meio da edição de outro, dada a inequívoca construção do texto normativo no sentido de que a revogação deve atender aos mesmos pressupostos de modo e forma que autorizam a confecção da cédula válida e eficaz. Em vista disso, não são hábeis a revogar o testamento: a escritura pública em que o interessado decline vontade revocatória; a escritura particular, embora revestida de todos os elementos jurídicos; o codicilo ou qualquer outro documento que não se enquadre na definição de testamento válido.

Revoga-se um testamento por outro ainda que o mais recente não seja confeccionado em formato idêntico ao do anterior. Na realidade, qualquer testamento válido é capaz de conduzir ao objetivo perseguido, sendo plenamente viável a revogação de uma cédula pública por outra cerrada ou particular, ou desta por aquelas, e assim por diante. Ao fazer menção à necessidade de que a cédula destinada a revogar outra anterior observe o mesmo modo e forma com que pode ser feita, o legislador não está exigindo que se utilize a mesma modalidade escolhida para a feitura das disposições volitivas antecedentes. Pretende destacar, isto sim, o fato de que a revogação só poderá ser levada a cabo com o emprego de outro testamento, ainda que de tipologia diversa.

O ato de revogar não encontra limites jurídicos previamente estabelecidos, no que diz respeito à sua amplitude. O testador não é obrigado a tornar ineficazes todas as disposições, nem fica adstrito a excluir apenas uma parte delas. Pode, destarte, promover a supressão do universo testamentário como um todo ou cingir a sua atuação a somente alguns aspectos da deixa. Isso porque a revogação constitui um dos meios de cumprir a derradeira vontade do titular do acervo, pois, por meio dela, o direcionamento dos bens deixa de ser aquele primitivamente idealizado. Quanto à extensão do corte formulado, o art. 1.970 do Código Civil prevê: "A revogação do testamento pode ser total ou parcial".

Na hipótese de revogação total, o disponente confecciona outro testamento e retira a vitalidade das disposições ínsitas no anterior. Pode inclusive limitar-se a fazer uma cédula com a exclusiva finalidade de revogar a precedente, sem dispor novamente sobre o destino do acervo hereditário. Ou, então, revogar o testamento mais velho e idealizar novas previsões que em nada se vinculem às revogadas. Nada obsta, por outro lado, que apenas determinados aspectos sejam abolidos, também em caráter direto ou indireto.

Se a revogação foi parcial, ou se o testamento posterior não contiver cláusula revogatória expressa, o anterior subsiste em tudo que não for contrário ao posterior (parágrafo único). É perfeitamente admissível a coexistência de dois testamentos válidos, contanto que neles não haja cláusulas colidentes ou contraditórias entre si. O mesmo se dá quando ocorre expressa revogação parcial da cédula mais antiga e feitura de outro testamento, que não contradiga as previsões remanescentes do anterior. Sendo conciliáveis as disposições deduzidas em cédulas diferentes, existirão dois ou mais testamentos a exigir cumprimento, pois somente no conflito de vontades é que sucumbirá a mais antiga previsão em proveito da mais nova. Por outro lado, é de se asseverar que tal fenômeno ocorre apenas em se tratando de cédulas diferentes, pois, se houver aspectos conflitantes dentro do mesmo testamento, ambos serão ineficazes.

Quanto ao formato, a revogação pode ser *expressa*, *tácita* ou *presumida*. A primeira se verifica quando o testador afirma, de maneira inequívoca, que está suprimindo disposições feitas noutra cédula. A segunda, quando faz novas previsões, contrárias às anteriores, do que se extrai a insubsistência das mais antigas. A terceira, no caso de a lei extrair de certos acontecimentos, nela previstos (*v. g.*, o nascimento de um filho depois de confeccionada a cédula), o suposto desiderato do testador, antecipando-se a qualquer exteriorização volitiva dele e inclusive fazendo-a desnecessária.

O art. 1.972 do Código Civil apresenta uma das situações que conduzem à revogação presumida: "O testamento cerrado que o testador abrir ou dilacerar, ou for aberto ou dilacerado com seu consentimento, haver-se-á como revogado". No que diz respeito ao testamento cerrado, a revogação não se dá apenas por meio da confecção de nova cédula em que expressa ou implicitamente esteja contida a intenção de desfazer, total ou parcialmente, as disposições anteriores. Devido às características da modalidade cerrada, que pressupõe o segredo de seu conteúdo, a abertura ou dilaceração do instrumento cedular pelo testador, ou por terceiro com o seu consentimento, revela que o disponente teve a intenção de revogar a vontade emitida.

A presunção exarada pela norma é relativa, podendo ceder ante prova robusta em contrário. Assim, se restar demonstrado que o testamento foi aberto ou dilacerado por erro, descuido, evento fortuito, ação do tempo etc., as disposições que contiver terão a eficácia preservada, desde que por sentença assim se decida. Afinal, o que efetivamente produz a revogação é o deliberado ânimo de destruir ou de permitir que se inutilize a cédula, por ser conduta que carrega implicitamente o desejo presumido do testador no sentido de tornar ineficazes as previsões.

A parcial destruição da cédula pelo disponente, ou por terceiro com a sua aquiescência, também faz ineficazes todas as disposições, não limitando o alcance àquelas atingidas fisicamente pela conduta. Isso porque não é apenas o total perecimento físico do instrumento que provoca a revogação, mas igualmente o gesto que, embora materialmente parcial, simboliza o intento de desfazer o testamento como um todo.

Outro tema cuja abordagem se faz necessária é o da viabilidade ou não repristinação da vontade testamentária. Noutras palavras, é preciso verificar a perspectiva de que o testamento revogado tenha restabelecidas as suas disposições em virtude da edição de outra cédula que *revoga a revogação* efetivada. É pacífica na doutrina e nos pretórios a tese da insubsistência do ato pelo qual o disponente busca a revigoração da vontade testamentária mediante simples revogação da anterior vontade revogatória que externara. Não há revalidação direta de testamento revogado, pelo simples fato de que inexiste norma legal a disciplinar a matéria. Logo, sendo de ordem pública as regras sucessórias, mostra-se impraticável a retomada das previsões testamentárias que haviam sido alvo de anterior revogação.

Pode o interessado, entretanto, fazer nova cédula repetindo todas as cláusulas daquela que revogara, situação que, embora não configure revalidação ou repristinação, faz firme uma vontade igual à anteriormente manifestada e tornada ineficaz. Cuida-se, em verdade, de novo testamento, embora com roupagem diversa. Também é possível aproveitar as disposições da cédula revogada por meio da feitura de um novo testamento, contanto que nele se insira expressa menção à circunstância de que o testador revoga o instrumento anterior e quer aproveitar as previsões feitas na cédula que o precedera. Suponha-se, por exemplo, que em fevereiro seja confeccionado o primeiro testamento, vindo em junho a ser lavrado outro, com o fim de revogá-lo. Imagine-se, ainda, que em novembro o disponente faça o terceiro, dizendo que revoga o de junho e que torna firmes e valiosas as previsões contidas naquele de março. Será este o repositório da última vontade do testador, haja vista a repristinação operada em virtude do supracitado encadeamento.

Capítulo 25

DO ROMPIMENTO DO TESTAMENTO

25.1. Superveniência de descendente sucessível

Tanto a revogação como o rompimento conduzem à ineficácia do testamento. A diferença entre ambos consiste em que o primeiro decorre da vontade real ou presumida do testador no sentido de tornar ineficazes as disposições, enquanto o segundo resulta de circunstâncias de fato a que o legislador confere força bastante para tornar ineficaz a vontade testamentária, fundando-se exclusivamente na vontade presumida do disponente. Na verdade, o rompimento não deixa de ser uma espécie de revogação presumida, ainda que o legislador o tenha disciplinado de maneira autônoma.

No caso do rompimento, ele somente se dá porque, depois da lavratura da cédula, é verificada a ocorrência de episódio cuja relevância é tamanha que o ordenamento considera suficiente para retirar o vigor da manifestação volitiva do titular do acervo. Ainda que esta não seja a solução desejada no plano concreto pelo testador, ele terá de fazer novas disposições testamentárias, embora repetidas no seu conteúdo, se quiser ver mantido o rumo original. A menos que se antecipe à solução legal e diga no testamento que mesmo a eventual superveniência de herdeiro não afetará o direcionamento da parte disponível da herança.

Sobrevindo descendente sucessível ao testador, que não o tinha ou não o conhecia quando testou, rompe-se o testamento em todas as suas disposições, se esse descendente sobreviver ao testador (art. 1.973 do Código Civil). A norma contém basicamente duas situações de rompimento da derradeira vontade: a) superveniência de descendente sucessível ao testador, nisso incluídos os adotivos, quando ainda não tinha nenhum; b) quando, embora tendo descendente, o testador o desconhecia no momento em que elaborou a cédula. Nas duas hipóteses é possível vislumbrar a fixação de uma presunção legal, sob o fundamento de que o testador não faria as previsões testamentárias, ou as promoveria de maneira diversa, caso estivesse ciente da existência de descendente sucessível, que ignorava, ou de que lhe sobreviria descendente após a confecção da cédula. É importante destacar que tanto o reconhecimento voluntário de descendente como aquele formulado em juízo, mediante investigação de paternidade, rompem o testamento anterior, uma vez cumpridos os demais pressupostos legais.

A superveniência de descendente sucessível a testador que não o tinha rompe por inteiro as disposições precedentes. Esse efeito independe do grau de parentesco que une o testador ao sucessor, podendo tratar-se tanto de neto como de bisneto ou tataraneto. Por outro lado, não apenas o nascimento de descendentes biológicos, mas também o surgimento de liame adotivo provocam em igualdade de forças o rompimento da vontade emitida. Basta, por assim dizer, estar provada a relação de descendência biológica ou jurídica e a condição legal de receptor da herança.

O fato de o testador ignorar o descendente sucessível, que já possuía ao tempo da confecção da cédula, também a rompe em todas as suas previsões. Isso porque se presume que o testador agiria de modo diferente se conhecesse a preexistência do sucessor ao testamento, dispondo em seu favor ao menos parte do acervo. É o que ocorre, por exemplo, se reaparece filho, neto ou bisneto que o disponente pensava estar falecido, ou se o disponente não sabia que tinha netos do único filho premorto etc.

O que interessa efetivamente é a ignorância ou a incorreta suposição do testador acerca do descendente. Se já sabia da sua existência, mas não o quis reconhecer, significa que deliberadamente deixou de contemplá-lo, situação regular e lídima. De toda sorte, o rompimento só ocorrerá se ao tempo da lavratura da cédula o titular do acervo não tivesse outros descendentes, pois do contrário não haverá ruptura. Assim, por exemplo, se já existia um filho, adotivo ou não, e outro vem a ser adotado, o testamento se conserva, já que o requisito básico dessa espécie de ruptura, que é a ausência de descendentes sucessíveis, não restou implementado.

Se o testador, quando da lavratura da cédula, sabe da gestação de filho seu em curso, não se romperá a manifestação volitiva pelo efetivo nascimento posterior. Mesmo que nenhum filho tivesse ao tempo da elaboração da derradeira vontade, o simples conhecimento da existência do nascituro faz com que possa dispor do patrimônio como bem entender, contanto que reserve a legítima ao futuro sucessor. Caso disponha em excesso, ultrapassando a metade disponível, terá de haver a redução das disposições, mas quanto ao restante se conservará intacto o testamento. Igual raciocínio se aplicará quando o dono do acervo tiver ciência de que tem um filho, embora ainda não reconhecido, e mesmo que não tenha ocorrido o ajuizamento de ação investigatória de paternidade. A cédula, elaborada quando já instalado esse quadro, ficará imune à ruptura.

Requisito imprescindível ao rompimento do testamento é que o descendente sobreviva ao testador. A pré-morte daquele em relação a este não desfaz a vontade anteriormente deduzida, pois fica conservado o quadro fático original que havia ao tempo da feitura da cédula (falta de descendente sucessível) e não se percebe razão jurídica alguma para a ineficácia das previsões. Porém, se o herdeiro premorto tinha descendentes, o testamento sofre rompimento, por se presumir que o testador os beneficiaria com alguma porção do acervo.

25.2. Ignorância quanto a outros herdeiros

Rompe-se também o testamento feito na ignorância de existirem outros herdeiros necessários (art. 1.974 do Código Civil). A norma tem por objetivo preservar os direitos dos ascendentes e do cônjuge do testador, quando ignorada por este a existência daqueles no momento da confecção do testamento. Se por um lado os ascendentes e o cônjuge são herdeiros necessários e recolhem a legítima, não menos real é a circunstância de que, soubesse ainda estarem vivos, o testador lhes deixaria ao menos uma parte da herança. Nisso é que reside o fundamento da caducidade da cédula testamentária por força do supracitado rompimento. Ao invés de apenas reduzir as disposições, o legislador, atento à importância da relação de ascendência e matrimônio, optou por prever o completo rompimento da vontade anteriormente deduzida.

Assim como se dá no tocante à superveniência de descendente, disciplinada no art. 1.973 do Código Civil, também aqui se vislumbra a preocupação do ordenamento em promover a ruptura da cédula quando o testador imagina que efetivamente não haja pessoa alguma nas classes sucessórias dos descendentes, dos ascendentes e do cônjuge. Supondo esse contexto, ele confecciona um testamento prestigiando terceiros. Daí o porquê da presunção no sentido de que, soubesse da existência de herdeiro necessário antes da lavratura do testamento, o disponente não o idealizaria naqueles termos, pois seguramente prestigiaria os próprios sucessores legais, e, mais do que isso, necessários.

Como é cediço, aos herdeiros necessários cabe a legítima, ou seja, pertence-lhes de pleno direito a metade do acervo deixado pelo *de cujus*. A lei, porém, em nítida atitude de resguardo às pessoas indicadas como destinatárias de tal fração, prevê o rompimento integral da última vontade exarada, e não apenas a insubsistência do montante que ultrapassar a metade das forças da herança. O testamento sucumbe por inteiro, não havendo lugar para a mera redução das disposições excedentes.

Se o titular do acervo tiver qualquer parente conhecido nas classes dos herdeiros necessários, a eventual ignorância acerca da existência de outros não afetará a viabilidade do testamento que regularmente lavrou. Assim, estando vivo o pai do testador, o circunstancial reaparecimento da mãe que julgava morta não maculará a cédula já feita. Todavia, se o pai efetivamente morrera, e o disponente elaborara a vontade testamentária antes do ressurgimento da genitora, este último fato ocasionará a completa ruptura das disposições. Nada impede, entretanto, que o interessado lavre novo testamento nos mesmos moldes do rompido, ou simplesmente utilize a novel cédula para mencionar o desiderato de ver cumpridas na íntegra as previsões originalmente apostas no instrumento anterior, que se tornara ineficaz pelo aparecimento de herdeiro necessário até então ignorado.

25.3. Livre disposição da metade do acervo

Não se rompe o testamento, se o testador dispuser da sua metade, não contemplando os herdeiros necessários de cuja existência saiba, ou quando os exclua dessa parte (art. 1.975 do Código Civil). A regra, em verdade, mostra-se desnecessária, pois praticamente repete o teor do art. 1.846 e do § 1º do art. 1.857, ambos da mesma codificação. Caso o testador conheça a existência de herdeiros necessários quando da elaboração do testamento, e mesmo assim nele não os contemple, o direito de tais sucessores limitar-se-á ao recolhimento da legítima. Em vista disso, está claro que o autor da herança somente poderá dispor de metade do acervo (denominada porção disponível), pois a outra metade pertence de direito aos herdeiros necessários. Isso decorre do fato de que o testador dá à porção disponível o destino que quiser, inclusive privando dela entes próximos conhecidos. Como consequência, não se rompe o testamento que, direta ou indiretamente, afasta os herdeiros necessários da partilha da porção disponível.

O testador pode não beneficiar os herdeiros necessários simplesmente por meio de expressa exclusão, que se faz no testamento com a inserção de cláusula em que são nomeados os indivíduos que se tenciona afastar da partilha. Conforme sobredito, tal medida nem é necessária, pois o só fato de o testador dispor da metade do acervo sem arrolar entre os beneficiários os seus herdeiros necessários faz com que estejam automaticamente excluídos da disputa por essa fração patrimonial.

Admite-se que o testador faça previsão da superveniência de herdeiros necessários, estipulando que o testamento conservará a eficácia mesmo que venham a surgir. Tal medida serve para obstar o rompimento das disposições, pois explicitamente revela a intenção do testador quanto à observância da sua derradeira vontade, segundo a configuração com que foi deduzida. Todavia, a cédula somente terá viabilidade no que não ferir a legítima dos sucessores, porque quanto ao excesso haverá caducidade.

Capítulo 26

DO TESTAMENTEIRO

26.1. Conceito e funções

Testamenteiro é a pessoa incumbida de dar cumprimento ao conteúdo da cédula testamentária, podendo ser instituído pelo testador ou designado pelo juiz. Nada impede, ainda, que a indicação do sujeito seja formulada em codicilo. A função primacial que terá é de fazer respeitar integralmente a vontade do *de cujus*, naquilo que a sua manifestação não afrontar a legislação vigente. Tanto é assim que uma das causas de afastamento do nomeado, mesmo após o início do desenvolvimento das atividades, é a falta de empenho na proteção das disposições volitivas contidas no testamento.

Chama-se testamentaria o conjunto de direitos e deveres do testamenteiro, caracterizador das funções legais que desempenha. Ainda que exerça um *munus* público de inegável relevância, a regra geral é de que o trabalho deva ser remunerado, inclusive para que possa haver uma gestão isenta e dedicada por parte do sujeito a quem couber o encargo. Na mesma linha de raciocínio, a exigência de um bom e honesto desempenho é tão apreciada pelo legislador que há expressa previsão de destituição do testamenteiro relapso ou causador de prejuízos.

A natureza jurídica da atividade do testamenteiro não é de mandato, pois este pressupõe atuação durante a vida do mandante e no seu exclusivo interesse. A testamentaria não se confunde com o mandato, porque a indicação do indivíduo que exercerá as correspondentes funções terá eficácia somente depois do óbito do autor da herança. Ademais, não haverá atuação alguma em prol dos interesses do falecido, que, por sinal, nem mesmo é titular de direitos e deveres a partir do instante em que a morte lhe ceifou a qualidade jurídica de pessoa. Enquanto o mandato cessa com o óbito do mandante, a testamentaria tem início com tal evento, sendo esta outra circunstância a estremar os institutos.

Empecilhos dessa ordem fazem com que não seja de representação pura e simples a atuação do testamenteiro, mormente em virtude da referida ausência de viabilidade de qualquer gestão em proveito de alguém já falecido. De resto, nem sempre os interesses do herdeiro coincidem com aqueles que eram defendidos em vida pelo testador, o que não impede a assunção, pelo sucessor, do aludido *munus*. Logo, impraticável a ideia de que haveria alguma forma de representação do disponente pelo herdeiro ou por outra pessoa a quem se cometa o encargo.

A doutrina e a jurisprudência vêm afirmando ao longo do tempo que a testamentaria é um instituto *sui generis*, despido de formatação estritamente compatível com algum dos demais elementos tipificados no ordenamento civil. Não há, por assim dizer, figura jurídica civilista em que por aproximação ou equiparação se enquadre a atividade do testamenteiro, motivo pelo qual a única vertente plausível é da natureza diferenciada do instituto. As normas que o regem são autônomas e peculiares, das quais sempre emerge a necessidade quase absoluta de resguardo e atendimento da vontade do *de cujus* pelo testamenteiro. Ele é a verdadeira *longa manus* de quem, tendo perdido a qualidade de pessoa no plano técnico, ainda assim pode ver respeitado o próprio querer por meio do zelo e da intervenção de outro sujeito.

Em geral, a testamentaria é conferida aos herdeiros do falecido, por uma questão de proximidade com ele e de maior conhecimento da realidade patrimonial deixada. É factível, todavia, a nomeação de testamenteiro pelo juiz, nas hipóteses legalmente previstas, mormente nos casos de recusa ou impossibilidade de assunção pelo indivíduo apontado na cédula por iniciativa do titular do acervo. A inidoneidade da pessoa mencionada pelo testador é, igualmente, razão bastante para que fiquem submetidas ao julgador a escolha e a correspondente nomeação.

A testamentaria constitui encargo de cunho personalíssimo e intransferível por ato *inter vivos* ou *causa mortis* (art. 1.985 do Código Civil). Essa configuração vale tanto para o caso de instituição na cédula como para o de testamenteiro dativo. Somente o testamenteiro pode desempenhar as tarefas inerentes ao mister, de maneira que, vindo a morrer ou a ser removido por força de determinação judicial, deverá haver a nomeação de outro pelo juiz perante o qual se processa o inventário.

Nem sempre o testamenteiro é advogado, ou, mesmo que o seja, talvez entenda que não deva postular judicialmente como profissional. E, convém frisar, nada o obriga a atuar como advogado no processo, eis que indicado apenas como testamenteiro. Por isso, admite-se que o nomeado se faça representar judicial ou extrajudicialmente por pessoas aptas a acompanhar com maior presteza determinados episódios, ou capazes de melhor praticar certos atos no interesse da vontade do *de cujus*.

Profissionais como advogados, auditores, contabilistas etc. podem ser contratados pelo testamenteiro com vistas a promover o encaminhamento rigoroso da observância do testamento. Isso se faz mediante outorga de poderes expressos e especiais, em procuração firmada pelo testamenteiro. Não sendo advogado, é certo que o testamenteiro terá de contratar ao menos um, pois somente os profissionais inscritos junto à Ordem dos Advogados do Brasil estão aptos a postular diretamente em juízo.

A responsabilidade do testamenteiro perante o espólio e terceiros é pessoal, inclusive por atos praticados pelos representantes a quem conferiu poderes especiais. Isso só não ocorrerá se o mandatário extrapolar as prerrogativas de que estava munido, pois então o mandante não será responsabilizado. Todavia, se agir em consonância com os poderes recebidos, não poderá ser demandado pessoalmente por eventuais danos causados a outrem no exercício do mandato, dada a responsabilidade exclusiva do mandante.

26.2. Espécies de testamentaria e nomeação

O testamenteiro deve ser pessoa idônea e capaz, haja vista o fato de que lidará com elementos econômicos alheios. A rigor, qualquer pessoa está apta a assumir o encargo, independentemente do estado civil, da condição social ou da situação financeira. Por razões óbvias, os absoluta e os relativamente incapazes não poderão ser nomeados, ainda que estejam devidamente representados ou assistidos. De outra banda, cabe observar que só as pessoas naturais assumirão o *munus*, ficando vedada a nomeação de entes ideais.

Quanto à iniciativa da escolha, o testamenteiro pode ser *instituído* ou *dativo*. Na primeira situação, a fonte da opção é a vontade exclusiva do testador. Na segunda, provém do juiz a definição do sujeito, seja por falta de qualquer menção na cédula ou por força da presença de óbice à assunção daquele apontado pelo *de cujus*. Impende observar, entretanto, que é comum tratar apenas pela denominação de *nomeado* tanto o testamenteiro referido na disposição de última vontade como aquele guindado ao exercício do *munus* por iniciativa do juiz do inventário.

A hipótese de nomeação dativa está no art. 1.127 do Código de Processo Civil, de modo que, se não houver testamenteiro nomeado, estiver ele ausente ou não aceitar o encargo, o escrivão certificará a ocorrência e fará os autos conclusos, caso em que o juiz nomeará testamenteiro dativo, observando-se a preferência legal. O art. 1.984 do Código Civil, por seu turno, diz: "Na falta de testamenteiro nomeado pelo testador, a execução testamentária compete a um dos cônjuges, e, em falta destes, ao herdeiro nomeado pelo juiz". O cônjuge sobrevivo estará apto a assumir o encargo independentemente do regime de bens que o vinculava ao falecido. Todavia, requisito imprescindível para a nomeação é que o sobrevivo convivesse com o outro ao tempo da abertura da sucessão.

Não havendo cônjuge em condições de assumir a testamentaria, ou diante de eventual recusa em aceitar a tarefa, o juiz nomeará um dos herdeiros como testamenteiro. Trata-se de designação que deve levar em conta a disponibilidade e as qualidades aparentes do herdeiro para fazer cumprir o testamento. Não recairá a nomeação, por óbvio, em pessoa sem aptidão moral para bem desempenhar a tarefa, mesmo porque isso acarretaria desnecessários riscos a todos os envolvidos.

Na hipótese de não ser nomeado testamenteiro na cédula, e de não haver cônjuge ou herdeiros capazes de dar efetivo atendimento às necessidades inerentes ao *munus*, o juiz fará a nomeação dativa recair sobre pessoa estranha ao contexto sucessório, escolhendo uma que tenha condições e qualidades suficientes para encaminhar o mais absoluto e rigoroso cumprimento da vontade contida na cédula.

O companheiro do falecido, embora não tendo recebido menção da lei, poderá ser nomeado pelo juiz quando for herdeiro. Porém, é inviável simplesmente dizer que está equiparado ao cônjuge para esse fim e que precede os demais sucessores, haja vista a ausência de expressa dicção normativa a esse respeito. A nomeação do companheiro muitas vezes será a solução adequada, até mesmo pela proximidade que mantinha com o *de cujus* e o respectivo acervo. Todavia, isso ocorrerá apenas quando for herdeiro, e, ademais, a união estável houver perdurado até a data do óbito. Nesse quadro, disputará a indicação em igualdade de condições com os outros sucessores.

Quanto à extensão dos poderes enfeixados na figura do testamenteiro, este pode ser *universal* ou *particular*. Na primeira situação, atribui-se ao sujeito a posse e a administração da herança, quadro que em tese majora consideravelmente o seu grau de responsabilidade e o nível de exigência laboral. No segundo caso, o testamenteiro não mantém consigo o acervo nem fica encarregado de administrar os bens que o compõem, seja porque jamais lhe fora cometida essa mais ampliada missão ou em virtude de terem sido reduzidos os seus poderes ao longo do desempenho do *munus*, *v. g.*, por revelar incompatibilidade apenas com os misteres de administrador.

A esse respeito, o art. 1.977 do Código Civil estabelece: "O testador pode conceder ao testamenteiro a posse e a administração da herança, ou de parte dela, não havendo cônjuge ou herdeiros necessários". Se houver cônjuge, seja qual for o regime de bens do casamento, ou herdeiros necessários da classe dos descendentes ou dos ascendentes, o testador não pode conceder ao testamenteiro a posse e a administração da herança. É que a primazia no exercício possessório e no gerenciamento do acervo cabe às aludidas pessoas, eis que têm presumido interesse na conservação da herança e serão, ao fim e ao cabo, potenciais destinatários dos bens e direitos que a integram. Eventual cláusula testamentária que contrarie essa previsão normativa será nula de pleno direito.

Mesmo havendo nomeação de testamenteiro universal na cédula, a posse e a administração por ele exercidas podem ter limitada duração temporal. Isso porque o legislador autoriza qualquer herdeiro legítimo ou instituído a requerer partilha imediata, ou a devolução da herança (parágrafo único). Para tanto, o interessado fornecerá ao testamenteiro os meios necessários ao cumprimento dos legados deixados pelo testador, pois sem isso não será possível promover a divisão dos itens patrimoniais que compõem o acervo, salvo quando oferecida caução idônea e suficiente para assegurar a obtenção dos referidos meios econômicos.

Tal medida funda-se na circunstância de que o testamenteiro tem por obrigação maior fazer cumprir a vontade do testador. Logo, é conveniente e útil à consecução desse desiderato a agilização do trâmite que leva à partilha, porque assim caberá mais rapidamente a cada um dos herdeiros e legatários o que por direito lhes é devido, abreviando-se então o período de duração da testamentaria.

Sendo universal, o testamenteiro ficará com a incumbência de postular junto ao juízo competente a abertura do inventário e a sua própria nomeação como inventariante, a fim de que a última vontade do *de cujus* seja integralmente cumprida (art. 1.978 do Código Civil). Exige-se dele agilidade máxima na adoção das providências necessárias à finalização do inventário, motivo pelo qual estará legitimado a contratar advogados, prestar primeiras e últimas declarações, pagar tributos e dívidas, fazer cobranças, ajuizar demandas em nome do espólio e assim por diante.

Embora não permanecendo na posse e na administração da herança, cabe ao testamenteiro, classificado então como particular, zelar pelo exato cumprimento do conteúdo da cédula, inclusive instando os herdeiros a fazer tramitar o inventário e fiscalizando o andamento do processo em todos os seus atos e termos.

O testador pode nomear um ou mais testamenteiros, conjuntos ou separados, para lhe darem cumprimento às disposições de última vontade (art. 1.976 do Código Civil). Ao disponente se faculta a nomeação de uma só pessoa para exercer a totalidade das tarefas inerentes à função de testamenteiro. Está autorizado por lei, entretanto, a indicar diversos indivíduos para o desempenho da missão, os quais servirão sucessivamente, um na falta do outro, conforme a ordem estabelecida na cédula. Também é viável a distribuição de tarefas entre os vários testamenteiros nomeados, cabendo a cada um certa atividade no cumprimento da vontade cedular. Por fim, nada impede que a nomeação seja de molde a reclamar dos testamenteiros atuação conjunta, circunstância que torna impositiva a participação de todos para a validade dos atos praticados.

Havendo simultaneamente mais de um testamenteiro, que tenha aceitado o cargo, poderá cada qual exercê-lo, em falta dos outros; mas todos ficam solidariamente obrigados a dar conta dos bens que lhes forem confiados, salvo se cada um tiver, pelo testamento, funções distintas, e a elas se limitar (art. 1.986 do Código Civil). Nomeados dois ou mais testamenteiros, será preciso observar se o foram solidária (simultânea), sucessiva ou conjuntamente. Isso deflui da vontade do testador, pois a ele é que incumbe apontar a pessoa encarregada de fazer cumprir a vontade derradeira. Silente o testador, o juiz nomeará apenas um testamenteiro, cuja responsabilidade perante o espólio é individual e se rege pelas normas comuns.

Nomeados simultânea ou solidariamente os testamenteiros, cada um pode agir livremente, mas todos respondem pelos atos praticados e têm de prestar contas acerca dos bens que lhes foram confiados. Há solidariedade entre eles, de modo que eventuais danos causados ao espólio serão suportados por todos. Pode o espólio reclamar reparação de apenas um ou alguns dos indivíduos. Todavia, aquele que pagar ficará com direito de exigir dos consortes o reembolso da correspondente porção. Perante o espólio a responsabilidade é solidária; entre os testamenteiros, contudo, cada qual será onerado com a sua parte para fins de reembolso àquele que pagou.

A solidariedade decorrente da nomeação simultânea faz com que, tendo aceito a indicação, os testamenteiros assumam o dever de prestar contas do todo e de responder por danos que qualquer deles causar ao espólio. Presume-se que cada um aceita incondicionalmente os atos praticados pelos demais, disso emergindo a obrigação solidária de responder junto ao espólio pelos resultados da atuação.

Caso se faça a nomeação em ordem sucessiva, quem a assumirá será o primeiro indivíduo arrolado. Não aceitando, ou não podendo exercer o *munus*, chama-se o segundo indicado, e assim por diante. O exercício da testamentaria, então, caberá a apenas uma pessoa, conforme a ordem estabelecida pelo testador na cédula.

Sendo conjunta a nomeação, os testamenteiros elencados somente poderão agir em grupo, dependendo a validade de seus atos da efetiva participação de todos. O exercício isolado da testamentaria, por um ou alguns dos nomeados, implica na completa insubsistência dos atos praticados, exceto quando forem confiadas funções distintas e individuais aos testamenteiros.

Se o testador tiver distribuído toda a herança em legados, exercerá o testamenteiro as funções de inventariante (art. 1.990 do Código Civil). Tendo em vista a circunstância de que a inexistência de herdeiros sucessíveis, associada à distribuição de todo o acervo em legados, faz com que os bens deixados por falecimento do *de cujus* tenha de ser entregues a alguém que os administre, entendeu o legislador de conferir ao testamenteiro, nesse contexto, a missão de funcionar como inventariante.

Com isso, os itens patrimoniais que integram o acervo ser-lhe-ão repassados para guarda, conservação e gerenciamento, somente passando à titularidade dos legatários quando ultimada a partilha. Isso porque, como se sabe, a morte do *de cujus* não confere aos legatários imediata posse dos bens deixados, primazia que cabe apenas aos herdeiros. Agindo ao mesmo tempo como inventariante, o testamenteiro indicado pelo disponente ou nomeado pelo juízo ficará encarregado de distribuir os legados, bem como de dar andamento ao processo de inventário em todos os seus atos e termos (pagamento de tributos e débitos, cobrança de dívidas etc.).

26.3. Direitos e deveres do testamenteiro

O testamenteiro nomeado, ou qualquer parte interessada, pode requerer, assim como o juiz pode ordenar, de ofício, ao detentor do testamento, que o leve a registro (art. 1.979 do Código Civil). O registro do testamento é a primeira providência que se toma com vistas ao cumprimento da vontade do *de cujus*. Somente depois de patenteada a sua estrita conformidade com as normas legais, e de efetivado o registro, é que a cédula será submetida ao juízo do inventário. Destarte, se o testamenteiro estiver na posse do testamento, deverá apresentá-lo ao juiz para abertura ou publicação, verificação e registro. Estando a cédula com terceiro, pode o testamenteiro requerer ao juiz que lhe seja determinada a imediata apresentação. Aliás, tal faculdade assiste a qualquer interessado, notadamente aos herdeiros legítimos ou instituídos e aos legatários.

Ao juiz se confere o poder de ordenar, *ex officio* ou a requerimento de qualquer interessado, que o detentor do instrumento o apresente para registro. Isso porque se trata de matéria de interesse público e que carrega consigo a ideia de que a vontade do testador tem de ser preservada ao máximo e de maneira expedita. Desatendida a ordem judicial, será expedido mandado de busca e apreensão do documento contra quem o detiver (parágrafo único do art. 1.129 do Código de Processo Civil).

Faculta-se ao testador estabelecer o prazo dentro do qual deverá o testamenteiro, nomeado na cédula ou pelo juízo, cumprir a derradeira vontade emitida. No lapso temporal que for fixado terá igualmente o testamenteiro de prestar contas da atividade desenvolvida, com apresentação de provas acerca de créditos cobrados e dívidas pagas. O prazo começa a fluir da data em que for assinado pelo nomeado o instrumento de testamentaria, pelo qual aceita a incumbência e assume o compromisso de bem e fielmente desempenhar as tarefas inerentes ao *munus*. Silenciando o disponente quanto ao tempo concedido ao testamenteiro para fazer cumprir a cédula e prestar contas, o lapso será de cento e oitenta dias (*caput* do art. 1.983 do Código Civil). Importa ressaltar que o disponente pode fixar um período superior, mas lhe é vedado apontar um espaço de tempo inferior ao legalmente estipulado.

Havendo motivo relevante apresentado pelo testamenteiro, ou cuja existência seja constatada por qualquer interessado ou pelo Ministério Público, poderá haver pedido e deferimento de prorrogação do prazo (parágrafo único). Isso vale tanto para a hipótese de o testador estabelecer o prazo na própria cédula como para o caso de incidência do prazo legal. De qualquer sorte, o pedido de prorrogação, e a decisão que o deferir, haverão de ser fundamentados, porque se trata de medida que protela o cumprimento da vontade do disponente.

O testamenteiro é obrigado a cumprir as disposições testamentárias, no prazo marcado pelo testador, e a dar contas do que recebeu e despendeu, subsistindo sua responsabilidade enquanto durar a execução do testamento (art. 1.980 do Código Civil). No que concerne à prestação de contas, é relevante observar que o testamenteiro deverá explicitar em minúcias as suas atividades de gestão, discriminando tudo quanto recebeu (créditos, restituições, etc.) e despendeu (pagamento de tributos, dívidas etc.). Nesse compasso, responderá por condutas ou omissões danosas ao espólio, decorrentes de culpa ou dolo.

Ao longo de toda a execução do testamento, o indivíduo nomeado age como fiscal e, se for testamenteiro universal, como encarregado da posse e da administração da herança ou de parte dela. Por isso, exige-se que atue sempre em atenção à vontade do testador e no interesse dos herdeiros instituídos e legatários. A responsabilidade legal somente desaparece no momento em que o juiz do inventário aprovar definitivamente as contas apresentadas pelo testamenteiro. A todo tempo, antes da mencionada aprovação, faculta-se ao juiz ou a qualquer interessado reclamar do testamenteiro que esclareça pontos atinentes ao seu mister, provando documentalmente os elementos da atividade desenvolvida.

O testamenteiro é um defensor da firmeza jurídica do testamento, cuja validade terá sempre de sustentar (art. 1.981 do Código Civil). Daí não lhe ser permitido admitir a imprestabilidade total ou parcial do instrumento. Se o nomeado acredita que a defesa da cédula é tecnicamente inviável, que virá a causar-lhe transtornos ou afetará seus princípios morais, poderá optar pela renúncia do mister.

O que se não admite é a traição à confiança que nele depositou o testador, nem o desatendimento das imposições normativas. Caso o testamenteiro se volte contra o testamento ou demonstre desídia na defesa a que está legalmente jungido, poderá qualquer interessado, e ainda o Ministério Público, postular a sua destituição, com nomeação de substituto. Admite-se também que o juiz promova *ex officio* a aludida remoção, sempre que o testamenteiro faltar com a obrigação legal de defender o conteúdo e a observância do testamento.

O dever de resguardar o testamento em qualquer circunstância subsiste ainda que o testamenteiro não conte com o auxílio e a boa vontade do inventariante e dos herdeiros instituídos. Todavia, a estes igualmente assiste o direito de pugnar pela validade da cédula testamentária, de maneira a impulsionar-lhe o andamento com vistas à fiel e completa observância do seu conteúdo. Destarte, com ou sem o concurso dos demais envolvidos no inventário, o testamenteiro necessariamente atenderá a todos os deveres impostos por lei.

Como a lei não explicita um rol taxativo, outros deveres são passíveis de inserção no testamento pelo disponente, contanto que não ofendam os princípios normativos em vigor (art. 1.982 do Código Civil). Afinal, ninguém melhor do que o autor da herança para saber da relevância de idealizar imposições adicionais, que entender necessárias ao cabal cumprimento da última vontade. Nesse compasso, admite-se que exare orientações, instruções e recomendações ao testamenteiro, entre outras iniciativas. Quanto aos deveres impostos pelo ordenamento, contudo, não lhe é dado exonerar o testamenteiro da execução de qualquer deles, pois isso representaria clara afronta aos limites normativos impostos.

26.4. Remuneração do testamenteiro

Salvo disposição testamentária em contrário, o testamenteiro, que não seja herdeiro ou legatário, terá direito a um prêmio, que, se o testador não o houver fixado, será de um a cinco por cento, arbitrado pelo juiz, sobre a herança líquida, conforme a importância dela e maior ou menor dificuldade na execução do testamento (art. 1.987 do Código Civil). Denomina-se vintena — por representar um vinte avos do acervo partilhável — o prêmio a que faz jus o testamenteiro pelo exercício da testamentaria. A menos que conste expressamente da cédula que o nomeado não terá direito a contraprestação pecuniária alguma, pois então o exercício do *munus* será gratuito.

A pessoa indicada não fica obrigada a assumir o encargo da testamentaria, ao contrário do que se dá com outros institutos civis de acatamento compulsório, *v. g.*, tutela e curatela. Aceitando a nomeação, mesmo depois de saber que a função não será remunerada, o testamenteiro não poderá reclamar pagamento algum pelo trabalho desenvolvido. Cabe destacar, por relevante, que não será devida a vintena se o agente for ao mesmo tempo herdeiro ou legatário beneficiado na cédula, salvo se o testador ordenar o pagamento. Isso porque a qualidade de herdeiro ou legatário de natureza testamentária já pressupõe a obtenção de vantagem decorrente da partilha do acervo, sendo inaceitável que espere ser remunerado por um zelo que naturalmente deve emergir da sua condição de beneficiário da liberalidade e interessado direto no bom andamento do inventário. Já o herdeiro legítimo que não for contemplado no testamento pode reclamar a vintena (exceto quando dele constar previsão de gratuidade), pois o benefício sucessório tem por base apenas o ordenamento jurídico e não a vontade do *de cujus*.

Existindo direito à vintena, consistirá ela no pagamento, em dinheiro, de valor estabelecido entre um e cinco por cento do acervo líquido. Serão deduzidas, portanto, as despesas com o funeral, as encomendações religiosas, as dívidas deixadas pelo *de cujus* e todas as demais pendências do acervo. O valor da vintena será fixado pelo juiz, a menos que o testador não haja estipulado expressamente o percentual aplicável. Ao determinar a extensão do prêmio, o juiz levará em consideração o trabalho desenvolvido pelo testamenteiro, o grau de dificuldade da atuação, o valor do acervo etc., fazendo com que a retribuição não seja irrisória nem fonte de enriquecimento indevido. O disponente pode fixar a contrapartida econômica em percentual superior ao mencionado na lei, contanto que respeitada a legítima dos sucessores.

Havendo herdeiro necessário, calcula-se a vintena apenas sobre a parte disponível, que equivale à metade da herança líquida (parágrafo único). Se a cédula testamentária não dispuser sobre o todo da porção disponível, mas apenas em relação a uma parte dela, o prêmio do testamenteiro será calculado com base no valor da fração abarcada pelo disponente no testamento. Exemplo: se a parte disponível está avaliada em 100, mas o testador distribui somente 30 na cédula, o cálculo da vintena tomará por base esta última cifra.

Caso os débitos deixados pelo *de cujus* sejam maiores do que a herança, e ao final nada reste a partilhar entre os sucessores, ainda assim o testamenteiro terá direito à percepção da vintena. Em tais circunstâncias, ela será fixada pelo juiz em seu prudente arbítrio. O dever de pagar incumbirá, então, aos credores do falecido, proporcionalmente aos valores recebidos do espólio.

Quando a nomeação para o exercício da testamentaria recair sobre indivíduo que seja herdeiro ou legatário do disponente, o nomeado, aceitando o encargo, poderá optar pelo recebimento do prêmio ao invés da herança ou do legado (art. 1.988 do Código Civil). Trata-se de faculdade que objetiva possibilitar ao testamenteiro a escolha do que lhe for mais conveniente em termos econômicos, pois muitas vezes a vintena apresenta valor superior ao da herança ou do legado a que teria direito. Pelas mesmas razões, vale dizer que se o testamenteiro for casado sob o regime de comunhão universal de bens, com herdeiro ou legatário do testador, só terá direito ao prêmio se o preferir à herança ou legado.

Não obstante o teor da regra legal, é lícito ao testador, contanto que o faça expressamente, dispor no sentido de que o herdeiro ou legatário nomeado testamenteiro perceberá conjuntamente o benefício sucessório e o prêmio derivado do exercício da testamentaria. Afinal, a sua vontade derradeira precisa ser respeitada, contanto que não afete a porção necessariamente destinada por lei aos sucessores legítimos.

O prêmio que caberia ao testamenteiro será incorporado à herança, e distribuído normalmente entre os sucessores do *de cujus*, em duas hipóteses, previstas no art. 1.989 do Código Civil: a) quando o testamenteiro perder o direito à vintena em razão de ter sido removido pelo juiz por causas como: realização de despesas ilegais, inobservância do dever de defender a validade do testamento, falta de prestação de contas etc; b) quando o testamenteiro, agindo com culpa ou dolo, não der cumprimento ao teor da cédula.

Capítulo 27

DO INVENTÁRIO

27.1. Conceito e características

A morte do autor da herança provoca a abertura da sucessão, investindo os herdeiros na qualidade de donos e possuidores dos itens patrimoniais que pertenciam ao extinto. Fica estabelecido entre eles, a partir de então, um regime de condomínio legal, que só deixará de existir quando houver a atribuição de direitos e bens exclusivos a cada beneficiário. Ainda que possam permanecer em condomínio voluntário, ou em sistema condominial ditado pela impossibilidade física ou jurídica de partição da coisa, é preciso definir a situação. Daí a necessidade de formalização da titularidade conferida aos sucessores, depois de verificada a existência de débitos e efetuado o correspondente pagamento aos credores.

Tudo isso se faz com substrato nas normas que disciplinam o inventário, cuja realização é admitida pelo ordenamento brasileiro tanto em juízo como fora dele, contanto que, nesta última hipótese, os interessados sejam maiores, capazes e acordem quanto à destinação dos bens a serem distribuídos. Inventário, destarte, é o processo judicial, ou a iniciativa extrajudicial realizada mediante escritura pública, que leva à apuração da extensão do acervo patrimonial deixado pelo *de cujus* e à consequente divisão do saldo positivo entre os sucessores, atividade esta que se denomina partilha.

O processo de inventário e partilha deve ser aberto dentro de sessenta dias a contar da abertura da sucessão, ultimando-se nos doze meses subsequentes, podendo o juiz prorrogar tais prazos, de ofício ou a requerimento de parte (art. 983 do Código de Processo Civil). A lei não traz sanções específicas para quem deixar de agir no lapso temporal acima referido. Nada impede, porém, que normas de cunho estadual fixem multa para o caso de restar ultrapassado o prazo dentro do qual deveria ocorrer o início do inventário. Não é inconstitucional a multa instituída pelo Estado-membro, como sanção pelo retardamento do início ou da ultimação do inventário (Súmula n. 542 do Supremo Tribunal Federal). Em relação ao inventariante, se o atraso na conclusão do processo se der por culpa ou dolo comprovado, estará patenteada uma das causas que viabilizam a sua remoção do exercício do encargo. Ela acontecerá a pedido de algum dos interessados, *v. g.*, herdeiros, Ministério Público, cônjuge supérstite etc.

O foro do domicílio do autor da herança, no Brasil, é o competente para o inventário, a partilha, a arrecadação, o cumprimento de disposições de última vontade e todas as ações em que o espólio for réu, ainda que o óbito tenha ocorrido no estrangeiro. É, porém, competente o foro: I – da situação dos bens, se o autor da herança não possuía domicílio certo; II – do lugar em que ocorreu o óbito, se o autor da herança não tinha domicílio certo e possuía bens em lugares diferentes (art. 96 e parágrafo único do Código de Processo Civil).

O art. 982 do Código de Processo Civil, modificado pela Lei n. 11.965, de 3.7.2009, introduziu no sistema jurídico brasileiro a perspectiva da realização de inventário extrajudicial, que há muitas décadas fora ceifado do cenário legislativo. O *caput* da aludida norma diz que, havendo testamento ou interessado incapaz, proceder-se-á ao inventário judicial; se todos forem capazes e concordes, poderá fazer-se o inventário e a partilha por escritura pública, a qual constituirá título hábil para o registro imobiliário. O tabelião somente lavrará a escritura pública se todas as partes interessadas estiverem assistidas por advogado comum ou advogados de cada uma delas ou por defensor público, cuja qualificação e assinatura constarão do ato notarial (§ 1º). A escritura e demais atos notariais serão gratuitos àqueles que se declararem pobres sob as penas da lei (§ 2º).

Se por qualquer razão não for possível efetuar o inventário extrajudicial do acervo, haverá imperiosa necessidade de que ele se faça em juízo. Isso ocorrerá mesmo que exista apenas um herdeiro, quadro que não ensejará propriamente a partilha, mas sim a adjudicação dos itens, componentes do acervo, em favor do destinatário universal. No caso de inventário por escritura pública, a única intervenção estatal se dará por meio do tabelião, a quem caberá a lavratura do instrumento de partilha. Nenhum organismo oficial diverso, seja o Ministério Público ou o Poder Judiciário, tomará assento nos procedimentos destinados à distribuição do acervo hereditário, salvo para avaliação dos bens e recolhimento de tributos eventualmente devidos.

Tem sido admitida a dispensa de inventário quando houver apenas pequenas quantias a sacar, deixadas pelo falecido em conta bancária ou como resultado de benefícios ou vantagens, públicas ou privadas. Simples requerimento judicial de alvará, então, permitirá o acesso dos beneficiários aos valores que pertenciam ao *de cujus*. É o que acontece, por exemplo, se pende de levantamento o saldo do Fundo de Garantia do Tempo de Serviço, do Programa de Integração Social, das cadernetas de poupança, e assim por diante. Entrementes, para que isso se mostre possível, é necessária a total ausência de outros bens ou direitos a inventariar, pois do contrário se fará obrigatória a realização de processo judicial ou de escritura pública. Também no caso de haver um só imóvel, independentemente do valor que tenha e de quantos herdeiros o disputem, será obrigatória a feitura do inventário.

Quando os sucessores desejarem comprovar a inexistência de acervo a partilhar, poderão ingressar em juízo com o que se convencionou chamar de *inventário negativo*. Embora rara, a iniciativa revela alguma utilidade em determinadas situações, *v. g.*, para afastar a incidência da causa suspensiva do casamento prevista no art. 1.523, I, do Código Civil, pelo qual não devem casar o viúvo ou a viúva que tiver filho do cônjuge falecido, enquanto não fizer inventário dos bens do casal e der partilha aos herdeiros. Provando que não há itens patrimoniais a dividir; ficará liberada a celebração do matrimônio. Outra hipótese de emprego do inventário negativo é a que resulta do interesse em comprovar junto aos credores a ausência de bens capazes de saldar as dívidas contraídas pelo falecido.

27.2. Abertura do inventário

O inventário será proposto no último domicílio do autor da herança (art. 1.785 do Código Civil e art. 96 do Código de Processo Civil). Havendo mais de um domicílio, seja aquele decorrente do estabelecimento de residência com ânimo definitivo, seja em virtude do exercício da profissão ou o definido por força de lei, qualquer deles terá competência para a lide. O lugar em que primeiro for despachado pelo juiz o pedido de abertura do inventário fixará a competência para as questões relacionadas aos bens do *de cujus*, por prevenção. Tratando-se do falecimento de incapaz, será competente o foro em que estiver domiciliado o seu curador, com prevalência sobre os demais lugares.

Vale dizer que o processo só abrange os bens situados no Brasil, submetendo-se à lei estrangeira a partição do acervo situado fora do território nacional. Como frisado anteriormente, o inventário deve ter início em até sessenta dias, contados do óbito do *de cujus*, e encerrado em doze meses, admitida a prorrogação pelo juiz, de ofício ou a requerimento da parte. No caso de inventário por escritura pública, de natureza integralmente extrajudicial, a sua realização, por simetria, será encaminhada também em sessenta dias, ainda que a lei nada diga a respeito do tema.

A falta de penalidade específica faz com que, na prática, muitas vezes não seja respeitado esse prazo, seja judicial ou não o inventário. Na hipótese de iniciativa em juízo, se a morosidade for imputável ao inventariante, poderá haver a sua remoção, pois terá descumprido o dever legal de dar regular tramitação ao processo. Se o retardamento foi atribuível ao testamenteiro, ele perderá o direito ao prêmio que receberia pelo exercício do encargo, revertendo em favor da herança tal quantia (art. 1.989 do Código Civil).

A quem estiver na posse e administração do espólio incumbe, no prazo estabelecido em lei, requerer o inventário e a partilha. O requerimento será instruído com a certidão de óbito do autor da herança (art. 987 e parágrafo único do Código de Processo Civil), fazendo-se necessária, ainda, a procuração outorgada ao advogado signatário da petição inicial. A supracitada norma indica as pessoas que podem tomar a providência, mas isso não exclui a legitimidade de outras. Com efeito, o art. 988 do caderno processual preconiza: "Tem, contudo, legitimidade concorrente: I – o cônjuge supérstite; II – o herdeiro; III – o legatário; IV – o testamenteiro; V – o cessionário do herdeiro ou do legatário; VI – o credor do herdeiro, do legatário ou do autor da herança; VII – o síndico da falência do herdeiro, do legatário, do autor da herança ou do cônjuge supérstite; VIII – o Ministério Público, havendo herdeiros incapazes; IX – a Fazenda Pública, quando tiver interesse". O juiz determinará, de ofício, que se inicie o inventário, se nenhuma das aludidas pessoas mencionadas o requerer no prazo legal (art. 989 do Código de Processo Civil).

Enquanto não for nomeado inventariante, a administração da herança caberá, sucessivamente: I – ao cônjuge ou companheiro, se com o outro convivia ao tempo da abertura da sucessão; II – ao herdeiro que estiver na posse e administração dos bens, e, se houver mais de um nessas condições, ao mais velho; III – ao testamenteiro; IV – a pessoa de confiança do juiz, na falta ou escusa das indicadas nos incisos antecedentes, ou quando tiverem de ser afastadas por motivo grave levado ao conhecimento do juiz. Isso significa que as pessoas a quem competir o encargo de administrar o acervo terão de se empenhar com vistas à preservação dos itens que o compõem, assegurando, também, que produzam os frutos deles esperados. As despesas efetivadas no desempenho dessas atividades serão imputadas ao espólio e devidamente reembolsadas, mediante comprovação documental da sua existência.

O inventário somente se encerrará com a partilha dos bens, mas é possível a suspensão do trâmite do processo quando houver justa causa, como na hipótese de falta de numerário ou de bens com liquidez suficiente para o pagamento dos tributos relacionados ao espólio. A simples inércia dos sucessores não é razão bastante para a extinção do feito, cabendo ao juiz determinar unicamente o arquivamento dos autos, facultando-se a reativação a qualquer tempo por simples petição.

Falecendo o cônjuge meeiro supérstite antes da partilha dos bens do premorto, as duas heranças serão cumulativamente inventariadas e partilhadas, se os herdeiros de ambos forem os mesmos (art. 1.043 do Código de Processo Civil). Haverá um só inventariante para os dois inventários (§ 1º). O segundo inventário será distribuído por dependência, processando-se em apenso ao primeiro (§ 2º). Por outro lado, ocorrendo a morte de algum herdeiro na pendência do inventário em que foi admitido e não possuindo outros bens além do seu quinhão na herança, poderá este ser partilhado juntamente com os bens do monte (art. 1.044 do mesmo diploma normativo).

Tratando-se de inventário e partilha por escritura pública, bastará aos interessados, necessariamente maiores e capazes, apresentar ao tabelião a documentação relativa aos bens e direitos do falecido (certidão de registro de imóveis, extratos bancários etc.), a certidão de óbito, os documentos de identificação dos advogados e os elementos de prova acerca da qualidade jurídica dos sucessores e do cônjuge (certidão de nascimento ou casamento, carteira de identidade etc.). A partir daí, caberá ao agente público lavrar o instrumento que culminará com a divisão do acervo patrimonial deixado, uma vez pagos os impostos devidos e adotadas as medidas administrativas pertinentes.

27.3. Nomeação e remoção do inventariante

Inventariante é a pessoa encarregada de administrar a herança e de representá-la judicial e extrajudicialmente, promovendo todos os atos necessários à escorreita distribuição do acervo aos sucessores legítimos e instituídos. Entre as suas atribuições encontra-se a cobrança de créditos, o pagamento de dívidas comuns e fiscais, a prestação de declarações dentro do inventário, o cumprimento das determinações judiciais relativas à herança e assim por diante.

Requerida a abertura do inventário, o juiz competente despachará a petição inicial e de pronto nomeará inventariante, de acordo com a ordem de prioridade estabelecida na lei, que, embora não tenha caráter inarredável, será observada tanto quanto possível. De acordo com o art. 990 do Código de Processo Civil, a nomeação recairá sobre: I – o cônjuge ou companheiro sobrevivente, desde que estivesse convivendo com o outro ao tempo da morte deste; II – o herdeiro que se achar na posse e administração do espólio, se não houver cônjuge ou companheiro sobrevivente ou estes não puderem ser nomeados; III – qualquer herdeiro, nenhum estando na posse e administração do espólio; IV – o testamenteiro, se lhe foi confiada a administração do espólio ou toda a herança estiver distribuída em legados; V – o inventariante judicial, se houver; VI – pessoa estranha idônea, onde não houver inventariante judicial.

Não se nomeará menor de idade nem pessoa que, por qualquer razão, se enquadre como incapaz absoluto ou relativo. Também estão impedidos de atuar na condição de inventariante todo aquele que tiver interesses conflitantes com os do espólio, *v. g.*, o credor ou devedor do falecido, o inimigo notório dele etc. O companheiro do autor da herança passou a integrar o rol de habilitados à inventariança por força da Lei n. 12.195, de 14.1.2010, de modo que pode assumir o encargo nas mesmas situações previstas para o cônjuge.

Apenas uma pessoa desempenhará as funções de inventariante, vedando-se a atuação conjunta de dois ou mais indivíduos, a fim de evitar controvérsias e medidas conflitantes. O nomeado, aceitando o encargo, assinará o termo de compromisso de inventariante, pelo qual formalmente assume o dever de bem e fielmente desempenhar as tarefas inerentes ao mister. A partir da assinatura do compromisso, ao inventariante caberá a administração da herança, prerrogativa que se estenderá até a data da homologação da partilha dos itens patrimoniais integrantes do acervo.

Os interessados poderão reclamar contra a nomeação do inventariante em dez dias, prazo que flui a partir da conclusão das citações feitas no processo (art. 1.000, II, do Código de Processo Civil). Reconhecendo a pertinência da impugnação, o juiz nomeará outra pessoa, observada a ordem acima referida. Desacolhida a pretensão, caberá agravo de instrumento no prazo legal.

Diz o art. 991 do Código de Processo Civil que incumbe ao inventariante: I – representar o espólio ativa e passivamente, em juízo ou fora dele, observando-se, quanto ao dativo, o disposto no art. 12, § 1º; II – administrar o espólio, velando-lhe os bens com a mesma diligência como se seus fossem; III – prestar as primeiras e últimas declarações pessoalmente ou por procurador com poderes especiais; IV – exibir em cartório, a qualquer tempo, para exame das partes, os documentos relativos ao espólio; V – juntar aos autos certidão do testamento, se houver; VI – trazer à colação os bens recebidos pelo herdeiro ausente, renunciante ou excluído; VII – prestar contas de sua gestão ao deixar o cargo ou sempre que o juiz lhe determinar; VIII – requerer a declaração de insolvência (art. 748). O art. 992 do Código de Processo Civil aduz que incumbe ainda ao inventariante, ouvidos os interessados e com autorização do juiz: I – alienar bens de qualquer espécie; II – transigir em juízo ou fora dele; III – pagar dívidas do espólio; IV – fazer as despesas necessárias com a conservação e o melhoramento dos bens do espólio.

O trabalho realizado pelo inventariante é gratuito, quando for também beneficiário, a qualquer título, na partilha dos bens deixados pelo *de cujus*. Haverá remuneração, todavia, na hipótese de ser nomeado inventariante dativo, ou seja, pessoa idônea escolhida pelo juiz dentre as que não estão arroladas como destinatárias dos proveitos decorrentes da partilha. O valor do trabalho, pago no momento da ultimação do inventário, será estimado pelo juiz de acordo com aspectos como a sua natureza, extensão, grau de dificuldade e duração.

A remoção do inventariante pelo juiz decorre da prática de qualquer das condutas previstas no art. 995 do Código de Processo Civil. Assim, o inventariante será removido: I – se não prestar, no prazo legal, as primeiras e as últimas declarações; II – se não der ao inventário andamento regular, suscitando dúvidas infundadas ou praticando atos meramente protelatórios; III – se, por culpa sua, se deteriorarem, forem dilapidados ou sofrerem dano bens do espólio; IV – se não defender o espólio nas ações em que for citado, deixar de cobrar dívidas ativas ou não promover as medidas necessárias para evitar o perecimento de direitos; V – se não prestar contas ou as que prestar não forem julgadas boas; VI – se sonegar, ocultar ou desviar bens do espólio. Tais comportamentos, enunciados em rol meramente exemplificativo, são incompatíveis com a lisura procedimental e com o empenho que devem pautar o desenvolvimento dos trabalhos pela pessoa nomeada.

Afora as situações descritas na norma, outras hipóteses geram a possibilidade de remoção, contanto que no quadro concreto se demonstre a necessidade de afastamento do inventariante em razão de atitudes nefastas aos interesses dos sucessores e do inventário propriamente dito. A condenação por crime contra o patrimônio, por exemplo, é razão bastante para que o indivíduo seja removido, ainda que o fato produtor da sentença penal não tenha vínculo algum com o inventário em trâmite. Caberá ao juiz analisar cada evento, decidindo sobre a sua gravidade ou não, assim como acerca da sua influência negativa sobre o regular andamento da lide. A iniciativa do magistrado pode dar-se *ex officio*, desde que encontre patenteada a causa de remoção.

Requerida a remoção com fundamento em algum dos itens elencados, será intimado o inventariante para, no prazo de cinco dias, defender-se e produzir provas. O incidente da remoção correrá em apenso aos autos do inventário (art. 996 e parágrafo único do Código de Processo Civil). Julgando procedente o pedido, em decisão que desafia a interposição de agravo de instrumento, o juiz nomeará outra pessoa, com observância da ordem legal já mencionada alhures (art. 997 do caderno processual civil). O antigo inventariante entregará de imediato ao substituto os bens do espólio, e, em caso de resistência, será compelido pelo juiz a fazê-lo mediante expedição de mandado de busca e apreensão, ou de imissão na posse, conforme se tratar de bem móvel ou imóvel (art. 998 do mesmo diploma legal).

Importa observar que a remoção se dá sempre com substrato na prática, pelo inventariante, de ato incompatível com o exercício da função. Não sendo hipótese de falta aos deveres inerentes ao encargo, poderá ainda assim haver o afastamento do nomeado, por meio de destituição. Ela ocorrerá mesmo sem culpa ou dolo do inventariante, tendo lugar sempre na hipótese de que um acontecimento exógeno à lide, como no caso de impedimento ou suspeição do inventariante para o desempenho da missão assumida.

27.4. Declarações do inventariante

Nomeado o inventariante, em vinte dias prestará ao juízo informações preliminares, também chamadas de primeiras declarações. Conforme dispõe o art. 993 do Código de

Processo Civil, elas serão consignadas em termo circunstanciado, que, assinado pelo juiz, escrivão e inventariante, conterá: I – o nome, estado, idade e domicílio do autor da herança, dia e lugar em que faleceu e bem ainda se deixou testamento; II – o nome, estado, idade e residência dos herdeiros e, havendo cônjuge supérstite, o regime de bens do casamento; III – a qualidade dos herdeiros e o grau de seu parentesco com o inventariado; IV – a relação completa e individuada de todos os bens do espólio e dos alheios que nele forem encontrados, descrevendo-se: a) os imóveis, com as suas especificações, nomeadamente local em que se encontram, extensão da área, limites, confrontações, benfeitorias, origem dos títulos, números das transcrições aquisitivas e ônus que os gravam; b) os móveis, com os sinais característicos; c) os semoventes, seu número, espécies, marcas e sinais distintivos; d) o dinheiro, as joias, os objetos de ouro e prata, e as pedras preciosas, declarando-se-lhes especificadamente a qualidade, o peso e a importância; e) os títulos da dívida pública, bem como as ações, cotas e títulos de sociedade, mencionando-se-lhes o número, o valor e a data; f) as dívidas ativas e passivas, indicando-se-lhes as datas, títulos, origem da obrigação, bem como os nomes dos credores e dos devedores; g) direitos e ações; h) o valor corrente de cada um dos bens do espólio.

A completa e minuciosa descrição dos bens e direitos que integram o acervo hereditário permitirá a adequada partilha entre os sucessores. A existência e a titularidade dos imóveis, assim como a sua perfeita identificação, decorrem da apresentação de cópia atualizada da matrícula, obtida junto ao cartório de Registro de Imóveis da situação da coisa. Havendo imóveis que, embora não estejam registrados em nome do falecido, a ele pertençam por inteiro ou parcialmente a qualquer título, será feita a completa descrição pelo inventariante.

Também as coisas alheias encontradas na herança, inclusive de natureza móvel, terão de ser identificadas, para futura decisão acerca do seu destino, que, via de regra, consiste na devolução aos legítimos proprietários. Compete ao inventariante, ainda, apontar as dívidas do espólio, as penhoras, os sequestros e todos os ônus acaso incidentes sobre os itens patrimoniais submetidos ao processo de distribuição entre os sucessores. Isso porque somente o saldo positivo que existir depois da solução das pendências econômicas passará ao definitivo domínio dos destinatários indicados na lei ou no testamento, sendo necessário apurá-lo com rigor.

Feitas as primeiras declarações, o juiz mandará citar, para os termos do inventário e partilha, o cônjuge, os herdeiros, os legatários, a Fazenda Pública, o Ministério Público, se houver herdeiro incapaz ou ausente, e o testamenteiro, se o finado deixou testamento (art. 999 do Código de Processo Civil). O representante legal do incapaz ou ausente e o órgão ministerial serão intimados a se manifestar acerca de todos os atos e termos do processo, sob pena de nulidade. Na hipótese de ausência, será nomeado curador especial para atuação na lide. Havendo sucessor interditado, funcionará como seu representante o curador já nomeado pelo juízo competente, ou um curador especial, no caso de existir concorrência na herança entre o incapaz e quem originalmente o representaria (art. 1.042 do Código de Processo Civil).

O comparecimento espontâneo do interessado nos autos do inventário dispensa a citação, que fica suprida para todos os fins de direito. Afinal, se o objetivo do ato citatório é dar formal ciência ao sucessor a respeito do conteúdo do inventário, a sua conduta de voluntariamente se apresentar ao juízo torna desnecessária e redundante a citação. Esta, nos casos em que couber, será feita por mandado quanto aos domiciliados na Comarca em que tramita o processo (arts. 224 a 230 do Código de Processo Civil). No tocante às demais, a citação far-se-á por edital, com prazo de vinte a sessenta dias (§ 1º do art. 999 do Código de Processo Civil).

O cônjuge do herdeiro não será citado para integrar a lide, eis que nenhum direito sucessório possui. Somente o titular do quinhão terá legitimidade para reclamá-lo e recebê-lo. Isso em nada prejudicará o cônjuge do herdeiro, pois, com o ingresso da vantagem no patrimônio deste, haverá a comunicação que acaso decorrer do regime de bens vigente no matrimônio. Há de se observar, contudo, que a renúncia ao quinhão, ou a cessão deste a outrem por parte do sucessor, depende da anuência do cônjuge se consorciados por regime que acarrete a comunicabilidade, pois do contrário ficaria estabelecido irreparável prejuízo àquele que não consentiu.

Diz o art. 1.000 do caderno processual civil que, concluídas as citações, abrir-se-á vista às partes, em cartório e pelo prazo comum de dez dias, para dizerem sobre as primeiras declarações. Cabe à parte: I – arguir erros e omissões; II – reclamar contra a nomeação do inventariante; III – contestar a qualidade de quem foi incluído no título de herdeiro. É preciso atentar, em especial, para a circunstância de que o silêncio nessa fase processual, quanto à condição de herdeiro, obstaculiza contestações posteriores à partilha em torno da matéria.

Qualquer que seja a impugnação oferecida, o juiz a decidirá de plano se encontrar provados os fatos narrados pelo suscitante. Se assim não for, dirá aos interessados que o debate do tema depende de mais complexa averiguação, a ser formulada em demanda própria e autônoma. Com efeito, vem do art. 984 do Código de Processo Civil a disciplina: "O juiz decidirá todas as questões de direito e também as questões de fato, quando este se achar provado por documento, só remetendo para os meios ordinários as que demandarem alta indagação ou dependerem de outras provas". Verificando que a disputa sobre a qualidade de herdeiro constitui matéria de alta indagação, e remetendo a discussão para as vias ordinárias, o magistrado sobrestará, até o julgamento da ação, na entrega do quinhão que na partilha couber ao herdeiro admitido (parágrafo único do art. 1.000 do Código de Processo Civil).

Matéria de alta indagação é toda aquela que não possa ser resolvida imediatamente por meio da apresentação de documentos, reclamando mais aprofundado esclarecimento em demanda especificamente proposta. Situações complexas podem não se enquadrar nessa categoria, contanto que encontrem cômoda solução nos próprios autos do inventário. É certo, porém, que debates como a investigação da paternidade ou maternidade (necessária para a habilitação do herdeiro), a anulabilidade do testamento em virtude de vício do consentimento e a existência contestada de união estável entre o falecido e a pessoa que deseja habilitar-se terão de ser feitos noutro âmbito. Nunca no inventário, pois disso resultaria previsível e insuperável tumulto processual. A nulidade e a inexistência do testamento, em geral, são de alta indagação e também devem ser debatidas em lide independente, exceto nos casos em que emergirem absolutamente claras e demonstradas no inventário. O mesmo se diz a respeito da falsidade ou da adulteração de documentos, utilizados para provar a qualidade de herdeiro ou atestar a existência e as especificações de bens que devam integrar o monte-mor.

Aquele que se julgar preterido poderá demandar a sua admissão no inventário, requerendo-o antes da partilha. Ouvidas as partes no prazo de dez dias, o juiz decidirá. Se não acolher o pedido, remeterá o requerente para os meios ordinários, mandando reservar, em poder do inventariante, o quinhão do herdeiro excluído, até que se decida o litígio (art. 1.001 do Código de Processo Civil). O deferimento da reserva de bens, entretanto, depende do oferecimento de alguma prova acerca da qualidade de sucessor, ou de indicativos seguros da plausibilidade do alegado.

Não é admitida a providência quando o suposto interessado promove alegação despida de qualquer substrato probante, haja vista a necessidade de conferir segurança ao processo que se desenrola. Em geral, elementos documentais como a correspondência entre o *de cujus* e o pretenso filho, as missivas trocadas pelos hipotéticos membros de união estável, as fotografias que indicam alguma pertinência na alegação da existência de vínculo de paternidade ou maternidade entre o falecido e o pretendente etc., apontam para a adequação da medida de reserva acautelatória de bens.

27.5. Outras fases e disposições

Feitas as primeiras declarações, sem impugnação ou decidida a que houver sido oposta, o juiz nomeará um perito para avaliar os bens do espólio, se não houver na comarca avaliador judicial (*caput* do art. 1.003 do Código de Processo Civil). O valor apurado funcionará como base de cálculo para o apontamento do montante do imposto de transmissão *causa mortis* devido à Fazenda Estadual.

Observa-se, todavia, que a tributação incidirá apenas sobre a herança propriamente dita, isto é, terá como alvo os bens e direitos efetivamente transmissíveis aos sucessores do *de cujus*. Não abarca, destarte, a porção devida ao cônjuge meeiro sobrevivente, pois a este não se transferem vantagens de natureza sucessória, mas apenas aquilo que, por força do regime de bens em vigor no matrimônio, já lhe pertence *pleno jure*. Noutras palavras, ao consorte sobrevivo só é alcançada, depois de regularmente individualizada, a porção que mesmo antes do óbito integrava o seu acervo patrimonial. A menos, obviamente, que receba algo na condição de herdeiro necessário, pois então o valor do proveito integrará a base tributária de cálculo.

Já as custas processuais, ao contrário do que acontece com o imposto de transmissão *causa mortis*, serão calculadas sobre a totalidade dos bens e direitos elencados no inventário, abarcando inclusive a meação do cônjuge sobrevivo. Isso porque a atividade jurisdicional do Estado, consistente na apuração da herança e na entrega dos itens cabíveis ao meeiro, diz respeito a todos os elementos de natureza econômica e não apenas à herança propriamente dita. Noutras palavras, o consorte do falecido verá afirmada pelo juízo a sua titularidade sobre aquilo que, singularizado e definido no inventário, couber-lhe por força do regime matrimonial. Nesse caso, o trabalho do Poder Judiciário vai além da simples distribuição do acervo cabível aos sucessores, razão pela qual exige contrapartida pecuniária em forma de custas.

Outro aspecto a merecer alusão é o que concerne à pendência de imposto de transmissão *inter vivos* sobre a porção excedente do quinhão original. Suponha-se, por exemplo, que determinada pessoa faleça deixando três filhos, e que um deles promova cessão de direitos hereditários em favor de outro. Este, que primitivamente receberia um terço do monte-mor, auferirá dois terços, como fruto do negócio jurídico realizado. Além de pagar imposto de transmissão *causa mortis* sobre o volume que captar por força da qualidade de filho, o beneficiário também ficará obrigado ao pagamento do imposto *causa mortis* relativo à quota excedente, ou seja, ao terço adquirido do irmão.

A avaliação dos bens inventariados geralmente é feita pela Fazenda Estadual, mas nada impede que o juiz nomeie perito com vistas ao cumprimento do encargo, nos casos em que se faça necessário mais aprofundado exame. Os bens situados fora da Comarca do inventário serão avaliados mediante expedição de carta precatória, exceto quando, pela pouca expressão econômica ou por serem perfeitamente conhecidos do perito, mostre-se viável atribuir-lhes valor nos próprios autos (art. 1.006 do Código de Processo Civil). Se os herdeiros concordarem com o valor dos bens declarados pela Fazenda Pública, a avaliação cingir-se-á aos demais (art. 1.008 do mesmo diploma legal). Sendo capazes todas as partes, não se procederá à avaliação, se a Fazenda Pública, intimada na forma do art. 237, I, concordar expressamente com o valor atribuído, nas primeiras declarações, aos bens do espólio (art. 1007 do caderno processual civil).

Entregue o laudo de avaliação, o juiz mandará que sobre ele se manifestem as partes no prazo de dez dias, que correrá em cartório (art. 1.009 do Código de Processo Civil). Versando a impugnação sobre o valor dado pelo perito, o juiz a decidirá de plano, à vista do que constar dos autos (§ 1º). Julgando procedente a impugnação, determinará o juiz que o perito retifique a avaliação, observando os fundamentos da decisão (§ 2º). O juiz mandará repetir avaliação: I – quando viciada por erro ou dolo do perito; II – quando se verificar, posteriormente à avaliação, que os bens apresentam defeito que lhes diminui o valor (art. 1.010 do Código de Processo Civil). Também se fará nova avaliação sempre que as circunstâncias indicarem que os bens componentes do acervo — ou parte deles — sofreram incremento ou depreciação no seu conteúdo econômico. Cumpre destacar que o valor do imposto será corrigido monetariamente até a data do efetivo pagamento, a fim de acompanhar a realidade da economia e fazer atual a importância devida aos cofres públicos.

Resolvida a matéria atinente à avaliação do acervo, passa-se à fase das últimas declarações. Nela, o inventariante e os sucessores poderão indicar a existência de bens e direitos esquecidos ou descobertos depois das informações iniciais, corrigir os dados até então revelados no processo acerca dos itens patrimoniais e dos beneficiários etc. Também é possível que as declarações finais se limitem a afirmar a ausência de novos elementos, embora o próprio silêncio dos interessados, deixando escoar *in albis* o prazo para manifestação, tenha esse significado.

Depois de prestadas as últimas declarações, surge a oportunidade de arguir sonegação contra o inventariante, se afirmar falsamente inexistirem outros bens a partilhar (art. 994 do Código de Processo Civil). No tocante ao sucessor, o ato de sonegar ficará caracterizado ao afirmar indevidamente que não possui outros itens para levar ao monte-mor (art. 1.996

do Código Civil). Ouvidas as partes sobre as últimas declarações realizadas, no prazo comum de dez dias, proceder-se-á ao cálculo do imposto (art. 1.012 do Código de Processo Civil). Pago o imposto de transmissão a título de morte, e junta aos autos certidão ou informação negativa de dívida para com a Fazenda Pública, o juiz julgará por sentença a partilha (art. 1.026 do mesmo diploma normativo). Na sequência, com o trânsito em julgado, serão expedidos formais ou, no caso de sucessor universal, carta de adjudicação, restando assim viabilizado o registro dos bens em nome do destinatário.

27.6. Arrolamento dos bens

Há duas situações em que o legislador admite a feitura de arrolamento, procedimento mais singelo e rápido do que o inventário, mas com idêntico resultado final. A primeira delas está consagrada no art. 2.015 do Código Civil: "Se os herdeiros forem capazes, poderão fazer partilha amigável, por escritura pública, termo nos autos do inventário, ou escrito particular, homologado pelo juiz". O art. 1.031 do Código de Processo Civil também faz referência ao instituto, afirmando que a partilha amigável, celebrada entre partes capazes e observada a supracitada norma do caderno civil, será homologada de plano pelo juiz, mediante a prova da quitação dos tributos relativos aos bens do espólio e às suas rendas. São pressupostos essenciais da sua implementação, destarte, a maioridade de todos os sucessores e o ajuste de vontades acerca dos itens patrimoniais deixados pelo autor da herança.

O mesmo procedimento se aplica, também, ao pedido de adjudicação, quando houver herdeiro único (§ 1º do art. 1.031 do Código de Processo Civil). Isso, logicamente, se ele for maior de idade e capaz, eis que a incapacidade relativa ou absoluta elide a possibilidade de arrolamento. Também a ausência de qualquer dos sucessores é causa bastante para encaminhar a feitura de inventário comum, ficando vedado o emprego do arrolamento. Por outro lado, a simples existência de testamento não obsta a iniciativa, desde que preenchidos os já mencionados requisitos legais e haja a intervenção do testamenteiro e do Ministério Público nos atos do processo.

Diz o art. 1.032 do Código de Processo Civil: "Na petição de inventário, que se processará na forma de arrolamento sumário, independentemente da lavratura de termos de qualquer espécie, os herdeiros: I – requererão ao juiz a nomeação do inventariante que designarem; II – declararão os títulos dos herdeiros e os bens do espólio, observado o disposto no art. 993 desta Lei; III – atribuirão o valor dos bens do espólio, para fins de partilha". Acompanharão a peça portal a certidão de óbito do *de cujus* e todos os documentos que forem necessários para provar a qualidade jurídica dos sucessores e a situação dos bens inventariados. Também será preciso efetuar o pagamento dos tributos e acostar o respectivo comprovante de quitação das esferas municipal, estadual e federal. Se faltar qualquer desses elementos, o juiz oportunizará aos interessados o preenchimento da lacuna, eis que não haverá preclusão no caso de simples lapso na apresentação dos referidos documentos. Para os atos da lide, os sucessores poderão constituir um só procurador comum, mas nada impede que optem pela nomeação individual de advogado, circunstância que não afetará a ordem de tramitação do feito.

O pagamento do imposto de transmissão *causa mortis* é pressuposto necessário para a realização da partilha ou da adjudicação. No arrolamento, não serão conhecidas ou apreciadas questões relativas ao lançamento, ao pagamento ou à quitação de taxas judiciárias e de tributos incidentes sobre a transmissão da propriedade dos bens do espólio (art. 1.034 do Código de Processo Civil). A taxa judiciária, se devida, será calculada com base no valor atribuído pelos herdeiros, cabendo ao fisco, se apurar em processo administrativo valor diverso do estimado, exigir a eventual diferença pelos meios adequados ao lançamento de créditos tributários em geral (§ 1º). O imposto de transmissão será objeto de lançamento administrativo, conforme dispuser a legislação tributária, não ficando as autoridades fazendárias adstritas aos valores dos bens do espólio atribuídos pelos herdeiros (§ 2º). Não há intervenção da Fazenda Pública no arrolamento propriamente dito, pois o seu direito de crédito tributário é assegurado por meio dos procedimentos acima aludidos, que têm natureza administrativa.

A existência de credores do espólio não impedirá a homologação da partilha ou da adjudicação, se forem reservados bens suficientes para o pagamento da dívida (art. 1.035 do caderno processual civil). A reserva de bens será realizada pelo valor estimado pelas partes, salvo se o credor, regularmente notificado, impugnar a estimativa, caso em que se promoverá a avaliação dos bens a serem reservados (parágrafo único).

A segunda situação que enseja o arrolamento está prevista no art. 1.036 do Código de Processo Civil. Quando o valor dos bens do espólio for igual ou inferior a duas mil Obrigações Reajustáveis do Tesouro Nacional — ORTN, o inventário processar-se-á na forma de arrolamento, cabendo ao inventariante nomeado, independentemente da assinatura de termo de compromisso, apresentar, com suas declarações, a atribuição do valor dos bens do espólio e o plano da partilha. Trata-se de uma forma ainda mais simples, porque o seu requisito essencial é o baixo valor da herança. Ela se aplica mesmo que haja herdeiros menores ou incapazes, ausência de qualquer dos sucessores ou testamento a cumprir. Nisso reside a principal diferença em relação ao arrolamento sumário, que reclama a maioridade e a capacidade de todos os interessados.

Se qualquer das partes ou o Ministério Público impugnar a estimativa do valor dos bens, feita pelos sucessores, o juiz nomeará um avaliador que oferecerá laudo em dez dias. Apresentado o laudo, o juiz, em audiência que designar, deliberará sobre a partilha, decidindo de plano todas as reclamações e mandando pagar as dívidas não impugnadas. Lavrar-se-á de tudo um só termo, assinado pelo juiz e pelas partes presentes. Aplicam-se a esta espécie de arrolamento, no que couberem, as disposições do art. 1.034 e seus parágrafos, relativamente ao lançamento, ao pagamento e à quitação da taxa judiciária e do imposto sobre a transmissão da propriedade dos bens do espólio. Provada a quitação dos tributos relativos aos bens do espólio e às suas rendas, o juiz julgará a partilha (§§ 1º a 5º do art. 1.036 do Código de Processo Civil).

Capítulo 28

DOS SONEGADOS

28.1. Conceito e repercussões

O legislador tem especial preocupação em garantir a correta distribuição de todo o acervo patrimonial deixado pelo *de cujus*. Por isso, coíbe com veemência atitudes conducentes à ocultação de bens por parte do herdeiro e do inventariante, sancionando-as com a perda do direito que lhes caberia sobre eles. Para tanto, disciplina o tema da chamada *sonegação*, que se traduz, em direito sucessório, no ato ilícito de omitir, esconder ou ocultar itens patrimoniais que teriam de ser levados ao monte-mor para regular distribuição entre os destinatários legais e testamentários.

Com a abertura da sucessão, todos os bens e direitos do falecido passam a integrar o acervo que, depois de satisfeito o passivo, comporão o volume positivo pertencente aos herdeiros e legatários. O direcionamento dos itens que a cada sucessor pertencerão em definitivo é feito por meio de inventário, dotado de caráter judicial ou extrajudicial, como visto alhures. Portanto, é dever de todos os partícipes do inventário esclarecer rigorosamente quais são os bens e direitos deixados pelo *de cujus*, a fim de viabilizar a escorreita apuração e o adequado fracionamento do monte-mor.

Todo aquele que dolosamente opuser óbice à verificação do conteúdo do acervo estará sujeito à pena de sonegação, que tem caráter eminentemente civil e consiste na perda do direito sucessório relativo ao item sonegado. A devolução dos elementos ocultados abrangerá todos os frutos e os rendimentos que acaso houverem produzido ao longo do tempo transcorrido desde a morte do autor da herança. Do contrário, haveria enriquecimento sem causa do infrator, situação abominada pela legislação pátria, mormente porque a vantagem resultaria da própria conduta ilícita de sonegar. Na verdade, o tratamento jurídico do sonegador equipara-se ao dispensado ao possuidor de má-fé, circunstância que o obriga a entregar ao acervo os frutos e rendimentos percebidos ao longo do tempo em que manteve irregularmente consigo os sonegados. Afora isso, pagará juros de mora nos moldes estabelecidos ordinariamente pela lei.

Diz o art. 1.992 do Código Civil: "O herdeiro que sonegar bens da herança, não os descrevendo no inventário quando estejam em seu poder, ou, com o seu conhecimento, no de outrem, ou que os omitir na colação, a que os deva levar, ou que deixar de restituí-los, perderá o direito que sobre eles lhe cabia". É possível, ainda, que o ato seja praticado pelo inventariante, como se verá quando da análise do art. 1.993 do Código Civil. Portanto, as condutas vedadas pelos referidos dispositivos legais são estas: a) sonegação intencional de bens, pelo inventariante, nas declarações que deve prestar no inventário; b) ocultação dos bens de herança, pelo herdeiro, quando estiverem sob sua posse, ou na de terceiro, com o conhecimento daquele; c) omissão de bens recebidos em doação, quando estiverem sujeitos à colação; d) negativa do herdeiro, seja ou não inventariante, em restituir bens que tenham de ser levados ao inventário.

Em face da construção do texto normativo, que expressamente menciona o vocábulo *herdeiros*, impõe-se a conclusão de que os legatários não se sujeitam às penalidades nele estabelecidas. Por outro lado, e com suporte em igual argumento, conclui-se que a ação de sonegados não pode ser ajuizada pelos legatários. O exposto acima vale também para o testamenteiro e para o sucessor indigno ou renunciante.

É dupla a finalidade do estabelecimento da sanção: a) assegurar aos sucessores o recebimento do que lhe é devido em virtude do ordenamento jurídico ou das disposições testamentárias de última vontade; b) garantir aos credores a percepção do conteúdo do seu direito creditório, de vez que o monte-mor é a única fonte potencial de satisfação das obrigações do falecido, podendo inclusive ocorrer a alienação onerosa de bens ou direitos com vistas a quitar os débitos ficados. Destarte, além de punir o faltoso que age com má-fé, o legislador protege os personagens interessados na regular ultimação dos procedimentos inerentes ao inventário.

A sonegação acontece pela simples ocultação dolosa de um único item, não sendo exigível que a conduta diga respeito a múltiplos bens ou direitos. Logo, já é considerado sonegador quem realiza o ato relativamente a um dos elementos que devem integrar o acervo partilhável. Em razão disso, faz-se mister concluir que a sanção prevista na lei, qual seja, a perda do direito que o sonegador ou omisso teria, diz respeito apenas àqueles específicos itens patrimoniais sonegados, não atingindo a porção hereditária regularmente descrita no inventário. A fração que caberia ao herdeiro, sancionado com a perda do direito, será restituída ao espólio para normal distribuição entre os outros sucessores.

Procedente a ação de sonegados, fica o sonegador obrigado a restituir os bens pertencentes ao monte-mor. Porém, nem sempre isso será possível, pois muitas vezes já foram alienados ou destruídos por quem os possuía indevidamente. Caso venha a se verificar que o sonegador não mais tem consigo os itens patrimoniais, a obrigação de restituir se converte em duplo dever: pagar ao espólio o valor dos bens ocultados e indenizar perdas e danos que restarem provados (art. 1.995 do Código Civil). Noutras palavras, o sonegador tem de entregar o equivalente em dinheiro e mais o montante correspondente aos prejuízos que a sua conduta comprovadamente infligiu ao espólio.

Diante do conteúdo da norma legal, algumas conclusões se impõem. A primeira diz respeito ao fato de que as alienações feitas a terceiros de boa-fé, envolvendo itens sonegados do espólio, são válidas, eficazes e insuscetíveis de nulificação. Isso tudo em homenagem à boa-fé dos adquirentes, que não podem ser prejudicados pela conduta ilídima do alienante. Ao espólio restará, então, pleitear a recomposição por meio das medidas estipuladas pelo legislador, anteriormente referidas. Contudo, se os adquirentes obraram com má-fé, as alienações podem ser nulificadas por meio de ação ordinária em que se postula a incorporação dos itens sonegados ao acervo hereditário, para fins de regular partição entre os sucessores.

É conveniente observar que mesmo decorrendo de evento fortuito a destruição ou deterioração dos sonegados, terá o sonegador de suportar as consequências estatuídas na lei. O fato de estar em mora implica na sua responsabilização inclusive pelo fortuito, salvo se demonstrar que o resultado lesivo ocorreria independentemente da circunstância de os itens estarem sob sua posse e gestão.

28.2. Requisito subjetivo e configuração

É imprescindível salientar que as condutas sancionadas no art. 1.992 do Código Civil são exclusivamente aquelas dotadas de absoluta intencionalidade, ou seja, as deliberadamente perpetradas pelo herdeiro ou pelo inventariante, visando à obtenção de resultado contrário ao imposto pelo legislador. Aliás, o termo *sonegação* já contém em si mesmo a ideia de dolo, sendo suficiente para afastar a incidência de sanções quando a falta de apresentação dos bens para partilha se deva a comportamentos culposos, omissões involuntárias, meros equívocos, ignorância ou eventos fortuitos.

Sopesada a circunstância de que as atitudes coibidas pela lei conduzem à imposição de sanções severas contra o infrator, forçoso concluir pela necessidade de que a interpretação do texto normativo seja sempre restritiva. Destarte, imprescindível a apuração do elemento subjetivo do agente. Por igual motivo, as hipóteses de aplicação das penalidades contra o herdeiro não podem ser ampliadas para além do rol contido na lei, pois isso importaria em exegese extensiva.

A prova da ocorrência de sonegação ou omissão dolosa incumbe a quem impreca a outrem a ilegalidade, não sendo exigível do herdeiro acusado que demonstre ser inocente, dada a impossibilidade de inversão do *onus probandi* na espécie. É equivocado, portanto, afirmar que haja presunção *juris tantum* de malícia pelo simples fato de o agente informar a inexistência de outros bens e direito a partilhar, ou silenciar quando instado a se manifestar acerca do tema. Ao interessado em ver reconhecida a infração é que compete o ônus de apontar os elementos omitidos e demonstrar o mau ânimo do acusado.

Só se pode arguir de sonegação o inventariante depois de encerrada a descrição dos bens, com a declaração, por ele feita, de não existirem outros por inventariar e partir, assim como arguir o herdeiro, depois de declarar-se no inventário que não os possui (arts. 1.996 do Código Civil). Semelhante disposição, que reforça o querer normativo, consta do art. 994 do Código de Processo Civil. É cediço que incumbe ao inventariante a elaboração do rol de bens partilháveis, que serve de base ao juiz para a efetivação da partilha. Há um momento processual adequado para isso, que é o do oferecimento das primeiras declarações, em que o inventariante elenca e descreve em pormenores cada peça que integra o universo hereditário.

A rigor, nessa etapa já se apresenta claramente ao inventariante o dever de indicação dos elementos patrimoniais que pertenciam ao *de cujus*.

Admite-se, porém, que até as últimas declarações, momento derradeiro de intervenção do inventariante, possa ser feita a complementação do acervo. A partir do instante em que é encerrada a descrição dos bens e afirmada, direta ou indiretamente, a inexistência de outros a partilhar, abre-se a possibilidade de ajuizamento da ação de sonegados com vistas a demonstrar que o elenco está incompleto por força de ocultação dolosa. Isso porque ficará patenteado que o inventariante assevera não mais ter bens a arrolar, o que, sendo inverídico, pode caracterizar desde mero lapso até deliberada ocultação.

O normal e ordinário — por ser mais prático e ágil — é que o interessado não proponha de imediato a ação de sonegados, mas afirme ao juiz, antes disso, a crença na existência de outros itens patrimoniais a serem apresentados. Com suporte na alegação feita nos autos do inventário, o inventariante é intimado a manifestar-se sobre ela, podendo, se for o caso, incluir o bem no acervo hereditário e explicar as razões pelas quais ainda não o fizera. Isso elide a incidência das penalidades cominadas. Ao contrário, se o inventariante continuar negando a existência de outros bens além dos que elencou, restará ao interessado partir para o ajuizamento da ação de sonegados.

Se além de herdeiro o sonegador for também inventariante, à aludida pena será acrescentada a da remoção do cargo até então ocupado (art. 1.993 do Código Civil). Para tanto, necessário se faz provar a ocorrência da sonegação, ou da omissão dolosa ínsita na conduta de negar a existência dos bens indicados no inventário, que estiverem sob sua posse ou na de terceiro com o seu conhecimento. Vale dizer que as sanções cumuladas aplicam-se indistintamente a todo e qualquer herdeiro, seja instituído ou legítimo, contanto que desempenhe concomitantemente a função de inventariante.

Em se tratando de ocultação protagonizada por herdeiro que não atua como inventariante, o ajuizamento da ação de sonegados somente será viável depois de declarado por ele, nos autos do inventário, que não possui os bens cuja apresentação é reclamada por qualquer dos interessados. Isso vale inclusive para as doações recebidas do *de cujus*, pois elas também devem ser contabilizadas no acervo, salvo se, resguardada a legítima, houver expressa dispensa de colação pelo doador no ato de realização da liberalidade.

A partir de quando é instado a restituir os bens que supostamente estariam sob sua posse, o herdeiro tem duas opções: apresentá-los para divisão ou negar que os tenha. No primeiro caso, *tollitur quaestio*, descabendo a incidência de sanções; no segundo, remetem-se as partes às vias ordinárias para discussão da matéria, e, se for o caso, aplicação das reprimendas pertinentes. Estando o bem com terceiro, e sendo esse fato de conhecimento do herdeiro, também lhe é exigido que o revele, sob pena de sonegação.

28.3. Sentença em ação ordinária

Em virtude da agilidade que se exige do inventário, a aplicação da outra reprimenda estatuída na lei para os casos de má conduta diversa de sonegação — simples remoção do inventariante — não enseja a remessa das partes para discussão do tema noutra lide, cabendo ao juiz, com base nos elementos apresentados nos próprios autos, substituir o inventariante sempre que pertinente e necessário. Mas a penalidade consistente na perda dos direitos que o herdeiro teria sobre os itens sonegados — porque sonegador — só é aplicada na sentença proferida ao final da demanda específica movida pelo interessado.

A pena de sonegados só se pode requerer e impor em ação movida pelos herdeiros ou pelos credores da herança (*caput* do art. 1.994 do Código Civil). A controvérsia relacionada à ocorrência de sonegação não se decide nos próprios autos do inventário, por se tratar de matéria de alta indagação. Assim, compete ao juiz remeter as partes às vias ordinárias, pelas quais, por meio de ação de sonegados, que segue o procedimento ordinário, o interessado deduzirá a pretensão que entender pertinente, visando à incorporação de determinados bens no inventário.

Estão legitimados a propor ação de sonegados os herdeiros, legítimos ou instituídos, assim como os credores da herança. Quanto a estes últimos, a sua legitimidade decorre do interesse em verem acrescidos ao monte-mor itens patrimoniais subtraídos pelo herdeiro do rol dos bens partilháveis. Com isso, asseguram o aumento do acervo e viabilizam com maior objetividade a satisfação dos créditos que têm contra o espólio.

Os efeitos da sentença que reconhece a existência de itens sonegados, e que os reintegra ao acervo hereditário para ulterior sobrepartilha, estendem-se a todos os interessados, não limitando seu alcance apenas aos autores da demanda judicial (parágrafo único). Basta que um dos legitimados tome a iniciativa de ajuizar a ação para que os demais sucessores e credores possam tirar proveito da incorporação dos bens sonegados ao monte-mor.

Cumpre observar que, julgada procedente a ação de sonegados, os itens volvidos ao universo sucessório serão alvo da denominada *sobrepartilha* (art. 2.022 do Código Civil). Ela é feita nos próprios autos do inventário, mesmo que já tenha sido ultimada a divisão dos bens e direitos primitivamente apontados na lide, contanto que não se tenha exaurido o prazo prescricional incidente na espécie. Nesse caso, novos formais serão expedidos, sem que se invalidem os anteriores, em complementação da partilha original. Caso ainda esteja em andamento o inventário, o seu normal trâmite não será paralisado enquanto se discutir o mérito da lide ordinária em que foi arguida a sonegação. Destarte, a partilha é feita como se não houvessem debates paralelos, ficando para sobrepartilha os itens restituídos ao acervo em virtude de eventual procedência da demanda.

À falta de prazo específico mencionado na legislação para essa hipótese, prescreve no lapso geral de dez anos, ínsito no art. 205 do Código Civil, a pretensão de ver reconhecida a ocorrência da sonegação. O início da fluência do prazo dar-se-á, quanto ao inventariante sonegador, no dia em que afirmar inexistirem outros bens ou direitos a partilhar. Sendo do herdeiro a sonegação, o tempo também se computa da data em que ele diz não haverem outros itens a serem apontados, ou, então, do esgotamento *in albis* do prazo concedido na interpelação que for realizada com vistas ao seu pronunciamento a respeito do tema.

Capítulo 29

DO PAGAMENTO DAS DÍVIDAS

29.1. Considerações gerais

Como se sabe, os bens e direitos que compõem o patrimônio do indivíduo respondem por todas as dívidas que ele contrai, conforme estabelecido no art. 391 do Código Civil. Ao morrer, o devedor deixa para os sucessores a herança, que, daí em diante, passa a suportar os ônus das obrigações pendentes ao tempo do óbito do *de cujus*. Não são os herdeiros e os legatários que assumem pessoalmente as pendências do falecido, pois tal encargo recai sobre os itens patrimoniais que lhe pertenciam. Logo, se as forças da herança não forem suficientes para a satisfação das dívidas, os credores ficarão sem receber aquilo a que teriam direito, exatamente porque se faz inviável a atribuição do débito, em caráter pessoal, aos sucessores.

Esse mecanismo de repasse dos deveres do falecido para o próprio espólio encontra explicação na circunstância de que os sucessores figuram como uma espécie de continuadores da vida jurídica do extinto. Embora tenha deixado de ser pessoa desde a morte, o *de cujus* permanece, de certa forma, sendo representado nas suas relações jurídicas pelas pessoas a quem foi atribuído, por lei ou declaração de última vontade, o universo material de que era titular. Não é equivocado, portanto, afirmar que os herdeiros substituem o falecido em tudo aquilo que disser respeito a débitos e créditos pendentes à época da morte, respondendo pelas dívidas até as forças da herança.

O *caput* do art. 1.997 do Código Civil prevê: "A herança responde pelo pagamento das dívidas do falecido; mas, feita a partilha, só respondem os herdeiros, cada qual em proporção da parte que na herança lhe coube". Efetuada a partilha do acervo, não haverá mais espólio, como universo patrimonial e jurídico deixado pelo *de cujus*, para enfrentamento e solução das cobranças formuladas pelos credores. Em vista disso, a contar da partilha cada herdeiro responderá proporcionalmente ao quinhão recebido, para compor o montante do pagamento devido aos credores. Não se estabelecerá entre eles a solidariedade, de maneira que a exigência feita em caráter individual terá como limite máximo a importância correspondente à vantagem auferida na partilha pelo demandado. A cobrança terá êxito, destarte, apenas até o limite das forças dos bens distribuídos, de maneira que eventual saldo negativo não será suportado pelos sucessores, ficando sem cobertura. Vale dizer que até a eventual prescrição os credores continuarão sendo titulares do direito, mas na prática não haverá fonte econômica destinada a satisfazê-lo.

Caso o acervo seja consumido por inteiro no pagamento de dívidas do falecido, os herdeiros nada receberão, porque o universo hereditário transmissível é constituído pelo que restar depois de abatidas as despesas e as dívidas contraídas pelo *de cujus*. Nesse caso, incumbe ao inventariante requerer a declaração de insolvência do espólio (art. 991, VIII, do Código de Processo Civil), do que resultarão o vencimento antecipado das dívidas, a arrecadação dos bens acaso existentes e a execução por meio de concurso universal de credores. É rara a adoção dessa medida, já que a insolvência acarreta, no plano concreto, a inviabilização de qualquer perspectiva de solução dos débitos ainda descobertos.

Caso um dos sucessores se torne insolvente depois de receber o correspondente quinhão hereditário, a fração que lhe corresponderia nas obrigações deixadas pelo falecido perante os credores não se reparte entre os demais consortes. Noutras palavras, o prejuízo relativo ao herdeiro insolvente será suportado pelo credor, em nada atingindo os outros sucessores. Suponha-se, por exemplo, que João morre deixando três filhos, um acervo de 90 e dívida também de 90. Na partilha dos bens, cada herdeiro recebe 30, mas um deles consome de imediato o valor do seu quinhão. O credor cobrará 30 de cada filho solvente, perfazendo o volume de 60, ficando impedido de exigir mais do que isso. Afinal, um dos herdeiros tornou-se insolvente, e os demais entregaram tudo o que receberam, não podendo ser responsabilizados pessoalmente por valores maiores do que os do benefício captado.

A única exceção se verifica quando a obrigação é indivisível, pois então qualquer dos sucessores poderá ser demandado pelo todo. Não porque deva tudo, mas porque não há outra forma de cumprir o dever jurídico. Nesse caso, o prejuízo final será dos herdeiros comuns, já que terão de suportar também o ônus do sucessor insolvente. Embora lhes seja legalmente resguardado o direito de regresso contra ele, tal faculdade em nada os auxiliará, haja vista a ausência de meios econômicos de cumprimento.

29.2. Habilitação dos credores

A habilitação é um dos meios pelos quais os credores do espólio reclamam os correspondentes pagamentos. Embora possam optar pela propositura direta da ação ordinária de cobrança, ou mesmo pelo ajuizamento de lide executiva do título extrajudicial que acaso possuam, o pleito de habilitação tem-se revelado um mecanismo produtivo, mormente porque viabiliza a aceitação, pelos sucessores, da existência e do conteúdo do débito apontado, ensejando o seu imediato pagamento e evitando mais alongados debates.

A habilitação revela-se mais adequada para os créditos comuns líquidos e vencidos, pois aqueles já dotados de garantias prévias e efetivas, como os de natureza hipotecária, automaticamente se encontram ao abrigo da sua própria formatação. Logo, os créditos hipotecários, pignoratícios e anticréticos, assim como todos os outros assegurados por direitos reais, são suficientemente protegidos pela sequela e pela ambulatoriedade inerentes a tais espécies, permitindo ao credor que reclame o cumprimento com substrato na garantia representada pelos bens juridicamente atrelados à obrigação.

Depois da partilha não é possível promover habilitação, porque ultrapassado o momento oportuno. Caberá aos credores, então, como já referido, ajuizar demanda hábil a buscar junto aos herdeiros o valor devido, na proporção do que a cada um foi entregue por direito sucessório. Observe-se novamente, porém, que mesmo durante o andamento do inventário os credores não estarão obrigados a pleitear habilitação, podendo aparelhar diretamente as demandas pertinentes (ordinárias, execuções, monitórias etc.).

A habilitação de créditos contra o espólio se faz antes da partilha e tramita em apenso aos autos do inventário, sendo instruída com prova literal da dívida vencida e exigível (art. 1.017 do Código de Processo Civil). Porém, para a sua pronta solução é imprescindível a aquiescência de todos os envolvidos (inventariante, testamenteiro, sucessores, curador etc.). Concordando as partes com o pedido, o juiz, ao declarar habilitado o credor, mandará que se faça a separação de dinheiro ou, em sua falta, de bens suficientes para o seu pagamento. Havendo uma dissonância que seja, e embora deduzida sem justificativa alguma, o juiz remeterá as partes às vias ordinárias (art. 1.018 do Código de Processo Civil), dando prosseguimento ao inventário e reservando bens do acervo que sejam bastantes à cobertura dos alegados créditos.

Diz o § 1º do art. 1.997 do Código Civil: "Quando, antes da partilha, for requerido no inventário o pagamento de dívidas constantes de documentos, revestidos de formalidades legais, constituindo prova bastante da obrigação, e houver impugnação, que não se funde na alegação de pagamento, acompanhada de prova valiosa, o juiz mandará reservar, em poder do inventariante, bens suficientes para solução do débito, sobre os quais venha a recair oportunamente a execução". Como se percebe, a reserva de bens para garantia de dívidas impugnadas por quem de direito, quando apresentadas para habilitação, reclama o cumprimento de outros pressupostos além dos já elencados.

Com efeito, o legislador exige também: a) que acompanhem o pedido de habilitação documentos revestidos das formalidades legais (identificação das partes, preenchimento adequado, reconhecimento de firma etc.); b) que tais documentos provem a existência da obrigação (cheque, nota promissória, confissão de dívida etc.); c) que a impugnação apresentada contra o pedido não se funde no pagamento do débito; d) que, sendo a impugnação baseada na afirmação de pagamento do débito, o impugnante deixe de apresentar prova valiosa e capaz de revelar a solução da pendência que se tencionava habilitar.

A reserva de bens em poder do inventariante é feita por determinação do juízo, ficando à disposição deste para cobrir a dívida cuja existência e firmeza acaso vierem a ser reconhecidas nas vias ordinárias. Assim, a execução da sentença já terá como segurança os bens reservados, afastando o risco de que ao tempo da sua propositura não mais exista patrimônio apto a solver o débito.

Deferida a reserva de bens até que se resolva a questão suscitada por quem avocou para si a qualidade de credor, terá este o prazo de trinta dias para ajuizar a ação de cobrança, ou outra que entender plausível (§ 2º do art. 1.997 do Código Civil). Se isso não ocorrer, o juiz determinará a insubsistência da reserva promovida, ficando os bens liberados para normal distribuição entres os sucessores. A perda da eficácia da medida somente acontecerá quando restar decretada pelo juiz, de ofício ou a requerimento do interessado, não operando de pleno direito pelo só fato da fluência *in albis* do prazo definido em lei.

O credor de dívida líquida e certa, mesmo ainda não vencida, também pode requerer habilitação no inventário. Entretanto, a sua efetivação depende da concordância de todas as partes. Se assim for, o juiz, ao julgar habilitado o crédito, mandará que se faça separação de bens para o futuro pagamento (art. 1.019 do Código de Processo Civil). Observe-se ainda que, verificada a presença dos pressupostos inerentes à espécie, é facultado ao credor postular a declaração de insolvência do espólio, embora isso geralmente não lhe traga proveito efetivo nenhum.

29.3. Despesas funerárias e afins

As despesas funerárias, haja ou não herdeiros legítimos, sairão do monte da herança; mas as de sufrágios por alma do falecido só obrigarão a herança quando ordenadas em testamento ou codicilo (art. 1.998 do Código Civil). Embora não sejam obrigações contraídas em vida pelo autor da herança, os gastos funerários e afins são imputados integralmente ao espólio, até mesmo como forma de respeitar a memória e homenagear a pessoa que deixou os bens partilháveis. Objetivando facilitar o recebimento pelos titulares, é possível habilitar tais créditos em moldes idênticos aos admitidos para os demais, ficando viabilizado o imediato pagamento se não houver impugnação pelos herdeiros. Caso impugnem, as partes serão remetidas às vias ordinárias e haverá reserva, em poder do inventariante, de bens suficientes para o eventual e futuro pagamento.

Despesas funerárias são as que tiverem por origem os preparativos e a execução do velório e do sepultamento do autor da herança, como: compra do caixão, aluguel de local para as cerimônias, aquisição de terreno para o enterro, construção do túmulo, comunicações e convites divulgados na imprensa, etc. Englobam também os gastos médicos e hospitalares relativos à última enfermidade do falecido (MONTEIRO, Washington de Barros. Obra citada, 6. v., p. 423). É justo e lógico que as despesas com o funeral do *de cujus* sejam pagas pelo espólio, com suporte nos recursos da herança. Isso acontece ainda que existam herdeiros legítimos, de vez que o direito sucessório destes incide sobre o que restar no acervo depois de abatidas dívidas e gastos dedutíveis por autorização normativa. O pagamento de tais pendências pela herança independe de previsão testamentária ou codicilar. Por outro lado, os gastos com os sufrágios da alma do falecido (missas, cultos, ofertas a instituições religiosas etc.) somente sairão das forças da herança se houver expressa previsão em testamento ou codicilo. Caso contrário, os recursos para pagamento de dívidas relacionadas a homenagens e postulações pela alma do *de cujus* terão de ser providenciados por quem as contraiu.

As despesas funerárias imputáveis à herança não podem ultrapassar o razoável ditado pelas circunstâncias e pelos costumes do local. Pompas excêntricas e desnecessárias, assim como gastos supérfluos e abusivos, serão suportados por quem os idealizou. Não se admite que os herdeiros fiquem prejudicados por iniciativas desmesuradas e altamente dispendiosas, até porque nisso poderia estar ínsita a maldosa intenção de reduzir a legítima. É claro que o contexto deve ser analisado, pois, se o finado era pessoa de elevadas posses e desfrutava de alto padrão de vida, não se poderá querer equiparar os gastos do seu funeral com os de alguém desprovido de maiores recursos. Ao juiz caberá analisar as peculiaridades do caso concreto e decidir pela incorporação ou não das despesas na conta da herança.

29.4. Outras disposições

Caso qualquer dos herdeiros pague dívidas que deveriam ser satisfeitas pelo espólio, e deste não receba o devido reembolso, ficará com direito de regresso contra os outros herdeiros, a fim de que entre todos se distribua o ônus. A obrigação de cada um, porém, não será superior ao respectivo quinhão individual, pois, como asseverado alhures, os débitos da herança são suportados até as forças que tiver e não passam para os sucessores quando ultrapassado o limite imposto pelas normas legais.

Existindo direito de regresso, e havendo insolvente entre os co-herdeiros, a fração que por ele teria de ser satisfeita dividir-se-á proporcionalmente entre os demais, de acordo com os quinhões individuais apurados (art. 1.999 do Código Civil). É o que acontece, por exemplo, quando uma obrigação indivisível é solvida por apenas um dos herdeiros, que pode voltar-se contra os demais para pleitear reembolso nos moldes acima estampados.

Os legatários e credores da herança podem exigir que do patrimônio do falecido se discrimine o do herdeiro, e, em concurso com os credores deste, ser-lhes-ão preferidos no pagamento (art. 2.000 do Código Civil). Com a abertura da sucessão, os bens do acervo passam imediatamente ao domínio dos herdeiros, por força do princípio da saisina (art. 1.784 do Código Civil). Todavia, não se pode olvidar que o acervo transmissível somente é conhecido com exatidão depois de pagas as dívidas do espólio, eu que se incluem as contraídas em vida pelo *de cujus*. Assim, para evitar que a transmissão patrimonial prevista na lei possa ocasionar controvérsias em torno da identificação dos bens pertencentes ao herdeiro e daqueles que são do espólio, permite o legislador que os legatários e os credores da herança exijam a discriminação dos patrimônios, objetivando estabelecer quais os itens que integram o acervo partilhável.

Há preferência dos legatários e dos credores da herança no recebimento do que lhes é devido, quando houver concurso entre qualquer deles e os herdeiros. A vantagem conferida aos legatários encontra fundamento na circunstância de que não sucedem o *de cujus* do mesmo modo que o fazem os herdeiros, a quem se confere qualidade sucessória genérica. Os legatários recebem algo individualizado, passando a enfeixar o domínio específico de uma coisa. Assemelham-se, assim, aos credores da herança, preferindo aos herdeiros na percepção do que lhes é devido. Os benefícios sucessórios apuram-se depois de feitos os pagamentos pela herança, o que justifica sobremaneira a solução apontada. Cabe destacar que a preferência ditada pelo ordenamento jurídico existe não apenas quando pleiteada a separação de patrimônios, mas sempre que houver concurso entre as pessoas referidas na norma legal.

Se o herdeiro for devedor ao espólio, sua dívida será partilhada igualmente entre todos, salvo se a maioria consentir que o débito seja imputado inteiramente no quinhão do devedor (art. 2.001 do Código Civil). O tratamento jurídico dos créditos do espólio contra o herdeiro não difere do dispensado aos créditos pendentes contra terceiros não envolvidos no inventário. Por isso, eles serão partilhados igualmente entre todos, integrando o ativo da herança. Se ainda não foram satisfeitos, cabe ao inventariante promover a cobrança e incorporar o produto ao monte-mor. Porém, na hipótese de o herdeiro ser devedor, admite-se, a pedido deste e havendo consentimento da maioria, a imputação da dívida no respectivo quinhão. Daí que não se fará o pagamento direto, mas sim o desconto do valor da dívida, de modo que na partilha o quinhão do devedor já computará o referido abatimento.

Sendo insolvente o herdeiro, a distribuição da dívida entre os demais consortes certamente imporia prejuízo a estes últimos. Em vista disso, faculta-se a imputação do débito no quinhão do devedor, mesmo contra a sua vontade. Trata-se de exceção à regra, pois em geral somente é permitida a imputação quando o devedor faz o pedido e a maioria dos outros herdeiros consente. Vale ressaltar que a *maioria* aludida na norma, de cujo assentimento depende a operação, é constituída por cabeça, isto é, pelo número de herdeiros, e não pela extensão econômica dos quinhões individualmente considerados.

Capítulo 30

DA COLAÇÃO

30.1. Conceito e fundamento

A lei procura tratar com absoluta e rigorosa igualdade os herdeiros necessários, nisso incluídos, à evidência, os descendentes do *de cujus*. Daí que a distribuição dos bens e direitos restantes, depois de satisfeitas as dívidas do falecido, precisa atender a esse desiderato normativo. Eventual vantagem atribuída pelo ascendente a qualquer dos descendentes, ainda em vida, sob a forma de liberalidade, terá de passar por uma espécie de acerto de contas depois do óbito do autor da herança. Entra em cena, nesse compasso, o instituto da colação, ato pelo qual os herdeiros descendentes, disputantes do acervo do ascendente comum, informam no inventário sobre a existência de doações que por ele lhes foram feitas, a fim de serem devidamente conferidas, para que restem igualados os quinhões sucessórios quando da partilha final.

Várias teorias buscam explicitar o fundamento da colação, destacando-se dentre elas as que afirmam tratar-se de mecanismo destinado ao atendimento da vontade presumida do *de cujus* e de implementação do princípio da igualdade das legítimas. Com efeito, as doações feitas pelo titular do acervo a um dos herdeiros, em detrimento dos outros, desfalcam-no a ponto de causar prejuízo que deve ser evitado tanto quanto possível. Assim, ao colacionar os bens e vantagens recebidos, o beneficiário permite que se faça adequado encontro de contas, ficando superado o risco de prejuízos na partilha. Ainda que as doações não tenham ultrapassado o volume correspondente à metade do acervo, a colação se faz imperiosa, já que a ampla faculdade normativa de dispor de tal fração não abrange liberalidades feitas em proveito dos descendentes e do cônjuge sucessor, haja vista o já referido princípio da igualdade.

A partição equitativa do monte-mor, em suma, não prescinde da restituição, pelos beneficiários, dos proveitos captados a título gratuito ainda durante a vida do titular dos bens e direitos. As transmissões onerosas não se sujeitam à colação, pois de modo algum representam um *minus* no patrimônio do alienante. É certa em tal contexto, destarte, a inocorrência de prejuízo aos futuros sucessores, o que justifica a absoluta desnecessidade de conferir as alienações assim formuladas.

Nos casos em que se mostra obrigatória a conferência, ela integrará o itinerário destinado a apurar o monte-mor partilhável. De acordo com o art. 1.847 do Código Civil, calcula-se a legítima, que de pleno direito pertence aos herdeiros necessários, tomando por base o valor dos bens existentes na abertura da sucessão, abatidas as dívidas e as despesas do funeral, adicionando-se, em seguida, o valor dos bens sujeitos a colação.

30.2. Pessoas submetidas ao instituto

O art. 2.002 do Código Civil afirma que os descendentes que concorrerem à sucessão do ascendente comum devem conferir o valor das doações auferidas, com o fito de igualar as legítimas a que cada sucessor terá direito na partição final do acervo. Visto de forma isolada, esse dispositivo legal poderia dar a impressão de que a colação é imposta apenas aos descendentes, na hipótese especificamente regulada. Todavia, a primeira parte do art. 2.003 da codificação assevera que a colação busca equilibrar as legítimas dos descendentes e do cônjuge sobrevivente. Acrescenta, portanto, um elemento até então omitido, qual seja, a incidência do dever de colacionar também as liberalidades feitas em proveito da pessoa casada com o extinto. Não fornece, contudo, maiores detalhes a respeito do tema, surgindo daí a necessidade de partir para a busca de outras normas que possam suprir a lacuna.

O art. 544 do Código Civil, atento às referidas circunstâncias, afirma que a doação de ascendentes a descendentes, ou de um cônjuge a outro, importa adiantamento do que lhes cabe por herança. Em vista disso, e considerado o teor do art. 2.003 do mesmo diploma legal, fica patenteada a obrigatoriedade da colação pelo cônjuge sobrevivente sucessor, ressalvada, frise-se, a eventual e expressa dispensa por parte do autor da liberalidade, feita quando da prática do ato e nos moldes que serão analisados adiante. Logo, toda doação realizada em favor de descendentes e do cônjuge do *de cujus* sofrerá conferência para equiparação das legítimas.

Como se percebe, o silêncio do legislador acerca da colação pelo cônjuge sucessor, quando trata especificamente do instituto nos arts. 2.002 a 2.012 da codificação, é suprido pelo conteúdo da supracitada norma, obrigando o beneficiário, se concorrer com descendentes do falecido (art. 1.829, I, do Código Civil), a conferir as liberalidades que lhe foram endereçadas. Caso dispute o monte-mor com ascendentes do extinto, todavia, o cônjuge sobrevivo não precisará levar à colação as doações, pois aqueles também não estão submetidos a esse dever.

É fundamental observar que os ascendentes não estão, em hipótese alguma, obrigados a conferir as doações recebidas dos descendentes, pois o art. 2.002 do diploma civilista estabelece, de forma expressa, que apenas os benefícios recebidos daqueles por estes ficarão submetidos às normas próprias do instituto. Logo, ainda que o ascendente venha a receber o acervo do falecido descendente em virtude da sua qualidade de herdeiro necessário, as liberalidades captadas em vida ficarão integradas em definitivo ao respectivo acervo patrimonial, sem necessidade de qualquer encontro de contas no inventário. Também os colaterais, assim como terceiros estranhos aos vínculos parentais e aquinhoados em testamento, incorporam as doações sem ficarem jungidos ao dever de futuramente colacioná-las, por absoluta falta de previsão legal em sentido contrário.

Quando os netos, representando os seus pais, sucederem aos avós, serão obrigados a trazer à colação, ainda que não o hajam herdado, o que os pais teriam de conferir (art. 2.009 do Código Civil). A norma tem aplicabilidade, por extensão, a todos os demais descendentes e não apenas aos netos, podendo afirmar-se que houve mero lapso do legislador ao fazer referência só a eles.

Vale dizer que nem todos os descendentes são obrigados a conferir as liberalidades, pois tal dever só incide sobre aqueles que ao tempo da feitura delas seriam efetivamente convocados como herdeiros necessários, se morte houvesse, a tomar assento na sucessão. As liberalidades favoráveis a quem não se enquadra nesse contexto (*v. g.*, feita a neto do doador, estando vivo o pai do beneficiário no dia da celebração do contrato) são imputadas na parte disponível do acervo do titular, pois a ele é facultado, como se sabe, doar até metade do que tiver.

Pré-morrendo ao *de cujus* o descendente que deveria colacionar os bens recebidos a título de doação, e vindo em sua representação os netos do falecido, ficarão estes obrigados a trazer à colação os mesmos itens que seus pais teriam de apresentar para conferência. Isso porque, concorrendo com herdeiros-filhos do autor da herança, há necessidade de igualização das legítimas, o que torna imperioso colacionar as liberalidades com vistas à apuração de eventual excesso e, sendo o caso, recomposição do acervo partilhável.

O dever de trazer à colação subsiste ainda que os indivíduos não hajam efetivamente herdado os bens dos pais premortos. A conferência far-se-á, em tal circunstância, pelo valor das coisas doadas, considerada a sua avaliação ao tempo da abertura da sucessão. O excesso apurado retornará ao monte-mor para ser redistribuído, apurando-se então os quinhões sucessórios cabíveis aos herdeiros-filhos e aos representantes dos premorientes, que formam uma estirpe e recebem o que caberia ao outro herdeiro se vivo fosse.

Se nenhum dos filhos do *de cujus* estiver apto a receber a herança, serão chamados os netos, por direito próprio e por cabeça. Assim ocorrendo, estarão obrigados a colacionar os bens recebidos, diretamente dos avós, em doação. Todavia, não recai sobre os netos o dever de colacionar quando, embora representando os pais na sucessão, receberam doações pessoais e diretas dos avós. Isso porque somente há dever de conferência em se tratando de descendentes que concorrem com outros do mesmo grau. Os representantes, netos do *de cujus*, estão em grau diferente daquele ocupado pelos herdeiros-filhos, e daí o fato de não terem de colacionar os bens auferidos por liberalidade direta.

Os indivíduos que não participam da herança por terem renunciado, ou porque foram excluídos em virtude da verificação de qualquer das hipóteses legais (indignidade, deserdação etc.), devem, ainda assim, submeter-se à colação, em observância do teor do art. 2.008 do Código Civil. Porém, isso não significa que as liberalidades promovidas em seu proveito sejam destituídas de vigor jurídico, pois somente na parte inoficiosa, porque excessiva, terão de sofrer redução. Embora tais pessoas estejam afastadas da disputa sucessória, os bens recebidos do *de cujus* ingressaram nos respectivos patrimônios em função de negócio jurídico *inter vivos* apto a produzir todos os efeitos que lhe são peculiares. Logo, nenhuma relação há entre as causas de exclusão e os fatores de ingresso das coisas doadas. Daí que a conferência provocará a ineficácia apenas do que for excedente da fração disponível.

Caso as doações feitas em favor dos renunciantes ou dos excluídos da sucessão ultrapassem a porção disponível do doador, a colação acarretará a redução dos benefícios. Com essa medida protege-se a legítima e evita-se que os herdeiros necessários experimentem prejuízos. A conferência das doações atenderá aos critérios já referidos, tomando-se por base o valor dos bens à época da liberalidade, ou, sendo conferidos pelo equivalente em dinheiro, o valor que possuíam quando da abertura da sucessão.

30.3. Mecanismo de realização

Consoante asseverado, as doações feitas em vida pelo ascendente ao descendente são consideradas antecipação de legítima, isto é, entrega prévia do quinhão, ou de parte dele, ao herdeiro, antes da abertura da sucessão. Em vista disso, determina o legislador que, falecido o doador, o beneficiário faça volver ao monte-mor os bens doados, visando à sua recomposição para fins de partilha entre os herdeiros necessários. É como se os bens jamais houvessem saído do patrimônio do doador, integrando normalmente o conjunto hereditário.

A esse respeito, o *caput* do art. 2.002 do Código Civil informa: "Os descendentes que concorrerem à sucessão do ascendente comum são obrigados, para igualar as legítimas, a conferir o valor das doações que dele em vida receberam, sob pena de sonegação". Embora o dispositivo afirme que os descendentes têm de conferir *o valor das doações*, na realidade o que ocorre é a restituição do bem em espécie ao acervo hereditário. Somente na falta dos bens é que o donatário ficará obrigado a promover a conferência pelo valor (chamada de *imputação*).

Eis os pressupostos da colação fundada na supracitada norma: a) que tenha havido doação de ascendente comum em proveito de descendente; b) que o donatário seja sucessor do doador; c) que o donatário concorra com outros descendentes do doador, estando todos postados no mesmo grau. Caso o donatário não promova a conferência, estará afrontando o direito dos demais herdeiros, conduta sancionada com as penalidades inerentes à sonegação, consistente na perda dos direitos do sonegador sobre aquele específico bem ou direito ocultado (art. 1.992 do Código Civil). É relevante destacar, todavia, que somente por sentença prolatada em demanda própria será possível reconhecer a sonegação e infligir ao sujeito a correspondente reprimenda.

Para cálculo da legítima, o valor dos bens conferidos será computado na parte indisponível, sem aumentar a disponível (parágrafo único do art. 2.002 do Código Civil). No momento em que o donatário acrescenta ao acervo hereditário aquilo que recebera do ascendente, o valor dos bens conferidos aumenta a legítima, sem interferir na amplitude econômica da parte disponível. O que se tem, por assim dizer, é o crescimento da legítima e a consequente expansão quantitativa do direito dos demais herdeiros legítimos, sem que disso decorra qualquer acrescentamento na porção de que o *de cujus* poderia livremente dispor por meio de testamento. Esta é medida com base no acervo existente ao tempo da morte, desconsideradas as colações.

A colação tem por fim igualar, na proporção estabelecida neste Código, as legítimas dos descendentes e do cônjuge sobrevivente, obrigando também os donatários que, ao tempo do falecimento do doador, já não possuírem os bens doados (*caput* do art. 2.003 do Código Civil). Por meio da conferência das doações feitas em vida pelo ascendente ao descendente, busca-se equilibrar os benefícios individuais dos herdeiros necessários em relação à partilha. O objetivo maior é evitar que alguns sejam privilegiados em detrimento de outros, mormente porque todos são herdeiros necessários do *de cujus* e têm assegurado em lei equilíbrio de tratamento no que concerne à partilha do acervo deixado.

O raciocínio jurídico a ser utilizado após a abertura da sucessão, para que se igualem as legítimas por meio da colação, é composto de etapas diversas. Em primeiro lugar, verifica-se qual o montante de todas as doações feitas em vida pelo ascendente aos descendentes. Ao depois, é preciso saber se o conteúdo do acervo deixado pelo *de cujus* seria suficiente, sem o efetivo retorno dos bens doados, para igualar as legítimas dos descendentes não donatários e do cônjuge sobrevivente, consideradas como antecipação aos descendentes donatários as liberalidades feitas.

Constatando-se que a distribuição do acervo é capaz de igualar as legítimas dos demais sucessores, não se fará necessário retirar do patrimônio dos donatários a titularidade dos bens previamente recebidos. Todavia, se o monte-mor apurado ao tempo da abertura da sucessão não for suficiente para estabelecer rigorosa igualdade entre os quinhões de cada sucessor, a colação produzirá a redistribuição da propriedade dos bens doados até que se alcance o equilíbrio exigido pelo ordenamento jurídico.

Singelo exemplo ilustra adequadamente a situação. Pedro tem três filhos. Seu patrimônio inicial é de 900. Em vida, doa a um dos filhos certo bem que vale 200. Ao falecer, deixa um acervo direto de 700, que, somado à antecipação de legítima em favor do descendente, totaliza os 900 primitivos. Como os quinhões individuais são de 300, e considerando-se o fato de um dos filhos já ter recebido 200, a entrega de outros 100 perfectibiliza a sua quota. Assim, há bens suficientes no patrimônio para igualar as legítimas dos outros descendentes, mantendo-se no patrimônio do donatário o bem recebido. Há colação, mas sem a efetiva entrega do bem para partilha, pois bastou a simples conferência abstrata. Se assim não fosse, o donatário teria de repassar a coisa ao monte-mor para divisão entre todos os outros herdeiros e igualização dos quinhões.

Mesmo que ao tempo da abertura da sucessão o donatário não mais tenha em seu patrimônio os bens recebidos por liberalidade, persistirá intacto o dever de conferência. Se não pode fazer volver o conteúdo da doação em espécie, que o faça pelo valor das coisas doadas, pois dessa forma também estará sendo propiciada a equiparação das legítimas dos descendentes e do cônjuge sobrevivente. Toma-se em conta, para a conferência em dinheiro, o valor da coisa ao tempo da liberalidade (parágrafo único do art. 2.003 do Código Civil).

O direito pátrio dá prioridade à colação em espécie, que se promove por meio da entrega direta do bem ao acervo para redistribuição. Como referido, na prática geralmente não ocorre a partilha concreta daquele item, pois ele se mantém no patrimônio do donatário sempre que couber no respectivo quinhão. Somente nos casos de a coisa não mais existir no acervo do donatário é que se fará a conferência pelo valor. Quando esta última hipótese tem de ser operacionalizada, considera-se como valor de colação aquele que lhes atribuir, como certo ou estimativo, o ato de liberalidade (*caput* do art. 2.004 do Código Civil). Destarte, para a conferência por avaliação toma-se como base o apontamento feito pelo doador na escritura pública, quando o ato disser respeito a imóveis, ou no contrato relativo à doação de móveis.

Se do instrumento de doação não constar valor certo da coisa, nem a sua estimação, a colação terá por suporte a avaliação que se fizer por ordem do juízo competente. Ao perito nomeado incumbirá dizer qual o valor que a coisa tinha ao tempo em que promovida a doação (§ 1º). Fixado o montante, acrescenta-se a atualização monetária e está pronta a operação que viabiliza a conferência e encaminha a igualação das legítimas. A incidência de atualização monetária tem por objetivo impedir que a corrosão do poder aquisitivo da moeda possa acarretar prejuízos aos sucessores quando da partilha da herança. Não fosse a reposição do valor monetário real por meio da atualização, o donatário restaria beneficiado indevidamente, pois o seu quinhão final seria integrado por um bem tomado pelo valor histórico, via de regra distante da realidade econômica da transação original.

Só o valor dos bens doados entrará em colação; não assim o das benfeitorias acrescidas, as quais pertencerão ao herdeiro donatário, correndo também à conta deste os rendimentos ou lucros, assim como os danos e perdas que eles sofrerem (§ 2º). A exclusão leva em conta a circunstância de se tratar de itens que compõem a gama de proveitos inerentes à liberalidade. Quanto às perdas, aos danos e às deteriorações sobrevindos à coisa, a dispensa de conferência independe de serem derivados de culpa, dolo, desgaste natural ou mero fortuito. Afinal, a colação se dá pelo valor do bem ao tempo da doação, desconsideradas as alterações posteriores sofridas para maior ou para menor.

30.4. Dispensa de colação

A parte disponível da herança é de livre movimentação pelo titular, que a pode direcionar a quem quiser, seja parente ou não, por meio de testamento. Em vista disso, não existem razões para impedir que o doador estipule a dispensa da colação dos bens doados, contanto que não ultrapassem a porção de que poderia dispor por ato de última vontade. No *caput* do art. 2.005 do Código Civil, o legislador previu tal hipótese, afirmando que são dispensadas da colação as doações que o doador determinar saiam da parte disponível, contanto que não a excedam. Noutras palavras, a dispensa de colação pode ser feita sobre a mesma extensão patrimonial que estaria à mercê da vontade do doador para fins de testamento. Exemplo: se o patrimônio é de 100, o titular pode testar sobre 50, ou, querendo, pode fazer doações de até 50 e dispensá-las de conferência *post mortem*.

Segundo consta da supracitada norma legal, para a dispensa da colação toma-se por base o valor que a quota dispensada tinha ao tempo da feitura da liberalidade, e não o seu valor quando da abertura da sucessão. Desconsideram-se, portanto, as mudanças posteriormente havidas no valor da coisa, sejam as que o incrementam como as que o reduzem. Essa operação equilibra as legítimas, pois computa no acervo do beneficiário somente a efetiva expressão econômica auferida ao tempo da feitura da doação.

Embora o doador preveja a dispensa da colação, a parcela da liberalidade que exceder a parte disponível obrigatoriamente será submetida à conferência quando aberta a sucessão. A medida objetiva proteger a legítima e evitar que o doador, por via transversa, beneficie exageradamente certos sucessores de sua preferência em detrimento de outros. Afinal, se o testador só pode dispor livremente de metade do acervo, e se o doador, em circunstâncias comuns, submete-se ao mesmo limitador, é natural e lógico que o autor de liberalidade em favor de descendentes ou do cônjuge sucessor também fique jungido a essa fronteira econômica.

A dispensa de colação não exige, para que se configure, a adoção de qualquer fórmula sacramental, bastando a inequívoca manifestação de vontade do doador nesse sentido. Deverá, porém, ser expressamente deduzida, não se admitindo a sua configuração em caráter tácito ou presumido. Há somente uma situação em que se presume a dispensa da colação da coisa doada. Isso ocorre se a liberalidade é feita em favor de descendente que, ao tempo do ato, não teria participação na herança como herdeiro necessário, *v. g.*, netos ou bisnetos quando existem descendentes de grau mais próximo do *de cujus*. A solução, contida no parágrafo único do art. 2.005 do Código Civil, tem por base a vontade presumida do doador, que teria pretendido beneficiar descendente, então despido da condição de herdeiro necessário, sem esperar ou reclamar posterior conferência.

Caso o descendente beneficiado pela doação venha a se tornar herdeiro necessário depois de realizada a liberalidade (*v. g.*, representando outro sucessor), ainda assim não se exigirá conferência dos bens doados, porque se leva em conta a situação jurídica à época da liberalidade, e não aquela que lhe sobrévém. Exemplo: Pedro, que é pai de Carla, doa certa casa a José, um de seus netos. Falecendo o doador, o bem não será submetido à colação, fruto da incidência do mandamento em exame. A dispensa ocorreria ainda que Carla, após a doação, pré-morresse ao doador, e, não havendo outros herdeiros necessários de mesmo grau, José viesse a ser chamado como tal por direito próprio. O que importa é o momento da liberalidade, pois a partir dele é que se determina a dispensa presumida de conferência, por imputação automática de seu montante na parte disponível do doador.

A dispensa da colação pode ser outorgada pelo doador em testamento, ou no próprio título de liberalidade (art. 2.006 do Código Civil). O teor da norma faz ver que há somente duas maneiras de promover regularmente a dispensa da colação, ressalvada a hipótese de liberação presumida encontrada no parágrafo único do art. 2005 da codificação: a) por expressa consignação no próprio título de liberalidade, ou seja, no instrumento público de doação de imóveis ou no escrito particular pelo qual são doados bens móveis; b) por meio de inequívoca manifestação testamentária, pela qual o testador dispõe no sentido de que determinada doação feita em vida não se submeta à conferência.

Nenhuma outra circunstância, afora as elencadas, é capaz de dispensar a colação, ainda que se a tencione efetivar mediante confecção de instrumento público ou escrito revestido de perfeição formal. É de tamanho rigor a norma que nem mesmo por posterior escrito público se admite a dispensa da colação de liberalidade em cujo título não se mencionou expressamente a inexigibilidade da providência. Ultimado o negócio jurídico, e mostrando-se omisso o instrumento a respeito da pretendida dispensa, restará como única saída a direta previsão testamentária acerca da matéria.

Determinadas manobras econômicas do ascendente em proveito do descendente às vezes caracterizam doação indireta, e, portanto, sujeitam o donatário às normas relativas à colação. É o que ocorre, *v. g.*, com a venda simulada, pela qual se formaliza negócio jurídico denominado de compra e venda, mas que na realidade configura doação, devendo o seu conteúdo ser oportunamente conferido com vistas à partilha do acervo do doador. É de suma relevância salientar, porém, que nem todos os dispêndios realizados pelo ascendente em benefício do descendente caracterizam liberalidade e submetem-se às regras da colação. Há gastos que fazem parte dos deveres jurídicos e morais do ascendente, e outros que, dada a sua importância para a sorte do descendente, ficam excluídos da conferência. Embora semelhantes a doações, o contexto em que se inserem tais despesas levaram o legislador a optar pela solução apontada no mandamento em estudo.

Em vista disso, o art. 2.010 do Código Civil preconiza: "Não virão à colação os gastos ordinários do ascendente com o descendente, enquanto menor, na sua educação, estudos, sustento, vestuário, tratamento nas enfermidades, enxoval, assim como as despesas de casamento, ou as feitas no interesse de sua defesa em processo-crime". Consideram-se gastos com educação e estudos todos os necessários ao salutar desenvolvimento do descendente no aspecto do conhecimento cultural, como matrículas em escolas, mensalidades, material escolar e outros afins. Além disso, também não se exige conferência de valores indiretamente aplicados na educação: hospedagem em cidade diversa daquela onde reside o ascendente, uniformes, mesadas, alimentação, vestuário etc.

Aliás, estes últimos aspectos citados encontram-se expressamente previstos no rol normativo de gastos livres de colação, resumidos nos itens sustento e vestuário, que não se limitam somente aos valores necessários à educação e ao estudo *stricto sensu*, mas à manutenção geral do menor enquanto estiver sob os cuidados do ascendente. Observe-se, todavia, que apenas os gastos feitos em favor de descendente menor de idade não reclamam colação. Os realizados em proveito de pessoa que já alcançou a maioridade, sendo herdeira necessária do autor do benefício, reclamam conferência quando do óbito deste.

Por questões morais e humanitárias, é plenamente justificada a providência de livrar da colação os gastos visando ao tratamento de enfermidades do descendente, embora maior de idade e independentemente de suas condições financeiras. Na realidade, o oferecimento de auxílio nos momentos mais difíceis integra a listagem de deveres do ascendente para com o descendente, estando inclusive previsto na lei como tal em se tratando de vínculo de paternidade e filiação.

Faz parte de arraigada tradição o fato de os pais ou avós alcançarem às filhas ou netas o enxoval de casamento. Em homenagem a esse costume popular, e considerando-se a finalidade dos gastos, não serão eles levados à conferência quando do óbito do ascendente.

Tampouco as despesas de casamento dependem de colação, tais como: preparativos do cerimonial, festividades, presentes etc. Por fim, fundado em razões diversas, mas que têm por pano de fundo os sentimentos de solidariedade e afeto, excluem-se da colação as despesas relacionadas à defesa do descendente em processo de cunho criminal, mesmo que o réu venha a ser condenado.

Também não pode ser considerada liberalidade pura a doação feita em remuneração a serviços prestados ao ascendente pelo descendente, porque envolve a contrapartida econômica de um ato executado em favor do primeiro. Em razão disso, o valor correspondente a essa modalidade de doação independe de conferência após o óbito do doador (art. 2.011 do Código Civil). Tendo prestado o serviço, embora nem mesmo estivesse esperando retribuição, o descendente brindado com doação remuneratória fará jus, de imediato, à plena e definitiva conservação do seu conteúdo.

Embora existam respeitáveis opiniões em sentido oposto, não se pode dispensar de conferência a doação no caso de, posteriormente à feitura do contrato, o bem transmitido perder-se sem culpa do donatário. Na verdade, a colação independe da sorte da coisa doada, pois tanto se realiza nas hipóteses de perda ocorrida em virtude de culpa ou dolo como nas de caso fortuito, força maior ou fato de terceiro. As operações destinadas a igualar as legítimas não podem ficar condicionadas a acontecimentos dessa natureza, inclusive por absoluto silêncio do ordenamento jurídico, que não os arrolou como elementos capazes de afastar o dever de colacionar as liberalidades auferidas. Só existe uma forma de evitar tal desfecho: provar que a perda teria ocorrido mesmo que a doação não se houvesse realizado. Assim, não existiria prejuízo às legítimas, eis que a permanência do bem no acervo do doador não evitaria a sua perda, desfalcando em igual expressão econômica o quinhão de todos os sucessores.

O art. 2.012 do Código Civil traz previsão em torno de interessante particularidade: "Sendo feita a doação por ambos os cônjuges, no inventário de cada um se conferirá por metade". Quando a liberalidade sujeita à conferência for feita por um só dos cônjuges, em seu inventário é que será colacionado o respectivo valor. Mas, formulada por ambos os consortes, a morte de um deles implicará na conferência de apenas metade do proveito. A fração remanescente será conferida em futuro inventário, ao qual se procederá quando falecer o outro cônjuge.

Ao dispor no sentido de que a conferência se fará sobre metade da coisa na hipótese de doação feita pelo casal, seguida da morte de um dos doadores, o ordenamento jurídico leva em conta o fato de que os cônjuges são proprietários em comum do objeto da liberalidade, tocando-lhes individualmente fração ideal de cinquenta por cento sobre ele. Assim, a colação deve atentar para tal aspecto, incidindo unicamente sobre metade da coisa doada se a liberalidade foi promovida por ambos. Porém, se os cônjuges, embora titulares conjuntos da coisa doada, não o forem em quotas iguais (*v. g.*, o marido detém 60% e a mulher 40%), a conferência por força da morte de um dos doadores se fará com base na respectiva fração doada e dentro do correspondente inventário. A quota remanescente será conferida pelo donatário após o falecimento do doador supérstite.

30.5. Redução do excesso de doação

São sujeitas à redução as doações em que se apurar excesso quanto ao que o doador poderia dispor, no momento da liberalidade (*caput* do art. 2.007 do Código Civil). Sabe-se que ao titular do patrimônio é facultado doar apenas até o limite em que poderia testar. Isso acontece em respeito ao princípio da intangibilidade da legítima, reservada aos herdeiros necessários. Se não houver herdeiros necessários, admite-se que a doação ou o testamento atinjam mais da metade do acervo, pois não existirá legítima a resguardar.

As doações excedentes da parte sobre a qual o doador poderia fazer incidir a liberalidade sujeitam-se a redução, medida destinada a adequar o contexto sucessório às prescrições legais. Como se trata de doação inoficiosa, ela será afetada apenas na parcela excedente, mantendo-se intacta quanto ao restante do benefício alcançado ao donatário. Para aferir a existência de parte inoficiosa, leva-se em conta o patrimônio do doador no momento da liberalidade, de maneira que, ultrapassada a metade do conjunto, o excesso será considerado irregular e ficará sujeito a redução depois de morto o autor do benefício.

O critério econômico utilizado para a verificação do excesso de doação tem por substrato o valor que os bens possuíam ao tempo da liberalidade (§ 1º). Não entram no cálculo, portanto, benfeitorias, melhoramentos de qualquer natureza, depreciações, perdas e danos etc., pois as mudanças supervenientes não afetam a base de apuração do valor correspondente ao excesso. Essas intervenções não foram realizadas pelo doador, sujeitando-se à devida composição (*v. g.*, indenização, levantamento, compensação etc.), se for o caso, entre o donatário e os demais sucessores do *de cujus*, nos moldes da legislação comum.

Constatada a existência de excesso nas doações efetivadas em vida pelo autor da herança, a solução consistirá em restituir a parte inoficiosa ao monte-mor, visando à recomposição da legítima e à escorreita distribuição do monte-mor entre os sucessores. A redução da liberalidade tem por objetivo repor em espécie o excedente, devolvendo à herança o mesmo bem que fora alvo de doação. Na prática, isso ocorre pelo cômputo do valor do excesso, pois a tendência é que aquele item patrimonial, cabendo no quinhão sucessório do donatário, integre-se definitivamente ao respectivo acervo. Se a coisa não mais estiver inserida no patrimônio do beneficiário, a redução se fará pela entrega do equivalente em dinheiro, considerado o valor do objeto da liberalidade ao tempo da abertura da sucessão (§ 2º).

Observe-se que o legislador lança dois critérios econômicos distintos ao construir a solução jurídica pertinente: a) a apuração do excesso de liberalidade toma por base o valor do acervo ao tempo da doação; b) a redução da liberalidade, por restituição do excesso ao monte-mor, considera o valor da coisa ao tempo da abertura da sucessão. Esta última regra tem por objetivo evitar que, havendo valorização na coisa doada, o donatário opte por excluí-la fraudulentamente do seu patrimônio com o fito de restituir o valor que tinha no momento da liberalidade. Por isso, a restituição, quando não puder ser feita em espécie, tomará por suporte a avaliação do bem no instante do cumprimento do dever de restituir.

Dada a similitude de peculiaridades, aplicam-se à redução das doações e à consequente restituição do excesso, no que forem cabíveis, as regras estabelecidas para a redução das disposições testamentárias. Tal previsão foi expressamente consignada no § 2º do art. 2.007 do Código Civil.

Também se submete à colação o excesso de doação feito a herdeiros necessários (§ 3º), valendo para tal hipótese o mesmo raciocínio já expendido. Ultrapassada a porção disponível por força da liberalidade, o herdeiro necessário fica obrigado a restituir o excesso ao monte-mor para que ocorra a regular distribuição entre os sucessores. Não estando mais o bem no patrimônio do donatário, obriga-se ele a entregar ao acervo o equivalente em dinheiro, considerado o valor que possuía ao tempo da abertura da sucessão.

A redução da liberalidade é medida que acontece tanto nos casos em que o donatário é estranho à herança como naqueles em que é sucessor legal do *de cujus*. Afinal, a providência não se dá em virtude da condição jurídica do donatário, mas sim em consideração à necessidade de se preservar a legítima, limitando o alcance das doações à porção disponível do acervo.

Quando em proveito de herdeiros necessários houverem sido feitas várias doações em datas diferentes, e o conjunto delas exceder da porção de que o doador poderia livremente dispor, a redução operar-se-á a partir da liberalidade mais recente para a mais antiga (§ 4º). Os contratos são afetados em ordem cronológica inversa, de maneira que a doação mais nova é desfeita para restituição do objeto ao acervo, somente depois passando para a liberalidade que lhe antecedeu no tempo, e assim por diante. Eliminado o excesso, os outros negócios permanecerão intactos, porque recomposta a legítima. Sopesado o teor da norma, resta lógica a conclusão de que não haverá desfazimento parcial de cada uma das doações com vistas à integralização do acervo, exceto quando todas tiverem sido celebradas na mesma data.

Capítulo 31

DA PARTILHA

31.1. Conceito e fundamento

Partilha é o procedimento pelo qual os bens e direitos que integram a herança, depois de satisfeitas as dívidas e encargos, são distribuídos entre os herdeiros do *de cujus*. Via de regra, ocorre na etapa final do inventário judicial ou em fracionamento extrajudicial do monte-mor, mas se admite que o titular do acervo faça ainda em vida a distribuição patrimonial em favor dos sucessores.

A finalidade da partilha consiste na entrega, aos beneficiários definidos na lei ou no testamento, nisso incluídos os eventuais cessionários, do volume econômico deixado pelo falecido. Vale destacar que a existência de cônjuge supérstite, a quem se tenha de endereçar a meação por força do regime de bens, faz com que a herança se traduza no acervo restante depois de realizada a aludida operação. O mesmo ocorre na hipótese de existir companheiro sobrevivente, pois então ele recolherá a meação dos itens adquiridos durante a união estável, ou aquilo a que tiver direito em virtude da contratação acaso celebrada em vida com o *de cujus*.

Em suma, a partilha consiste na distribuição, entre os sucessores, do espólio deixado pelo extinto. Apura-se o monte-mor em esforço aritmético que envolve a apuração e o pagamento das dívidas, incidindo sobre o remanescente positivo o direito dos herdeiros, legatários e cessionários. Com a partilha, desaparece o estado de indivisão que passou a vigorar a partir do óbito do titular do acervo. Eles se mantêm em regime condominial até que seja definida materialmente o teor da quota pertencente a cada um. Desde o momento em que se ultima a atribuição patrimonial, o direito do sucessor será exercido individualmente, e com exclusividade, apenas sobre aquilo que lhe coube. Permanecendo os bens — ou alguns deles — em condomínio mesmo depois de realizada a partilha, cada sucessor dominará a respectiva fração ideal, devendo respeitar o percentual dos consortes inclusive no que diz respeito ao exercício possessório.

Como se percebe, a partilha não implica, necessariamente, no fracionamento físico de cada um dos itens deixados. A solução mais adequada é, normalmente, aquela que faz entregar a cada beneficiário bens cuja propriedade lhe tocará de modo pleno, pois o condomínio muitas vezes funciona como fonte de litígios e desavenças. Mas nem sempre isso é viável, dadas as circunstâncias que envolvem o quadro sucessório. Nada impede, então, que os bens e os direitos permaneçam em condomínio, seja por força da indivisibilidade material ou jurídica dos elementos partilháveis como em virtude de livre opção volitiva dos sucessores.

O fundamento da partilha é a regular distribuição do acervo entre os destinatários normativos e testamentários, com preservação da igualdade das legítimas. Com ela, deixa de existir a figura jurídica do espólio, restando enfeixados nas pessoas beneficiadas pelo fracionamento do monte-mor todos os direitos e obrigações que, deixados pelo *de cujus*, concentravam-se naquele ente abstrato. A principal consequência da partilha é, à evidência, o desaparecimento do estado de comunhão forçada, estabelecido pela lei e persistente até o momento em que são apurados e entregues os quinhões individuais.

O herdeiro pode sempre requerer a partilha, ainda que o testador o proíba, cabendo igual faculdade aos seus cessionários e credores (art. 2.013 do Código Civil). Qualquer herdeiro, instituído em disposição de última vontade ou legítimo, tem a faculdade de postular judicialmente a partilha do monte-mor. Essa prerrogativa não pode ser elidida nem mesmo por disposição testamentária, pois o ordenamento jurídico assegura ao herdeiro o recebimento do quinhão que lhe cabe na herança, e a maneira adequada de encaminhá-lo ao titular é por meio da partilha. De outra banda, cumpre asseverar que é irrenunciável a citada faculdade, reputando-se nulo qualquer ato em sentido contrário praticado pelo herdeiro, seja qual for o modo pelo qual se tenha manifestado.

Além dos herdeiros, também os seus cessionários podem requerer a partilha, já que em virtude de negócio jurídico *inter vivos* — cessão de direitos hereditários — assumem integralmente o lugar daqueles na distribuição do acervo deixado pelo falecido. O mesmo vale para os credores dos herdeiros, a quem se assegura o recebimento do crédito mediante investida contra o quinhão cabível ao devedor. Assim, eventual inércia dos sucessores autoriza os titulares de créditos contra o extinto a pleitear em juízo a apuração do acervo e a solução das pendências econômicas consolidadas.

A circunstância de terceiros exercerem a posse sobre os bens do monte-mor não obsta a apresentação do requerimento judicial de partilha. Afinal, pelo princípio da saisina, consagrado no art. 1.784 do Código Civil, os herdeiros tornam-se donos e possuidores da herança desde o instante da abertura da sucessão, sendo-lhes facultado reclamá-la de quem injustamente a tenha consigo. É claro que o implemento do tempo de posse qualificada milita em favor do terceiro possuidor. Daí que terá legitimidade para arguir a prerrogativa de usucapir a coisa, seja em lide autônoma ou como matéria de defesa.

Cumpre frisar que a hipótese de usucapião de bens do monte-mor por um ou por alguns dos herdeiros, contra os demais, é praticamente descartada. Há dificuldade quase insuperável quando se trata de provar a existência de posse *ad usucapionem* nesse contexto, já que ela pressupõe a exclusão dos consortes do exercício possessório, e, como frisado, os herdeiros são automaticamente considerados possuidores no plano jurídico desde a morte do *de cujus*.

Considerado ainda o princípio da saisina, é imperioso salientar que a sentença de partilha do acervo, homologando a vontade consensual dos sucessores ou decidindo o litígio formado, tem efeito meramente declaratório, não funcionando como elemento constitutivo da propriedade. Igual resultado se vislumbra no caso de partilha realizada extrajudicialmente, por inexistir divergência entre os interessados maiores de idade e capazes. Assim, a sentença ou a escritura pública lavrada não conferem o domínio das coisas aos sucessores, que as recebem para integração ao respectivo patrimônio no exato instante do óbito do autor da herança. A partilha, enfim, retroage em efeitos à data da abertura da sucessão, confirmando a aquisição dos bens pelos beneficiários.

31.2. Espécies de partilha

Via de regra, a partilha se dá ao final do inventário, em processo judicial que segue rigorosa disciplina normativa. Admite-se, porém, a divisão do acervo em caráter extrajudicial, contanto que os interessados se enquadrem nos ditames legais que serão analisados na sequência. O art. 2.015 do Código Civil dá início ao balizamento do tema: "Se os herdeiros forem capazes, poderão fazer partilha amigável, por escritura pública, termo nos autos do inventário, ou escrito particular, homologado pelo juiz". A partilha pode ser amigável ou contenciosa, segundo, respectivamente, haja ou não acordo entre os interessados quanto ao fracionamento do acervo. É desde logo fundamental salientar que no caso de menoridade, ou de incapacidade de qualquer dos envolvidos, não será admitida a iniciativa extrajudicial, de maneira que também a partilha, como etapa do processo, terá de ser feita em juízo.

A supracitada norma legal deixa entrever que, quanto ao mecanismo de encaminhamento, são três as espécies de partilha disponibilizadas aos sucessores maiores de idade e capazes: a) feita por escritura pública; b) realizada mediante lavratura de termo nos autos do inventário; c) efetivada por instrumento particular, devidamente homologado pelo juiz. Isso não significa que a adoção de qualquer delas seja apenas uma questão de livre opção dos sucessores, pois a simples presença de divergências em torno do fracionamento do acervo impõe sempre a propositura de inventário judicial.

Eventual desacordo entre os herdeiros faz com que a partilha seja construída pelo juiz do inventário, a quem cabe atribuir os bens do acervo em igualdade de condições aos sucessores, em conformidade com os respectivos títulos hereditários. Somente a unanimidade dos herdeiros acerca da partilha autoriza a adoção da modalidade amigável. Havendo entre os interessados algum que seja incapaz, por menoridade ou interdição, a partilha do acervo far-se-á mediante sentença, depois de ouvido o Ministério Público, sob pena de nulidade. Outro fator de nulificação da partilha é a sua feitura por via amigável quando a lei exige divisão judicial da herança (art. 2.016 do Código Civil).

Mesmo que todos os herdeiros sejam capazes, a feitura de partilha amigável é meramente facultativa, pois ninguém pode ser obrigado a aceitar uma proposta de divisão do acervo que não pareça totalmente adequada aos seus interesses. Por isso, a opção pela partilha judicial como meio de disciplinar a distribuição dos bens do *de cujus* se apresenta ainda que não exista qualquer divergência considerável entre os sucessores.

Ao contrário do que se dá na partilha judicial, que dispensa o consenso, a partilha extrajudicial decorre necessariamente de acordo de vontades. Ela se sustenta em uma base contratual plurilateral, pois envolve a emissão de vontade por herdeiros maiores e capazes, que livremente estabelecem as particularidades da divisão do acervo hereditário deixado pelo *de cujus*. Já a primeira tem por substrato sentença proferida por juiz competente, que, à falta de acordo entre os interessados, ou diante da inviabilidade de se efetivar transação (*v. g.*, menoridade de um dos envolvidos), disciplina a distribuição do monte-mor entre os sucessores. Nada impede que no âmbito do inventário judicial os sucessores componham por inteiro eventual litígio, requerendo ao magistrado a homologação do plano ou esboço de partilha nos moldes emergentes de um acordo geral de vontades. Em tal contexto, o superveniente consenso apaga o litígio e leva à homologação do projeto apresentado, com força de sentença e plena viabilidade executiva.

Para que seja possível realizar partilha amigável, é necessário o preenchimento de um pressuposto básico, afora a vontade de entrar em acordo: a capacidade de todos os herdeiros. Admite-se que se promova por intermédio de procurador, contanto que munido de poderes especiais e expressos, pois a atividade envolve transação. Havendo incapazes entre eles, porque menores ou interditos, a única forma de se promover a partilha será por meio de decisão do juízo, em processo que exige a intervenção obrigatória do Ministério Público.

Na modalidade amigável de partilha, a opção por confeccionar escritura pública dispensa homologação judicial, pois o instrumento, que constitui título hábil para o registro imobiliário, é lavrado por oficial público, que representa suficientemente o Estado no ato. Essa posição foi fixada pelo teor do *caput* do art. 982 do Código de Processo Civil. O tabelião somente lavrará a escritura pública se todas as partes interessadas estiverem assistidas por advogado comum ou advogados de cada uma delas ou por defensor público, cuja qualificação e assinatura constarão do ato notarial (§ 1º). A escritura e demais atos notariais serão gratuitos àqueles que se declararem pobres sob as penas da lei (§ 2º). Realizada por termo nos autos, a partilha conta com a intervenção do escrivão da vara perante a qual tramita o inventário, sendo posteriormente levada ao exame do juiz. Caso as partes envolvidas optem pela confecção de instrumento particular, terão de apresentá-lo ao magistrado para homologação, com vistas à análise do seu conteúdo e à certificação de que todas as regras pertinentes foram cumpridas.

A existência de testamento não é obstáculo à realização de partilha amigável dentro de inventário judicial, contanto que respeitada a vontade do disponente. Isso equivale a dizer que a vontade convergente dos herdeiros somente poderá referir-se à fração patrimonial não abarcada pelas disposições de última vontade, pois quanto a estas se mostra impositiva a observância do querer testamentário.

A partilha amigável, lavrada em instrumento público, reduzida a termo nos autos do inventário ou constante de escrito particular homologado pelo juiz, pode ser anulada, por dolo, coação, erro essencial ou intervenção de incapaz (art. 1.029 do Código de

Processo Civil). O parágrafo único da aludida norma diz que o direito de propor ação anulatória de partilha amigável fenece no prazo de um ano, contado: I – no caso de coação, do dia em que ela cessou; II – no de erro ou dolo, do dia em que se realizou o ato; III – quanto ao incapaz, do dia em que cessar a incapacidade. À evidência, trata-se de prazo decadencial, por afetar inexoravelmente o próprio direito de interpor a lide ordinária, e não apenas a pretensão do sucessor.

Na hipótese de partilha judicial, o esboço ou plano de divisão dos bens pode ser feito por acordo entre os sucessores ou sugestão do inventariante, quando não houver consenso. Nesta última hipótese, feito o esboço, dirão sobre ele as partes no prazo comum de cinco dias. Resolvidas as reclamações, será a partilha lançada nos autos (art. 1.024 do Código de Processo Civil). Ela constará: I – de um auto de orçamento, que mencionará: a) os nomes do autor da herança, do inventariante, do cônjuge supérstite, dos herdeiros, dos legatários e dos credores admitidos; b) o ativo, o passivo e o líquido partível, com as necessárias especificações; c) o valor de cada quinhão; II – de uma folha de pagamento para cada parte, declarando a quota a pagar-lhe, a razão do pagamento, a relação dos bens que lhe compõem o quinhão, as características que os individualizam e os ônus que os gravam (art. 1.025 do caderno processual). O auto e cada uma das folhas serão assinados pelo juiz e pelo escrivão (parágrafo único).

Pago o imposto de transmissão a título de morte, e junta aos autos a certidão ou informação negativa de dívida com a Fazenda Pública, o juiz julgará por sentença a partilha (art. 1.026 do diploma processual). Passada em julgado a decisão, receberá o herdeiro os bens que lhe tocarem e um formal de partilha, do qual constarão as seguintes peças: I – termo de inventariante e título de herdeiros; II – avaliação dos bens que constituíram o quinhão do herdeiro; III – pagamento do quinhão hereditário; IV – quitação dos impostos; V – sentença (art. 1.027 do Código de Processo Civil).

Impende asseverar que a concessão do benefício da gratuidade de Justiça não elide a obrigação relativa ao pagamento do imposto de transmissão *causa mortis*, tanto na partilha judicial como na extrajudicial. A amplitude do beneplácito previsto no art. 3º da Lei n. 1.060/50 não vai além das custas processuais e dos demais elementos nele diretamente estatuídos. Por outro lado, o art. 176 do Código Tributário Nacional deixa claro que toda dispensa de pagamento depende sempre de expressa previsão normativa, o que não se evidencia na hipótese em apreço.

31.3. Partilha em vida

Conforme estatuído no art. 2.018 do Código Civil, o ascendente que quiser partilhar entre os descendentes os bens do seu patrimônio poderá fazê-lo por duas maneiras distintas: a) por ato *inter vivos*; b) por disposição de última vontade. Quanto a esta última forma, já houve suficientes considerações quando da análise das questões pertinentes. Observe-se, apenas, que ao dispor por meio de testamento o interessado terá de respeitar a legítima, ou seja, aquela fração patrimonial destinada pela lei aos herdeiros necessários e que não pode ser distribuída por ato de última vontade. Se não houver herdeiros necessários, ao disponente será facultado direcionar a quem quiser a totalidade do acervo. Por outro lado, admite-se que o testador agracie com quotas desiguais os herdeiros instituídos, ainda que entre eles estejam herdeiros necessários, pois a igualdade entre os sucessores diz respeito apenas à sucessão legítima, e não à testamentária.

Optando por dividir o conjunto patrimonial em vida, lavrando a correspondente escritura pública, o ascendente estará antecipando a herança em favor das pessoas que seriam no futuro seus sucessores. Na realidade, a partilha em vida dispensa a intervenção do Poder Judiciário e configura doação, obedecendo aos cânones correspondentes à aludida estrutura contratual. Ao invés de deixar para depois da morte a partição dos bens entre os herdeiros, o titular prefere entregar-lhes de imediato as respectivas porções. A partilha em vida não se junge a limites quantitativos, sendo permitido ao ascendente entregar aos descendentes todos ou apenas parte dos itens patrimoniais de que for titular ao tempo da liberalidade. Todavia, se não tiver meios de prover ao próprio sustento sem os frutos e rendimentos propiciados pelos bens doados, deverá reservar a si mesmo quota suficiente que lhe assegure fonte mínima capaz de cobrir as necessidades básicas de sobrevivência (art. 548 do Código Civil).

Na partilha em vida também se deverá atender ao princípio da igualdade entre os sucessores. Embora não seja necessária a submissão do fracionamento dos bens ao juiz, qualquer prejudicado terá legitimidade para, depois de falecido o agente, postular a revisão do procedimento com o fito de obter a redistribuição adequada do acervo desigualmente dividido. Isso porque a entrega em vida de bens aos descendentes configura adiantamento de legítima, ficando jungida, portanto, às normas que preconizam a equivalência das frações. Como decorrência disso, a preterição de herdeiro necessário também é fonte de nulidade da partilha, naquilo que houver causado prejuízo ao sucessor desprestigiado.

A faculdade conferida por lei, de divisão do acervo antes do óbito, encontra respaldo no direito real de propriedade, que é tão amplo a ponto de ensejar, para o dono, a realização desse ato de transferência patrimonial antecipada. O *jus abutendi*, ou direito de disposição, é o mais vigoroso atributo da propriedade, evidenciando-se em condutas como a autorizada pelo legislador quanto ao fracionamento do acervo ainda em vida. Cabe observar, todavia, que é imperiosa a observância da lei quanto aos limites dessa faculdade e aos sujeitos nela envolvidos, pois se trata de matéria permeada por princípios de ordem pública. Logo, não se admite que os descendentes façam qualquer negócio tendo por objeto a futura herança sem a participação do titular do acervo, porque do contrário estaria caracterizada a contratação sobre herança de pessoa viva, absolutamente vedada pelo art. 426 do Código Civil.

O art. 2.014 do diploma civilista também é fonte de disciplina do mesmo tema, com aplicabilidade, contudo, à partilha definida em testamento: "Pode o testador indicar os bens e valores que devem compor os quinhões hereditários, deliberando ele próprio a partilha, que prevalecerá, salvo se o valor dos bens não corresponder às quotas estabelecidas". Como é cediço, qualquer pessoa dotada de plena capacidade civil pode dispor de até metade do seu patrimônio por testamento, se tiver herdeiros necessários. Não os tendo, poderá fazer disposições livres sobre a totalidade do acervo.

Afora isso, permite-se ao testador indicar os bens e valores que farão parte dos quinhões hereditários. Assim, pode o testador não apenas instituir herdeiros, como também apontar quais os bens e os valores que formarão as quotas dos herdeiros instituídos e dos legítimos. Valerá a partilha assim encaminhada, exceto quando o valor dos bens não corresponder às quotas estabelecidas, porque o conteúdo destas deverá ser equivalente à sua conformação abstrata. Destarte, se o testador atribui 10% da parte disponível a um herdeiro, e indica para compô-la bens cujo valor final representa menos ou mais do que o percentual fixado, haverá adequação da partilha à realidade patrimonial, com acréscimo ou redução de itens na quota do sucessor.

A vontade do testador, com a formatação prevista na supracitada norma, pode incidir tanto sobre a parte disponível da herança como no que diz respeito à legítima. Isso porque a sua atuação no testamento interfere exclusivamente na atribuição dos bens que irão integrar a quota individual dos sucessores, não tendo influência alguma na quantificação percentual ou fracionária da legítima. Destarte, a parte disponível pode ser endereçada em quotas a quem o testador quiser, com ou sem indicação dos bens e valores que a integrarão. Quanto à legítima, tem de ser rigorosamente respeitada, mesmo se o testador apontar os bens e valores que pretende sejam encaminhados aos sucessores. Por isso é que a prevalência da partilha formulada em testamento depende da sua correspondência material com as quotas dos herdeiros. Em qualquer das hipóteses, portanto, a indicação específica feita no testamento para fins de partilha somente será firme e valiosa no caso de os bens e valores corresponderem às quotas estabelecidas.

31.4. Outras disposições referentes à partilha

No partilhar os bens, observar-se-á, quanto ao seu valor, natureza e qualidade, a maior igualdade possível (art. 2.017 do Código Civil). Esse princípio diz respeito à sucessão legítima, pois na testamentária prevalece a vontade do disponente, contanto que respeitada a metade cabível aos herdeiros necessários. A ideia de igualdade não significa que cada herdeiro sempre receberá quinhão quantitativamente idêntico ao dos consortes. Importa, sim, em atribuir aos herdeiros os bens que couberem nas respectivas quotas hereditárias, consoante o título de que se originou o direito. Tratamento exatamente igual em termos quantitativos somente se mostra exigível em situações de absoluta identidade de titulação sucessória. A lei visa a coibir favorecimentos ou distorções abusivas, pois isso fere o princípio da isonomia entre os sucessores e facilita o surgimento de indevidas e nocivas controvérsias.

Outro corolário lógico do princípio da igualdade consiste em que aos herdeiros, tanto quanto possível, sejam entregues bens de mesma natureza e qualidade. Suponha-se, por exemplo, que três filhos disputem o acervo, composto por certa quantia em dinheiro, veículos e apartamentos. A partilha que mais se ajusta à vontade da lei é aquela que logra atribuir aos herdeiros quinhões compostos de todas as espécies patrimoniais disponíveis no monte-mor, porque assim ficará reduzido o risco de supervenientes discussões. Os sucessores devem receber equitativamente coisas boas, medianas e ruins que existirem no acervo, sem que possam escolher apenas as mais interessantes ou valiosas.

Todo cuidado é necessário, pois a natureza humana muitas vezes é afligida por sentimentos menores como a inveja, o ciúme e o rancor, capazes de levar a desnecessários percalços na convivência familiar. Caso não se mostre factível a observância de igualdade rigorosa entre os herdeiros quanto ao valor, à natureza e à qualidade dos bens partilháveis, ainda assim a divisão terá de ser feita de maneira equilibrada, objetivando aproximar em amplitude a gama de benefícios e de inconvenientes que decorrerem da transmissão patrimonial.

Ao princípio da igualdade soma-se o da comodidade, pelo qual, sendo possível, deve ser oportunizado ao herdeiro o recebimento de bens que eventualmente já estejam consigo. Assim, se o herdeiro é possuidor de um imóvel pertencente ao espólio, e se o bem cabe no seu quinhão sucessório, que o receba definitivamente quando da partilha. Não se trata de direito inarredável, mas é importante que seja levada em consideração a comodidade dos envolvidos, a fim de se evitarem conflitos desnecessários.

Os bens insuscetíveis de divisão cômoda, que não couberem na meação do cônjuge sobrevivente ou no quinhão de um só herdeiro, serão vendidos judicialmente, partilhando-se o valor apurado, a não ser que haja acordo para serem adjudicados a todos (*caput* do art. 2.019 do Código Civil). A norma pretende facilitar a permanência dos bens do acervo sob titularidade dos sucessores, e, havendo cônjuge meeiro, oportunizar a manutenção, no seu próprio patrimônio, dos bens correspondentes à meação. Por isso, estabelece o mecanismo de adjudicação em proveito dos herdeiros e do supérstite, ao mesmo tempo em que disciplina o *modus operandi* a ser seguido na hipótese de se mostrar inviável aquela solução.

A partilha dos bens do acervo normalmente é feita mediante entrega de itens certos e determinados a cada um dos herdeiros. Todavia, há situações em que isso não se mostra factível, dada a impossibilidade de proceder-se à divisão cômoda dos itens patrimoniais. Caso haja bens insuscetíveis de partição eficiente, e que não caibam na meação do cônjuge sobrevivente ou no quinhão de um só herdeiro, a venda judicial talvez seja a única solução plausível. Isso se os interessados não requererem ao juiz que adjudique tais bens em favor de todos, circunstância que estabelece condomínio entre os adjudicatários e evita a necessidade de venda para posterior distribuição do produto arrecadado. Nesse caso, os indivíduos deixam de participar da comunhão hereditária formada a partir da abertura da sucessão e passam a integrar um condomínio voluntário, em que cada um é titular de quotas ideais sobre o todo.

Outra alternativa à venda judicial consiste na adjudicação dos bens insuscetíveis de divisão cômoda a um só dos herdeiros, ou ao cônjuge sobrevivente, mediante expresso requerimento de quem tiver interesse na medida (§ 1º). Postulada a adjudicação, os demais envolvidos serão intimados a se manifestar, seguindo-se a isso a decisão do juiz competente. Deferido o pleito, o adjudicatário ficará obrigado a repor em dinheiro aos outros interessados a diferença que for apurada em avaliação, tomando-se como base o valor atual da coisa adjudicada. Exemplo: Carlos, que é pai de três filhos e dono de um apartamento avaliado em 900, vem a falecer. Ao longo do inventário um dos filhos requer a adjudicação do imóvel, porque inviável colocar todo o bem no quinhão de apenas um herdeiro. Deferida a pretensão, o adjudicatário terá de repor aos irmãos as respectivas quotas, ou seja, 300 para cada um.

Havendo interesse de mais de um herdeiro na adjudicação do bem, o meio de decidir qual deles se tornará proprietário exclusivo é a licitação, ou seja, a disputa judicial baseada na melhor oferta (§ 2º). Com isso, objetiva-se evitar o condomínio, que, em face do contexto vivenciado, pode ser fonte de insuperáveis desavenças. Destarte, entre os pretendentes será instalado certame nos próprios autos do inventário, restando como vencedor aquele que maior lanço der com vistas à adjudicação. Conforme referido alhures, o adjudicatário terá de repor aos demais interessados, em dinheiro, a quota individual que lhes couber.

Os herdeiros em posse dos bens da herança, o cônjuge sobrevivente e o inventariante são obrigados a trazer ao acervo os frutos que perceberam, desde a abertura da sucessão; têm direito ao reembolso das despesas necessárias e úteis que fizeram, e respondem pelo dano a que, por dolo ou culpa, deram causa (art. 2.020 do Código Civil). A partir do momento em que se dá a abertura da sucessão, os herdeiros passam a ser proprietários de tudo quanto compõe o acervo partilhável. Em vista disso, se qualquer deles estiver na posse de bens da herança quando do óbito do *de cujus*, os frutos produzidos não lhe pertencerão, mas sim ao espólio, e, consequentemente, a todos os sucessores a título universal. O mesmo ocorre no caso de a posse dos bens hereditários estar com o cônjuge supérstite ou com o inventariante, eis que a sua condição de possuidores não os autoriza a auferir os frutos produzidos por coisas cuja titularidade pertence ao conjunto formado pelos sucessores.

Sobre o herdeiro, cônjuge ou inventariante que mantiver a posse dos bens da herança após o falecimento do *de cujus* recai o dever jurídico de entregar ao acervo os frutos produzidos a contar daquela data. Ficam autorizados, todavia, a pleitear o reembolso das despesas necessárias e úteis feitas em razão da posse dos referidos bens, *v. g.*, conservação, tributos, conserto etc. Esta solução decorre do mesmo raciocínio que obriga o possuidor a restituir os frutos ao acervo, qual seja, o de que a ninguém é permitido locupletar-se indevidamente à custa de outrem. Se o indivíduo faz gastos necessários à manutenção da coisa em estado normal, ou contrai dívidas a fim de aumentar a sua utilidade, tem o direito de exigir do espólio o reembolso de tais ônus.

Os possuidores dos bens da herança não respondem pelos danos que sobrevierem em decorrência de evento fortuito, seja motivado por forças naturais ou por conduta humana que foge do seu controle. Somente se agirem com culpa ou dolo é que terão de arcar com os ônus econômicos correspondentes aos prejuízos causados. Enquanto estiverem na condição de possuidores, têm por obrigação zelar pelo acervo como se lhes pertencesse, guardando-o e conservando-o para posterior distribuição entre os sucessores.

31.5. Sobrepartilha

Ficam sujeitos à sobrepartilha os bens sonegados e quaisquer outros bens da herança de que se tiver ciência após a partilha (art. 2.022 do Código Civil). Se, depois de feita a distribuição dos bens hereditários aos sucessores, descobrir-se a existência de outros até então ignorados, qualquer interessado poderá pleitear ao juízo do inventário a sobrepartilha, pela qual se conclui a divisão integral do acervo. O mesmo acontece no caso de algum dos herdeiros sonegar bens, omitindo-os deliberadamente do inventário. É de se observar que, constatada a sonegação, o responsável perde o direito que teria sobre a coisa sonegada, como forma de repreenda à sua conduta malevolente.

A sobrepartilha, que tem natureza complementar e se processa nos próprios autos do inventário original (parágrafo único do art. 1.041 do Código de Processo Civil), também é cabível quando a descrição dos bens arrolados pelo inventariante se faz de maneira incorreta, v. g., equívoco quanto à área de imóvel, quanto ao número de veículos de uma frota etc. Não se há de vislumbrar necessariamente, como fonte da sobrepartilha, a intenção de ocultar, o ânimo desleal ou outros comportamentos ilídimos protagonizados pelo inventariante ou por algum dos herdeiros. Muitas vezes, o procedimento objetiva dar a inventário bens que somente foram indicados depois de concluída a distribuição originalmente encaminhada porque houve erro, ignorância, esquecimento ou problema semelhante quando da elaboração da listagem e da descrição do acervo.

Em linguagem exaustiva, o art. 1.040 do Código de Processo Civil afirma que ficam sujeitos à sobrepartilha os bens: I – sonegados; II – da herança que se descobrirem depois da partilha; III – litigiosos, assim como os de liquidação difícil ou morosa; IV – situados em lugar remoto da sede do juízo onde se processa o inventário. Diz o parágrafo único que os bens mencionados nos números III e IV serão reservados à sobrepartilha sob a guarda e administração do mesmo ou de diverso inventariante, a aprazimento da maioria dos herdeiros. É relevante observar que o imposto de transmissão dos bens submetidos à sobrepartilha será pago no momento imediatamente anterior à divisão, como pressuposto da acolhida do pleito.

Nem sempre as circunstâncias fáticas e jurídicas indicam a conveniência de se proceder ao inventário de todos os bens do acervo de uma só vez. Em nome da celeridade do processo, e visando à distribuição da herança o mais rapidamente possível, pode-se dividir de imediato certa parcela do acervo e deixar determinados itens para momento posterior. Esta solução se aplica quando parte da herança não esteja rigorosamente pronta para a distribuição aos sucessores, como ocorre no caso de existirem bens situados fora do lugar do inventário e disso resultarem dificuldades na sua preparação para a partilha (avaliação, localização, conferência de medidas etc.).

O mesmo se dá na hipótese de bens litigiosos, ainda que situados no foro do inventário. A existência de controvérsia judicial em relação a determinados bens da herança pode acarretar morosidade no desfecho da disputa, aspecto que aconselha o prosseguimento do inventário e posterior sobrepartilha das coisas postas em discussão. Por fim, também poderão ficar para divisão noutra época as coisas de liquidação morosa ou difícil, isto é, as que de plano não puderem ser colocadas em partilha por força de entraves, como, por exemplo, a falta de definição do valor de um crédito pertencente ao espólio.

Em todas essas hipóteses, existe um componente em comum: a possibilidade de se promover sobrepartilha, que, como referido, consiste na divisão de certos bens da herança em momento posterior àquele em que são entregues aos sucessores outras coisas integrantes do acervo. Não há limite no número de sobrepartilhas, admitindo-se a realização de tantas quantas forem necessárias ao completo deslinde do inventário. Cabe destacar que a sobrepartilha não tem limite de tempo para ocorrer, sendo comum a sua efetivação vários anos depois de distribuídos os bens livres de embaraços.

O art. 2.021 do Código Civil, a esse respeito, preconiza: "Quando parte da herança consistir em bens remotos do lugar do inventário, litigiosos, ou de liquidação morosa ou difícil, poderá proceder-se, no prazo legal, à partilha dos outros, reservando-se aqueles para uma ou mais sobrepartilhas, sob a guarda e a administração do mesmo ou diverso inventariante, e consentimento da maioria dos herdeiros". A mudança de inventariante pode ocorrer não apenas em virtude da verificação de alguma das hipóteses em que se determina a sua remoção por má conduta, como também nos casos de morte do encarregado primitivo, renúncia, não localização etc.

Capítulo 32

DA GARANTIA DOS QUINHÕES HEREDITÁRIOS

32.1. Direitos dos herdeiros depois da partilha

Julgada a partilha, fica o direito de cada um dos herdeiros circunscrito aos bens do seu quinhão (art. 2.023 do Código Civil). A decisão proferida pelo juiz quanto à partilha dos bens do acervo não tem efeito translativo da propriedade, eis que esta se transmite aos herdeiros no momento da abertura da sucessão, haja vista a incidência do princípio da saisina (art. 1.784 do Código Civil). Portanto, o julgamento e a homologação apresentam natureza meramente declaratória, consolidando em cada herdeiro o seu respectivo quinhão. Cabe destacar que a decisão, por ter eficácia *ex tunc*, retroage em efeitos à data do óbito do autor da herança, fazendo com que o sucessor seja considerado titular do quinhão desde aquele momento.

Consoante o art. 1.791 do Código Civil, a herança defere-se como um todo unitário, ainda que vários sejam os herdeiros. O parágrafo único diz que, até a partilha, o direito dos co-herdeiros, quanto à propriedade e posse da herança, será indivisível, e regular-se-á pelas normas relativas ao condomínio. Portanto, a feitura da partilha faz cessar a comunhão dos bens e direitos relacionados ao acervo, criada por força de lei a partir do óbito do *de cujus*. Desde então, cada sucessor receberá o domínio exclusivo dos itens patrimoniais que lhe foram endereçados, o que, como frisado alhures, não afasta a hipótese de permanência em condomínio, seja voluntário ou em virtude da indivisibilidade da coisa partilhada. De qualquer forma, restará cristalizada a participação dos beneficiários em elementos materiais perfeitamente individualizados, desfazendo o estado de indivisão gerado pela morte do titular do patrimônio. Isso revela que a abstração inicial decorrente da saisina, produtora das frações ideais encaminhadas a cada herdeiro, transforma-se em algo concreto e certo, apontando para a titularidade dos destinatários sobre bens e direitos plenamente identificados quantitativa e qualitativamente.

A sucessão aberta é uma universalidade indivisa, permanecendo nessa condição até o julgamento da partilha. "Os herdeiros são condôminos e copossuidores dos bens da herança, por quotas ideais, estabelecendo-se o condomínio com todas as suas características" (PEREIRA, Caio Mário da Silva. Obra citada, v. VI, p. 311). Sobrevindo a decisão, o direito individual de cada herdeiro passa a incidir especificamente sobre os bens do quinhão próprio, e não mais sobre o universo patrimonial como um todo e abstratamente considerado. A posse e o domínio do acervo deixam de ser comuns, atribuindo-se individualmente aos herdeiros os bens que lhes couberem por força da partilha.

Enquanto não ultimada a partilha, o herdeiro somente poderá dispor do seu quinhão por meio de cessão de direitos hereditários, pela qual o cessionário ocupa o lugar que cabia ao cedente no inventário. Até que se promova o aludido fracionamento, o herdeiro não poderá negociar bens determinados da herança, pois a universalidade composta pelos itens patrimoniais do acervo pertence indistintamente a todos os consortes.

32.2. Consequências da evicção

O art. 2.024 do Código Civil dispõe: "Os co-herdeiros são reciprocamente obrigados a indenizar-se no caso de evicção dos bens aquinhoados". Mesmo depois do julgamento da partilha, determinadas situações continuam a interessar a todos os herdeiros, conferindo direitos e gerando obrigações como se ainda não tivesse ocorrido a divisão do acervo. É o que ocorre no caso de recair evicção sobre bens hereditários já entregues como pagamento de quinhões. Não seria justo que, por causa jurídica anterior à abertura da sucessão ou precedente à partilha, o herdeiro privado do bem por força da evicção simplesmente fosse obrigado a suportar sozinho os prejuízos dela decorrentes.

Em vista disso, o legislador idealizou uma forma de assegurar ao herdeiro, parcial ou totalmente evicto, o direito de indenizar-se junto aos demais conforme as quotas hereditárias de cada um. Para fins de cálculo, considera-se também a parte do evicto na coisa. Daí por que os herdeiros são reciprocamente obrigados a resguardar uns aos outros contra a evicção dos bens que, em razão da partilha, passam a compor os quinhões individuais.

É importante salientar que, tendo a norma feito referência à existência de obrigação recíproca entre herdeiros, não se a pode invocar com vistas à garantia da evicção de legados. Com isso, o legatário arca com a perda sem ter a faculdade de reclamar indenização do espólio ou dos sucessores.

O fundamento do dispositivo legal é a observância do princípio da igualdade entre os herdeiros no que concerne à partilha do monte-mor. Se o evicto tivesse de arcar com os prejuízos, o princípio seria irremediavelmente afrontado, eis que o sujeito atingido experimentaria inaceitável redução no direito sucessório em virtude de circunstância para cuja verificação não deu causa. Por isso, pode exigir dos consortes que todos, inclusive o próprio evicto, suportem os prejuízos, o que se operacionaliza por meio da indenização dos valores segundo as quotas individuais de participação na herança.

A obrigação de os herdeiros resguardarem-se reciprocamente contra as consequências da evicção pode ser elidida por meio de acordo de vontades (art. 2.025 do Código Civil), formalizado por termo nos autos do inventário, inserção expressa no plano de partilha ou escrito diverso confeccionado pelos interessados e acostado ao processo. Optando por este último modo, os herdeiros não ficam adstritos a uma forma especial, sendo-lhes dado proceder por instrumento público ou particular que contenha a assinatura de todos os envolvidos. Também cessa a referida obrigação mútua se o herdeiro evicto der causa à evicção agindo com culpa ou dolo. Como ele mesmo desencadeia o episódio que culmina com o evento danoso, tem de suportar por inteiro os ônus dela emergentes.

Verificada a ocorrência de fato posterior à partilha, em razão do qual se dá a evicção do bem herdado, não poderá o evicto imputar aos consortes o dever de indenizar o prejuízo experimentado. Isso porque a reciprocidade estatuída no art. 2.024 do Código Civil diz respeito a acontecimentos anteriores à divisão do acervo, de maneira que situações posteriores, geradoras da evicção, serão de inteira responsabilidade do evicto. A partilha consolida no herdeiro todos os direitos e as obrigações relativas ao bem. Por isso, os demais herdeiros não respondem pelas ocorrências derivadas de fatos subsequentes à distribuição patrimonial *causa mortis*.

O evicto será indenizado pelos co-herdeiros na proporção de suas quotas hereditárias, mas, se algum deles se achar insolvente, responderão os demais na mesma proporção, pela parte desse, menos a quota que corresponderia ao indenizado (art. 2.026 do Código Civil). Vê-se, portanto, que a divisão do valor indenizatório entre os herdeiros, para repasse ao evicto, não obedece a uma igualdade nominal. Atende, isto sim, à proporção das quotas individuais, de modo que o herdeiro de maior quota fica obrigado a indenizar em montante que lhe seja correspondente. Por óbvio, o de menor quota suporta ônus que também guarda relação com a sua parcela sucessória.

Se entre os consortes houver algum que seja insolvente, a sua quota será suportada por todos os outros, incluindo-se o evicto, proporcionalmente aos quinhões individuais. O encargo que caberia ao insolvente se distribui entre os demais, medida que evita prejuízos ao herdeiro afetado pela evicção. A partir disso, a indenização segue o mesmo rumo traçado para os casos em que não se verifica a insolvência, devendo cada obrigado pagar em dinheiro o valor devido ao evicto.

O cálculo da indenização leva em conta o valor do bem ao tempo em que é prolatada a decisão judicial de partilha. Não se considera, destarte, o valor da coisa à época em que foi exarada a sentença na lide reivindicatória geradora da evicção. O parágrafo único do art. 450 do Código Civil, aplicável à espécie, diz que o preço, seja a evicção total ou parcial, será o do valor da coisa, na época em que se evenceu, e proporcional ao desfalque sofrido, no caso de evicção parcial. A ação indenizatória deverá ser proposta em dez anos, contados da sentença que definiu a evicção, sob pena de prescrição (art. 205 do Código Civil).

Capítulo 33

DA ANULAÇÃO DA PARTILHA

33.1. Hipóteses de anulação

A partilha, uma vez feita e julgada, só é anulável pelos vícios e defeitos que invalidam, em geral, os negócios jurídicos (*caput* do art. 2.027 do Código Civil). Sendo uma das modalidades de negócio jurídico, a partilha obriga as partes, fazendo-se imperativa entre elas. Por isso, deve obedecer aos ditames legais relativos à sua perfeita constituição e eficácia, sob pena de se tornar anulável sempre que carregar defeito passível de solução e que não a torne totalmente insubsistente.

Quando ajustada de maneira amigável, a partilha não prescinde da capacidade das partes e da observância dos limites estatuídos na legislação, mormente no que diz com a plena manifestação do consentimento e com a homologação do juiz competente. Não existindo acordo, a partilha feita por sentença também observará os pressupostos elencados no ordenamento jurídico. A perfeição formal do fracionamento dos bens age como elemento capaz de evitar controvérsias, distribuindo o volume patrimonial do falecido em sintonia com as regras sucessórias e, se for o caso, com a vontade manifestada em testamento.

Assim como ocorre com os negócios jurídicos em geral, a partilha pode ser anulada sempre que se verificar a existência de algum dos defeitos que os maculam, especialmente no que se refere à ilicitude ou impossibilidade do objeto e à preterição da forma prescrita em lei. A incapacidade relativa do agente é outro fator de anulabilidade, consoante estatuído no art. 171 do Código Civil. De resto, também é anulável a partilha que contiver qualquer dos vícios do consentimento: erro, dolo, coação, estado de perigo, lesão ou fraude contra credores.

O Código de Processo Civil editou algumas normas a respeito do tema, ampliando consideravelmente a disciplina trazida pelo Código Civil. O art. 1.029 do caderno processual praticamente reedita o art. 2.027 do Código Civil, afirmando que a partilha amigável, lavrada em instrumento público, reduzida a termo nos autos do inventário ou constante de escrito particular homologado pelo juiz, pode ser anulada, por dolo, coação, erro essencial ou intervenção de incapaz. Cuida-se de regra inaplicável à partilha decidida por sentença em virtude de litígio que grassa entre os sucessores, limitando o seu alcance aos casos de partilha efetivada por meio de acordo volitivo.

O interessado em anular a partilha deve ajuizar a ação cabível no prazo de um ano, pois do contrário o direito se extinguirá pela decadência e a divisão patrimonial não mais estará sujeita a desfazimento (parágrafo único do art. 2.027 do Código Civil). O prazo começa a fluir: I – no caso de coação, do dia em que ela cessou; II – no de erro ou dolo, do dia em que se realizou o ato; III – quanto ao incapaz, do dia em que cessar a incapacidade (parágrafo único do art. 1.029 do Código de Processo Civil). Destaque-se a circunstância de que a incapacidade referida na norma é unicamente a relativa, pois, se for absoluta, restará patenteada hipótese de nulidade e não de singela anulabilidade.

O prazo de um ano corre contra os herdeiros que participaram do inventário e nele foram regularmente representados. Não flui, portanto, em relação aos herdeiros preteridos ou que por qualquer outra razão ficaram de fora do inventário quando deveriam ser nele inseridos, nem contra os herdeiros desconhecidos ao tempo da abertura da sucessão, ou que tiveram a sua condição de sucessores reconhecida após a ultimação do inventário. Poderão eles, destarte, requerer o desfazimento da partilha no prazo prescricional comum previsto na lei, ou seja, de dez anos, contados do trânsito em julgado da decisão proferida no inventário.

Deve-se promover a lide no foro competente para a realização do inventário, ainda que a partilha tenha sido realizada extrajudicialmente. Ela seguirá o rito ordinário, assegurando-se aos interessados, em caráter pleno, a observância dos princípios do contraditório e da ampla defesa.

Ocorrendo nulidade absoluta no âmbito da partilha, seja amigável ou litigiosa, o interessado terá de ajuizar ação própria com vistas ao reconhecimento da presença de vício insanável. Não se trata de anular um ato defeituoso e circunstancialmente válido, mas sim de buscar sentença que diga da total insubsistência da divisão à qual se procedeu. É o que acontece, por exemplo, quando verificada a completa incapacidade do agente, a preterição de herdeiro, e assim por diante. Vale observar que terceiros estranhos ao inventário, que não tomaram assento no inventário e na partilha, têm legitimidade para propor ação de nulidade com petição de herança, visando à afirmação do seu direito de participar do fracionamento do monte-mor. A lide deverá ser apresentada no prazo geral de dez anos (art. 205 do Código Civil), contado da realização da partilha eivada de defeito incontornável.

Tendo sido ajuizada ação investigatória de paternidade, cumulada com petição de herança, a sentença de procedência afetará, automática e irremediavelmente, a partilha já realizada no inventário do investigado. Não será necessário ajuizar demanda específica objetivando a sua nulificação, pois, como referido, a insubsistência do ato decorrerá da própria decisão transitada em julgado, que ensejará ao filho reconhecido a busca do seu quinhão no acervo. Para tanto, demandará contra cada sucessor beneficiado na partilha, proporcionalmente ao volume patrimonial que lhe foi individualmente deferido.

33.2. Hipóteses de rescisão

Embora também leve ao desfazimento da partilha, a rescisão não se confunde com as hipóteses de anulabilidade. Ela tem lugar nas situações mencionadas no art. 1.030 do Código de Processo Civil, segundo o qual é rescindível a partilha julgada por sentença: I – nos casos mencionados no art. 2.027 do Código Civil; II – se feita com preterição de formalidades legais; III – se preteriu herdeiro ou incluiu quem não o seja. Logo, cuida-se de instituto aplicável apenas quando houver decisão judicial promovendo a distribuição dos bens do monte-mor, como fruto da ausência de composição de vontades. É descabida, portanto, quando as partes envolvidas optam pela solução amigável do tema e resolvem atribuir a cada sucessor a fração que lhe competir.

Não é adequada a lide rescisória quando a intervenção do juiz apenas serve para homologar o esboço de partilha apresentado, ainda que as partes não se encontrem propriamente em harmonia quanto ao destino dos itens patrimoniais inventariados. O que interessa é verificar se há ou não litígio, pois apenas neste último caso se faz pertinente o ajuizamento do pleito de rescisão. Nos demais, a demanda assumirá feição anulatória, salvo se restar caracterizada alguma nulidade, que então desafiará a correspondente declaração judicial.

A ação rescisória da partilha segue as diretrizes ordinárias estabelecidas para a rescisão de qualquer outro julgado (art. 485 e seguintes, do Código de Processo Civil). A propositura ocorrerá em dois anos, contados do trânsito em julgado da sentença que se pretende desconstituir, sob pena de decadência. Vale dizer que o prazo de um ano só tem incidência nos casos de partilha amigável sujeita a processo de anulação, nos moldes do art. 2.027 e parágrafo único, do caderno civilista. A partilha decidida por sentença, quando se enquadra em algum dos quadros elencados pelo legislador, sujeita-se ao pedido de rescisão, em dois anos.

A ação será aparelhada no Tribunal, haja vista atacar decisão transitada em julgado e afigurar-se inviável submeter o tema a um magistrado de mesma posição hierárquica do prolator. Segundo o art. 487 do Código de Processo Civil, tem legitimidade para propor a ação: I – quem foi parte no processo ou o seu sucessor a título universal ou singular; II – o terceiro juridicamente interessado; III – o Ministério Público: a) se não foi ouvido no processo, em que lhe era obrigatória a intervenção; b) quando a sentença é o efeito de colusão das partes, a fim de fraudar a lei.

33.3. Conserto de imprecisões

A partilha, ainda depois de passar em julgado a sentença, pode ser emendada nos mesmos autos do inventário, convindo todas as partes, quando tenha havido erro de fato na descrição dos bens; o juiz, de ofício ou a requerimento da parte, poderá, a qualquer tempo, corrigir-lhe as inexatidões materiais (art. 1.028 do Código de Processo Civil). Esse procedimento faz desnecessária a adoção de medidas outras que não a simples correção de eventuais equívocos, contanto que não haja questões de alta indagação a solucionar. Havendo temas de natureza complexa a debater, *v. g.*, qualidade sucessória, identificação do herdeiro etc., somente na via ordinária se poderá promover o seu deslinde, ficando excluída a possibilidade de mera correção nos próprios autos.

Não há prazo para que as imperfeições sejam sanadas, podendo isso ocorrer a qualquer tempo, mediante provocação dos interessados. Simples petição nos autos é suficiente para dar início ao trâmite destinado a retificar os termos originais da partilha, cabendo igual medida também nos casos em que houver adjudicação do acervo ao herdeiro universal. Deferido o pleito, serão extraídas e juntadas cópias das peças levadas aos autos a partir da apresentação do pedido, as quais passarão a integrar o formal de partilha para todos os fins. Tratando-se de decisão interlocutória, a manifestação judicial que determinar ou indeferir a retificação da partilha desafiará a interposição de agravo de instrumento, no prazo e formatação comuns.

BIBLIOGRAFIA

AMORIM, Sebastião Luiz. *Código Civil comentado*. São Paulo: Atlas, 2004. v. XIX.

ASCENSÃO, José de Oliveira. *Direito civil*: sucessões. Coimbra: Coimbra Editores, 1989.

BARROS, Celso. *Direito das sucessões*. Projeto 634/75, Livro V. Brasília, 1978.

CAHALI, Francisco José; HIRONAKA, Giselda Maria Fernandes Novaes. *Curso avançado de direito civil*. 2. ed. São Paulo: Revista dos Tribunais, 2003. v. 6.

CARVALHO SANTOS. *Código Civil brasileiro interpretado*. Rio de Janeiro: Freitas Bastos, 1964. v. II.

COLIN ET CAPITANT. *Cours élémentaire de droit civil français*. 90. ed. Paris: Dalloz, 1945. t. 3.

CUNHA GONÇALVES, Luís da. *Direitos de família e direitos das sucessões*. Lisboa: Edições Ática, 1955.

DE PLÁCIDO E SILVA. *Vocabulário jurídico*. 2. ed. Rio de Janeiro: Forense, 1993.

DINIZ, Maria Helena. *Curso de direito civil brasileiro*. 21. ed. São Paulo: Saraiva, 2007. v. 6.

FIUZA, Ricardo. *Novo Código Civil comentado*. Vários autores. São Paulo: Saraiva, 2002.

GOMES, Orlando. *Sucessões*. 12. ed. Atualizada por Mário Roberto Carvalho de Faria. Rio de Janeiro: Forense, 2004.

GONÇALVES, Carlos Roberto. *Direito civil brasileiro*. São Paulo: Saraiva, 2007. v. VII.

LACERDA, Galeno. *Comentários ao Código de Processo Civil*. Rio de Janeiro: Forense, 1980.

LOTUFO, Renan. *Código Civil comentado*. São Paulo: Saraiva, 2003.

MAXIMILIANO, Carlos. *Direito das sucessões*. 3. ed. Rio de Janeiro: Freitas Bastos, 1952. v. 1 e 2.

MATIELLO, Fabrício Zamprogna. *Código Civil comentado*. 3. ed. São Paulo: LTr, 2007.

MENDES, Gilmar. *Curso de direito constitucional*. Vários autores. São Paulo: Saraiva, 2007.

MENDONÇA LIMA, Alcides de. A obrigação do testamenteiro de defender o testamento. In: *RF*, 98:487.

MONTEIRO, Washington de Barros. *Curso de direito civil*. 35. ed. São Paulo: Saraiva, 2003. v. 6.

MORAES, Walter. *Teoria geral e sucessão legítima*. São Paulo: Revista dos Tribunais, 1980.

NADER, Paulo. *Curso de direito civil*. Rio de Janeiro: Forense, 2007. v. 6.

NEGRÃO, Theotonio. *Código de Processo Civil e legislação processual em vigor*. 30. ed. São Paulo: Saraiva, 1999.

PEREIRA, Caio Mário da Silva. *Instituições de direito civil*: direito das sucessões. 6. ed. Rio de Janeiro: Forense, 1990. v. VI.

PLANIOL, Marcel. *Traité pratique de droit civil français*. Paris: LGDJ, 1926.

PONTES DE MIRANDA, Francisco Cavalcanti. *Tratado dos testamentos*. Rio de Janeiro: Forense, 1922. v. 2 a 5.

REALE, Miguel. *O projeto do novo Código Civil*. 2. ed. São Paulo: Saraiva, 1999.

RIZZARDO, Arnaldo. *Direito das sucessões*. 2. ed. Rio de Janeiro: Forense, 2005.

RODRIGUES, Sílvio. *Direito civil*. 25. ed. Atualizada por Zeno Veloso. São Paulo: Saraiva, 2002. v. 7.

SOUZA, Orlando. *Inventários e partilhas*. 7. ed. São Paulo: Sugestões Literárias, 1974.

SILVA, José Afonso da. *Curso de direito constitucional positivo*. 16. ed. São Paulo: Malheiros, 1999.

TEPEDINO, Gustavo. *Usufruto legal do cônjuge viúvo*. Rio de Janeiro: Forense, 1990.

VELOSO, Zeno. *Código Civil comentado*. São Paulo: Atlas, 2002.

VENOSA, Sílvio de Salvo. *Direito civil*. 5. ed. São Paulo: Atlas, 2005. v. VII.

VIANA, Marco Aurélio S. *Teoria e prática do direito das sucessões*. São Paulo: Saraiva, 1987.

WALD, Arnoldo. *Direito das sucessões*. 12. ed. São Paulo: Saraiva, 2002.

Conheça já os outros volumes publicados desta coleção

Curso de DIREITO CIVIL
FABRÍCIO ZAMPROGNA MATIELLO

Volume 1
PARTE GERAL
cód. 3551.8

Volume 2
DIREITO DAS OBRIGAÇÕES
cód. 3552.6

Volume 3
DOS CONTRATOS E DOS ATOS UNILATERAIS
cód. 3553.4

Volume 4
DIREITO DAS COISAS
cód. 3719.6

Volume 5
DIREITO DE FAMÍLIA
cód. 4036.9

visite nosso site: www.ltr.com.br

LTr
Loja Virtual
www.ltr.com.br

LTr
Biblioteca Digital
www.ltrdigital.com.br